Esta coleção tem como objetivo proporcionar textos que sejam acessíveis e de indiscutível seriedade e rigor, que retratem episódios e momentos marcantes da História, seus protagonistas, a construção das nações e as suas dinâmicas.

A HISTÓRIA ESQUECIDA DO **LIBERALISMO**

Título original:
The Lost History of Liberalism: From Ancient Rome to the Twenty First Century

Tradução: Judite Jóia

Revisão: Patrícia Almeida

Capa: FBA

Depósito legal n.º 487966/21

Biblioteca Nacional de Portugal – Catalogação na Publicação

ROSENBLATT, Helena, 1961-

A história esquecida do liberalismo: da Roma Antiga
ao século XXI. – (História narrativa)
ISBN 978-972-44-2471-2

CDU 94(100)"07/20"

Paginação:
João Jegundo

Impressão e acabamento:
ACD Print, S.A.

para
EDIÇÕES 70
setembro 2021

EDIÇÕES 70, uma chancela de Edições Almedina, S.A.
LEAP CENTER – Espaço Amoreiras
Rua D. João V, n.º 24, 1.03 – 1250-091 Lisboa – Portugal
e-mail: editoras@grupoalmedina.net

HELENA
ROSENBLATT

A HISTÓRIA ESQUECIDA DO
LIBERALISMO

70

ÍNDICE

AGRADECIMENTOS

Há tanto tempo que leio e penso sobre liberalismo que seria impossível enumerar e agradecer a todos os investigadores cujo trabalho influenciou e moldou o meu. Ainda assim, gostaria de agradecer a algumas pessoas em particular. Há muitos anos, Melvin Richard apresentou-me à história conceptual e partilhou comigo o seu conhecimento enciclopédico em encantadores almoços na Universidade de Hunter. Dirijo também os meus sinceros agradecimentos a Michael Freeden, Jörn Leonhard e Javier Fernández Sebastián, pioneiros no exercício da história conceptual, cujo trabalho foi uma fonte preciosa de inspiração.

Devo muito a quem leu o meu manuscrito, em parte ou na totalidade, e ofereceu críticas e encorajamento: David Bell, Aurelian Craiutu, Michael Freeden, Alan Kahan, James Mill, Samuel Moyn, Javier Fernández Sebastián, Jerrold Seigel, Daniel Steinmetz-Jenkins, Jesse Prinz e K. Steven Vincent. Estou grata pelos convites para partilhar os esboços iniciais do meu trabalho com os participantes no seminário de Philip Pettit e Melissa Lane na Universidade de Princeton, no 7.º Seminário Concepta de Práticas de Investigação da Universidade de Málaga e no Grupo de História Francesa da Universidade da Cidade de Nova Iorque, orientado por Jeff Horn e David Troyansky. Cada uma destas ocasiões ajudou-me a clarificar e limar as minhas ideias.

Durante os últimos nove anos, enquanto escrevia este livro, tive o privilégio de dirigir o programa de Doutoramento em História do Graduate Center. Nunca teria conseguido fazer as duas coisas simultaneamente sem a ajuda e colaboração de Marilyn Weber. Não é possível expressar por palavras a gratidão que sinto por ela. Agradeço ainda aos anteriores e atuais presidentes do Graduate Center, William Kelly e Chase Robinson, e a Donald Robotham, diretor do programa de Pesquisa Avançada Colaborativa, pelo seu apoio generoso. Estimo profundamente a amizade que mantive com os meus colegas do Departamento de História, especialmente, Joshua Freeman, Dagmar Herzog, Thomas Kessner e David Nasaw. Alguns alunos talentosos ajudaram-me com as traduções: Davide Colasanto, Nicole Farman e Nicholas Levis no Graduate Center, e Mathieu Narindal na Universidade de Lausanne. Stefano DeLuca teve a amabilidade de me conduzir até algumas fontes italianas pertinentes. Por fim, agradeço à equipa extraordinária da biblioteca do Graduate Center, cujo profissionalismo e eficiência foram exemplares.

Tive a grande sorte de contar com a colaboração de Brigitta van Rheinberg, da Princeton University Press, desde uma fase inicial do meu projeto. Não posso agradecer-lhe o suficiente pela forma brilhante como me guiou ao longo de todo o processo, exercendo uma pressão gentil, mas firme, para que eu encontrasse a minha voz e a expressasse com mais vigor. Sinto-me profundamente grata pela sua sensibilidade, paciência e perseverança. Muito devo também à sua assistente, Amanda Peery, pela sua cortesia e profissionalismo, bem como a Jenny Wolkowicki, pelos mesmos motivos. Agradeço a Joseph Dahm pela revisão.

Finalmente, gostaria de expressar a minha profunda gratidão a Jim Miller pela sua ajuda, amparo e amizade. Num momento crítico, o Jim ofereceu-me conselhos fundamentais e apoio moral. Sem a orientação que ele e Brigitta me concederam, eu teria produzido, certamente, um livro menos cativante.

Numa nota mais pessoal, gostaria de agradecer ao meu marido pelas suas ideias inspiradoras e pela confiança neste projeto, e aos meus filhos, pelo seu apoio afetuoso. Enquanto trabalhava neste livro, nasceram duas netas maravilhosas, Natalie e Caroline. Elas são uma fonte inesgotável de alegria.

INTRODUÇÃO

Nunca é perda de tempo estudar a história de uma palavra.
— Lucien Febvre, 1930

«Liberalismo» é uma palavra elementar e ubíqua no nosso vocabulário.[1] Mas o liberalismo é também um conceito altamente contencioso, que dá azo a debates acesos. Alguns veem-no como a dádiva da civilização ocidental à humanidade; outros, como a razão para o seu declínio. Numa torrente infindável de livros, é atacado ou defendido, e é muito difícil que alguém consiga permanecer neutro. Os críticos acusam-no de uma longa lista de pecados. Afirmam que destrói a religião, a família, a comunidade. Que é moralmente displicente e hedonista, se não mesmo racista, sexista e imperialista. Os seus defensores são igualmente enfáticos. Afirmam que o liberalismo é responsável por tudo o que temos de bom — as nossas ideias de honestidade, justiça social, liberdade e igualdade.

A verdade, todavia, é que estamos baralhados em relação ao que queremos dizer quando falamos de liberalismo. As pessoas usam o termo de muitas maneiras diferentes, por vezes, sem terem disso consciência, outras vezes, intencionalmente. Elas acreditam que estão a falar sobre a mesma coisa, o que exclui qualquer possibilidade de um debate razoável. Seria bom sabermos do que estamos a falar quando falamos de liberalismo.

A este respeito, as histórias do liberalismo que existem raramente são de grande ajuda. Em primeiro lugar, elas são, muitas vezes, contraditórias. Segundo uma abordagem recente, por exemplo, o liberalismo tem origem *no* cristianismo.[2] Contudo, segundo outra abordagem, o liberalismo tem origem numa campanha *contra* o cristianismo.[3] Em segundo lugar, as genealogias do liberalismo atribuem as suas origens e desenvolvimento a um cânone de grandes pensadores, mas o elenco é, muitas vezes, variável. John Locke é frequentemente alistado como um pai fundador.[4] Mas há quem prefira falar de Hobbes ou de Maquiavel; outros ainda, de Platão ou até de Jesus Cristo. Há quem inclua Adam Smith e um rol de economistas; outros, não o fazem. Nenhum destes pensadores inaugurais, é preciso que se diga, se considerava a si mesmo um liberal ou advogava algo chamado liberalismo, já que nem a palavra nem o conceito estavam disponíveis para eles. E escusado será dizer que as nossas noções de liberalismo irão variar de acordo com a nossa escolha de pensadores-chave e da leitura que deles fizermos. Alguém que comece por Maquiavel ou Hobbes será, provavelmente, um crítico do liberalismo; alguém que comece por Jesus Cristo será um defensor.

Neste livro, não pretendo atacar ou defender o liberalismo, mas averiguar o seu significado e seguir o rasto da sua transformação ao longo do tempo. Tornarei claro o que queriam dizer os termos «liberal» e «liberalismo» para as pessoas que os usaram. Elucidarei como é que os liberais se definiam a si próprios e o que queriam dizer quando falavam de liberalismo. Esta é uma história que nunca foi contada.

A maioria dos estudiosos admite que há um problema na definição do liberalismo. No seu trabalho, eles começam por reconhecer que este é um termo instável ou enganador. O que é estranho, todavia, é que a maior parte deles passa a estipular uma definição pessoal e a construir uma história que a sustente. Isto, no meu entender, é um raciocínio regressivo, e, neste livro, pretendo desenlear as nossas conceções e contar a história de um modo que faça sentido. Salvo indicação em contrário, todas as traduções foram efetuadas por mim.

Outros enigmas e perplexidades irão ocupar-nos. Na linguagem coloquial em França e noutras partes do mundo, ser liberal significa, hoje, preferir um «Estado mínimo», enquanto na América significa preferir um «Estado máximo». Atualmente, os libertários americanos reivindicam serem eles os verdadeiros liberais. De alguma forma, supõe-se que todas estas pessoas fazem parte da mesma tradição liberal. Como é que isto aconteceu? E porquê? Ofereço uma explicação.

O que proponho é, fundamentalmente, uma história do liberalismo através da *história da palavra*.[5] Tenho a certeza de que, se não olharmos com atenção para o uso efetivo da palavra, as histórias que contarmos serão, com toda a certeza, diferentes e até contraditórias. Serão também construídas com pouca fundamentação na factualidade histórica e desfiguradas pelo anacronismo histórico.

A minha abordagem conduz a algumas descobertas surpreendentes. Uma delas é a centralidade de França na história do liberalismo. Não podemos falar sobre a história do conceito sem ter em conta França e as suas sucessivas revoluções. Tão-pouco podemos ignorar o facto de alguns dos mais sagazes e influentes pensadores na história do liberalismo serem franceses. Outra descoberta é a importância da Alemanha, cujas contribuições para a história do liberalismo costumam ser subestimadas, se não mesmo completamente ignoradas. A verdade é que França inventou o liberalismo nos primeiros anos do século XIX, e a Alemanha reconfigurou-o meio século depois. A América apoderou-se do liberalismo somente no início do século XX, e só então é que ele se tornou uma tradição política americana.

Veremos como muitos nomes que hoje são relativamente desconhecidos fizeram contribuições significativas para o liberalismo. O teólogo alemão Johann Salomo Semler inventou o liberalismo religioso. O aristocrata francês Charles de Montalembert poderá ter inventado o termo «democracia liberal». Outras figuras-chave foram os colaboradores da publicação americana *The New Republic*, que importaram e disseminaram o conceito na América.

Os liberais que, habitualmente, são considerados canónicos, como John Locke e John Stuart Mill, têm um papel importante na minha história. Mas, como veremos, eles estavam profundamente imersos nos debates das suas épocas. Trocavam razões com os pensadores franceses e alemães. Falavam diretamente para os seus contemporâneos, não para nós; visavam aos problemas das suas épocas, não aos nossos. Adicionalmente, colocarei em evidência figuras que deram um contributo *não intencional* para a história do liberalismo, como é o caso dos dois Napoleões, do chanceler austríaco Clemens von Metternich e de muitas figuras contrarrevolucionárias, que obrigaram os liberais a limarem e amadurecerem as suas convicções.

Por fim, elucidarei aquele que me parece ser um facto crucial perdido na história. No mais fundo de si, a maior parte dos liberais eram moralistas. O seu liberalismo nada tinha que ver com o individualismo atomístico que conhecemos hoje. Eles nunca falavam sobre direitos sem sublinhar os deveres. A maior parte dos liberais acreditava que as pessoas tinham direitos *porque* tinham deveres, e muitos deles estavam profundamente interessados nas questões da justiça social. Eles rejeitavam definitivamente a ideia de que uma comunidade viável pudesse ser construída tendo como única base a ganância. Alertaram-nos *ad infinitum* para os perigos do egoísmo. Os liberais advogaram sem cessar a generosidade, a probidade moral e os valores cívicos. Isto, obviamente, não deve levar-nos a crer que eles fizeram sempre aquilo que diziam ou que viveram sempre de acordo com os seus valores.

Como também tentarei mostrar, a ideia de que o liberalismo é uma tradição anglo-americana que visa sobretudo à proteção dos direitos e interesses individuais é um desenvolvimento muito recente na história do liberalismo. Ela é o resultado das guerras do século XX e, especialmente, do medo do totalitarismo durante a Guerra Fria. Antes disto, e ao longo de séculos, ser liberal queria dizer algo bastante diferente. Queria dizer que se era um cidadão generoso e com espírito cívico; queria dizer que se compreendia a conexão de cada um aos outros cidadãos e se agia de formas que conduziam ao bem comum.

Desde o início, os liberais insistiram obstinadamente na necessidade de uma reforma moral. Para eles, tratava-se de um projeto ético. Esta preocupação com a reforma moral ajuda a explicar a sua preocupação constante com a religião, e um dos objetivos deste livro é recalibrar a nossa discussão para acomodar este facto importante. Mostrarei como as ideias e controvérsias religiosas orientaram o debate sobre o liberalismo desde os primórdios e polarizaram os indivíduos em acantonamentos hostis. Num dos primeiros ataques ao liberalismo, este foi chamado «heresia político-religiosa», o que definiu o tom para os séculos vindouros. O liberalismo tem sido obrigado a defender-se de acusações implacáveis de irreligião e imoralidade até aos dias de hoje.

O facto de os liberais se terem visto como reformadores morais não significa que estivessem isentos de pecados. A investigação mais recente desvendou um lado negro do liberalismo. Os estudiosos tornaram visível o elitismo, o sexismo, o racismo e o imperialismo de muitos dos liberais. Como pôde uma ideologia dedicada à igualdade de direitos, questionaram, apoiar práticas tão hediondas? Certamente, não nego as facetas mais desagradáveis do liberalismo, mas, ao situar as ideias liberais no contexto da sua época, conto uma história mais matizada e complexa.

A minha análise não tem a pretensão de ser exaustiva. Ainda que faça referência ao liberalismo noutras partes do mundo, concentro-me em França, na Alemanha, Grã-Bretanha e Estados Unidos. Haverá quem considere esta escolha arbitrária ou demasiado restritiva. É certo que outros países contribuíram para a história do liberalismo. Mas acredito que o liberalismo nasceu na Europa e se propagou a partir daí. Mais especificamente, o liberalismo deve a sua origem à Revolução Francesa e, seja para onde for que ele tenha migrado depois, continuou a estar intimamente ligado e a ser afetado pelos desenvolvimentos políticos em França.

Principiarei com um capítulo sobre a pré-história do liberalismo. Começando pelo estadista romano Cícero e terminando com o aristocrata francês conhecido como Marquês de Lafayette, no Capítulo Um explicarei o que queria dizer ser liberal quando o termo que equivalia a isso era «liberalidade» e a palavra «liberalismo» ainda não existia. É importante conhecermos esta história profunda da palavra «liberal» porque, ao longo dos séculos seguintes, autointitulados liberais continuaram a identificar-se com este ideal antigo *e moral*, e os dicionários continuaram a definir «liberal» desta forma tradicional. Em meados do século XX, o filósofo americano John Dewey asseverava que o liberalismo implicava «uma substancial liberalidade e generosidade do espírito e do carácter». Nada tinha que ver, dizia ele, com o «evangelho do individualismo». O primeiro capítulo conta a história de como uma palavra inicialmente utilizada para designar as qualidades ideais de um cidadão romano foi cristianizada, democratizada, socializada e politizada, de tal forma que no final do século XVIII ela podia ser empregada para descrever a Constituição americana.

A parte fundamental deste livro centra-se, pois, em quatro acontecimentos-chave nas histórias entrecruzadas de França e do liberalismo, nomeadamente, as revoluções de 1789, 1830, 1848 e 1870, e nos debates transatlânticos que estas revoluções engendraram. A história do liberalismo começa, efetivamente, no Capítulo Dois, que relata a história de como a palavra veio a ser cunhada e as controvérsias que a rodearam. Alguns dos tópicos discutidos neste capítulo incluem a relação do liberalismo com o republicanismo, o colonialismo, o *laissez-faire* e o feminismo, todos eles temas que serão desenvolvidos mais aprofundadamente nas restantes secções do livro. Talvez a questão mais importante de todas seja a relação tensa entre o liberalismo e a religião, cuja origem remonta à política radical da Revolução Francesa e também é aqui discutida. O Capítulo Três conta a história da evolução do liberalismo desde 1830 até ao dealbar das Revoluções de 1848, dedicando especial atenção à emergência de novas ideologias políticas, como o socialismo, por um lado, e o conservadorismo, por outro, e ao modo como estas alteraram o curso do liberalismo à medida que França vogava em direção a mais uma revolução. O Capítulo Quatro ocupa-se da aparente falência do liberalismo nas sublevações de 1848 e do modo como os liberais reagiram a esta falência. Eles concentraram-se quase esmagadoramente em instituições como a família, a religião e a Maçonaria, naquele que viam como um projeto com essência moralizadora e educacional. O Capítulo Cinco incide sobre o tópico da governação liberal e, colocando a ênfase em Napoleão III, Abraham Lincoln, William Gladstone e Otto von Bismarck, relata como a sua liderança engendrou novas ideias sobre a relação entre a moral, o liberalismo e a democracia. Nasceu aqui a ideia de uma «democracia liberal». O Capítulo Seis reflete sobre a quarta revolução francesa, em 1870, e as suas repercussões. Nele se descrevem as investidas da Terceira República Francesa contra a Igreja Católica, tendo em vista a criação daquele a que os republicanos chamavam o sistema educativo mais liberal do mundo. O Capítulo Sete relata como um novo liberalismo, favorável às ideias socialistas, foi concebido perto do final do século XIX e como um liberalismo «clássico» ou «ortodoxo» foi conjurado em resposta. Uma grande disputa teve lugar relativamente a qual destes dois — o novo ou o antigo — seria o «verdadeiro» liberalismo. Por fim, o Capítulo Oito relata como o liberalismo entrou no vocabulário político americano no início do século XX e começou a ser encarado como uma tradição intelectual especificamente americana, envolta na ideia de uma hegemonia mundial americana. Os decisores políticos passaram a discutir o que o liberalismo americano queria dizer exatamente no que se refere a política externa e doméstica. No Epílogo, levantarei algumas hipóteses para tentar esclarecer porque é que acabámos por acreditar que o liberalismo se centra, fundamentalmente, nos direitos privados e nas escolhas individuais. Tratarei de indagar como a americanização do liberalismo, que teve lugar a partir de meados do século XX, veio eclipsar a história recontada neste livro, ao ponto de muitos de nós, hoje, não nos lembrarmos dela.

CAPÍTULO UM

O QUE QUERIA DIZER SER LIBERAL, DE CÍCERO A LAFAYETTE

Liberal: 1. Que não é desprezível, que não é humilde de nascimento; 2. Que é próprio de um cavalheiro; 3. Munificente, generoso, beneficente.
— Um Dicionário da Língua Inglesa, 1768

Pergunte-se a alguém, hoje, o que quer dizer liberalismo e obter-se-á uma multiplicidade de respostas. É uma tradição de pensamento, uma forma de governo, um sistema de valores, uma atitude ou um estado de espírito. Invariavelmente, todavia, as pessoas irão concordar que uma das principais preocupações do liberalismo é a proteção dos direitos e interesses individuais, e que os governos existem, no liberalismo, para proteger estes direitos e interesses. Os indivíduos devem ter a máxima liberdade possível para realizarem as suas próprias escolhas de vida e agirem como melhor entenderem.

Contudo, a verdade é que este centramento no indivíduo, e nos interesses dele ou dela, é muito recente. A palavra «liberalismo» não existia até ao início do século XIX, e, durante as centenas de anos que antecederam o seu aparecimento, ser liberal queria dizer algo muito diferente. Ao longo de quase dois mil anos, ser liberal queria dizer demonstrar virtudes cívicas, prestar devoção ao deus comum e respeitar a importância da conexão mútua.

Origens republicanas: um ideal moral e cívico

Comecemos pelo estadista e autor romano Marcus Tullius Cicero (106–43 a.C.). Cícero, um dos autores mais amplamente lidos e citados na história do pensamento ocidental, escreveu eloquentemente sobre a importância de se ser liberal. A palavra tem origem nos vocábulos latinos *liber*, que significa, ao mesmo tempo, «livre» e «generoso», e *liberalis*, «característica do indivíduo nascido livre». A forma nominal correspondente a estas duas palavras era *liberalitas*, ou «liberalidade».

Em primeiro lugar, ser livre na Roma Antiga queria dizer que se era um cidadão e não um escravo. Queria dizer que se era livre da vontade arbitrária de um senhor ou da dominação de qualquer homem. Os romanos consideravam que este estado de liberdade só era possível num Estado de direito e com uma constituição republicana. Eram necessários ordenamentos políticos e legais para assegurar que o governo se concentrava no bem comum, a *res publica*. Só nestas condições é que um indivíduo poderia aspirar a ser livre.

Mas, para os antigos romanos, ser livre requeria mais do que uma constituição republicana; requeria também cidadãos que praticassem a *liberalitas*, a designação dada a uma forma nobre e generosa de pensar e agir em relação aos concidadãos. O seu oposto era o egoísmo, ou aquilo a que os romanos chamavam «servilismo» — uma forma de pensar e agir que só tinha em conta o próprio, os proveitos e desejos de cada um. No seu sentido mais vasto, *liberalitas* significava a atitude moral e magnânima que os antigos acreditavam ser essencial para a coesão e o funcionamento regular de uma sociedade livre. A tradução portuguesa da palavra é «liberalidade».

Em *Dos Deveres* (44 a.C.), Cícero descreveu a *liberalitas* de um modo que reverberaria ao longo dos séculos. A *liberalitas*, escreveu Cícero, era o «elo da sociedade humana». O egoísmo era não só moralmente repugnante, mas também socialmente destrutivo. A «prestabilidade mútua» era a chave para a civilização. Os homens livres tinham o dever moral de proceder de modo liberal entre si. E ser liberal queria dizer «dar e receber» de um modo que contribuísse para o bem comum.

Os homens não nascem somente para si mesmos, garantia Cícero; são trazidos ao mundo em benefício dos outros.

> *Já que não nascemos somente para nós mesmos; já que [...] os homens são trazidos ao mundo em benefício dos outros, para que um possa fazer o bem ao*

outro, temos o dever de contribuir com a nossa parte para o bem comum, e pelo intercâmbio de amabilidades, as que damos e as que recebemos, resultantes do engenho, do labor ou dos recursos à nossa disposição, fortalecer a união social dos homens entre os homens.[6]

Um século depois de Cícero, outro célebre e influente filósofo romano, Lucius Annaeus Séneca (c. 4 a.C.–65 d.C.), elaborou o princípio da *liberalitas* no seu tratado de dimensões livrescas intitulado *Sobre os Benefícios* (63 d.C.). Séneca empenhou-se em mostrar como se poderiam dar, receber e retribuir presentes, favores e serviços de uma forma moral e, por isso, constitutiva do elo social. Como Cícero, ele acreditava que um sistema baseado no intercâmbio só poderia funcionar devidamente com uma atitude liberal por parte dos doadores e recebedores, por outras palavras, uma disposição altruísta, generosa e grata. Na senda do estoico grego Crisipo (c. 280–207 a.C.), Séneca propôs uma alegoria para a virtude da liberalidade: a dança circular das Três Graças, dar, receber e retribuir benefícios. Para os pensadores antigos como Cícero e Séneca, a liberalidade fazia literalmente o mundo girar — e mantinha-o nos eixos.

Ser liberal não era fácil. Cícero e Séneca discorreram largamente sobre os princípios que deveriam informar o «dar» e o «receber». Tal como a própria liberdade, a liberalidade requeria uma correção do raciocínio e uma fortaleza moral, autodisciplina e domínio. Além disso, era claramente um *ethos* aristocrático. Havia sido concebida por (e para) homens livres, ricos e bem relacionados que estavam em condições de dar e receber benefícios na Roma Antiga. Era vista como uma qualidade particularmente louvável na classe dos patrícios e entre os soberanos, como demonstram inúmeras inscrições antigas, dedicações públicas e textos.

Se a *liberalitas* era uma virtude reservada aos aristocratas e soberanos, o mesmo acontecia com o ensino das artes liberais, que os preparava para a *liberalitas*, porquanto este exigia uma riqueza considerável e tempo de ócio para estudar. O seu principal intuito não era ensinar os novatos a adquirirem riqueza ou prepará-los para uma vocação, mas predispô-los a uma integração ativa e virtuosa na sociedade. O seu propósito era o de ensinar os futuros líderes de uma sociedade a pensarem corretamente e a falarem com clareza em público, o que lhes permitiria participar efetivamente na vida cívica. Ninguém nasce cidadão, torna-se cidadão. Cícero defendia que as artes liberais deviam ensinar a *humanitas*, uma atitude humana em relação aos concidadãos. O historiador grego e cidadão romano Plutarco (46–120 d.C.) escreveu que a educação liberal era o sustento de uma mente nobre e abria caminho ao aprimoramento moral, à imparcialidade e ao espírito público dos soberanos.[7] Era essencial, por outras palavras, para a inculcação da liberalidade.

Rearticulações medievais: a liberalidade cristianizada

À medida que a Antiguidade deu lugar à Idade Média, a conceção antiga da liberalidade não se perdeu inteiramente, mas foi cristianizada e disseminada pelos primeiros Padres da Igreja.[8] Santo Ambrósio, autor de um tratado que seguiu expressamente o modelo de *Dos Deveres* de Cícero, rearticulou as ideias e princípios cardeais do autor romano. Uma verdadeira comunidade assentava na justiça e na boa vontade, escreveu Ambrósio, e o que mantinha a sociedade unida era a liberalidade e a amabilidade.[9]

Durante a Idade Média, a liberalidade foi, pois, revestida de valores cristãos como o amor, a compaixão e, sobretudo, a caridade, valores encarados como necessários não só nas repúblicas, mas também nas monarquias. Aos cristãos, era dito que Deus era liberal na sua misericórdia, tal como Jesus no seu amor. Os cristãos deveriam imitar Deus, amando e dando de igual modo. A partir da Idade Média, os dicionários franceses, alemães ou ingleses definiam «liberal» como o atributo de alguém «que se compraz em dar», e a «liberalidade» como «a qualidade de dar ou despender livremente». Os grandes teólogos medievais, como Tomás de Aquino, veicularam estas noções nos seus escritos.[10]

A Igreja medieval continuou a encarar as artes liberais como o programa educativo ideal para os líderes de uma sociedade. Frequentemente contrapostas às «artes servis» ou «mecânicas», que atendiam às necessidades mais vis da humanidade, como, por exemplo, a alfaiataria, a tecelagem e a ferraria, as artes liberais eram vistas como conducentes à excelência moral e intelectual. Elas preparavam os rapazes para desempenharem papéis ativos no setor público e para servirem o Estado. Tal como no mundo antigo, o ensino das artes liberais era também um indicador de estatuto, diferenciando a elite dos outros. Todos os cristãos, ricos ou pobres, eram instados a serem liberais, mas a liberalidade continuava a ser encarada como especialmente importante nos indivíduos «de posição social superior».

Artes liberais do Renascimento

Durante o Renascimento, a liberalidade continuou a ser uma virtude aristocrática ou «principesca». Nas palavras de um dos muitos textos renascentistas sobre o assunto, a avareza era «o sinal claro de um espírito ignóbil e vil», enquanto a liberalidade era a virtude própria do aristocrata.[11] Nesta altura, o âmbito do ensino das artes liberais foi ampliado e o seu prestígio cresceu. O humanista italiano Pietro Paolo Vergerio (1370–1445), um admirador de Cícero, rearticulou várias ideias clássicas sobre a educação no seu tratado intitulado «Sobre o Carácter Nobre e os Estudos Liberais da Juventude». Publicado originalmente em 1402, chegou a ter quarenta edições até ao ano de 1600, tornando-se o tratado pedagógico renascentista mais frequentemente reproduzido e republicado. O ensino das artes liberais, defendeu Vergerio, elevava aqueles que o recebiam acima da «multidão irrefletida»[12]. Preparava-os para posições de liderança e legitimava a sua pretensão de ocupar essas posições. Na companhia dos livros, a ganância não tinha lugar; os homens aprendiam a virtude e a sabedoria, os deveres da cidadania.

No ensaio de Vergerio, a ênfase nos *homens* não foi certamente acidental, já que, desde o primeiro momento, a educação liberal era concebida tendo em mente os rapazes e não as mulheres. A sua associação à independência, à competência para falar em público e à liderança tornava muito difícil imaginar que pudesse ter alguma relevância e valor para as mulheres. Segundo o humanista espanhol Juan Luis Vives (1493–1540) — que escreveu *a* obra maior do Renascimento sobre a educação feminina, *A Educação de uma Mulher Cristã* (1524), traduzida para inglês, neerlandês, francês, alemão, espanhol e italiano —, a educação das mulheres deveria concentrar-se nas suas funções domésticas e, ainda mais importante, na manutenção da sua castidade. Se, para um homem, era sensato «munir-se de conhecimento acerca de muitos e variados assuntos que serão proveitosos para si próprio e para o Estado», uma mulher era suficientemente instruída quando tinha aprendido «a castidade, o silêncio e a obediência»[13]. Para servir este propósito, os textos religiosos eram considerados especialmente eficazes.

Porém, isto não significa que mulher alguma do Renascimento tenha recebido uma educação liberal. A evidência mostra que algumas mulheres pertencentes à aristocracia eram extraordinariamente instruídas.[14] Muitas delas chegaram mesmo a escrever tratados em defesa das artes liberais. Mas o preconceito contra as mulheres liberais permite-nos perceber porque é que, nas raras ocasiões em que a educação liberal lhes foi concedida, se considerava que a educação de uma mulher refletia a liberalidade *do seu pai*, ao invés da sua própria liberalidade. Ela conferia honra e prestígio a um *paterfamilias* renascentista porque demonstrava que este podia sustentar esse luxo e não precisava de se preocupar em encontrar um marido para uma filha detentora de uma educação esmerada. Todavia, a mulher instruída era, frequentemente, ridicularizada e vilipendiada. Era litania comum dizer-se que uma educação avançada tornava a mulher masculina. Ou que fazia dela uma predadora sexual. A própria palavra «liberal» tornava-se problemática quando era utilizada para descrever uma mulher porquanto assumia, muitas vezes, uma conotação sexual. Uma mulher liberal tornou-se uma mulher sexualmente promíscua. Refletindo os preconceitos instituídos sobre a suposta perfídia, pecaminosidade e lascívia das mulheres, um adágio que circulava em 1500 advertia que as mulheres eram, muitas vezes, «liberais... às ocultas»[15].

Quanto aos rapazes na época do Renascimento, tanto a liberalidade como o ensino das artes liberais, que os preparava para ela, eram vistos como essenciais, sobretudo, para aqueles que estavam destinados a lugares de poder e influência. Erasmo de Roterdão (1466–1536), o humanista, sacerdote e teólogo holandês, referiu-se a estes rapazes bem-educados como «o terreno fértil do qual assomarão os senadores, os magistrados, os médicos, os abades, os bispos, os papas e os imperadores»[16]. Os seus dois tratados sobre a educação, *A Educação de um Príncipe Cristão* (1516) e *A Educação das Crianças* (1529)[17], posicionavam as artes liberais imediatamente a seguir à piedade cristã no que se refere à importância que tinham para a formação dos indivíduos (ricos e do sexo masculino). A «liberalidade», como fez questão de clarificar, queria dizer muito mais do que «distribuir presentes»; queria dizer «utilizar o poder para o bem»[18]. Entre os artistas do Renascimento, a liberalidade continuou a ser simbolizada pela antiga alegoria das Três Graças. O polímata humanista Leon Battista Alberti (1404–1472) evocou Séneca na sua descrição: «Uma das irmãs dá, a outra recebe e a terceira retribui o favor, sendo que os três níveis devem estar presentes em qualquer ato de perfeita liberalidade.»[19] Para Alberti, tal como para muitos outros pensadores renascentistas, a virtude da liberalidade era essencial para uma sociedade livre e generosa.[20]

A política da dádiva

Era frequente que os textos renascentistas exortassem as elites a dedicarem especial atenção ao modo como adquiriam e despendiam a sua riqueza. Os livros de conduta explicavam que a liberalidade era uma virtude moral que moderava «o desejo e a ganância dos homens pelo dinheiro». A liberalidade implicava também gastar o dinheiro «de forma útil e não excessiva»[21]. Um homem liberal usava a sua riqueza para apoiar o seu agregado familiar, os seus amigos e os seus parentes; também ajudava aqueles que tinham caído na pobreza devido a circunstâncias pelas quais não eram responsáveis. Não gastava dinheiro para se exibir.[22] Na verdade, saber como gastar era a prova do valor de um indivíduo.[23]

Este cuidado com a adequação dos gastos era visto como uma qualidade especialmente importante nos soberanos. N'*O Livro do Cortesão* (1528) de Baldassare Castiglione, o manual de valores aristocráticos mais emblemático da época, lemos que «o príncipe bom e sábio [...] deverá ser cheio de liberalidade» e que Deus o recompensaria por isso.[24] Mas os soberanos também eram aconselhados a não serem pródigos. Erasmo aconselhou os princípes a praticarem a moderação e o discernimento nos seus gastos, e, sobretudo, a nunca tirarem dos merecedores para oferecerem aos indignos.[25] Recorrendo a uma combinação particular de realismo e idealismo que o tornou célebre, Nicolau Maquiavel (1469–1527) advertiu que um príncipe liberal não deveria gastar para além das suas posses, porquanto isso faria esgotar os recursos e obrigá-lo-ia a aumentar os impostos, o que oprimiria o seu povo e suscitaria o ódio.[26] De modo semelhante, o escritor francês Michel Montaigne (1533–1592), frequentemente considerado o fundador do ceticismo moderno, preveniu os soberanos de que deveriam fazer uso da justiça e da ponderação na sua liberalidade para que ela «não caísse em saco roto»[27].

Ao longo dos séculos XVII e XVIII, as elites e os soberanos foram exortados a serem liberais, mas não a darem indiscriminadamente. O estadista e autor francês Nicolas Faret (1596–1646) fez questão de estabelecer a distinção entre a liberalidade e a dádiva promíscua. A generosidade de um príncipe deveria ser sempre norteada pela razão, pela prudência e pela moderação. Deveria abarcar metodicamente as «pessoas decentes», com a devida consideração pela classe, nascimento, idade, posses e reputação. Acima de tudo, um príncipe nunca deveria ser «perniciosamente liberal»; isto é, nunca deveria dar de forma a esgotar as suas próprias reservas.[28] Outros manuais evidenciam uma preocupação semelhante em diferenciar os gastos sumptuosos dos novos-ricos da virtude perene da liberalidade. A primeira edição do *Dicionário da Academia Francesa* (1694) definia «liberal» como «aquele que se compraz em dar [...] a pessoas de mérito»; na sua quarta edição, foi acrescentado que «existe uma grande diferença entre um homem pródigo e um homem liberal».

Desenvolvimentos do protestantismo

A Reforma Protestante alterou o significado católico da liberalidade, mas fê-lo de maneira subtil, pelo menos, numa fase inicial. As Bíblias protestantes ajudaram a veicular a ideia de que a liberalidade não era tão-só um valor principesco ou aristocrático, mas sim um imperativo cristão universal. Se as edições anteriores da Bíblia traduziam a palavra «generoso» como «nobre» ou «virtude de um príncipe», as novas versões inglesa e puritana abandonaram a associação a um estatuto superior e optaram pela palavra «liberal». Na versão do rei Jaime (1604–1611), a palavra surge diversas vezes, referindo-se sempre a uma dádiva generosa, especialmente, aos pobres.[29] Em Provérbios 11:25, sugere-se que Deus recompensa o comportamento liberal: «A alma liberal engordará; e o que regar também será regado.»

Um sermão proferido diante do rei inglês Carlos I, em Whitehall, no dia 15 de abril de 1628, deixa antever uma subtil mudança de ênfase. John Donne (1572–1631), poeta, advogado e clérigo, começou por reiterar o princípio bem conhecido de que a liberalidade era essencial aos reis, príncipes e «pessoas notáveis». Mas acrescentou que a generalidade da população, isto é, o povo, também deveria ser liberal. Relembrando à sua congregação que «Cristo é um Deus liberal», Donne reconheceu a importância de *todos* os cristãos darem livremente. Ser liberal, acrescentou, não era apenas partilhar a riqueza. Era importante procurar continuamente «novas formas de ser liberal». Assim como, em Isaías 32, «o liberal congemina coisas liberais e, pelas coisas liberais, se levanta», os cristãos deveriam «acreditar em propósitos liberais», «aceitar proposições liberais» e «aplicá-las liberalmente». Donne exortou a sua congregação a mostrar a sua liberalidade, despojando-se de todos os sentimentos vis em relação aos outros. Ser liberal era partilhar não só o ouro, mas também o conhecimento e a sabedoria. Estes, insistia Donne, deveriam ser transmitidos aos outros, inclusivamente, à população em geral. E, contudo,

Donne propôs uma importante reserva: era fundamental sermos liberais apenas para com os cristãos, ou incorreríamos na «prodigalidade espiritual», uma transgressão.[30]

O propósito subjacente à muito alardeada liberalidade, promovida em infindáveis tratados morais e sermões, não era certamente redistribuir de forma significativa a propriedade ou subverter a ordem político-religiosa. A maior parte dos pregadores cristãos, quer fossem católicos ou protestantes, instruíam os indivíduos a dar de acordo com a sua posição na sociedade, e não de qualquer forma que pudesse pô-la em perigo. Em Mateus 26:11, lemos «vós tendes sempre convosco os pobres», e isto era geralmente interpretado como significando que a pobreza era uma parte inevitável da ordem política e social. Num dos típicos livros de cortesia* ingleses, ilustrava-se do seguinte modo: «Deus, na sua sabedoria, discernindo que a Igualdade de Condições geraria a Confusão no Mundo, ordenou diversos estados, destinando alguns à Pobreza, outros, à Riqueza.» Mas a liberalidade veiculava uma ideia de boa vontade, beneficência e irmandade cristã; ela sustentava a sociedade e mantinha-a unida.[31]

Deste modo, em alguns aspetos importantes, a liberalidade do início da Europa moderna tinha em vista preservar a ordem sociopolítica e religiosa vigente. Como Cícero, Séneca e os seus muitos discípulos sabiam, a dádiva de presentes era uma espécie de cimento social. A sociedade funcionava e consolidava-se através da dádiva e do recebimento de «benefícios», para usar a terminologia de Séneca, isto é, favores, honrarias, privilégios e serviços de vários tipos. A caridade cristã e a esmola difundiam ainda uma noção de comunidade e boa vontade. Finalmente, a disposição da liberalidade amplificava a dignidade de uma pessoa e o seu patamar na sociedade.

Excecionalismo americano e a tradição liberal

No entanto, a liberalidade cristã, sobretudo nas suas manifestações puritanas, podia conduzir — e, de facto, conduziu — a ideias potencialmente disruptivas. Isto é evidente no notável sermão «A cidade sobre o monte», proferido pelo orador puritano John Winthrop (1587–1649) após

* Género literário em que se abordavam tópicos de conduta social, comportamento cortês e moral, amplamente difundido na Europa renascentista. [*N. da T.*]

a sua chegada à colónia da Baía de Massachusetts em 1630. Ainda a bordo do navio *Arabella*, Winthrop declarou que os tempos deveras incomuns que a comunidade puritana atravessava exigiam dela uma «liberalidade extraordinária». Nas circunstâncias bastante penosas que enfrentavam, não existia tal coisa como ser «*demasiado* liberal», fez questão de dizer. Uma liberalidade *extraordinária* era a sua única receita de sobrevivência. A liberalidade que se exigia era a de *toda a comunidade* em relação a cada um dos seus membros. Deveriam pensar no bem coletivo antes de pensarem em si próprios. Nos anos seguintes, este sermão seria constantemente invocado para sustentar a ideia do excecionalismo americano, cujos princípios fundadores liberais eram um farol para o mundo. Os colonos deveriam «carregar os fardos uns dos outros» e pensar-se como uma «companhia de Cristo, unida pelo amor»[32].

A defesa de Winthrop pela liberalidade extraordinária era decerto invulgar no século XVII. Mais comuns eram as exortações a uma liberalidade moderada, discriminadora e aristocrática, que ameaçava menos o *statu quo* aristocrático e monárquico. Os humanos eram, nas palavras de Hugo Grotius (1583–1645), teorizador holandês do direito natural, criaturas sociáveis e razoáveis por natureza. Eram capazes e, ao mesmo tempo, tinham a obrigação moral de agirem de uma forma liberal uns com os outros. Entre 1534 e 1699, a obra de Cícero, *Dos Deveres*, foi publicada em catorze edições inglesas e muitas mais edições latinas. Tornou-se um texto basilar em escolas como Westminster e Eton, bem como em várias faculdades de Cambridge e Oxford. Entre 1678 e 1700, uma versão reduzida da obra de Séneca, *Sobre os Benefícios*, foi também editada.[33] Os rapazes que estudavam em instituições de elite por toda a Europa aprenderam que a sociedade dependia da sua liberalidade — isto é, da sua generosidade, probidade moral e valores cívicos.

A meio do século XVII, tinham, pois, decorrido mais de dois mil anos desde que os europeus começaram a convocar a liberalidade como uma virtude necessária. Se alguma vez existiu uma tradição liberal, terá sido esta.

A liberalidade vista por Thomas Hobbes e John Locke

Hoje, Thomas Hobbes (1588–1679) e John Locke (1632–1704) são comummente encarados como os pais fundadores do liberalismo. Isto não deixa de ser intrigante, porque eles nunca utilizaram essa palavra e tinham perspetivas radicalmente diferentes sobre o que era a liberalidade.

Hobbes rejeitava absolutamente a tradição liberal acima descrita. Os homens, afirmava, eram naturalmente violentos e egoístas. «Pobres», «sórdidos» e «brutais», eram norteados pelo medo mútuo. A guerra era a sua condição natural. Os seres humanos, asseverava Hobbes, eram incapazes de se governarem a si mesmos ou de viverem juntos pacificamente sem um líder poderoso «que lhes inspire temor e que oriente as suas ações para o benefício comum». Uma «guerra perpétua de cada homem contra o seu vizinho» só poderia ser evitada por um governo forte e indiviso nas mãos de um monarca absoluto.[34] Não se discernia nenhuma função para a liberalidade na narrativa de Hobbes.

Os filósofos do direito natural, os moralistas e os pensadores religiosos por toda a Europa reagiram com horror às proposições de Hobbes, acusando-o de ateísmo e imoralidade. Um após outro, vários tratados apresentaram uma visão mais otimista do homem e reafirmaram a existência e a importância fundamental da liberalidade numa sociedade, frequentemente, invocando a autoridade de Cícero. Os homens eram capazes de praticar a liberalidade e, ao mesmo tempo, tinham a obrigação de a praticar. Os seres humanos tinham sido agraciados por Deus com a possibilidade de expressarem a bondade em relação aos outros. Apesar das admonições de Hobbes, a crença no poder da liberalidade sobreviveu e prosperou.

Em França, todavia, um ilustre grupo de moralistas católicos, fortemente influenciados pelo Jansenismo, desenvolveu conceções bastante semelhantes à de Hobbes.[35] Blaise Pascal, François de la Rochefoucauld, Pierre Nicole e Jacques Esprit subscreveram uma visão pessimista da natureza humana. O homem era, segundo Pascal, uma criatura vil e abjeta, cujo móbil predominante era o amor-próprio.[36] Pierre Nicole, outro eminente moralista francês da tradição jansenista, assegurou que o homem se amava a si mesmo «sem limites ou medida», e que isto o tornava violento, injusto e cruel. Sem um monarca absoluto que os contivesse, os homens viveriam num estado de guerra perpétua uns com os outros. O que mantinha a sociedade unida era o medo e a cupidez.[37] Para os jansenistas franceses, tal como para Hobbes, quando os homens trocavam serviços e civilidades entre si, isso não era devido a uma capacidade inata para praticar a liberalidade, mas sim por interesse próprio.

Curiosamente, os jansenistas não negaram a importância da liberalidade. O que fizeram foi descrever a liberalidade como uma virtude falsa, mas, em todo o caso, necessária. No seu entender, a liberalidade era algo que se aparentava à cortesia, uma forma de os homens esconderem a sua pecaminosidade natural. Em *A Falsidade das Virtudes Humanas*, de 1678, Jacques Esprit resumiu o modo de pensar dos jansenistas ao afirmar que o máximo que os seres humanos podiam fazer era «*fazerem-se passar* por liberais»[38]. Porém, vale a pena notar que vários destes pensadores jansenistas — e, em particular, Nicole — chegaram à conclusão de que essa hipocrisia era necessária para que a sociedade humana funcionasse. A liberalidade não precisava de ser sincera para consolidar a sociedade.

Outros filósofos, teólogos e escritores ignoraram ou rejeitaram este pessimismo em relação à natureza humana e a sua obsessão com as motivações pecaminosas e a hipocrisia. Um desses filósofos foi John Locke. Quando traduziu alguns dos ensaios de Nicole, Locke acentuou os aspetos positivos: «O amor e o respeito são os elos da sociedade», escreveu, «e são necessários à sua preservação.» A sociedade assentava no «tráfego da amabilidade». Sem ela, uma sociedade «não se manteria unida»[39].

A ideia de que os seres humanos eram naturalmente capazes de agir liberalmente uns com os outros e tinham a obrigação de o fazer foi reiterada em quase tudo o que Locke escreveu. No seu célebre *Ensaio Sobre o Entendimento Humano* (1689), argumentou contra as noções ortodoxas de pecado original e as teorias epistemológicas vigentes, reivindicando que as ideias morais eram aprendidas e não inatas; todos os seres humanos podiam e deviam ser ensinados acerca dos princípios morais pelos quais deveriam reger as suas vidas. Em *A Razoabilidade do Cristianismo* (1695), Locke sublinhou a importância de os cristãos se ocuparem das boas obras. O mandamento de Jesus era: «Amar os nossos inimigos, fazer o bem àqueles que nos odeiam, abençoar aqueles que nos amaldiçoam, rezar por aqueles que nos usam ultrajantemente; paciência e mansidão perante as injúrias, perdão, liberalidade, compaixão»[40].

Esta ideia de que os seres humanos tinham a capacidade e o dever de serem liberais forma também o substrato de *Dois Tratados do Governo Civil* (1690) de Locke, nos quais, mais uma vez, reconheceu que os homens tinham obrigações para com os seus semelhantes, incluindo, em particular, o dever de contribuírem para a preservação da humanidade. Em nítida oposição a Hobbes, Locke defendeu que era, em grande medida, devido ao facto de os homens poderem agir eticamente que eles não precisavam de um monarca absoluto para os governar. Os homens no estado de natureza eram capazes de contemplar e seguir uma lei moral. Por outras palavras, era precisamente porque os homens eram capazes da liberalidade que podiam viver numa monarquia limitada e constitucional com uma parcela significativa de autonomia.

Locke contribuiu ainda de outras formas para a tradição liberal que aqui relatamos. Escreveu, por exemplo, sobre a importância de ensinar às crianças a liberalidade. Em *Alguns Pensamentos Sobre a Educação* (1963), ele enumerou alguns dos mais fundamentais princípios morais que, de acordo com o seu pensamento, as crianças deveriam aprender. Estas deveriam ser ensinadas a serem «amáveis, liberais e civis» para com os outros. O egoísmo deveria ser «erradicado, e a Qualidade contrária [...] implantada.» As crianças deveriam aprender a «repartir aquilo que têm facilmente, e livremente, com os seus amigos»[41]. Uma educação deste tipo, afirmou o Terceiro Conde de Shaftesbury (1671–1731), discípulo e amigo de Locke, formava um «Temperamento e Disposição generosos, Apetites bem regulados e Inclinações dignas»[42].

O teólogo escocês George Turnbull (1698–1748) elaborou estes princípios nas suas amplamente lidas *Observações Sobre a Educação Liberal em Todas as Suas Ramificações* (1742). O propósito de uma educação liberal, elucidou, era o de ensinar os rapazes a tornarem-se membros dignos de uma sociedade. Para isto, era necessário ensinar-lhes o «autodomínio», bem como aquilo a que Turnbull chamou a «liberdade interior», referindo-se deste modo à superação do egoísmo e do vício. Os rapazes tinham de aprender a amar as coisas certas: a justiça, a verdade e o bem maior da humanidade. Era isto o que queria dizer «humanizar o espírito» e «despertar as afeições generosas»[43].

Liberalidade do Iluminismo

Hoje, é frequente dizer-se que o liberalismo deve a sua origem ao Iluminismo, mas também aqui importa referir que ninguém falava de liberalismo no século XVIII. A palavra e o conceito ainda não tinham sido concebidos. Todavia, a liberalidade continuou a ser advogada e, graças a novas formas de comunicação, disseminada como nunca tinha sido antes.

A liberalidade do Iluminismo era ainda uma virtude associada sobretudo à nobreza de nascimento e às elites aristocráticas. O *Dicionário da Língua Inglesa* do Dr. Johnson* definia a palavra «liberal» como o «que não é desprezível; que não é humilde de nascimento» ou o «que é próprio de um cavalheiro». Tal como antes, era amplamente assumido que apenas uns quantos eleitos teriam acesso à educação que formaria o

* Samuel Johnson (1709–1784), poeta, ensaísta e crítico inglês. [*N. da T.*]

«temperamento generoso e amável»[44] deste homem liberal. John Locke redigiu o seu tratado sobre a educação com o jovem cavalheiro em mente, promovendo um *ethos* moral que era aristocrático. Ele prelecionou sobre a moralidade para o jovem cavalheiro, organizou um clube social para cavalheiros e assinou as suas obras como «John Locke, *Gent*».[45] De acordo com Shaftesbury, a educação apropriada a cavalheiros deveria formar um «Carácter gentil e liberal», adequado aos líderes naturais da sociedade, mas não ao «vulgo».[46] Turnbull dedicou as suas célebres *Observações* aos jovens filhos da «grande e pequena nobreza». O propósito de uma educação liberal era instilar nos espíritos dos rapazes «de boa linhagem» um «temperamento verdadeiramente liberal e varonil»[47].

Cavalheirismo e varonilidade são referências comuns nos textos do século XVIII sobre as virtudes da educação liberal. Naquela época, dificilmente alguém consideraria ser boa ideia expandir os espíritos das raparigas. A obra de François Fénelon, *Da Educação das Raparigas* (1687), resumiu sucintamente o consenso reinante. Escrita por encomenda do Duque e Duquesa de Beauvilliers, que tiveram nove filhas, a obra foi rapidamente traduzida para inglês e alemão e teve várias reedições durante os séculos XVIII e XIX, o que fez dela um dos mais populares manuais de educação do seu tempo. A instrução das raparigas, escreveu Fénelon, deveria ser mantida no interior de limites estreitos. Era importante «restringir os seus espíritos o mais possível», mantendo-as concentradas nas suas obrigações domésticas, isto é, «gerir uma casa, fazer um marido feliz e criar os filhos». O estudo humanístico deveria ser explicitamente sonegado às mulheres, pois este poderia «subir-lhes à cabeça»[48].

Cem anos depois, um reformista esclarecido como Adam Smith (1723–1790) ainda considerava ser recomendável que as raparigas do seu tempo aprendessem somente o que lhes era *útil* saber e «nada mais». Cada elemento da sua educação deveria prepará-las para os seus papéis domésticos predestinados: «Quer aprimorando os encantos naturais da sua pessoa, quer conformando o seu espírito à reserva, à modéstia, à castidade e à economia; e assim garantir a possibilidade de se tornarem senhoras de família e de se comportarem devidamente quando tal acontecer.»[49] No tempo de Smith, as teorias biomédicas sobre a «natureza» das mulheres reforçavam as noções tradicionais sobre o que constituía uma educação conveniente às mulheres, sugerindo que o exercício do labor intelectual era prejudicial para a sua saúde.[50]

Em contrapartida, a formação do espírito liberal nos homens foi cada vez mais valorizada durante o Iluminismo. O próprio Smith beneficiou do ensino das artes liberais, antes de prosseguir os estudos universitários e de exercer funções como professor de filosofia moral na Universidade de Glasgow. Aí, Smith estudou filosofia moral sob a orientação de Francis Hutcheson (1694–1746), cujos ensinamentos enfatizavam a importância da liberalidade, isto é, do exercício de «atos de amabilidade para com os outros»[51]. A palestra inaugural de Hutcheson em Glasgow versou sobre «A confraternidade natural da humanidade». Refutando explicitamente a filosofia egotista de Hobbes, Hutcheson asseverava que os seres humanos eram dotados de um sentido moral que os tornava capazes de discernir a virtude das afeições compassivas, generosas e beneficentes e os encorajava a agirem em consonância. A «cultura dos nossos espíritos», ensinava, «consiste principalmente em formar opiniões justas sobre os nossos deveres», sem nunca deixar de ter em conta que o interesse coletivo era um dos mais importantes deveres de todos.[52] Para ficarem a saber mais sobre estes deveres, Hutcheson recomendava aos seus alunos a leitura de Cícero, Locke e Shaftesbury.

Frequentemente, uma disposição liberal misturava-se com condescendência, se não mesmo com completo desdém, pelos pobres. Decerto, era este o caso em França, onde a liberalidade continuou a ser rigorosamente identificada com o estatuto da nobreza ao longo de quase todo o século XVIII. Num dos seus notáveis sermões, o bispo e orador católico Jean-Baptiste Massillon (1663–1742) explicou que as classes baixas eram menos capazes da liberalidade, pois a generosidade, os sentimentos elevados e a sensibilidade para com os desfavorecidos eram marcas da nobreza.[53] John Locke fez observações semelhantes. O ensino das artes liberais, afirmou, não se destinava «à parte maior da Humanidade, que está entregue ao Labor e é escravizada pela necessidade da sua condição mesquinha». Locke escreveu ainda que as crianças pobres poderiam começar a trabalhar a partir dos três anos de idade.[54] Como agente do colonialismo inglês, são também da sua lavra textos que apoiavam a escravatura.[55] Durante quase todo o século XIX, publicações periódicas, tratados e dicionários disseminaram estas ideias. O ensino das artes liberais era descrito como sendo «adequado a Cavalheiros e Literatos», enquanto o ensino dos «Ofícios Mecânicos e Manuais» era apropriado ao «Povo humilde», destinado a ocupações «servis»[56].

Também na América, a pequena nobreza mais estabelecida tendia a encarar as pessoas comuns como naturalmente pobres de espírito e intolerantes. Para Nathanael Greene (1742–1786), um dos generais de George Washington, «a grande massa do Povo» era «tacanha, egoísta e iliberal».

Nada tinha em comum com um cavalheiro, detentor de uma mais nobre natureza.[57] O próprio George Washington ter-se-á referido a uma «turba de ovelhas», e John Adams ao «comum Rebanho da Humanidade». «As Pessoas Comuns», escreveu, «não possuem nenhuma Ideia de Erudição, Eloquência e Génio.» As suas «Imaginações vulgares e rústicas» eram facilmente desencaminhadas.

Transformações iluministas

Durante o Iluminismo, embora se tenha mantido o teor momentoso da liberalidade, foram também introduzidos novos usos para o termo. O seu âmbito foi ampliado e, em alguns casos, democratizado. Agora era possível falar não só de indivíduos liberais, mas também de *sentimentos*, *ideias* e *modos de pensar* liberais. Estes sentimentos, ideias e modos de pensar podiam manifestar-se em círculos mais alargados de pessoas: escritores e literatos, pregadores e funcionários públicos, a população educada, ou mesmo uma geração inteira.

O ensino das artes liberais era ainda encarado como uma forma importante de inculcar a liberalidade nos rapazes da elite, mas os filósofos do Iluminismo começaram a pensar que era possível aprender a ser liberal noutros contextos. Um indivíduo podia adquirir a liberalidade em diversos lugares de sociabilidade, tais como clubes de cavalheiros, lojas maçónicas, salões e exposições de arte, que naquela época proliferavam.[58] Assim, um clube de cavalheiros londrino do século XVIII descrevia o seu propósito do seguinte modo: «Aprimoramento mútuo pela confabulação liberal e inquirição racional.» O clube pretendia disseminar por todo o país uma «liberalidade do espírito», que os seus membros acreditavam ser um veículo do progresso.[59] Aparentemente, era agora possível que alguém se tornasse liberal, pensando e falando livremente com os outros. E esta liberalidade conduziria ao aprimoramento de toda a sociedade.

O historiador escocês William Robertson (1721–1793) reportou entusiasticamente a difusão da liberalidade. No decurso da História, escreveu, os sentimentos liberais cresceram e disseminaram-se por toda a Europa. Graças a eles, os modos dos Europeus tornaram-se mais gentis, refinados e civilizados.[60] Os preceitos liberais, reconheceu um pensador alemão do século XVIII, eram princípios que estavam alinhados com as forças razoáveis, morais e progressivas da História.[61] Muitos outros concordaram. George Washington celebrou o «sentimento crescente de liberalidade» da sua época, convicto de que este teria uma «influência positiva na humanidade»[62].

Um dos contributos mais importantes da liberalidade para o aprimoramento da humanidade era a promoção da tolerância religiosa. Isto era algo novo. A conceção cristã que remontava a Santo Agostinho (354–430) sustentava que a punição dos hereges era um ato de caridade, já que ajudava a salvá-los aos olhos de Deus e evitava que a sociedade degenerasse no caos. Jacques-Bénigne Bossuet (1627–1704), pregador da corte francesa, não via nenhuma contradição entre instigar o seu rei a ser liberal e a «pensar grandes pensamentos» pelo «bem da humanidade»[63] e, ao mesmo tempo, elogiá-lo pela escalada de perseguições aos protestantes franceses, que incluiu a conversão forçada, o aprisionamento e o exílio de centenas de milhares de franceses e francesas. Não há nenhuma evidência de que ele — nem ninguém naquela época — tenha feito a ligação entre a virtude da liberalidade e a ideia de tolerância religiosa.

John Locke parece ter sido o primeiro a fazer essa ligação. Alarmado pela crescente perseguição aos protestantes em França de Luís XIV, e também preocupado com as sucessivas dissidências entre os protestantes do seu próprio país, Locke associou os conceitos de liberalidade e tolerância na sua *Carta Sobre a Tolerância* (1685). A tolerância, propôs Locke, não só era «conforme ao Evangelho de Jesus Cristo», como era a «principal marca identificadora da Igreja Verdadeira». Desta forma, Locke fez da tolerância religiosa um dever cristão. Mas não bastava que se tolerassem uns aos outros, afirmava. Os cristãos eram intimados a *serem liberais* uns com os outros. «De modo algum», disse Locke, «devemos contentar-nos com as Medidas estreitas da simples Justiça [...]. A Caridade, a Beneficência *e a Liberalidade* devem juntar-se-lhe. A isto o Evangelho intima; a isto a Razão ordena; isto requer de nós a Confraternidade natural em que nascemos.»[64] Locke distendeu amplamente a injunção que convocava os indivíduos a serem liberais, pelo menos, para a sua época. Ela aplicava-se a todas as fações protestantes, e até aos pagãos, muçulmanos e judeus. Mas, para Locke, a liberalidade ainda tinha limites; ele não incluiu a maior parte dos católicos ou dos ateístas.[65] Outros, depois dele, distendê-la-iam ainda mais.

Na verdade, ao longo do século XVIII, a tolerância religiosa tornou-se um valor liberal fundamental. Os protestantes dissidentes — protestantes que não pertenciam à Igreja de Inglaterra instituída — foram especialmente importantes na sua disseminação. Sujeitos a uma série de constrangimentos legais, eles fizeram campanha pela revogação das leis restritivas sob a insígnia da liberalidade. Por exemplo, num sermão sobre «assuntos liberais», o ministro protestante dissidente Samuel Wright (1683–1746) declarou que ser liberal implicava enfrentar os intolerantes. A liberalidade intimava todos os cristãos a apoiarem «Princípios de Liberdade em Matérias civis e religiosas»[66]. Desta forma, a liberalidade começou a ser associada não só à tolerância religiosa, mas também à demanda de uma reforma política e legal.

Richard Price (1723–1791) foi um dos líderes da comunidade dissidente e manteve amizade com Benjamin Franklin e Thomas Jefferson. Acerca dos «sentimentos liberais», Price afirmou o seguinte: «Eles extirpam os preconceitos infelizes que nos fazem desconfiar uns dos outros; e permitem-nos encarar, com igual satisfação e alegria, os nossos vizinhos, amigos e conhecidos, sejam quais forem as suas modalidades de culto ou os seus sistemas de fé.»[67] O *Dicionário Oxford da Língua Inglesa* regista que, em 1772, a palavra «liberal» passou a significar «livre de viés, preconceito ou intolerância; de espírito aberto, tolerante». No final do século, um número crescente de cavalheiros com um espírito liberal advogava uma noção cada vez mais alargada de tolerância religiosa, designando-a como a mais «justa e liberal» política que um governo podia adotar.[68]

Um desses cavalheiros foi George Washington, que, enquanto presidente dos Estados Unidos, advogou aquilo a que chamava uma política religiosa liberal. Com isto, pretendia referir-se a uma política generosa e tolerante que outorgava a liberdade de culto, não só às diversas fações protestantes, mas também aos católicos e aos judeus. Na célebre «Carta aos Católicos Romanos dos Estados Unidos da América», a 15 de março de 1790, Washington escreveu: «À medida que a humanidade se torna mais liberal, inclinar-se-á a consentir que todos os que procedem como membros dignos da comunidade sejam igualmente investidos com a proteção do governo civil. Espero ver a América entre as nações cimeiras em exemplo de justiça e liberalidade.»[69] Dirigindo-se à Congregação Hebraica de Newport (1790), escreveria, alguns meses depois: «Os cidadãos dos EUA devem congratular-se por terem oferecido à humanidade exemplos de uma política engrandecida e liberal — uma política digna de ser emulada. Todos possuem igual liberdade de consciência e privilégios de cidadania.»[70] Não tardou até que a América ficasse conhecida pelas suas leis liberais respeitantes à religião e à separação entre a Igreja e o Estado, vista como um princípio americano por excelência.

Teologia liberal e cristianismo liberal

O Iluminismo fez outra contribuição crítica para a história da liberalidade, inventando as noções de «teologia liberal» e «cristianismo liberal», cuja influência na história do liberalismo foi bastante negligenciada. A expressão «teologia liberal» foi cunhada por literatos alemães e protestantes como Johann Salomo Semler (1725–1791), que a usou pela primeira vez em 1774.[71] Com este termo, Semler quis referir-se a uma perspetiva religiosa e a um modo de ler a Bíblia que era esclarecido e erudito, adequando-se, por isso, aos homens liberais de um século esclarecido.[72] Era uma teologia livre de restrições dogmáticas e aberta à interrogação crítica. A abordagem «liberal» de Semler à Bíblia levou-o a concluir que a essência do cristianismo não era dogmática, mas sim moral.

As ideias de Semler inauguraram um longo e aceso debate sobre a relação entre o liberalismo religioso e a ortodoxia. A sua teologia liberal rapidamente ganhou terreno na Alemanha, tornando-se a corrente teológica dominante no final do século. A sua influência estender-se-ia além da Alemanha. Em 1812, a publicação unitarista americana *General Repository and Review* endereçou rasgados elogios a Semler, «o mais instruído e o mais esclarecido» dos teólogos, por ter «aberto um campo livre para os espíritos liberais» e advogado «noções arrojadas e liberais»[73].

O termo «cristianismo liberal» (distinto de «teologia liberal») poderá ter sido inventado na América, onde foi introduzido por um pequeno mas efusivo grupo de clérigos protestantes que se aglomeravam na região de Boston. Chamados «cristãos liberais» ou, por vezes, o «partido liberal», acabariam por adotar o rótulo de «unitaristas». O seu mais notável proponente foi William Ellery Channing (1780–1842)[74], cujos escritos foram traduzidos e extensamente divulgados para além dos Estados Unidos. Tanto a teologia liberal quanto o cristianismo liberal desencadearam uma controvérsia acesa e duradoura que viria a ter um enorme impacto na história do liberalismo, maculando-o aos olhos de muitos.

Os cristãos liberais eram, em regra, cavalheiros abastados e educados. A sua religião, afirmavam, era apropriada aos homens corteses e instruídos, homens com uma educação liberal e de bom gosto. Estes homens abominavam a «iliberalidade deplorável» dos desinstruídos[75], aqueles que eram suscetíveis a «entusiasmos» e propensos à intolerância. A religião de um cavalheiro liberal era «uma coisa serena e racional, o resultado do pensamento e da consideração»[76]. Era a própria antítese do «Frenesi religioso», dos «Guinchos e Gritos acres; Tremores e Exaltações Convulsivas» que caracterizavam diversas formas de revivalismo popular.[77]

Segundo os seus proponentes, o cristianismo liberal era uma versão renovada e bastante necessária do cristianismo, mais compatível com os valores esclarecidos da época em que viviam. Não se alongava em doutrinas lúgubres sobre a pecaminosidade do homem, nem salientava os dogmas ou o sobrenatural. Em vez disso, enfatizava a importância do comportamento moral e da crença na capacidade de o homem se aprimorar a si mesmo. Os cristãos liberais orgulhavam-se da sua tolerância em relação a outras fações protestantes, bem como de serem sociáveis e razoáveis. A religião que subscreviam cultivava aquelas que eram, nas palavras de um dos pregadores favoritos de Locke, as «disposições livres e liberais»[78].

A liberalidade politizada

Nem todos os pensadores do Iluminismo estavam convencidos de que a sociedade se aprimorava sob a influência da liberalidade. À medida que as economias cresceram, mudaram e geraram riqueza sem precedentes, alguns deles começaram a preocupar-se com a crescente desigualdade, vacuidade e egoísmo que pareciam acompanhar o processo. Num afamado ensaio de meados do século, o filósofo genebrino Jean-Jacques Rousseau (1712–1788) rejeitou a ideia de que as artes liberais contribuíam para melhorar a sociedade. À maneira dos jansenistas antes dele, afirmou que estas se limitavam a camuflar uma sociedade profundamente corrupta.[79] Os homens estavam a tornar-se mais instruídos e corteses, mas estavam também a perder os seus valores cívicos, a sua devoção ao bem comum. Os homens modernos não estavam à altura do antigo ideal romano de cidadania que Cícero e outros tinham descrito.

Os efeitos da mudança económica inquietaram particularmente os pensadores escoceses. Adam Ferguson (1723–1816), um leitor atento de Cícero e de Rousseau, deplorou os valores mercenários que pressentia estarem a expandir-se. O egoísmo ameaçava os elos da sociedade, transformando a Escócia numa «nação servil de hilotas»[80]. A obsessão com o comércio e a riqueza conduzia ao abandono dos deveres cívicos, dando origem àquela a que Adam Smith (1723–1790), o seu célebre compatriota, chamaria uma sociedade de estranhos.

Muitos outros pensadores do Iluminismo juntaram-se a Rousseau, Ferguson e Smith, refletindo profundamente sobre o modo de ensinar os cidadãos a interessarem-se mais pelo bem-estar geral. Parecia a estes filósofos que as artes liberais, tal como eram ensinadas, não estavam a funcionar. Até mesmo um cientista como Joseph Priestley (1733–1804) lamentou que o ensino das artes liberais no seu tempo se tivesse tornado demasiado técnico — não havia nada de verdadeiramente liberal nele. Um ensino das artes liberais útil deveria prestar mais atenção à educação cívica, afirmou. Os estudantes deveriam aprender o patriotismo, escreveu um reformador escocês; outro defendeu que os rapazes deveriam aprender o amor à liberdade, o espírito público e o zelo pela constituição. A liberalidade, relembrou Adam Ferguson, não era sinónimo de um mero refinamento ou sociabilidade cosmopolita, mas antes «o hábito da alma pelo qual nos tornamos parte de uma comunidade adorada [...], cujo bem-estar geral é, para nós, o supremo objeto de zelo e a grande regra da nossa conduta». Os sentimentos verdadeiramente liberais visavam à manutenção de uma constituição livre.[81] Animavam um compromisso cívico.

Das cartas liberais às constituições liberais

Desde os tempos medievais, reis e imperadores concederam cartas que conferiam direitos e privilégios a cidades, associações ou indivíduos. Os soberanos que as concediam, ou as próprias cartas, eram designados liberais quando os direitos que conferiam eram suficientemente robustos e incluíam, por exemplo, concessões económicas generosas e uma autonomia considerável.[82] Quando os ingleses deixaram a sua terra natal pelo Novo Mundo, levaram consigo as chamadas cartas liberais que estabeleceram as colónias[83] e, quando surgiram as tensões entre Inglaterra e a América a meio do século XVIII, muita da discussão girou em torno de saber se o governo britânico tinha o direito de mudar os termos destas cartas e impor novas leis e impostos. Os americanos insistiam que tais imposições violavam as cartas, bem como as salvaguardas que lhes eram garantidas pela Constituição britânica. Tinham deixado de ser generosas, já não se baseavam no princípio da reciprocidade; tinham deixado de ser liberais.

Foi neste ambiente altamente politizado que Adam Smith publicou o seu célebre livro *Uma Investigação Sobre a Natureza e as Causas da Riqueza das Nações* (1776). Hoje encarado como um texto fundador do liberalismo clássico, interpelava diretamente as preocupações americanas. O próprio Smith definiu-o como «um ataque bastante violento [...] a todo o sistema comercial da Grã-Bretanha»[84]. Não só contestava as políticas comerciais inglesas, advogando antes aquilo a que chamava um «sistema liberal de livre exportação e livre importação», como utilizava a economia da América do Norte para colocar em evidência as falhas da economia de Inglaterra. A América ilustrava as vantagens de um sistema de liberdade natural, no qual o investimento desimpedido na agricultura era a causa do rápido progresso em direção à riqueza e à grandiosidade.[85] Pelo contrário, o complexo e corrupto sistema de tarifas aduaneiras, bonificações, monopólios e outros artifícios legais que vigorava na Grã-Bretanha apenas contribuía para enriquecer aqueles que já eram ricos, deixando o resto do país na pobreza.

O uso que Smith fez da palavra «liberal» na *Riqueza das Nações* invocava um significado centenário com o qual já estamos familiarizados. Era uma palavra cujo significado moral teria sido entendido por qualquer cavalheiro educado da sua época. No Livro IV, capítulo 9, Smith argumentou a favor de «permitir que cada homem se ocupe do seu interesse próprio à sua maneira *sobre um plano liberal de igualdade, liberdade e justiça*». O «plano liberal» de Smith, como os seus leitores terão imediatamente reconhecido, não implicava somente a liberdade, mas também a generosidade e a reciprocidade.

Não é muitas vezes lembrado que a primeira grande obra de Smith — e, possivelmente, a sua mais influente obra — se debruçava sobre a ética. Na sua *Teoria dos Sentimentos Morais* (1749), Smith escreveu: «Não é cidadão aquele que não anseie promover, por todos os meios ao seu alcance, o bem-estar de toda a sociedade dos seus concidadãos.» «O homem sábio e virtuoso», continuou, «está sempre disposto a que o seu interesse privado se sacrifique em nome do interesse público da sua ordem ou sociedade particular. Ele está sempre disposto, também, a que o interesse desta ordem ou sociedade se sacrifique em nome do interesse maior do estado ou soberania, de que ele é tão-só uma parte subordinada.»[86] Smith sancionou ainda a «liberalidade» como uma das virtudes cardinais, e o tratado inclui uma longa discussão sobre a gratidão e a beneficência.[87]

Os princípios liberais que Smith advogou em *Riqueza das Nações* eram «do interesse do coletivo», opondo-se aos princípios mercantis harmonizados com a «vil rapacidade» dos comerciantes e industriais britânicos que, de par com a aristocracia latifundiária, conspiravam contra o bem coletivo.[88] Smith defendeu o comércio livre sob o pressuposto de que este aumentaria o bem-estar dos «indivíduos nas posições sociais inferiores» e funcionaria «em benefício dos pobres e indigentes»[89].

Como seria de esperar, os americanos leram *A Riqueza das Nações* como uma justificação para a sua política de separação de Inglaterra. Uns meses depois da sua publicação, o Congresso Continental abriu os portos americanos a todas as embarcações estrangeiras, e os apelos americanos pelo comércio livre subiram de tom. Estava em jogo a própria sobrevivência do novo país. Através da negociação de novos acordos liberais de comércio com as nações do mundo, a América confiava no advento de uma nova era de prosperidade e paz. E, no dia 4 de julho de 1776, o Congresso Continental adotou a Declaração da Independência pela qual os Estados Unidos anunciaram a sua secessão do Império Britânico e as razões que os levavam a tal.

Os governos, defendiam os americanos, baseavam a sua autoridade no consenso dos governados. Estes eram instituídos para assegurar os direitos inalienáveis dos homens. Sempre que um governo viesse prejudicar esses fins, as pessoas tinham o direito de lhe resistir ou mesmo de o derrubar. Além disso, todos os homens nasciam iguais e possuíam o direito à vida, à liberdade e à procura da felicidade. Não tardou muito até que os treze novos estados se munissem de constituições escritas que estabeleciam, na prática, o mesmo princípio: era para assegurar os direitos inalienáveis dos homens que os governos eram instituídos.

Decerto, a preocupação com os direitos e a sua salvaguarda não era nova em 1776. O próprio governo britânico reconhecia que tinha concedido cartas conferindo direitos e privilégios às colónias. A grande diferença na Declaração da Independência era que os direitos eram agora vistos como naturais, equitativos e vinculativos. Já não eram entendidos como privilégios concedidos por um soberano liberal e, por isso, sujeitos a serem revogados por ele.

Esta inflexão no conceito de direitos implicou uma mudança correspondente no uso da palavra «liberal». Se antes tinha sido empregada para designar as concessões generosas e reveladoras do amor à liberdade que um soberano conferia aos seus súbditos, ou o comportamento magnânimo e tolerante de uma elite aristocrática, agora era utilizada para descrever a constituição generosa e livre de um povo que se legislou a si mesmo.

América, o país mais liberal do mundo

Nos anos que se seguiriam, e à medida que os europeus foram sabendo das constituições americanas, teve lugar um debate sobre qual seria a forma de governo mais liberal, a britânica ou a americana. Os americanos vangloriavam-se de as suas constituições serem as mais liberais do mundo. Sermões patrióticos espalhavam a mensagem. Os pastores americanos utilizavam uma combinação de linguagem cristã, republicana e liberal para demonstrar esta ideia. Num sermão proferido em 1780 para celebrar a Constituição de Massachusetts, Samuel Cooper (1725–1783), um ministro congregacional de Boston com formação em Harvard, mostrou-se convicto de que «os governos liberais e as sensatas instituições políticas da América» atrairiam imigrantes vindos dos quatro cantos do mundo.[90] Ezra Stiles (1727–1795), um ministro congregacionalista com formação em Yale que viria a ser presidente de um dos colégios dessa mesma universidade, saudou o sistema republicano da América como «o mais equitativo, liberal e perfeito» sistema imaginável.[91] O reverendo Joseph Lathrop (1731–1820) assinalou que a Constituição britânica tinha sido, em determinado momento, «mais liberal [...] do que a maior parte das outras formas de governo na Europa»; mas agora a Constituição americana era «ainda mais liberal»[92]. Estas referências podiam multiplicar-se indefinidamente. Em *História da Revolução Americana* (1789), David Ramsay estabeleceu a razão fundamental pela qual a Constituição americana era mais liberal do que as europeias: «A liberdade dos modernos governos europeus», afirmou, era «em grande parte alcançada por via das concessões ou da liberalidade de monarcas ou líderes militares. Só na América a razão e a liberdade concorreram para a formação de constituições.»[93]

Também na Europa se discutia qual era a forma de governo mais liberal. Richard Price concluiu que era a americana. As suas «Observações sobre a importância da Revolução Americana» foram publicadas em 1784, tendo sido rapidamente traduzidas para francês. A América, escreveu, possuía agora governos «mais liberais do que qualquer um que o mundo tivesse conhecido»[94]. Muitos europeus concordaram.[95] As constituições da América fizeram dela a terra da liberdade, o país mais liberal do mundo.

Mas um país liberal não era um país democrático. Os Estados Unidos não eram, de modo algum, uma democracia no século XVIII. Em todo o caso, para a maior parte das pessoas naquela época, «democracia» era sinónimo de anarquia ou lei da multidão. Mas tão-pouco os Estados

Unidos reconheciam privilégios hereditários. Assim, *cada cidadão* era intimado a demonstrar «uma autêntica e nobre liberalidade de sentimento e afeição», um compromisso cívico de cada indivíduo «abarcar o bem de todos»[96].

A admiração dos europeus pela Constituição dos Estados Unidos não significava que eles aprovassem todos os seus aspetos. Muitos lastimavam a instituição da escravatura e denunciaram-na nos seus escritos. Em 1778, o jurista escocês John Millar (1735–1801), antigo aluno de Adam Smith, escreveu o seguinte: «Proporciona um curioso espetáculo que as mesmas pessoas cuja voz se ergue para falar de liberdade política, e que consideram o privilégio de estabelecerem os seus próprios impostos como um dos direitos inalienáveis da humanidade, não tenham escrúpulos ao reduzir uma grande parcela dos seus semelhantes a circunstâncias pelas quais são não só privados da propriedade, mas de quase toda a espécie de direitos. Talvez a fortuna nunca tenha produzido uma situação mais propícia a expor ao ridículo a hipótese liberal, ou a mostrar quão pouco a conduta dos homens se rege, no fundo, por princípios filosóficos.»[97]

Também nas antigas colónias se tornava cada vez mais difícil conciliar os «sentimentos liberais» com a defesa da escravatura.[98] Assinando «Um Liberal» — talvez o primeiro uso da palavra como um nome —, o autor de um artigo no *Pennsylvania Packet* de 25 de março de 1780 defendeu abertamente a abolição da escravatura.[99] Outro redator, assinando com o nome «Liberalis», escreveu no *Pennsylvania Journal* em 1781: «Um bom *whig* tem de considerar quão incoerentes se afiguram ao povo da Europa os cidadãos destes estados, os quais, embora esclarecidos no que diz respeito aos seus direitos, são ainda cegos ao caso dos pobres africanos.» Naturalmente, declarou, «todos os homens são livres e iguais»[100]. E, no entanto, como bem sabemos, a constituição federal não aboliu a escravatura, mas, antes, protegeu-a.

Entretanto, os antiabolicionistas argumentavam que a escravatura não era, de modo nenhum, incoerente com os princípios liberais. Os princípios liberais e fundadores da nação, escreveu um deles, não eram contrários à instituição da escravatura. O estadista britânico Edmund Burke (1729–1797), hoje encarado como um dos fundadores do conservadorismo, também não considerou que a escravatura enfraquecesse o «espírito da liberdade» no Sul. Pelo contrário, ele defendeu que era precisamente no Sul que a liberdade era «mais nobre e liberal»[101].

Houve quem sugerisse que os princípios liberais deveriam aplicar-se às mulheres. Enquanto John Adams participava no Congresso Continental em Filadélfia, a sua mulher, Abigail, endereçou-lhe uma célebre missiva: «Supondo que será necessário que elabores um novo código legal, gostaria que te lembrasses das senhoras, sendo-lhes mais generoso e favorável do que os teus antepassados. Não coloques tão ilimitado poder nas mãos dos maridos. Lembra-te, todos os homens seriam tiranos se pudessem.» [102] Depois de ser ignorada pelo seu marido, Abigail Adams (1744–1818) escreveu ao autor político Mercy Otis Warren (1728–1814), dando voz à sua frustração por ainda não terem sido estabelecidas «algumas leis a nosso favor assentes em princípios justos e liberais», para que «o Arbitrário e o tirano» não mais fossem capazes de «ofender-nos com impunidade»[103].

O estabelecimento de um sistema liberal de governo na América suscitou, efetivamente, um pensamento renovado que indagava o propósito de uma educação liberal e a quem é que ela deveria ser concedida. Noah Webster (1758–1843), célebre pelo seu dicionário, cadernos de ortografia e livros de estudo, queria que a América se distinguisse da Europa por meio de um novo sistema de educação pública. Citando o filósofo francês Montesquieu, argumentou que o sistema de educação de um país deveria ser «semelhante aos seus princípios de governo». Nos governos despóticos, as pessoas deveriam ter pouca ou nenhuma educação; e nas monarquias, a educação deveria ser adaptada à posição social de cada classe de cidadãos. Mas nas repúblicas, «onde [o governo] está nas mãos do povo», o conhecimento devia ser disseminado mais amplamente, incluindo mesmo «as pessoas na posição social inferior». «Quando falo de uma difusão do conhecimento», esclareceu, «não me refiro simplesmente ao conhecimento da ortografia ou do Novo Testamento.» Tão-pouco a educação deveria restringir-se à ciência. Para Webster, era extremamente importante «que os sistemas de educação [...] implantassem nos espíritos da juventude americana os princípios da virtude e da liberdade, inspirando-os com ideias justas e liberais de governo»[104].

Nos anos imediatamente a seguir à Revolução Americana, teve lugar uma expansão considerável das oportunidades educacionais. Houve até quem defendesse que a educação das mulheres deveria ser alargada. Em «Pensamentos sobre a educação feminina» (1787), Benjamin Rush (1746–1813), cirurgião-geral do exército* e signatário da Declaração da Independência, expressou o seu desgosto pelo facto de muitos homens sustentarem ideias «iliberais» sobre a educação das mulheres.

* Chefe do Departamento Médico do Exército dos EUA. [*N. da T.*]

A preocupação destes era que uma educação liberal tornasse as suas esposas negligentes com os deveres domésticos e difíceis de gerir. Rush considerava que tudo isto era mau discernimento. Uma melhor educação faria das mães americanas melhores esposas e companheiras e também melhores educadoras dos seus filhos. Para a forma de governo republicano da América, era indispensável que as mulheres americanas recebessem uma educação adequada. Deste modo, elas poderiam formar cidadãos mais instruídos acerca dos princípios do seu governo.

* * *

Como vimos, nas vésperas da Revolução Francesa, e antes da invenção do «liberalismo», existiu na Europa uma tradição centenária que exortava os homens a serem liberais. Um termo originalmente utilizado para designar as qualidades ideais de um cidadão romano, o seu amor à liberdade, a sua generosidade e o seu espírito cívico, foi cristianizado, democratizado e politizado, de tal modo que, quando o século XVIII começou, podia ser empregue para descrever a Constituição americana. Uma constituição liberal requeria cidadãos liberais — por outras palavras, homens que amassem a liberdade, generosos e com espírito cívico, que compreendessem a sua conexão aos outros e os seus deveres para com o bem comum. Aprender tais valores requeria o ensino das artes liberais. Alguns acreditavam que requeria também uma forma liberal de cristianismo, tolerante, razoável e aberta à livre inquirição e à ciência.

CAPÍTULO DOIS

A REVOLUÇÃO FRANCESA E AS ORIGENS DO LIBERALISMO, 1789–1830

Discussões sobre palavras são sempre discussões sobre coisas.
— Madame de Staël, 1810

No dia 3 de agosto de 1787, o Marquês de Lafayette escreveu ao seu amigo George Washington com excelentes notícias: «O espírito da liberdade está a espalhar-se por este país a grande velocidade», afirmou, «as ideias liberais cruzam o reino de um extremo ao outro.»[105] Lafayette tinha servido no exército de Washington durante a Guerra Revolucionária Americana e era um grande admirador da Constituição americana. Estava satisfeito por reportar que os franceses, depois de viverem durante séculos sob uma monarquia absoluta opressiva, estavam prontos para um sistema liberal de governo semelhante ao da América.

Quando Lafayette escreveu esta carta, ele integrava a Assembleia dos Notáveis, um conselho convocado pelo rei francês Luís XVI para o ajudar a resolver uma crise — o seu erário estava à beira da bancarrota e o povo clamava por uma reforma. É claro que Lafayette não tinha maneira de saber que estava prestes a estourar uma revolução, e que ela daria origem ao conjunto de ideias a que se chamaria «liberalismo».

Aqueles de entre nós habituados a ouvir que o liberalismo é uma tradição anglo-americana talvez se surpreendam por saber que o seu nascimento se deve, na realidade, à Revolução Francesa. A palavra em si só foi cunhada, aproximadamente, em 1811, e foram homens e mulheres como o Marquês de Lafayette e os seus amigos, Madame de Staël e Benjamin Constant, que primeiro formularam as ideias a que ela se referia.

* * *

Durante centenas de anos, «liberal» foi uma palavra utilizada para descrever os atributos louváveis de um membro de uma elite dominate. Na Época dos Romanos, era um cidadão da república; na França do século XVIII, um nobre. Num dicionário parisiense de 1771, ainda era possível ler-se o lugar-comum de que a liberalidade era uma qualidade «essencial à nobreza»[106]. Nas vésperas da Revolução Francesa, a palavra «liberal» ainda descrevia os ideais magnânimos e patrióticos que se identificavam com uma classe dominante. Ser liberal era uma espécie de *noblesse oblige* e, como tal, escorava uma ordem hierárquica sociopolítica baseada no privilégio hereditário. Muitos nobres franceses teriam, sem dúvida, apreciado definir-se como liberais neste sentido tradicional.

Contudo, graças a pessoas como Lafayette e o seu círculo de amigos, um novo e disputado significado do termo principiava a disseminar-se. Alguns indivíduos começavam a usar a palavra para descrever *ideias, sentimentos* e até *constituições* louváveis. Lafayette enaltecia frequentemente aquela a que chamava a Constituição «livre e liberal» da América ou o seu «sistema liberal»[107], e esta foi uma das formas através das quais o significado político da palavra «liberal» se disseminou.

A Constituição americana tornou-se especialmente relevante nos anos que antecederam a revolução, quando os franceses discutiam a sua própria necessidade de uma reforma política. Cópias da Constituição federal dos Estados Unidos chegaram a França em novembro de 1787 e engendraram debates vigorosos entre os chamados *anglomanes* e *américanistes* sobre qual das duas constituições seria a melhor, a britânica ou a americana. Estes debates intensificaram-se quando a revolução eclodiu em 1789 e a Assembleia Nacional começou a implementar reformas. Lafayette integrou não só a Assembleia dos Notáveis e os Estados Gerais que lhe sucederam, mas também a Assembleia Nacional, tendo sido um defensor efusivo da Constituição americana. O seu amigo Thomas Jefferson, embaixador americano em Paris, também deu a sua opinião sobre esta questão. Nos seus círculos, a ideia de uma constituição liberal disseminou-se.

A mais importante das primeiras reformas da Assembleia Nacional foi, sem dúvida, a Declaração dos Direitos do Homem e do Cidadão, um documento que Lafayette e Jefferson ajudaram a redigir. Numa linguagem reminiscente da Declaração da Independência americana, os seus primeiros dois artigos estabeleciam que os homens nasciam e permaneciam livres e iguais em direitos, e que o propósito do governo era o de preservar estes direitos. Outros artigos decretavam que toda a soberania residia na nação, e que os poderes do governo eram instituídos para o benefício de todos. E ainda um outro artigo prometia a cada cidadão francês o direito de participar, em pessoa ou através dos seus representantes, na criação das leis. Com estas palavras simples, o Antigo Regime foi abolido. França parecia encaminhar-se para o tipo de sistema liberal a que Lafayette e outros aspiravam.

Esta fase inicial e relativamente pacífica da revolução foi recebida com grande entusiasmo em quase todo o mundo atlântico. Em Inglaterra, o dirigente *whig* Charles James Fox avançou uma célebre descrição da revolução como «o maior acontecimento que alguma vez ocorreu na história do mundo». Os bretões de espírito liberal concordaram. França parecia estar a abandonar o absolutismo e a adotar uma constituição liberal semelhante à da Grã-Bretanha. Houve quem enviasse mensagens à Assembleia Nacional Francesa, elogiando os «princípios liberais» dos deputados e a «legislação liberal» que eles aprovaram. Estes novos termos políticos começaram a ser utilizados com cada vez mais frequência. O povo americano partilhou o entusiasmo, e muitos alemães, espanhóis e italianos saudaram a revolução, esperando que as reformas liberais também chegassem até eles.

Como é evidente, nem todos estavam satisfeitos. Não tardou muito até rebentar uma discussão feroz sobre o facto de as reformas que estavam a ser aprovadas serem, ou não, liberais. A discussão produziria um dos grandes textos da teoria política, *Reflexões Sobre a Revolução em França*, de Edmund Burke, um panfleto que é hoje visto como um texto fundador do conservadorismo.

Da perspetiva aqui adotada, uma das coisas mais interessantes sobre o texto de Burke é a sua recusa em conceder o termo «liberal» aos revolucionários franceses. Ele insistiu, antes, em chamá-los «iliberais». Tais guerras de palavras poderão parecer-nos triviais hoje, mas a sua ferocidade e longevidade ao longo de todo o século XIX são indícios do que estava em causa. Como ilustrou Madame de Staël: «Discussões sobre palavras são sempre discussões sobre coisas.»[108] A disputa em torno da palavra «liberal» tinha em vista mais do que a semântica.

O debate começou na Grã-Bretanha a 4 de novembro de 1789, quando o clérigo e filósofo Richard Price proferiu um sermão que fez deflagrar uma abrasadora controvérsia. Price, como sabemos, era um dissidente religioso e um vigoroso peticionário pela abolição dos constrangimentos legais impostos aos seus correligionários. Ele era também amigo de Benjamin Franklin e tinha-se notabilizado pelo seu apoio à Revolução Americana. Numa sessão comemorativa do aniversário da Revolução Inglesa de 1688–1689, ele aproveitou a ocasião para sugerir que os bretões se inspirassem nas revoluções americana e francesa e «liberalizassem» os seus princípios fundadores, assim cunhando, muito provavelmente, o termo «liberalizar».[109]

Interpelando diretamente o povo britânico, Price declarou que, tal como os franceses, também eles tinham o direito de escolher os seus líderes, destituí-los por má conduta e até modificar a sua forma de governo se assim o desejassem. Pouco depois do discurso de Price, a Sociedade da Revolução de Londres, à qual ele pertencia, enviou uma mensagem de amizade aos deputados franceses da Assembleia Nacional, expressando o apoio dos seus membros aos «sentimentos liberais e esclarecidos»[110]. Como Price, eles aspiravam a que a sua própria Constituição fosse também liberalizada.

O sermão de Price, amplamente publicado e difundido, suscitou um debate inflamado. Edmund Burke, prestigiado *whig* e membro do Parlamento, estava em choque. Burke era um defensor acérrimo de limites constitucionais para a monarquia, opunha-se à perseguição aos católicos e, como Price, tinha sido um apoiante da Revolução Americana. Certamente, pensaria em si mesmo como um liberal no sentido tradicional da palavra. O que estava a acontecer em França, todavia, era inteiramente diferente na sua apreciação. No entender de Burke, os americanos tinham lutado por direitos historicamente existentes, enquanto os franceses estavam a inventar direitos novos. Além disso, ele estava profundamente preocupado com a possibilidade de as ideias francesas sobre soberania popular e direitos naturais atravessarem o Canal da Mancha até à Grã-Bretanha. As suas *Reflexões* defendiam vigorosamente a legitimidade do governo aristocrático. Denegrindo a «ignorância presunçosa» e os «modos selvagens» dos legisladores franceses, ele insistia em chamá-los «*não*-liberais». O destino de França tinha caído nas mãos de uma «turba porcina».[111] O panfleto de Burke converteu-se num sucesso de vendas instantâneo: treze mil cópias foram adquiridas nas primeiras cinco semanas, onze edições foram dadas ao prelo no primeiro ano, e o texto foi traduzido e disseminado por toda a Europa.

O que estava, de facto, a acontecer em França que tanto afligiu Burke? Nos meses seguintes ao sermão de Price, os deputados franceses tinham aprovado uma série de reformas que abalaram as fundações da ordem aristocrática e religiosa tradicional do país. No dia 19 de junho de 1790, foi proclamada a abolição definitiva da nobreza hereditária. A primogenitura foi eliminada, os tributos e dízimos senhoriais foram suprimidos e os votos monásticos deixaram de ser legalmente vinculativos.

O desastre fiscal iminente levou os deputados a tomarem medidas adicionais que teriam sérias repercussões. Em novembro de 1789, eles confiscaram quase toda a propriedade da Igreja com o intuito de a venderem para saldar a dívida nacional. Em contrapartida, prometeram ao clero salários assegurados pelo Estado. Mais tarde, os deputados implementariam aquela que foi, talvez, a mais drástica e controversa medida de todas: a chamada Constituição Civil do Clero. A medida, aprovada em julho de 1790 sem consulta prévia ao Papa ou à cúpula da Igreja francesa, racionalizou a estrutura da Igreja e colocou-a sob o domínio do Estado. A lei redesenhou as fronteiras das dioceses existentes e eliminou mais de um terço dos bispados. E, mais surpreendente ainda, foi decretado que os padres e bispos de cada paróquia seriam eleitos por votação. Perante a resistência a estas reformas, a reação dos deputados foi exigir a todo o clero que assinasse um juramento de lealdade à Constituição, dando como única alternativa a renúncia às suas funções. No final, cerca de metade do clero francês recusou fazer o juramento e muitos fiéis católicos, solidários com os seus sacerdotes locais, tornaram-se hostis à revolução.

As *Reflexões* de Burke condenavam inequivocamente todas estas medidas, referindo-se aos deputados como ateus fanáticos que queriam destruir a religião. A sua própria linguagem denunciava o seu ponto de vista aristocrático. Burke acusava os deputados de vulgaridade. Eles comportavam-se como «bárbaros sórdidos». Claramente, não sabiam o que significava ser um cavalheiro e, *prima facie*, não podiam ser liberais. Por outras palavras, Burke insistiu no antigo significado aristocrático da palavra e usou-a para lançar um ataque aos deputados franceses. Nada mais eram do que selvagens e traidores empenhados em infligir estragos para o seu proveito pessoal.[112] Ele vaticinava a ruína de França.

Os leitores britânicos das *Reflexões* que apoiavam a Revolução Francesa censuraram Burke pelos seus insultos e insinuações. A sua referência à turba porcina suscitou reações violentas.[113] A historiadora Catherine Macaulay recriminou-o por lhe faltarem as mesmas qualidades que se arrogava de defender; ele próprio não era um liberal.[114] Mary Wollstonecraft, que em breve se notabilizaria como defensora dos direitos das mulheres, denunciou o viés aristocrático de Burke e a sua recusa em adotar os valores liberais, utilizando o termo na nova aceção.[115] Mas o filósofo político e ativista Thomas Paine alcançou verdadeiramente o fundo da questão quando, na primeira parte do seu grande sucesso intitulado *Direitos do Homem*, argumentou que as tendências aristocráticas de Burke o tornavam completamente insensível à distinção substancial entre «pessoas» e «princípios».[116] A questão crítica, concluiu Paine, já não era a de saber se um indivíduo ou grupo de indivíduos eram liberais, mas a de saber se os princípios fundadores de uma nação o eram.

Quando a segunda parte do panfleto de Paine foi publicada, em 1792, a Assembleia Nacional de França tinha aprovado novas reformas. Uma constituição tinha sido promulgada em 1791. Esta criara uma monarquia limitada com uma assembleia unicameral, e conferira o voto a todos os homens brancos adultos com mais de trinta e cinco anos de idade que pagassem o equivalente a três dias de salário em impostos diretos. Embora o voto não tenha sido concedido às mulheres, as novas leis legalizaram o divórcio, ampliaram os direitos de sucessão das mulheres e tornaram possível que obtivessem apoio financeiro para os filhos ilegítimos.

Adicionalmente, a Assembleia passou revista ao sistema tributário e promulgou leis que punham fim aos impedimentos feudais à economia. Aboliu as guildas e desmantelou as tarifas e os monopólios comerciais. As restrições às importações foram reduzidas. Após a grande revolta de Saint-Domingue, a escravatura nas colónias foi abolida. Refletindo sobre este estágio inicial da revolução, a escritora suíça Madame de Staël enalteceu os deputados por terem dado à França as «instituições liberais» necessárias para assegurar a liberdade civil para todos.[117] Ao fazê-lo, ela fixou na memória e colocou o seu selo de aprovação não só nas reformas, mas também no novo significado e uso da palavra «liberal».

Mas as instituições liberais tinham inimigos poderosos, e nenhum deles era mais poderoso do que a Igreja Católica e a monarquia dos Bourbon. Na primavera de 1791, o Papa Pio VI tomou uma decisão crucial quando resolveu condenar por inteiro a revolução. No breve pontifício *Quod aliquantum*, apontou diretamente à Declaração dos Direitos do Homem e à Constituição Civil do Clero, condenando ambas como tentativas viciosas de destruir a Igreja e infligir estragos. Três meses depois, numa decisão consentânea de enorme repercussão, Luís XVI tentou fugir do país para se juntar aos nobres emigrados na Áustria que planeavam secretamente a contrarrevolução. Antes de partir, deixaria uma nota onde contestava todas as recentes reformas. Intercetado no momento em que se preparava para atravessar a fronteira, o rei foi detido, reconduzido a Paris e enviado para a prisão. A sua tentativa de fuga motivou acusações de traição que, por fim, levaram à sua execução em 1793.

Hoje, os historiadores descrevem o que aconteceu depois como um descarrilamento da revolução: uma primeira fase relativamente moderada e pacífica deu lugar a uma segunda fase mais radical e violenta. As causas deste descarrilamento são discutíveis, mas o que se vê para lá da discussão é que a escalada de violência — e a pressão reiterada que exerceram os acontecimentos precipitados por multidões enfurecidas — desacreditou grandemente a revolução. Em poucos meses, a antiga monarquia francesa foi derrubada e substituída por uma república. O rei e a rainha foram julgados e executados por traição. Uma guerra voraz resultou em centenas de milhares de mortos. No Ocidente, uma sublevação monarquista transformou-se numa guerra civil sangrenta que produziu incontáveis atrocidades e perdas dos dois lados. O Terror contra os «inimigos do povo» matou ainda milhares na guilhotina. Para os críticos, esta fase não foi um descarrilamento da revolução, mas a sua consequência lógica. Os «princípios liberais» a nada tinham levado, a não ser ao caos. Os medos e vaticínios de Burke pareciam estar a tornar-se realidade.

Convencidos, não sem alguma razão, de que a Igreja Católica era o seu inimigo mais poderoso, os radicais lançaram uma campanha brutal de descristianização. Milhares de sacerdotes foram forçados a renunciarem às suas funções, levados para a prisão, mortos, ou obrigados à fuga e ao exílio. O culto público foi proibido e os sinais visíveis do cristianismo foram removidos. Igrejas, monumentos e imagens religiosas foram vandalizados e destruídos. Cidades, ruas e praças públicas foram renomeadas para apagar qualquer menção a santos, reis, rainhas e nobres. O calendário gregoriano foi substituído por um calendário republicano que instituía uma semana de dez dias sem o *Sabbath* cristão, assinalando o princípio do tempo pela fundação da República Francesa e não pelo nascimento de Cristo. Foram feitas tentativas concertadas para substituir as cerimónias cristãs por cerimónias civis. Em Paris, a catedral de Notre-Dame foi renomeada como Templo da Razão. Não reconhecendo nenhuma diferença entre as fases liberal e radical da revolução, o teórico contrarrevolucionário Joseph de Maistre recriminou-a de um modo que continuaria a ecoar até ao século seguinte. Era, muito simplesmente, «satânica».[118]

Os princípios liberais de Benjamin Constant e Madame de Staël

O Reinado de Terror chegou ao fim no verão de 1794 quando o seu mais preeminente apologista, Maximilien Robespierre, foi deposto e executado. Um ano depois, o casal suíço Benjamin Constant e Madame de Staël chegou a Paris, e logo estabeleceu uma parceria formidável mantida ao longo de dezassete anos. Em resposta às tensas circunstâncias que a revolução suscitara, eles formularam o conjunto de ideias que viria a ser coletivamente conhecido como «liberalismo».

Madame de Staël era Anne-Louise-Germaine Necker, a filha de Jacques Necker, um famoso banqueiro suíço de Genebra que exerceu funções como ministro das Finanças de Luís XVI durante os últimos anos da monarquia francesa. Jovem rapariga precoce e dotada, ela tinha sido exposta às ideias do Iluminismo no salão da sua mãe em Paris, que atraía a elite intelectual e política da cidade. Quando Madame de Staël encontrou Constant em 1794, ela era casada com o embaixador sueco em França, Eric Magnus de Staël-Holstein, e ministrava o seu próprio salão parisiense para a elite intelectual e política da cidade, na qual se incluíam Lafayette, que conhecia desde a sua infância, e Thomas Jefferson. Sendo já uma autora publicada e uma celebridade, ela estava absolutamente imersa nos debates políticos da sua época e determinada a tomar parte neles.

Benjamin Constant, por outro lado, era praticamente um desconhecido. Nascido em Lausanne, filho de um capitão do exército suíço ao serviço das Províncias Unidas*, cedo mostrou sinais de ser uma promessa intelectual, tendo concluído os seus estudos na Universidade de Erlangen, na Bavária, e na Universidade de Edimburgo. Em Edimburgo, absorveu a filosofia do Iluminismo escocês e adquiriu um interesse profundo pelo estudo da religião. Quando a revolução eclodiu, Constant servia como mordomo na corte do Duque de Brunswick-Wolfenbüttel, onde assistiu de longe ao desenrolar dos acontecimentos. Mais tarde, Constant haveria de recordar que durante esses primeiros e emocionantes dias se havia chamado a si mesmo um democrata e chegara até a defender Robespierre; mas em breve isso mudaria. Fosse como fosse, à semelhança de Madame de Staël, Constant ansiava tomar parte nos acontecimentos dramáticos que se desenrolavam em Paris.

* República das Sete Províncias Unidas dos Países Baixos. [*N. da T.*]

Ao conhecer Madame de Staël no outono de 1794, Constant perdeu-se de amores e cortejou-a energicamente até ela finalmente se render, tendo os dois iniciado aquele que viria a ser um longo e turbulento caso amoroso. Apesar da sua vida romântica tumultuosa, eles mantiveram uma parceria intelectual e política duradoura ao longo de quase duas décadas. Eram tão próximos que, por vezes, é impossível distinguir quem escreveu o quê.

Arrebatado por Madame de Staël e com a ambição da fama, Constant acompanhou-a até Paris na primavera de 1795, chegando à cidade somente dois meses após a queda de Robespierre. A atmosfera política estava tensa e polarizada, o governo encontrava-se cercado por extremismos à esquerda e à direita. À esquerda, estavam os inconciliáveis neojacobinos, desapontados com o fim do Terror. A estes, juntavam-se os babuvistas que pediam a abolição da propriedade privada. À direita, estavam os monarquistas intransigentes e os emigrados ressentidos que conspiravam para derrubar o regime. Numa brilhante série de panfletos responsáveis pelo lançamento da sua carreira, Constant defendeu aquela que tinha sido, para ele e Madame de Staël, a principal conquista da revolução: aqueles a que chamou, tendo sido um dos primeiros em França a fazê-lo, os «princípios liberais».[119]

Nesta fase inicial da sua carreira, Constant não especificou exatamente a que ideias políticas e instituições se referia quando falava de princípios liberais. Tão-pouco ele ou Madame de Staël alguma vez usaram a palavra «liberalismo», um termo que ainda não tinha sido cunhado. Foi de forma gradual que desvendaram o conjunto de preceitos que hoje reconhecemos como «liberalismo». Todavia, algumas coisas são evidentes. Ambos queriam consolidar e proteger as principais conquistas da revolução, evitando tanto uma contrarrevolução quanto o regresso do Terror. Acima de tudo, impunha-se restaurar a paz e a calma em França. Assim começou a reflexão que conduziria à invenção do liberalismo.

O liberalismo foi forjado numa tentativa de salvaguardar as conquistas da Revolução Francesa e de protegê-las das forças extremistas, oriundas da esquerda ou da direita, de cima ou de baixo. Em 1795, quando Constant e Madame de Staël chegaram a Paris, os «princípios liberais» queriam dizer defender o governo republicano em funções da contrarrevolução. Queriam dizer defender o Estado de direito e a igualdade civil, o governo constitucional e representativo, bem como uma série de direitos, entre os quais se destacavam a liberdade de imprensa e a liberdade religiosa. Além disso, o que os princípios liberais queriam dizer era algo vago e discutível.

Há outro aspeto que é evidente: ser liberal não era a mesma coisa que ser democrata. Hoje, estamos tão habituados a falar de «democracia liberal» que é fácil confundirmos os dois termos. Mas, durante este período inicial, quando o liberalismo estava apenas a começar, os princípios liberais e democráticos eram, muitas vezes, antagónicos. Certamente, nem Constant nem Madame de Staël eram democratas na nossa aceção da palavra. O Terror só veio confirmar as suas visões de que a maioria dos cidadãos franceses (já para não mencionar as cidadãs) estavam absolutamente despreparados para os direitos políticos. As multidões politizadas tinham mostrado uma e outra vez que eram irracionais, indisciplinadas e propensas à violência. Tal como a Constituição de 1791, a Constituição de 1795, que Constant e Madame de Staël apoiaram, incluía rígidas qualificações de propriedade tanto para a ocupação de cargos públicos quanto para o direito de voto. Segundo Madame de Staël, eles advogavam «o governo dos melhores», o que não deveria ser tomado por uma democracia.[120]

Ser liberal não visava unicamente às disposições constitucionais. O significado primordial da palavra continuava a remeter para uma conjugação de valores cívicos e morais, tais como a magnanimidade e a generosidade, a abertura e a tolerância, valores que tinham praticamente desaparecido durante a fase radical da revolução. No começo, alguns revolucionários acreditaram ingenuamente que, ao derrubar-se o Antigo Regime, isso desencadearia de alguma forma uma regeneração moral espontânea.[121] Quando os grilhões da monarquia, da aristocracia e da Igreja Católica fossem abolidos, argumentavam, a humanidade seria restaurada à sua bondade natural. Para sua consternação, todavia, o oposto parecia ter-se tornado realidade. A revolução deixara à solta paixões tão tremendas que a moralidade pública, aparentemente, mudara para pior e não para melhor.

Os pobres politizados não eram o único problema. Quando olhava à sua volta, lastimava Madame de Staël, a única coisa que via era a corrupção e o egoísmo das classes altas.[122] «Precisamos de um estratagema contra o egoísmo», escreveu; «a totalidade da força moral de cada homem está concentrada no seu interesse próprio.»[123] Ao mesmo tempo que os invernos gélidos e o aumento do preço dos alimentos causavam um sofrimento inimaginável aos pobres, as grandes fortunas que sustentavam os exércitos revolucionários ou especulavam com a venda de terras da Igreja dedicavam-se ao consumo conspícuo e ao exibicionismo escandaloso. Durante o inverno de 1795, mães incapazes de alimentar os seus filhos suicidavam-se saltando para o Sena, enquanto os novos-ricos ostentavam a sua riqueza em luxuosos banquetes. Para Madame de Staël, ter princípios liberais queria dizer demonstrar amabilidade, generosidade e compaixão, sem as quais França sucumbiria.

Os seus romances pretendiam cultivar e difundir estas virtudes necessárias. Os livros de Madame de Staël queriam fomentar «sentimentos gentis, nobres e generosos»[124], explicaria Constant. Do outro lado do oceano, na América, a transcendentalista Margaret Fuller falou sobre os seus efeitos positivos moralizadores.

Fomentar a moral implicava a religião; todos sabiam disto. Mas os «amigos da liberdade» encontravam aqui um problema sério. Tradicionalmente, a Igreja Católica tinha ensinado a moralidade em França. Para liberais como Madame de Staël e Benjamin Constant, todavia, o apoio centenário desta à monarquia absoluta e a um sistema opressivo baseado na hierarquia e no privilégio desqualificara-a para este papel. Não se podia confiar na Igreja para promover a regeneração moral da república. Isto explica, em parte, porque é que a campanha de descristianização continuou durante o Diretório, bem como os debates acesos que tiveram lugar sobre o que poderia substituir o catolicismo na tarefa da moralização de França.

Madame de Staël e Benjamin Constant tomaram parte nestas discussões intrépidas. O percurso de ambos estava ligado ao protestantismo esclarecido. Constant chegara mesmo a estudar teologia liberal na Alemanha e, na sequência disso, tinha principiado uma obra de fôlego sobre a religião.[125] Ambos acreditavam que o catolicismo era uma religião obsoleta e um obstáculo aos seus princípios políticos. Os dogmas supersticiosos e a ênfase na pecaminosidade humana nunca poderiam fomentar o aprimoramento moral; ao invés disso, encorajavam aquilo a que Constant chamou «contração moral» e «estupefação».[126] O catolicismo tornava França supersticiosa, passiva e débil. Sem uma mudança de religião, a república não poderia sobreviver, escreveu Madame de Staël em 1798.[127]

Como seria de esperar, estas ideias despoletaram respostas iradas. Os adversários de Constant e Madame de Staël consideraram um ultraje que eles pudessem defender a revolução, apoiar o Diretório e chamar liberais aos seus princípios. Eles estavam a apropriar-se de um termo tradicionalmente associado aos valores cristãos e aristocráticos e a utilizá-lo contra eles. A revolução por eles defendida tinha processado e executado um rei legítimo, despojado a nobreza dos seus antiquíssimos privilégios e expropriado a Igreja Católica. Ademais, o governo que eles apoiavam continuava a levar a cabo uma campanha brutal de descristianização e usava as forças militares para reprimir manifestações monarquistas pacíficas.[128] No entender dos contrarrevolucionários e dos conservadores, estas ações não podiam ser chamadas liberais.

A verdade é que nem todos os católicos achavam a sua religião incompatível com os princípios políticos liberais. Alguns líderes católicos, incluindo o Abade Henri Grégoire, tomaram a dianteira para defender o contrário.[129] Republicano convicto da região de Lorraine, Grégoire tinha feito o juramento da Constituição Civil do Clero, fora eleito bispo e trabalhava incansavelmente para construir uma Igreja Católica nova e constitucional, favorável aos princípios revolucionários. Eleito para a Convenção Nacional convocada em 1792, ele conseguiu sobreviver ao Terror e, durante o Diretório, integrou o Conselho dos Quinhentos. No seu periódico, *Annales de la Religion*, Grégoire celebrava o sistema político nascido da revolução e defendia que o catolicismo estava «em perfeita harmonia com os princípios liberais»[130].

Contudo, os factos no terreno pareciam dizer o contrário. A igreja constitucional de Grégoire atraiu poucos fiéis, ao mesmo tempo que uma igreja secreta e contrarrevolucionária cresceu drasticamente. Mas Grégoire inaugurou aquele que viria a ser um longo e inflamado debate sobre a relação do catolicismo com os princípios liberais. Seria possível ser católico e liberal ao mesmo tempo? Qual *era* a relação entre a religião e o liberalismo?

A hora de Napoleão

Apesar dos seus melhores esforços, as esperanças de Madame de Staël e Constant não chegariam a concretizar-se. O Diretório era incapaz de trazer estabilidade à França. Em 1799, as suas diligências foram interrompidas pelo *coup d'état* de Napoleão Bonaparte. Nessa altura, o medo da contrarrevolução e da guerra civil levou muitos — incluindo Madame de Staël e Constant — a apoiarem Napoleão, com a expectativa de que ele viesse a consolidar e proteger os princípios liberais e conferisse à revolução um desfecho pacífico.

Inicialmente, o panorama parecia ser auspicioso. Um dia depois do seu golpe de Estado, Bonaparte prometeu agir em defesa das «ideias conservadoras, fiáveis e liberais»[131] naquela que viria a ser a célebre proclamação do 19 de Brumário.* Muitos tomaram isto como uma afirmação de que ele iria trabalhar para restaurar a paz, salvaguardar as conquistas da revolução e protegê-la da contrarrevolução. Os monarquistas entenderam as suas palavras neste sentido e, no periódico *L'Ami des Lois*, constatou-se que «na boca de Bonaparte, as ideias liberais tomam um significado diferente daquele que têm na boca dos aristocratas»[132].

Ao darem o seu apoio a Napoleão, os liberais como Madame de Staël e Constant não consideraram estar a trair os seus próprios princípios. Nesta altura, Madame de Staël referia-se a Napoleão como «o melhor republicano em França e o mais liberal dos homens franceses»[133]. Mas não tardou até que se desiludissem. Logo em 1801, um Lafayette abatido escreveu a Thomas Jefferson dando notícia de que a situação em França se tinha alterado radicalmente para pior. As «Sementes liberais» plantadas nos primórdios da revolução estavam a ser espezinhadas.[134] Benjamin Constant, a quem tinha sido atribuído um assento no Tribunato de Napoleão em 1799, usou a sua posição para contestar as medidas do governante e foi sumariamente afastado. Madame de Staël tomou para si a missão de denunciar o governo de Napoleão como um «monstruoso sistema de despotismo»[135] e foi forçada ao exílio. Constant fez-lhe companhia no estrangeiro.

Napoleão espezinhou os princípios liberais de várias maneiras. Passou revista à Constituição francesa, colocando toda a autoridade real nas suas mãos, e centralizou ainda mais a administração de França com um sistema de prefeitos que lhe reportavam diretamente. Muito pouco tempo depois de assumir o poder, anunciou que o catolicismo era essencial para «reforçar as fundações de um bom governo»[136] e iniciou as negociações com o Papa para um restabelecimento da Igreja. Estas conversações culminariam na Concordata de 1801, por via da qual Napoleão transformou a Igreja numa aliada e apoiante eficaz do seu regime cada vez mais autoritário.

A nova constituição deu a todos os homens o direito de voto, mas as eleições eram cuidadosamente geridas e manipuladas. Napoleão encerrou sessenta e nove dos setenta e três periódicos parisienses e transformou os que restaram em órgãos do governo. Fechou os clubes

---

* Brumário era o segundo mês do Calendário Revolucionário republicano, que corresponde ao período entre 22/23 de outubro e 21/22 de novembro no calendário Gregoriano. [*N. da T.*]

políticos e recorreu a espiões e informadores para intimidar qualquer oposição. Colocou agentes secretos a seguirem Constant e Madame de Staël. Em 1802, restituiu a escravatura nas colónias e, em 1803–1804, alterou a lei do divórcio, tornando-a particularmente restritiva para as mulheres. E, é claro, levou a cabo invasões violentas e pilhagens.

A propaganda napoleónica tentava difundir a ideia de que ele era o «herói das ideias liberais» e, por causa disto, o termo foi disseminado em todos os lugares onde o seu exército chegou. Os jornais italianos começaram por reportar que os «homens liberais» saudavam entusiasticamente os soldados franceses, na expectativa de que eles ajudassem a libertar a Itália da subordinação política e clerical. Todavia, à medida que os exércitos de Napoleão principiaram a saquear as áreas «libertadas» da Europa, e os líderes por ele empossados se tornaram cada vez mais opressivos, as pessoas começaram a mudar de ideias. Por toda a Europa, discutiu-se o que constituía um homem verdadeiramente liberal por oposição a um falso liberal. Seria possível que alguém fosse liberal e «napoleonista» ao mesmo tempo? Um dicionário italiano relembrava que ser liberal queria dizer demonstrar generosidade, beneficência e amor à liberdade. Na política, queria dizer ser um apoiante do governo constitucional. Segundo esta definição, Bonaparte e os seus soldados eram «não-liberais».[137]

A traição de Napoleão continuou. Em 1804, fez-se coroar imperador na presença do Papa e de toda a congregação de bispos de França. Uns anos depois, instituiu uma Universidade Imperial sob o controlo estatal centralizado. Daí em diante, o ensino iria promover a lealdade ao imperador e à sua dinastia, o que, de acordo com os estatutos fundadores da universidade, salvaguardava as «ideias liberais proclamadas na constituição»[138].

Na verdade, Napoleão criou um novo tipo de regime autoritário que escarneceu de tudo aquilo por que Constant e Madame de Staël tinham lutado e em que acreditavam. Reconhecendo que havia algo sem precedentes na ditadura que estava a ser criada, os críticos de Napoleão inventaram novas palavras para ela. Constant chamou-a «usurpação».[139] Outros chamá-la-iam «bonapartismo»[140] e, finalmente, «cesarismo».[141] Parecia-lhes óbvio que este não era um regime liberal, e isto espicaçou Constant a clarificar o que um regime liberal verdadeiramente era e que valores deveria defender.

As políticas económicas do imperador eram vistas por muitos como mais uma violação dos princípios liberais. Cedo correram rumores de que ele ponderava restabelecer os monopólios e as interdições, bem como aumentar as tarifas aduaneiras e taxas. A situação levou Jean-Baptiste Say, o mais prestigiado discípulo francês de Adam Smith, a redigir o seu *Tratado de Economia Política*. Ele utilizou as ideias de Adam Smith para atacar as políticas de Napoleão, criticando incisivamente as tarifas e interdições e advogando aquilo a que chamou princípios liberais de comércio, que punham em evidência as vantagens de tratar todas as nações como amigas.[142] Além disso, tal como Smith, ele condenou veementemente um sistema colonial que se baseava não só em interdições e tarifas, mas também na escravatura, «um método de exploração violento»[143]. Era um sistema moralmente repugnante, escreveu, que corrompia tanto o senhor quanto o escravo. Conferia poucas vantagens económicas reais a quem quer que fosse, ao mesmo tempo que estabelecia um imposto injusto sobre o povo. Publicado em 1803, o *Tratado de Economia Política* foi um grande sucesso editorial. Seria rapidamente traduzido para inglês e estudado em Inglaterra e nos Estados Unidos, contribuindo para a difusão das primeiras ideias da economia política liberal.

Como seria de esperar, o livro de Say enfureceu Napoleão: este exigiu que o autor o revisse ou seria censurado. Quando Say recusou, foi destituído do Tribunato, para o qual havia sido nomeado de par com Constant em 1799. Say foi ainda impedido de publicar durante o restante tempo que durou o regime de Napoleão. Para contradizer as ideias de Say, o imperador encorajou a publicação de livros em favor das tarifas e do sistema colonial, tais como *Do Governo Considerado nas Suas Relações com o Comércio*, de François Ferrier, em 1805. Ferrier viria a ser o diretor alfandegário de Napoleão. O seu livro escarnecia abertamente das ideias de Smith e Say, desconsiderando-as como nada mais do que fantasias ingénuas.[144] O autor aproveitou a oportunidade para condenar a revolução como sendo uma terrível catástrofe.[145] Os franceses, confessou a um amigo, eram como crianças mimadas. Tinham de ser governados com rédea curta.[146] O livro foi reeditado diversas vezes, cimentando na mente das pessoas a íntima relação entre as tarifas, o sistema colonial e o governo autoritário. Tornou-se claro que as políticas de comércio liberal e a política liberal estavam mutuamente implicadas.

A outra traição de Napoleão à política liberal foi o modo como manipulou e seduziu as massas. Os liberais encaravam a sua popularidade fabricada como mais uma evidência da imaturidade, irracionalidade e credulidade das massas. Era a prova da degradação moral de França, com a qual o imperador lucrava, e que, por sua vez, fazia agravar. Napoleão «destruiu a moralidade», escreveu Constant. Ele subornava as pessoas com honrarias, privilégios e recompensas materiais, ao mesmo tempo que as distraía com façanhas militares. Em regimes despóticos como o de Napoleão, os homens «mergulham no egoísmo». Viram-se para dentro, concentrando-se nos seus interesses e prazeres privados. O resultado era a apatia moral e política; as ideias generosas «definham»[147].

O modo como Napoleão utilizava a religião para se manter no seu lugar era especialmente aflitivo. Praticamente todos os bispos franceses tinham assistido à coroação de Napoleão e apoiavam o seu regime. A aliança entre a Igreja Católica e o estado napoleónico culminou no Catecismo Imperial de 1806. Este sustentava que o imperador era «o Ungido do Senhor», e que resistir a uma ordem política «estabelecida por Deus em Pessoa» tornaria um indivíduo «merecedor da danação eterna»[148].

Os liberais não desistiram da sua esperança de que algo viesse tomar o lugar do catolicismo. Em alguns aspetos, as suas aspirações intensificaram-se. Uma vez que a revolução tinha enfraquecido grandemente a Igreja francesa, alguns deles pressentiram uma oportunidade. França precisava, não do catolicismo, mas, antes, de uma religião esclarecida que fomentasse as qualidades do espírito e do carácter necessárias à boa cidadania, diziam. Mas que religião era essa? Constant e Madame de Staël eram favoráveis a uma forma liberal de protestantismo, e não estavam sozinhos nisto. Em 1803, o prestigiado Institut de France* promoveu um concurso de ensaios no qual os concorrentes foram chamados a avaliar os efeitos a longo prazo da Reforma Protestante. Pouco tempo depois de Napoleão ter celebrado a Concordata, era uma oportunidade para os participantes avaliarem esse acordo. Não foi por acaso que o primeiro prémio viria a ser atribuído a um ensaio que advogava uma forma liberal de protestantismo, advertindo contra os efeitos perniciosos do catolicismo.

O autor do ensaio era Charles de Villers, um dos amigos de Madame de Staël. Nascido em França e criado na religião católica, Villers emigrara para a Alemanha durante a Revolução. Na Universidade de Göttingen, um centro de renome na área dos estudos bíblicos, ele rendera-se às novas ideias alemãs sobre a religião, que agora transmitia ao seu público francês. Algumas destas ideias são procedentes de Johann Salomo Semler,

* Instituição de ensino que agrupa as cinco mais prestigiadas academias nacionais francesas, criada em 1795, na sequência da Revolução Francesa de 1789. [*N. da T.*]

que, como observámos no capítulo anterior, cunhou o termo «teologia liberal» em 1774.

O ensaio de Villers colocava uma questão fundamental: conseguiriam os princípios políticos liberais sobreviver sem o apoio de princípios religiosos liberais? A sua resposta era negativa. Ele alertava para os perigos colocados pelo catolicismo em aliança com o Estado. França precisava, escreveu, não de uma religião retrógrada que fomentava a superstição, a apatia intelectual e o respeito servil pela autoridade, mas antes das «ideias liberais do protestantismo». Só o protestantismo encorajava o pensamento crítico e o amor à liberdade necessários à cidadania. O protestantismo liberal, argumentava Villers, incentivava os valores conducentes e favoráveis aos princípios morais e políticos liberais.[149] Publicado em 1804, o ensaio de Villers foi reimpresso três vezes. James Mill, o pai de John Stuart, apreciou-o tanto que publicou uma versão inglesa em 1805, para a qual escreveu um prefácio laudatório.

Não é claro quantas pessoas acreditaram que França poderia ser convertida ao protestantismo liberal; em todo o caso, isso não aconteceu. A ideia de torná-lo na religião de Estado em França foi proposta ao imperador, mas ele rejeitou-a. Em vez disso, e para grande descontentamento de muitos, teve lugar um ressurgimento católico, encorajado por propagandistas contrarrevolucionários como Louis de Bonald e Joseph de Maistre. Estes homens prolíficos encabeçaram uma campanha concertada de difamação e vilipendiação contra os defensores dos princípios liberais, ao mesmo tempo que pregavam a obediência à ordem estabelecida. Católicos como o Abade Grégoire viram-se colocados numa posição bastante difícil. Isto acabaria por confirmar a ideia de muitos de que o catolicismo e os princípios liberais de governo eram incompatíveis.

Partidos liberais e o nascimento do liberalismo

Enquanto as políticas domésticas iliberais de Napoleão levaram a que os liberais franceses amadurecessem e limassem as suas ideias, as guerras napoleónicas deram origem aos primeiros partidos liberais.[150] Em 1805, o rei sueco Gustavo IV Adolfo, um inveterado monarquista absoluto e um inimigo convicto da Revolução Francesa, declarou guerra a França. Embora a Suécia tivesse ganhado a batalha, seguir-se-iam as guerras com os aliados de França, da Rússia e da Dinamarca, e o país acabou por perder uma extensão considerável do seu território. Insatisfeitos com a liderança do seu rei, um círculo de altos funcionários do governo encenou um golpe palaciano e depôs o monarca em 1809. Nesta altura, surgiu um grupo que se apresentava como «o partido liberal». Pouco se sabe acerca dos seus membros, a não ser o facto de eles terem sido influenciados pelas ideias revolucionárias francesas e advogarem princípios como a igualdade perante a lei, o governo constitucional e representativo e a liberdade de imprensa, de consciência e de comércio. Eles eram também conhecidos como «a ala liberal», ou apenas «os liberais».

O partido liberal espanhol surgiu pouco tempo depois de o exército napoleónico ter invadido Espanha, em 1808, e deposto o rei Fernando, colocando no seu lugar José, o irmão de Napoleão. Os espanhóis não tardaram a rebelar-se e estabeleceram um regimento em Cádis. Em 1810, um grupo de delegados do parlamento de Cádis, as chamadas Cortes, passaram a designar-se como «Liberales» e rotularam os seus opositores como «Serviles», do latim *servi*, que significa «escravo». Os Liberales espanhóis, tal como os liberais suecos, defendiam princípios como a igualdade perante a lei e o governo constitucional e representativo. Um «impulso liberal», congratulou-se Madame de Staël, estava a espalhar-se por toda a Europa Ocidental.[151]

A nova Constituição espanhola foi amplamente comentada não só na Europa, mas também na América Hispânica, onde deu força a movimentos de independência que se baseavam em entendimentos locais do que os princípios liberais queriam dizer na prática.[152] O debate sobre a Constituição espanhola chegaria a países como a Índia e as Filipinas.[153] Esta era, em alguns aspetos, muito radical para a sua época. Concedia o voto «a todos os homens, exceto aos de ascendência africana, independentemente da sua instrução ou propriedade», estabelecendo um sistema mais democrático do que aquele que existia na Grã-Bretanha, nos Estados Unidos ou em França.[154] Mas, curiosamente, e ao contrário dos liberais noutros lugares, os liberais espanhóis não advogavam a liberdade religiosa. O Artigo 12.º da sua Constituição estabelecia explicitamente que «a religião da Nação Espanhola é, e para sempre será, a única, e verdadeira, religião católica, apostólica, romana. A Nação protege-a com leis sábias e justas e proíbe o exercício de qualquer outra.»

As esperanças dos liberais espanhóis não tardaram a ser desfeitas quando, após as negociações com Napoleão, o seu rei foi autorizado a regressar ao poder. Incentivado pelos conservadores e pela hierarquia da Igreja Católica, ele estabeleceu que as deliberações das Cortes eram ilegais, e a sua legislação, nula e inválida. Reivindicando que a soberania residia inteiramente na sua pessoa, o rei restaurou a lei absoluta e, juntamente com ela, a Inquisição. Doze mil liberais foram enviados para a prisão ou forçados ao exílio.[155] Foi lançada uma campanha de vilipendiação contra os liberais, e foi nesta altura que a palavra «liberalismo» começou a ser utilizada.

As primeiras manifestações da palavra sugerem que esta começou por ser um termo depreciativo. A primeira parte do século XIX gerou um número invulgar destes «ismos». Estas novas palavras eram utilizadas, em regra, para acusar pessoas de heresias, como o anabatismo, o luteranismo ou o calvinismo.[156] E, de facto, uma das primeiras aparições impressas da palavra «liberalismo» terá sido num periódico espanhol publicado muito pouco tempo depois do surgimento do partido liberal, em 1813. O artigo perguntava «O que quer dizer liberalismo?» e passava a explicar que o liberalismo é um sistema «fundado sobre [ideias] ignorantes, absurdas, antissociais, antimonárquicas e anticatólicas»[157]. Elencava uma série de fações heréticas, incluindo o jansenismo, o luteranismo e o calvinismo, antes de concluir que o liberalismo não passava de mais uma heresia. Entre os seus princípios heréticos, destacavam-se a promoção da igualdade civil e o governo constitucional, que prestava contas ao povo, e não a um rei, à aristocracia ou à Igreja.

Depois do que acabara de acontecer em Espanha, não é surpreendente que os liberais franceses olhassem com suspeição para o seu próprio rei Bourbon, Luís XVIII, quando regressou do exílio após a derrota de Napoleão, em 1814, e prometeu conceder-lhes aquilo a que chamou «uma constituição liberal».[158] A constituição que ele e os seus conselheiros conceberam tornou-se o cerne de um debate inflamado. Também designada «a Carta», estabelecia um sistema de governo representativo e reconhecia princípios liberais-chave como a igualdade perante a lei e as liberdades de imprensa e religião. A formulação imprecisa dos seus artigos, todavia, deixava muitas questões por responder. Os limites precisos dos poderes do rei não eram claros, tal como não o eram o papel da assembleia representativa e a extensão da liberdade individual garantida pela Constituição. A Carta também incluía várias contradições. Reconhecia a liberdade religiosa, mas declarava o catolicismo como a religião nacional. Proclamava a liberdade da imprensa, mas reservava o direito de elaborar leis que restringissem essa mesma liberdade. E enquanto os liberais sustentavam que a nova constituição deveria ser encarada como um contrato social entre o rei e a nação francesa, dizia-se que a constituição era, antes, «concedida» pelo rei como uma dádiva ao seu povo. Isto, é claro, sugeria que a Carta podia ser legitimamente revogada. Estes fatores estimularam, ampliaram e aprofundaram debates sobre o que realmente significava uma «constituição liberal», atraindo comentadores de outras latitudes.

O debate sobre as constituições liberais intensificou-se ainda mais com o retorno de Napoleão do exílio durante o período conhecido como os Cem Dias (29 de março–8 de julho de 1815). Tendo fugido do cativeiro na ilha de Elba a 26 de fevereiro de 1815, o antigo imperador desembarcou nas imediações de Cannes, no sul de França, e, acompanhado por cerca de mil soldados, abriu caminho até Paris. Durante a sua marcha, recitou uma poderosa retórica anticlerical: «Vim para salvar os Franceses da escravidão na qual os sacerdotes e os nobres desejam submergi-los [...]. Que se ponham em guarda. Enforcá-los-ei nos postes da iluminação!» Em resposta, ele foi saudado com gritos de «Abaixo os padres! Abaixo os aristocratas! Enforque-se os Bourbons! Viva a liberdade!» Mais soldados acorreram, de tal forma que, quando se abeirava de Paris, vinha acompanhado pelo que parecia ser um verdadeiro exército. Luís XVIII fugiu e Napoleão regressou ao poder.

Ao regresso dramático de Napoleão, seguir-se-ia outro acontecimento inesperado. Prometia agora governar constitucionalmente e convidou Benjamin Constant, um dos seus mais acérrimos e efusivos críticos, para o ajudar a delinear uma nova constituição. Embora Constant tivesse atacado violentamente Napoleão apenas alguns dias antes, acedeu a colaborar com ele. O documento que daqui resultou recebeu o nome de Ato Adicional às Constituições do Império e ficou conhecido como Benjamine em homenagem ao seu autor. A súbita reviravolta de Constant no que dizia respeito a Napoleão garantiu-lhe o epíteto de «o Inconstante Constant», que o perseguiu para o resto da sua vida.

O liberalismo teorizado

Todavia, Constant não tinha abandonado os seus princípios liberais. A Benjamine prometia um direito de voto mais democrático, liberdades ampliadas e, crucialmente, já não decretava o catolicismo como a religião do Estado. Descrevendo a nova constituição ao seu amigo Marquês de Lafayette, Constant alardeava que «nunca houve outra mais liberal»[159]. Publicou ainda um livro que pretendia ser um complemento à constituição: *Os Princípios da Política Aplicáveis a Todos os*

Governos, hoje convenientemente celebrado como um texto fundador do liberalismo.

Os *Princípios* evidenciam o quanto as conceções de Constant tinham evoluído e cristalizado desde a sua passagem por Brunswick, quando admirava Robespierre e chamava a si mesmo um democrata. Constant assimilara as lições do Terror e do governo autoritário de Napoleão. Ele tinha visto quão facilmente a soberania popular se poderia fazer aliada da ditadura. Um dos seus objetivos principais era, pois, o de evitar que uma ditadura baseada na soberania popular se fizesse passar por um regime liberal.

A primeira frase dos *Princípios* afirma com clareza que a nova constituição reconhecia formalmente o princípio da soberania popular. Um pouco mais à frente, todavia, Constant defende a necessidade de limitar esta soberania. O poder sem limites, escreveu, quer seja exercido em nome de um povo, de um rei ou de uma assembleia, é uma coisa muito perigosa. Isto é assim porque, quando a soberania é ilimitada, «não há maneira de pôr um escudo entre os indivíduos e os governos». Ele enumera uma série de instituições intermediárias indispensáveis e de garantias que devem cercear a autoridade do governo, esteja ele em que mãos estiver. Entre estas, são particularmente importantes as que vieram a ser encaradas como as derradeiras liberdades liberais: a liberdade de pensamento, a liberdade de imprensa e a liberdade religiosa.

O que importava não era tanto a *forma* de governo, mas, antes, a sua *magnitude*. As monarquias e as repúblicas podiam ser igualmente opressivas. Não importava *a quem* se concedia a autoridade política, mas *quanta* autoridade se concedia. O poder político é perigoso e corruptível: «Confie-se [autoridade ilimitada] a um homem, a vários, a todos os homens [...], descobrir-se-á, em qualquer caso, que ela é um mal.» «Todos os males da Revolução Francesa», afirmou, tinham origem na ignorância dos revolucionários acerca desta verdade fundamental.[160] Estas são as ideias que garantiram a Constant um lugar preeminente no cânone dos pensadores liberais. Podemos até chamá-lo o primeiro teorizador do liberalismo.

Como sempre, as apreensões morais permeavam o pensamento de Constant, e também nesse sentido as suas ideias eram «liberais». Os *Princípios* dão testemunho da sua preocupação constante com o egoísmo, a vacuidade e o amor à luxúria. Ele falou sobre a necessidade da coragem, das ideias generosas e da devoção ao bem coletivo. O autossacrifício, como ele nunca se cansava de dizer, era necessário para sustentar um regime liberal.

Constant também falou eloquentemente sobre a religião. Ele articulou um ponto que viria a enfatizar ao longo de todo o seu percurso: um governo liberal não poderia sobreviver sem a religião. A religião, advogou, era uma força moralizadora essencial. Ela inspirava o altruísmo, os princípios elevados e os valores morais, todos eles aspetos cruciais numa sociedade liberal. Mas aqui importava *que* religião era, e importava qual era a sua relação com o Estado. No final, o problema não era tanto a religião, explicou, mas a sua associação com o poder. Nas mãos das autoridades, políticas ou religiosas, ela transformava-se num instrumento político opressivo. Esta inevitabilidade levou Constant a enunciar aquele que viria a ser um princípio fundador do liberalismo: a separação entre a Igreja e o Estado. A religião e o Estado eram duas coisas distintas, constatou. Uma constituição liberal deveria garantir a liberdade religiosa para todos.

A oposição ao liberalismo

Antes que a constituição de Constant pudesse ter sido implementada, o general prussiano Marshal Blücher e o duque britânico de Wellington derrotaram Napoleão na Batalha de Waterloo. Os exércitos aliados entraram em Paris no dia 7 de julho de 1815, e Luís XVIII regressou ao trono sob a regência da antiga Carta, o que, entre outras coisas, significou que o catolicismo foi reestabelecido como a religião de estado em França. Uma onda de represálias castigou aqueles que tinham servido Napoleão durante os Cem Dias. Constant fugiu para Inglaterra e só retornou depois de se assegurar de que não enfrentaria nenhuma punição.

Três meses depois do regresso do rei, foi firmada a chamada Santa Aliança entre a Rússia, a Áustria e a Prússia, inaugurando um período de reação que seria desastroso para os princípios liberais. Em França, os ultramonarquistas operavam em aliança com a Igreja Católica para reduzir a importância da Carta e estreitar a sua esfera de ação.[161] Os liberais tentaram salvaguardar a sua importância e ampliar a sua aplicação. Concorrendo às eleições em representação daquele que era agora designado como o «partido liberal»[162], Constant prometeu lutar pela extensão da Carta «à sua esfera de ação plena»[163].

O pretenso desígnio da Santa Aliança era instilar os valores cristãos na vida política europeia. Os monarcas da Rússia Ortodoxa, da Áustria Católica e da Prússia Protestante prometeram agir em conjunto para promover «a justiça, o amor e a paz» nos assuntos domésticos e externos. Na prática, todavia, o ministro austríaco dos Assuntos Externos, Clemens von Metternich, transformou a aliança numa arma a ser utilizada na campanha contra as reformas liberais de qualquer tipo. Para isso, ele encorajava a colaboração com as autoridades religiosas tradicionais.

Por toda a Europa, os monarquistas contaram com o apoio crítico da Igreja Católica na sua campanha contra os liberais. Em França, as missões católicas disseminaram uma mensagem que conjugava elementos religiosos e políticos: tendo pecado durante o Iluminismo e sido punidos pela revolução, os cristãos tinham agora a oportunidade de redenção se prometessem obedecer à sua Igreja e ao seu rei. Entre 1815 e 1830, foram levadas a cabo mais de mil e quinhentas missões só em França. Os padres missionários erigiam cruzes de grandes dimensões, ofereciam instrução em massa na doutrina católica e atacavam implacavelmente a revolução. Sermões sobre o fogo do Inferno prometiam tormentos eternos para aqueles que resistissem. Por vezes, as sessões incluíam o arremesso das obras de filósofos famosos para o meio de fogueiras gigantes. Em 1816, uma Inquisição Espanhola reinstituída condenou os *Princípios da Política* de Constant por conterem «doutrinas perversas» subversivas para o Estado e para a religião[164], demonstrando no processo que Constant estava certo relativamente ao conluio entre a Igreja e o Estado.

Choveram artigos e panfletos reacionários, admoestando todos os que difundissem ideias liberais. Em toda a parte, os liberais foram acusados de tentarem destruir a religião, a monarquia e a família. Eles eram não só pouco razoáveis, mas também malévolos e pecaminosos. Apregoadores da heresia, não acreditavam no dever nem demonstravam respeito pela tradição ou pela comunidade. Nos escritos dos contrarrevolucionários, o liberalismo tornou-se um símbolo potencial do ateísmo, da violência e da anarquia.

Surgiram panfletos e artigos com títulos como «Sobre o mau uso das palavras». Estes repetiam incessantemente a acusação de que os liberais estavam a distorcer o significado da palavra «liberal» para iludirem as pessoas. Nos velhos tempos, escreveu o teórico contrarrevolucionário Louïs de Bonald, «liberal» descrevia uma pessoa que fazia um uso nobre da sua fortuna. Hoje, todavia, pessoas más estavam a utilizar incorretamente a palavra para induzirem em erro o país.[165] O *La Quotidienne*, um dos primeiros periódicos reacionários da Restauração, acusou os liberais de enganarem o povo com palavras sonantes: «Há algum tempo que se ouve falar bastante sobre as ideias liberais. O que se entende por essa palavra? A Academia não a incluiu no seu *Dicionário*; é evidente que se trata de uma palavra muito moderna e que nasceu durante a revolução. A era a que remonta deve torná-la suspeita.»[166]

Tais acusações obrigaram os liberais a defenderem-se e, ao fazê-lo, limaram os seus princípios e disseminaram-nos para um público cada vez maior. Os liberais, insistiam, estavam a lutar pelo bem de todos. Eles defendiam a igualdade perante a lei e o governo constitucional e representativo. Os seus adversários, em contrapartida, preferiam o despotismo. Os sacerdotes, conluiados com os monarcas absolutos, apregoavam superstições para manter o povo dócil. Reivindicando a sua superioridade moral, os liberais lembravam repetidamente as origens latinas da palavra e o seu significado moral, comunitarista e baseado em princípios. Num panfleto da época, lia-se que uma ideia política se considerava liberal quando era «orientada para o benefício de todos, para o bem coletivo, e não para o bem particular de um indivíduo ou de uma classe; quando favorecia os sentimentos generosos, elevados, patrióticos, e não a vacuidade, a cupidez e a tibieza»[167].

Os alemães, que tantas vezes são omitidos das histórias do liberalismo, participaram energicamente nestas batalhas verbais. Grande parte da elite intelectual alemã tinha visto com bons olhos os estágios iniciais da Revolução Francesa, na expectativa de que as reformas também chegassem ao seu país. Todavia, muitos — se não mesmo a maior parte — perderam o seu entusiasmo inicial durante o Terror, as guerras revolucionárias e a dominação napoleónica da Alemanha. As *Reflexões* de Edmund Burke, publicadas numa tradução alemã em 1793, também contribuíram para isto.

A vitória francesa sobre a Prússia, em 1806, conduziu a reformas importantes que, em muitos aspetos, se assemelhavam às que foram efetuadas em França entre 1789 e 1791, especificamente, no plano económico.[168] As guildas e as corporações foram dissolvidas e os camponeses foram emancipados. Aboliram-se algumas tarifas e quotas de importação e aplicou-se uma carga fiscal mais uniforme. A estrutura administrativa da Prússia foi agilizada, garantindo-se uma parcela mínima de autonomia municipal. Mas, ao contrário do que aconteceu em França, estas reformas foram impostas a partir de cima. Este facto deu esperança aos alemães de espírito reformista de que poderiam trabalhar em conjunto com os seus governos para implementarem novas reformas, evitando deste modo a revolução e a violência. Após a derrota de Napoleão e a aprovação da Carta Constitucional em França, alguns alemães acalentaram esperanças de também virem a ter uma das chamadas «constituições liberais».[169]

Porém, após a segunda derrota de Napoleão e o estabelecimento da Santa Aliança, aconteceu na Alemanha o que já tinha acontecido no resto da Europa: a reação política instalou-se. Embora a Alemanha tenha sido durante anos a incubadora e exportadora da teologia liberal, os soberanos principiaram então a conceder o seu apoio a um movimento neo-ortodoxo, numa tentativa óbvia de manter o seu próprio poder. Sendo, em parte, uma reação à Revolução Francesa, este movimento colocava em evidência a natureza pecaminosa do homem e o seu dever religioso de subordinação à ordem dada por Deus. Os seus líderes prometiam lutar com todas as suas forças contra aquilo a que chamavam o «*Zeitgeist* liberal». Os escritos de reacionários franceses como Maistre e Bonald foram traduzidos e disseminados.

Em resposta, os liberais alemães defenderam os seus princípios, sempre de olhos postos em França. Tal como os seus congéneres franceses, eles enfrentavam um clima bastante hostil. Encontravam-se numa posição especialmente vulnerável porque eram, na sua grande maioria, funcionários públicos que dependiam do Estado para a sua subsistência. Colocados perante esta difícil situação, os liberais alemães empreendiam esforços dentro do sistema para efetivarem uma mudança gradual. Afirmavam não querer a revolução, mas sim a reforma pacífica e o progresso. Defendiam princípios como a igualdade perante a lei, o governo constitucional e a liberdade de pensamento e religiosa. Entretanto, tal como os liberais franceses, costumavam descrever aquilo que defendiam em termos vagos: uma doutrina liberal, explicou um liberal alemão, protegia «os direitos do cidadão do capricho ilegal»; assegurava a «liberdade pública» e «encorajava o melhor para todos»[170].

Tal como noutros países, os liberais alemães foram acusados de incentivarem a licenciosidade, o pecado e a revolta. Sobre eles pendia a acusação de que utilizavam uma espécie de «encantamento» para ludibriarem as pessoas e impedirem-nas de ver o seu embuste.[171] Uma e outra vez, fosse qual fosse a sua origem, os liberais foram acusados de pregarem a heresia. Promoviam a licenciosidade, o pecado e a revolta. Odiavam Deus.

Na Grã-Bretanha, os conservadores tentaram vilipendiar as ideias liberais, classificando-as como estrangeiras e perigosas. Num discurso proferido na Câmara dos Comuns em 1816, o Visconde de Castlereagh, um *tory* que desempenhava o cargo de secretário de Estado para os assuntos externos, classificou os «*Liberales* espanhóis» como «um partido Francês do pior tipo possível». Eles eram um «partido jacobínico», porque advogavam o princípio da soberania popular.[172] Um artigo de 1816 no *Quarterly Review*, jornal alinhado com os *tories*, tentou denegrir os seus adversários, os *whigs* reformistas, referindo-se a eles como os «*Liberales* britânicos».[173]

Ainda assim, as ideias liberais oriundas de França também tiveram os seus apoiantes britânicos. Em 1817, o *Edinburgh Review*, principal rival do *Quarterly Review*, informou os seus leitores sobre a emergência de um partido liberal francês em termos bastante favoráveis.[174] Fundado em 1802 por um grupo de jovens intelectuais escoceses, o periódico pretendia defender «políticas liberais, esclarecidas e patrióticas» e referia-se de modo particularmente abonatório a Benjamin Constant, um homem que sabia o suficiente, lia-se no *Review*, para instruir os próprios britânicos.[175]

Percebemos, pois, que as ideias políticas liberais eram vistas um pouco por toda a parte como ideias francesas por excelência. Também na América a palavra «liberal» no seu sentido político surgia na imprensa conjugada, sobretudo, com notícias sobre os acontecimentos em França. Aqui, tal como na Grã-Bretanha, era frequente acrescentar-se um «e» no final da palavra, «liberale»; podia também ser italicizada para indicar que se tratava de uma palavra nova e estrangeira. Por vezes, surgia nos jornais americanos a forma «ditos liberais». Mas, em regra, também eles expressaram o apoio aos liberais e às suas ideias. A partir de 1817, a imprensa americana começou a reportar que o seu grande herói, o Marquês de Lafayette, e um homem chamado Benjamin Constant, eram «os líderes dos liberais». Os dois homens estavam envolvidos numa nobre luta contra as forças da oposição.[176]

Insurrecionismo liberal

Uma série de tentativas de assassinato politicamente motivadas deu às forças conservadoras na Europa um pretexto para a reação. No dia 23 de março de 1819, em Mannheim, na Alemanha, um estudante ativista assassinou o poeta e jornalista conservador August von Kotzebue. Umas semanas depois, atentaram contra a vida do presidente do governo de Nassau, Karl von Ibell. Os conservadores aproveitaram para intensificar a sua campanha de difamação, acusando os liberais de instigarem assassinatos como um prelúdio da revolução. «O liberalismo está a avançar», disparou Metternich, «os assassinos estão por toda a parte.»[177] A 20 de setembro de 1819, ele promulgou os Decretos de Carlsbad, requerendo aos trinta e oito estados-membros alemães que erradicassem as ideias subversivas em circulação nas suas universidades e jornais. Os decretos proibiram as associações de estudantes, retiraram os professores universitários liberais dos seus cargos e alargaram a censura. Estabeleceram ainda um comité permanente com espiões e informadores para investigarem e punirem as organizações liberais.

Alguns meses depois, um homem mentalmente perturbado chamado Pierre Louvel assassinou o presumível herdeiro do trono francês, o ultramonarquista Duque de Berry. Os liberais foram responsabilizados e seguiu-se uma reação feroz. Um dos ultramonarquistas declarou: «Eu vi a adaga de Louvel; era uma ideia liberal.»[178]

O caso agudizou-se quando, em 1820, uma revolução irrompeu em Espanha, forçando o rei Fernando VII a reestabelecer a Constituição de 1812 e a reunir novamente as Cortes. Esta revolução inspiraria os liberais dos países vizinhos a reclamarem as suas próprias constituições. Em Nápoles, eclodiu uma revolta militar contra o rei Fernando, obrigando-o a prometer uma monarquia constitucional segundo o modelo espanhol. Uma rebelião semelhante obrigou Vittorino Emmanuele I de Piemonte a abdicar. O príncipe Carlo Alberto, que tinha sido nomeado regente, aceitou as exigências dos revolucionários baseadas na Constituição espanhola de 1812, e a Inquisição foi novamente abolida. No mesmo ano, a Sardenha passou a ser uma monarquia constitucional graças à ação revolucionária. Movimentos insurrecionais semelhantes tiveram lugar em Portugal, Sicília, Grécia e Rússia. «Estes acontecimentos», escreveu um comentador de cabeça perdida, «vieram dar continuidade às esperanças e ao espírito da grande confederação dos Liberais Europeus»[179]. Mas estes acontecimentos não afetaram somente a Europa. Na América Hispânica, os liberais locais conjugaram as reivindicações de um governo constitucional com exigências de autodeterminação e autonomia. Movimentos análogos tiveram lugar em Goa e Calcutá, na Índia, e noutros lugares da Ásia, como as Filipinas. Por outras palavras, o «liberalismo» globalizou-se.[180]

As revoluções liberais desencadearam uma nova avalanche de livros, panfletos e jornais, em que se discutia o forte entrelaçamento das questões políticas e religiosas. A Constituição espanhola ganhou popularidade um pouco por todo o mundo e inflamou debates não só entre liberais e absolutistas, mas também entre os próprios liberais.[181] O *Curso de Política Constitucional*[182], obra em vários volumes de Benjamin Constant, onde se incluíam os seus *Princípios da Política*, foi também traduzido e disseminado. As ideias liberais foram extensamente difundidas por periódicos liberais fundados por refugiados políticos que empregavam redatores espanhóis, italianos e ingleses. Em resposta, o liberalismo foi, em toda a parte, recriminado como uma conspiração internacional contra os soberanos legítimos.

Embora governantes ansiosos e os seus apoiantes tenham, muitas vezes, sobrestimado a capacidade de os liberais coordenarem as suas atividades além-fronteiras, estes constituíam, de facto, uma rede internacional que se dedicava tanto a atividades legais como ilegais.[183] Sociedades secretas como a Maçonaria ou a sua ramificação, a Carbonária, foram instrumentais na organização das rebeliões de 1820–1821. A Carbonária estabeleceu células secretas por toda a Europa Ocidental onde se orquestrava o derrube de regimes opressores. O preeminente liberal espanhol Evaristo San Miguel recordaria mais tarde que as lojas maçónicas eram «juntas liberais e conspiratórias»[184]. Emparelhados com os filósofos, os jacobinos, os maçons e os carbonários, *todos* os liberais foram considerados como perigosos agitadores e ateístas que conspiravam para provocar a revolução e a anarquia.[185] Na verdade, nem *todos* os liberais orquestravam a insurreição, embora alguns deles o fizessem.

Paris era um dos principais centros da rede liberal, e um dos seus mais importantes líderes era o Marquês de Lafayette. Sendo ele próprio um adepto da sociedade secreta da Carbonária, Lafayette arvorava que as sublevações faziam parte de um movimento liberal vasto e em crescimento que tinha começado com a Revolução Americana e cuja liderança cabia agora a França. Foi neste contexto que escreveu jubilosamente a Thomas Jefferson: «França detém a Honra de ser uma espécie de Quartel-General político do liberalismo. Todas as atenções estão voltadas para os Seus debates como se existisse um Sentimento universal instintivo de que, da Sua Emancipação, depende a solidez de Todos os Triunfos na Causa da Europa.»[186]

O movimento liberal internacional não duraria muito tempo, apesar dos melhores esforços dos liberais. Em novembro de 1820, a Rússia, a Áustria e a Prússia assinaram um protocolo que proclamava o seu direito de intervir militarmente noutros estados com o propósito de suprimir a revolução. As tropas austríacas não tardaram a esmagar as revoluções em Nápoles e Piemonte, levando muitos italianos ao exílio. Dois anos depois, e sobre os protestos ruidosos dos deputados liberais na Câmara, o governo ultramonarquista francês enviou um exército para Espanha, com o intuito de restaurar o governo absoluto de Fernando VII.[187] Novamente, Fernando aboliu as Cortes, anulou as suas disposições, encarcerou muitos liberais e reinstaurou a Inquisição. Às primeiras notícias da invasão francesa em Espanha, um golpe em Lisboa reestabeleceu a monarquia absoluta portuguesa.

Mas os contrarrevolucionários não foram capazes de extinguir o movimento liberal na sua totalidade. Inglaterra tornou-se o destino favorito de muitos refugiados políticos e um novo centro da rede liberal europeia. Foi para lá que fugiram os liberais espanhóis mais preeminentes em 1823, depois de o seu movimento ter sido esmagado. Com este influxo de refugiados políticos, os conservadores ingleses temiam cada vez mais que a revolução atravessasse o canal. Em 1822, um redator do *Morning Chronicle* já denunciava «o vírus do liberalismo» que assolava a Europa, designando-o como uma «peste moral».[188] Num *Ensaio Sobre o Liberalismo,* recriminou-se o chamado «Liberalismo universal», que espalhava a confusão e o caos por toda a parte. França, lia-se nele, era a «fonte original do liberalismo». A sua revolução tinha gerado as ideias vis e perigosas que estavam agora a disseminar-se pelo resto da Europa. Graças a França, a palavra «liberal» já não se referia a «um homem de sentimentos generosos, de espírito engrandecido e expansivo [...], mas a um indivíduo [que professava] princípios políticos avessos à maior parte dos governos existentes na Europa»[189].

Os conservadores ingleses continuaram a usar a grafia francesa (*libérale*) para sugerir que as ideias liberais eram estrangeiras e revolucionárias. Menosprezavam o novo termo como um jargão continental e acusavam os liberais de utilizarem palavras sonantes para enganarem o povo.[190] Por meio desta duplicidade, eles tinham «produzido uma confusão babélica» onde as pessoas já não conseguiam distinguir o certo do errado. A verdade, afirmavam, era que os liberais não eram nobres nem generosos; eles eram orgulhosos, egoístas e licenciosos. O que os interessava era, sobretudo, a «gratificação irrestrita das suas paixões», pelo que recusavam constrangimentos de qualquer tipo. O liberalismo, observou um escritor britânico, era o exato oposto da liberalidade.[191] Não passava de outra palavra para o jacobinismo e pretendia deliberadamente semear a confusão e a desordem. O liberalismo, sentenciou outro autor, «é o próprio princípio de Satanás»[192].

Tal acrimónia ocultava o facto de que os liberais, na verdade, defendiam um largo espectro de ideias políticas, económicas e religiosas. Eles não estavam de acordo em muitas questões, tais como o alargamento do direito de voto, a defesa da monarquia constitucional ou da república e a preferência por orquestrar insurreições. Os críticos referiam-se desdenhosamente a um «*cocktail* liberal» de pessoas.[193] John Stuart Mill, que estava a começar a notabilizar-se durante a década de 1820, observou que «os *libéraux* abarcam todos os matizes da opinião política», do moderado ao radical.[194]

Grande parte da obra de Benjamin Constant pode ser entendida como uma tentativa de unir e educar os liberais europeus a respeito dos princípios pacíficos e constitucionais. Ele fez uma campanha incansável para difundir as ideias liberais e eleger liberais para cargos públicos. Publicou livros, panfletos e artigos, e proferiu inúmeros discursos dentro e fora da Câmara dos Deputados. O subtítulo de uma das suas obras mais notáveis, publicada entre 1818 e 1820, fala por si: *Curso Exemplar de Política Constitucional*. O livro foi rapidamente traduzido para espanhol e italiano, e seguiram-se várias edições. A sua leitura chegou ao México e à Argentina.[195] Constant empenhou-se ainda em desenvolver as redes necessárias para assegurar o sucesso eleitoral dos liberais.[196] Por causa disto, esteve sob vigilância da polícia durante a maior parte da sua carreira enquanto membro do Parlamento. O propagandista contrarrevolucionário Louis de Bonald chamou a Constant o «líder do coro» do partido liberal.[197] Mas a campanha de Constant para unir os liberais com base em determinados princípios e estratégias legais consentâneas não foi muito bem-sucedida. No final da sua vida, queixava-se amargamente de não ser ouvido pelos seus companheiros liberais e de estar cansado de dizer a mesma coisa. Unidos na sua aversão pelo Antigo Regime, os liberais discordavam em muitos pontos. O primeiro liberalismo não era monolítico nem imutável.

Em 1824, o falhanço das revoluções liberais tinha colocado os seus proponentes por toda a Europa numa posição defensiva. Em França, a direita era detentora da maioria no poder desde 1820 e, quando foram realizadas novas eleições em fevereiro de 1824, só não obteve dezanove dos quatrocentos e trinta assentos da Câmara. Alguns liberais ilustres viram-se obrigados a encerrar os seus periódicos e a partir para o exílio. Muitos deles passaram a atuar na clandestinidade e integraram sociedades secretas. Lafayette juntou-se a um destes grupos; Benjamin Constant não o fez.

Lafayette acabaria por embarcar numa viagem até à América, esperando que a publicidade gerada ajudasse a causa liberal em França.

A sua viagem deu azo a uma efusão de publicações em que Lafayette era descrito como «o herói de dois mundos», e a América, como a terra das «grandes instituições liberais»[198]. Mas os seus inimigos continuaram a repetir o mesmo mantra: os liberais eram anarquistas ateus que infligiriam estragos onde quer que fossem. Tais acusações foram secundadas pela Bula papal *Ecclesiam a Jesu Christo,* que recriminava a «turba de homens malévolos [...] unidos contra Deus e Cristo».

Os liberais alemães não viam no catolicismo o único problema; o protestantismo ortodoxo era igualmente um obstáculo. Depois das revoluções da década de 1820, as forças políticas reacionárias intensificaram a sua colaboração com as igrejas protestantes, definindo-se como ortodoxas para combater a disseminação dos princípios liberais de índole religiosa ou política. Exemplo disso foi Ernst Wilhelm Hengstenberg, professor de teologia na Universidade de Berlim e editor do neo-ortodoxo *Evangelische Kirchen-Zeitung.*

Hengstenberg tornou-se o grande estrategista da revigorada aliança prussiana Trono e Altar. O seu objetivo era expurgar a Igreja Protestante da teologia liberal e erradicar toda a possível oposição à vontade do rei. «A nossa política», escreveu, «consiste na obediência incondicional [...] à ordem dada por Deus.» No seu periódico, tal como noutras tribunas alemãs, o liberalismo foi interminavelmente declarado como uma importação estrangeira que, se nada fosse feito para impedir a sua disseminação, teria como resultado o ateísmo e a anarquia. A obediência a Deus implicava a obediência aos «senhores mundanos». Alarmados e frustrados, os liberais alemães responderam. Denunciaram o «uso impudente da religião pelos "filhos das trevas"»[199].

Foi neste clima altamente polarizado que, em 1823, surgiu aquela que parece ter sido a primeira história do liberalismo, elaborada pelo professor de filosofia prussiano Wilhelm Traugott Krug. Nascido em Radis, na Prússia, Krug tinha sucedido a Immanuel Kant na cátedra de lógica e metafísica da Universidade de Königsberg, antes de se mudar para Leipzig, onde ensinou filosofia e se tornou um conhecido publicista.

O *Retrato Histórico do Liberalismo* de Krug enfrentou os reacionários de cabeça erguida, conferindo ao liberalismo irrepreensíveis credenciais cristãs e alemãs. O próprio Deus tinha criado o liberalismo, reivindicava Krug, e fê-lo implantando o desejo de liberdade em todos os seres humanos. O desejo de liberdade tinha sido concedido ao homem, acrescentou Krug, para encorajar o seu progressivo autoaperfeiçoamento e a concomitante reforma gradual de instituições como a Igreja Cristã.

Segundo Krug, a mais importante liberdade era a liberdade de pensamento. A sua história relatava o modo como o amor a esta liberdade particular tinha sido transferido de Deus para os antigos gregos e, depois, para os primeiros Pais da Igreja, todos eles com tendência a serem «liberais». Mas, visto que convocavam um pensamento crítico, enfrentaram a resistência feroz das autoridades estabelecidas.

A Alemanha desempenhava um papel essencial na história de Krug. O inventor do «liberalismo religioso» tinha sido o reformador protestante alemão Martinho Lutero. E o liberalismo religioso, escreveu, era essencial para o aprimoramento das instituições humanas segundo a vontade de Deus. O protestantismo libertou os cristãos da servidão da «fé cega» e incentivou o pensamento crítico, essencial ao progresso. Contudo, infelizmente, a Reforma levaria a disputas entre princípios liberais e iliberais. Houve quem continuasse a não abrir mão de dogmas religiosos obsoletos.

O liberalismo político, elucidou Krug, surgiu entre os *whigs* de Inglaterra. Enquanto os *tories* acreditavam no direito divino dos reis, os *whigs* baseavam a soberania no povo. De Inglaterra, o liberalismo viajou até às colónias da América do Norte, onde encontrou terreno fértil, e seguiu depois para França, onde foi radicalizado. Agora, tinha lugar uma terrível batalha por toda a Europa entre o liberalismo e o antiliberalismo. Mas o progresso do liberalismo, rematou Krug, era imparável. Era a vontade de Deus.

A história do liberalismo de Krug era, de forma bastante óbvia, uma resposta às pretensões da chamada Santa Aliança. O liberalismo, e não a reação, é que era sagrado. Mas Krug também advertiu os liberais para que não se deixassem seduzir pelo radicalismo, nem provocassem a revolução. Só «uns poucos idiotas», afirmou, preconizavam o «ultraliberalismo» e tomavam parte em «exageros». Isso era completamente desnecessário. O futuro pertencia a um tipo de liberalismo gradual e «refletido».[200]

Princípios económicos liberais

Em meados da década de 1820, os ultramonarquistas que dominavam a Câmara francesa fizeram aprovar medidas económicas regressivas. Os grandes proprietários rurais, os industriais e os plantadores coloniais uniram-se para formar um poderoso lóbi protecionista. Reclamavam o regresso das tarifas aduaneiras, especialmente, sobre o trigo e o açúcar. Exigiam também a restituição das colónias francesas e o reestabelecimento oficial do comércio de escravos. Na verdade, apesar de terem aprovado a sua interdição em 1815, os reis Bourbon incentivavam sub-repticiamente o comércio escravista e reprimiam publicações que defendiam a abolição. O lóbi protecionista lutou ainda pela restauração da primogenitura e dos morgadios.

Em 1819, o governo tinha imposto uma tarifa sobre os cereais importados. Dois anos depois, uma nova maioria ultramonarquista acabaria por estabelecer a proibição total da importação de cereais abaixo de um determinado preço. No ano seguinte, a mesma maioria fez aprovar outra lei que aumentou abruptamente as tarifas sobre o açúcar, o ferro e o gado estrangeiros. Os escritos de François Ferrier e Jean-Baptiste Say tornaram-se então mais relevantes do que nunca. O tratado de Ferrier que escarnecia dos princípios liberais de comércio foi republicado em 1821 e 1822. O *Tratado de Economia Política* de Say, que, como vimos, contestava as tarifas, as interdições, o sistema colonial e a escravatura, foi também reimpresso. Discursando na Câmara dos Deputados, Benjamin Constant contestou as novas leis, referindo-se a elas como cruéis, injustas e autocentradas. Contestou os ricos por usarem o governo para ficarem ainda mais ricos à custa dos trabalhadores pobres, já para não mencionar os escravos. Foi organizada uma campanha publicitária colossal para disseminar as ideias liberais da economia política e para fazer pressão sobre os legisladores. Constant publicou um texto que tentava agregar os liberais em torno de uma política «*laissez-faire, laissez-passer*». Porém, não conseguiu convencer todos. Os liberais nunca foram unívocos na questão das tarifas.

Nos seus discursos, Constant também contestava o comércio de escravos e exigia que o governo reforçasse a sua interdição. A ala direita da Câmara descompunha-o regularmente por causa disto.[201] Juntamente com outros liberais, ele celebrou o sucesso do Haiti, a primeira nação negra independente na América. Elogiou a constituição que os seus cidadãos negros tinham produzido.[202] De acordo com o seu amigo Jean-Charles-Léonard Sismondi, «os filhos da América» provaram que mereciam ser livres e que todos os africanos tinham o potencial para se tornarem «civilizados».[203]

Decerto, Constant estava ciente de que, devido às leis eleitorais da Restauração, o poder legislativo em França residia nas mãos dos grandes proprietários rurais e dos comerciantes abastados, a mesma combinação de homens contra a qual Adam Smith tinha perorado em *A Riqueza das*

Nações. Os negociantes endinheirados, secundados pelos proprietários rurais aristocráticos, eram «uma ordem de homens, cujo interesse nunca é exatamente idêntico ao da população, que têm geralmente o interesse de enganar e até de oprimir a população, e que, portanto, a enganaram e a oprimiram em muitas ocasiões»[204]. Contant estava também ciente de que os agentes alfandegários compunham vinte por cento do total de agentes estatais empregados pelo governo da Restauração, e que estes incluíam uma polícia secreta, bem como uma rede de informadores e espiões. Ele próprio esteve sob vigilância policial durante grande parte da década de 1820. Os agentes alfandegários, é preciso que se diga, eram incumbidos de inspecionar todos os livros importados para garantir que «não continham nada que fosse contrário ao governo ou ao interesse do Estado»[205]. Em abril de 1816, uma maioria ultramonarquista na Câmara aprovara uma série de pretensas medidas contra o contrabando, colocando o ónus na suposta imoralidade disseminada por uma «Revolução desastrosa». Estas medidas aumentaram os poderes da administração alfandegária para passar revista a viajantes, comerciantes e casas privadas numa área que se estendia até vinte e cinco quilómetros para lá das fronteiras francesas. As leis incrementaram ainda as penalizações para o contrabando. Quando liberais como Constant advogavam o *laissez-faire, laissez-passer*, eles tinham também estas medidas em mente.

O seu compromisso comum com a livre circulação de bens, ideias e pessoas não significava que os liberais partidários do *laissez-faire* se opusessem a *toda* a intervenção do governo na economia. Ao contrário do que hoje muitas vezes se diz sobre o liberalismo oitocentista, os primeiros liberais não eram doutrinários relativamente ao *laissez-faire*. Eles não colocavam a ênfase nos direitos de propriedade nem celebravam as virtudes da ganância sem limites. Aquilo a que hoje se chama liberalismo «clássico» ou «ortodoxo» não existia.

Constant acreditava que a propriedade privada não era um direito natural, mas simplesmente uma convenção social, estando, por isso, sob a jurisdição da sociedade. Say reconhecia explicitamente que os governos tinham o direito de regular qualquer tipo de atividade e acreditava que a regulação era útil e apropriada em muitas circunstâncias. Era inteiramente apropriado, por exemplo, que os governos interviessem para ajudar os trabalhadores que se tinham tornado desnecessários devido à introdução de maquinaria na indústria. Os governos podiam legitimamente restringir o uso de novas máquinas e encontrar trabalho para os desempregados. «Sem dúvida nenhuma», escreveu Say, um governo «deve proteger os interesses dos trabalhadores.»[206] Era o dever de todos os governos, reiterou Say, «visar ao constante melhoramento da condição dos seus sujeitos».

Mas, como sempre, os liberais não estiveram todos de acordo. Charles Comte e Charles Dunoyer, os editores do periódico liberal *Le Censeur européen*, endossaram o *laissez-faire*, levando-o a extremos que não se encontravam em Smith ou Say. Dunoyer opunha-se ao envolvimento do governo na educação, nas obras públicas e até mesmo nos correios. Já Sismondi advogava *mais* intervenção governamental, e não menos. Em 1803, ele publicara *Sobre a Riqueza Comercial*, em que aduziu razões a favor da absoluta liberdade de comércio e indústria. Mas, em 1819, com a publicação de *Novos Princípios de Economia Política*, acabaria por mudar de ideias, esclarecendo que foi obrigado a modificar e a desenvolver as suas ideias iniciais devido aos factos chocantes que começavam a surgir sobre as condições dos trabalhadores nas economias industrializadas — particularmente, em Inglaterra. O governo, dizia agora Sismondi, devia intervir para proteger os fracos dos fortes. A maior parte dos liberais defendia um comércio internacional mais livre e uma circulação doméstica de pessoas e bens mais livre, mas podiam discordar relativamente aos limites legítimos e desejáveis da intervenção do governo na economia. Podiam discutir sobre o que constituía o «verdadeiro liberalismo», sendo que «liberalismo» era uma palavra que os liberais quase não utilizavam devido, muito provavelmente, às suas conotações negativas.

Fora das fronteiras de França, a evidência confirma que os liberais, em regra, não sancionavam uma versão estrita do *laissez-faire*. Na Alemanha, Espanha, Itália, América Hispânica e Índia, autoidentificados liberais endossavam um espectro de perspetivas sobre a economia que dependiam das circunstâncias locais. No período tantas vezes referido como o auge do *laissez-faire*, não existia nenhuma posição uniforme sobre a questão, e o termo «liberalismo económico» não era utilizado. Embora Krug se refira favoravelmente ao «liberalismo religioso» e ao «liberalismo político», ele não faz menção a algo chamado «liberalismo económico». Na América, onde o termo «liberalismo» era, em todo o caso, extremamente raro, ele não designava uma política económica.

Exclusões liberais

Como sabemos, os primeiros liberais não eram democratas. Defender a soberania popular não implicava defender o sufrágio universal. A sua reticência relativamente a este tema devia muito à sua experiência com o Terror e o regime napoleónico. O sufrágio universal foi introduzido em França em 1792 para a eleição de uma Convenção Nacional, a mesma Convenção que lançara o Reinado do Terror. A ditadura de Napoleão foi aprovada por plebiscito. O sufrágio universal estava associado, por um lado, à lei da multidão, à violência e à desordem, e, por outro lado, à credulidade, à pobreza de raciocínio e à submissão. Para Constant — tal como para a maioria dos liberais naquela época — o direito de voto era um encargo e não um direito. Eles consideravam que a propriedade concedia aos indivíduos a independência e o ócio que lhes permitiriam adquirir o conhecimento e o carácter necessários para tomar decisões políticas informadas.

Isto ajuda a explicar porque é que nenhum dos liberais mencionados neste capítulo, com a notável exceção de Mary Wollstonecraft, advogaram o direito de voto para as mulheres. As mulheres eram, afinal de contas, pessoas legalmente dependentes, com pouco acesso à propriedade e à educação consideradas necessárias para o exercício do voto. Contam-se pelos dedos de uma mão os textos publicados entre 1789 e 1793 que mencionavam os direitos políticos das mulheres.

Quem efetivamente defendia estes direitos usava, em regra, uma linguagem reconhecidamente liberal para apoiar a sua causa. Comparavam as mulheres aos escravos, e o casamento, a uma forma de despotismo. Uma petição de outubro de 1789, endereçada aos legisladores masculinos, clamava: «Haveis quebrado o cetro do despotismo; e pronunciado o belo axioma de que os Franceses são um povo livre. No entanto, permitis que treze milhões de escravos vergonhosamente usem os grilhões de treze milhões de déspotas!» Os legisladores eram acusados de serem egoístas, ou seja, iliberais, por as ignorarem.

Wollstonecraft foi uma apoiante fervorosa dos princípios liberais da revolução, como já sabíamos desde a sua obra intitulada *Em Defesa dos Direitos dos Homens* (1790) e a sua crítica a Edmund Burke. Dois anos depois, ela regressaria com *Em Defesa dos Direitos da Mulher*, onde intimou os legisladores franceses a corrigirem a sua constituição, concedendo o direito de voto às mulheres. Este texto pode ser lido como uma longa refutação da ideia de que os deputados franceses podiam considerar-se liberais ao mesmo tempo que ignoravam metade da raça humana. Pelo contrário, eles eram egoístas e ciosos da hierarquia. Mary Hays, discípula de Wollstonecraft, ridiculizou-os por estarem sentados num «trono autoerigido», a partir do qual mantinham as mulheres agrilhoadas. «Por quanto tempo», questionava, «recusará o homem a liberdade que reivindica; por quanto tempo prezará, com políticas limitadas e a veneração de superstições, as máximas da tirania e as instituições da barbárie?»[207] Ao negarem o voto às mulheres, os liberais contradiziam os seus próprios princípios.

Os legisladores ignoraram em grande medida estes apelos e, em outubro de 1793, um decreto proibiu as mulheres de frequentarem clubes onde se discutisse política. A sua linguagem estava centrada nos deveres domésticos das mulheres. Falando em nome do Comité de Segurança Geral, o deputado Jean-Baptiste Amar declarou que as mulheres não deveriam poder reunir-se em clubes porque a «natureza» ditava que tomassem conta das suas famílias e das suas casas. Elas deveriam remeter-se às «funções privadas para as quais as mulheres são destinadas por natureza».

Esta é uma intrigante e especiosa linha de argumentação, já que muito poucos, se não mesmo nenhum dos defensores dos direitos das mulheres, desafiavam a ideia de que elas tinham deveres domésticos ou de que a sua natureza era diferente da dos homens. A própria Wollstonecraft nunca questionou isto. Muitos dos que advogavam reformas dirigidas às mulheres não exigiam direitos políticos. Reclamavam coisas como um maior acesso à educação, melhores empregos e controlo sobre a sua propriedade. Reivindicavam o direito ao divórcio e leis que tornassem o casamento mais igualitário. Um grau maior de igualdade dentro do casamento, argumentavam, permitiria a amizade e a entreajuda do casal no exercício dos seus «deveres para com a humanidade»[208]. Um casamento com mais companheirismo contribuiria para regenerar a nação, aprimorar a moral e incentivar as virtudes da cidadania.

Embora Madame de Staël nunca tivesse advogado o direito de voto para as mulheres, os seus romances celebravam a coragem e a capacidade intelectual femininas. As mulheres poderiam contribuir para curar e regenerar França, porquanto «elas personificam tudo o que se relaciona com a humanidade, a generosidade, a delicadeza»[209]. Os romances de Madame de Staël pretendiam fazer isso mesmo, ou, por outras palavras, fomentar nos seus leitores os sentimentos de compaixão e amabilidade, valores morais que ela considerava determinantes em qualquer regime moderno e liberal. *Delphine*, publicado em 1802, girava em torno de uma mulher bela e dotada que foi vítima dos princípios antiquados da sociedade. Era, em igual medida, um elogio do divórcio e do protestantismo.

Os contrarrevolucionários contestavam o direito ao divórcio pelo mesmo motivo que levava Madame de Staël e outros liberais a defenderem-no. A estabilidade de um Estado, diziam, assentava na suprema autoridade do marido e na indissolubilidade do casamento. Num panfleto intitulado *Sobre o Divórcio*, originalmente publicado em 1801, Louis de Bonald rejeitou a sua legalização por ser algo que criaria uma «democracia na família» (certamente, uma coisa abominável) — e provocaria, por isso, uma segunda revolução.[210] Joseph de Maistre também sustentava que a estabilidade e a força do Estado dependiam da subordinação das mulheres aos seus maridos.[211] Com o regresso da monarquia em 1816, estas ideias forneceram a justificação para a abolição do direito ao divórcio, ultrapassando as veementes objeções dos liberais na Câmara.

* * *

No dia 16 de setembro de 1824, Luís XVIII faleceu e o seu irmão, Carlos X, ascendeu ao trono. Católico devoto e contrarrevolucionário acérrimo, Carlos X prontamente deixou claras as suas intenções de reestabelecer a monarquia autoritária e católica. Com a ajuda dos ultramonarquistas nas Câmaras, promulgou uma série de leis que horrorizaram os liberais.

Uma das medidas mais controversas compensava os antigos emigrados pela propriedade perdida durante a revolução. Carlos X estreitou também a aliança Trono e Altar e intensificou esforços para voltar a catolizar o país. Aprovou dois estatutos religiosos, um deles, legalizando as ordens religiosas que tinham sido proibidas durante a revolução; o outro, criminalizando os «sacrilégios» religiosos, definidos de um modo bastante vago.

Os liberais protestaram ruidosamente, mais do que nunca, convencidos de que a Igreja Católica era o seu mais terrífico inimigo. Contra-atacaram com uma organizada ofensiva propagandística, inundando o país com panfletos políticos, caricaturas, canções e edições baratas de textos anticlericais. Estima-se que no período de sete anos tenham sido publicados 2,7 milhões de livros anticlericais, entre os quais se incluía *De la Religion*, de Constant.

Chegados a 1827, o pêndulo político tinha oscilado de novo a seu favor. Os ultramonarquistas, tomados por um pânico crescente, receavam que o liberalismo tivesse ganhado a batalha.[212] Acusavam os liberais de serem «republicanos, anarquistas e gazetistas sediciosos que, há mais de uma dúzia de anos, atacam implacavelmente tudo aquilo que é verdadeiro e bom [...] e esperam ardentemente por uma nova revolução, mais completa do que a primeira»[213].

Perante o acréscimo de popularidade da oposição liberal, o governo de Carlos X viu-se numa situação cada vez mais desesperada e procurou recuperar o apoio popular através das empreitadas coloniais. Usando como pretexto uma contenda diplomática menor com a Argélia, o rei enviou uma expedição para tomar a capital Argel. Depois de uma rápida vitória militar, Carlos X investiu contra os liberais do seu país através das Ordenanças de Julho, suspendendo a liberdade de imprensa, dissolvendo a Câmara e estabelecendo qualificações de propriedade para o voto. Estas ações precipitaram a insurreição dos três dias que o tiraria do poder.

CAPÍTULO TRÊS

LIBERALISMO, DEMOCRACIA E A EMERGÊNCIA DA QUESTÃO SOCIAL, 1830–1848

O problema da sociedade moderna será resolvido, como há muito presumi, em França e em mais nenhum outro lugar.
—John Stuart Mill, 1849

Capitaneado pelos jornalistas e políticos liberais, o povo parisiense rebelou-se nos últimos dias do mês de julho de 1830 e derrubou o seu governo. Aquela que viria a ser conhecida como a Revolução de Julho durou apenas três dias e não fez derramar sangue. O rei reacionário Carlos X abdicou, e um primo mais liberal, Luís Filipe, o Duque de Orleães, tomou o seu lugar no trono.

Estes Três Dias Gloriosos marcaram uma vitória clara para o liberalismo. As manifestações de contentamento afluíram um pouco por todo o mundo. John Stuart Mill partiu rapidamente para Paris com o intuito de observar os acontecimentos em primeira mão. O embaixador americano enviou ao seu país um relatório favorável, e tanto o presidente Jackson* como o Secretário de Estado Van Buren** apresentaram as suas congratulações. Os liberais alemães descreveram-na como uma vitória para toda a Europa, se não mesmo para o mundo. Tão longe quanto a Índia, os jornais reportaram o que estava a suceder em França. O reformador bengali Rammohan Roy celebrou a ascensão do rei-cidadão francês, Luís

---

* Andrew Jackson (1767–1845), presidente dos EUA entre 1829 e 1837. [*N. da T.*]

** Martin Van Buren (1782–1862), Secretário de Estado dos EUA entre 1829 e 1831. Presidente dos EUA entre 1837 e 1841.

Filipe.[214] Como notou um observador estrangeiro, «o mundo inteiro é influenciado por tudo o que acontece em Paris»[215].

François Guizot, que viria a tornar-se uma figura cimeira do novo governo, fez um discurso jubilante. A heroica população de Paris tinha vencido a batalha contra a monarquia absoluta. Segundo Adolphe Thiers, outro farol deste período, os liberais tinham finalmente «chegado» e a monarquia constitucional estava agora segura.[216] Discursando na Câmara dos Deputados, Benjamin Constant afirmou sentir-se especialmente orgulhoso do papel dos trabalhadores na sublevação.

Muito em breve, todavia, estes mesmos liberais enfrentariam um novo e formidável adversário, que ficaria conhecido pelo termo «socialismo».

A viragem conservadora do governo liberal

O entusiasmo inicial com a Revolução de Julho rapidamente deu lugar ao desapontamento. Entre os liberais franceses, surgiram discordâncias acentuadas sobre que políticas deveriam levar a cabo, agora que estavam no poder. Defendiam o governo constitucional, mas e que mais? Eram a favor da representação popular, mas em que número? Como deveriam lidar com o crescente descontentamento dos trabalhadores? Estas questões dividiram e enfraqueceram os liberais, expondo-os a novos ataques que, desta vez, não eram apenas oriundos da direita, mas também da esquerda.

A primeira fissura revelou-se a propósito da questão do direito de voto. O rei Luís Filipe e François Guizot viam a Revolução de Julho como um movimento defensivo cujo intuito era proteger a Carta. Opunham-se a quem a via como uma oportunidade para levar a cabo novas reformas e, em particular, uma expansão significativa do eleitorado. Nas suas *Memórias*, o deputado liberal Odilon Barrot relata que os «homens do movimento», como ele próprio, se esforçavam para obter reformas progressivas, mas os seus esforços eram constantemente gorados pelos «homens da resistência», como o rei e Guizot.

No fim, os liberais da resistência ganharam a batalha. A nova carta constitucional diferia pouco daquela que veio substituir. As qualificações de propriedade para acesso ao sufrágio foram reduzidas de forma pouco significativa, pelo que o direito a votar e a concorrer às eleições nacionais continuou a ser o privilégio de um pequeno grupo de notáveis abastados. Durante a Restauração, o eleitorado compreendia 140 000 votantes entre uma população total de mais de 26 milhões; na Monarquia de Julho, o número aumentou para não mais do que 241 000. Inglaterra, com uma população muito menor, tinha pouco mais de 400 000 votantes depois de 1832. O rei francês defendeu esta expansão moderada do eleitorado, afirmando que ela manteria sabiamente um «*juste milieu* [meio-termo justo]» entre os excessos da democracia e os abusos do poder régio. Guizot descreveu a posição de *juste milieu* como sendo, ao mesmo tempo, «liberal e conservadora», aparentando não ver nenhuma contradição nisso.[217] Charles Rémusat ficou célebre ao afirmar: «Nós somos o governo da burguesia», a uma distância segura tanto do governo aristocrático quanto da democracia.[218]

Os críticos da ala esquerda apontaram este governo como um novo tipo de aristocracia — desta vez, uma aristocracia do dinheiro. O deputado Étienne Cabet deu voz ao sentimento de ultraje que assolava muitos antigos apoiantes. A nova constituição não era liberal, protestou. Era «iliberal», pois colocava o poder nas mãos de uma elite endinheirada ainda mais egoísta e desdenhosa do que a nobreza que tinha vindo substituir.[219]Acusado de traição, Cabet foi destituído do seu cargo como membro da Casa Civil na Córsega e fugiu para Inglaterra.

Desapontados, alguns radicais começaram a advogar o derrube da monarquia e o estabelecimento de uma república baseada no sufrágio universal. O seu governo supostamente liberal ripostou com leis que restringiam a liberdade de imprensa e o direito de associação. Entre julho de 1830 e fevereiro de 1832, o governo instaurou quatrocentos processos a publicações periódicas. Em abril de 1831, foi aprovada uma nova lei que proibia rigorosamente as manifestações públicas. Quando, um ano mais tarde, grupos republicanos em Paris tentaram transformar o funeral de um dos seus líderes numa sublevação, o governo liberal decretou o estado de sítio na capital. Passou a ser ilegal dizer que se era republicano.

Muitos antigos apoiantes acusavam agora os liberais no poder de traírem os seus princípios. Nas Câmaras, Benjamin Constant expressou o seu profundo desapontamento. Como protesto, Lafayette demitiu-se da chefia da Guarda Nacional. Charles Comte e Charles Dunoyer, que tinham assumido cargos no novo governo, puseram os seus lugares à disposição. Alexis de Tocqueville, até então relativamente desconhecido, partiu para a América. Tendo inicialmente visto com bons olhos o novo regime, cedo viria a desprezá-lo.

A viragem conservadora dos liberais da resistência afligiu o jovem John Stuart Mill. Dez anos antes, ele visitara Paris e ficara instalado na casa do economista político Jean-Baptiste Say. Tinha sido apresentado a diversos líderes do partido liberal e, como mais tarde relatou na sua autobiografia, adquiriu um «interesse forte e permanente pelo liberalismo continental»[220].

Ao ouvir as notícias sobre a irrupção da Revolução de Julho, Mill apressou-se a partir para Paris. Aí, conheceu e fez amizade com o Marquês de Lafayette e outros liberais do movimento, com os quais desenvolveu uma relação próxima. Nas cartas que enviou ao seu pai, percebe-se que Mill rapidamente se desapontou com o rumo que a revolução tomara. O novo governo mostrava pouco interesse numa verdadeira reforma. França, lamentava, tinha-se tornado uma «Oligarquia endinheirada e limitada»[221].

Ao regressar a Inglaterra, Mill continuou a seguir de perto os acontecimentos em França, produzindo uma série de artigos para o *The Examiner.* Ele descreveu os novos líderes franceses como um «partido estacionário ou estagnado» e deu-lhes o rótulo de «ditos liberais», já que estavam sobretudo interessados em manter o *statu quo.*[222] Mostravam ter aversão às reformas, especialmente, as que ajudariam as classes mais pobres. Só se importavam com os seus interesses egoístas. Traíam a causa liberal.

Este desapontamento era profundo e generalizado. Logo em 1831, os jornalistas nos Estados Unidos perderam o seu entusiasmo e noticiaram que o governo liberal francês se tinha tornado conservador. Abrira-se uma fratura entre os que queriam mais reformas e os que não as queriam; «a agitação estava a fermentar»[223]. A *Encyclopedia Americana*, editada pelo emigrado alemão Francis Lieber, registou a ocorrência de uma cisão entre os conservadores e os progressistas no partido liberal francês. Um artigo de vinte e sete páginas sobre o liberalismo, publicado no germânico *Staats-Lexikon**, expressava pesar e descontentamento. Um governo liberal deveria, por definição, caracterizar-se pelo *movimento*, lia-se nele. Esperava-se que os liberais promovessem o bem comum e não os interesses egoístas de um partido ou classe privilegiada.[224] Por estes critérios, os liberais franceses no poder tinham deixado de ser liberais.

* Enciclopédia política alemã publicada entre 1834 e 1866. [*N. da T.*]

A democracia vista pelos liberais

As divergências entre os liberais não nos devem fazer pensar que até os «liberais do movimento» eram a favor da democracia no nosso sentido moderno do termo. Desde o início, os liberais estavam preocupados com a «incapacidade» das massas, que, no seu entender, eram irracionais, propensas ao comportamento violento e ignorantes do que era melhor para elas. A maior parte dos liberais continuou a defender rígidas qualificações de propriedade tanto para o direito ao voto quanto para a ocupação de cargos públicos. Os reformistas liberais queriam uma redução destas qualificações, mas não necessariamente a sua abolição. Representar a vontade do povo, cogitavam, não era o mesmo que conceder-lhe o voto.

A «*verdadeira* maioria», escreveu um liberal alemão, deve ser distinguida da «maioria por número de cabeças»[225]. Um governo liberal não era a mesma coisa que um governo por plebiscito, disse outro. Era importante fazer a distinção entre a igualdade perante a lei e o sufrágio universal.

O nosso entendimento da relação entre o liberalismo e a democracia é dificultado pelo facto de que nenhuma destas duas palavras tinha um significado fixo ou consensual, e ambas eram utilizadas de formas que hoje nos são pouco familiares. A palavra «democracia» não designava necessariamente um sistema eleitoral baseado no sufrágio universal. Podia também significar um *tipo de sociedade* — por exemplo, uma sociedade que reconhecia a igualdade civil e na qual a mobilidade social era exequível. Nesse sentido, era possível que muitos liberais europeus aceitassem e até celebrassem a democracia enquanto se opunham, simultaneamente, ao sufrágio universal.

A democracia no sentido de igualdade perante a lei foi uma das conquistas mais relevantes da Revolução de 1789. Foi neste sentido que o deputado liberal Royer-Collard, num discurso proferido em 1822 nas Câmaras, asseverou que a democracia «está em toda a parte em França»[226]. Hoje, isto parece uma coisa estranha de se dizer a propósito de um país onde não mais do que 140 000 pessoas entre 26 milhões tinham direito a votar. Mas é perfeitamente compreensível quando percebemos que a palavra «democracia» não se referia necessariamente a um sistema eleitoral.

Este facto também ajuda a explicar algumas combinações que, de outra forma, seriam improváveis. Em 1825, Thomas Jefferson emparelhou os liberais e os democratas, como se existissem poucas diferenças entre os dois. Para ilustrar a divisão política que existe em todos os países, ele afirmou que «alguns são *whigs*, liberais, democratas, chamem-lhes o que quiserem. Outros são *tories*, *serviles*, aristocratas, etc. Os últimos temem o povo e desejam transferir o poder para as classes mais elevadas da sociedade; os primeiros consideram que o povo é o mais seguro repositório do poder em última instância; por isso o estimam e desejam confiar-lhe todos os poderes para o exercício daqueles para que tenha competência.»[227] Aqui, Jefferson não estava necessariamente a sugerir que os liberais e os democratas advogavam o que hoje entendemos por democracia. Os *whigs*, liberais e democratas, afirma, desejam confiar ao povo tanto poder quanto *eles tenham competência* para exercer. Exatamente quanto poder, ou de que tipo seria, fica por desvendar.

Por outro lado, vale a pena determo-nos um momento para considerar o facto de que Jefferson estava a explicar política europeia a um interlocutor americano. A palavra «liberal», como um termo político, era praticamente desconhecida na América naquela época. A entrada «liberal» na *Encyclopedia Americana* de 1831 regista que o novo significado político da palavra é oriundo de França. Nesse país, explica o artigo, a palavra referia-se agora a «direitos iguais» e «princípios democráticos».[228] O que queriam dizer exatamente os «princípios democráticos» fica por explicar. A enciclopédia não inclui nenhuma entrada sobre «liberalismo».

O líder liberal François Guizot, que, em muitos aspetos, era o próprio símbolo da Monarquia de Julho, via o sufrágio universal como absolutamente incompatível com a liberdade. Com a Revolução Francesa de 1789 e Napoleão em mente, ele estava convicto de que o sufrágio universal conduziria inevitavelmente a uma ditadura. Mas Guizot também não era um defensor da entrega do poder nas mãos de uma aristocracia hereditária. Ao invés disso, ele era a favor do *juste milieu* — um sistema pelo qual a classe média proprietária governava através de instituições representativas. Tal como muitos outros liberais naquela época, ele acreditava que o sufrágio só deveria ser outorgado aos homens com o nível requerido de educação, juízo e ócio para que lhes fosse confiado algo tão importante como o voto. Ele podia aceitar a democracia como um tipo de sociedade, mas não como uma forma de governo.

Os debates sobre a democracia fornecem o contexto para a obra-prima de Alexis de Tocqueville, *Da Democracia na América*, cujo primeiro volume foi publicado em 1835 e logo conquistou grande reconhecimento. Nascido em 1805 numa velha família católica e aristrocática, o jovem Tocqueville estudara Direito e, ao completar vinte e dois anos de idade, tornara-se magistrado nos tribunais de pequena instância. Começou por ver com bons olhos a Revolução de Julho, mas não tardou a desencantar-se. Em 1831, solicitou uma autorização para viajar até à América com o alegado intuito de estudar o seu sistema prisional. O pedido foi concedido, e ele aproveitou a oportunidade para viajar extensivamente e estudar outras coisas ao mesmo tempo. O resultado disso foi *Da Democracia na América*.

Hoje encarado como um dos grandes clássicos do liberalismo, *Da Democracia na América* pretendia, na sua época, transmitir algumas lições direcionadas ao governo do *juste milieu* que Guizot defendia. Como o livro deixa antever, Tocqueville partilhava as apreensões dos liberais conservadores relativamente à democracia, quer fosse ela social ou política. Preocupava-o a falta de capacidade das massas. Ele estava especialmente apreensivo com a tendência da democracia para fomentar o egoísmo ou o individualismo, como também o chamava. «O egoísmo mina as sementes de qualquer virtude», escreveu. Contudo, à semelhança de Constant e de outros, Tocqueville acreditava que a marcha progressiva da igualdade era imparável. A democracia política era, pois, um «facto providencial».[229] Tendo em conta as circunstâncias, o melhor que poderia ser feito era preparar França para o inevitável: a população tinha de adquirir a capacidade.

Preparar França para a democracia implicava adotar algumas das instituições políticas, práticas e valores que ele tinha encontrado na América. Entre estas, incluíam-se a descentralização administrativa, a liberdade de associação e a separação entre a Igreja e o Estado, algumas das reformas às quais o governo de Guizot resistia firmemente. Tais medidas liberais, sugeriu Tocqueville, podiam desempenhar a indispensável função de «educar a democracia», neutralizando de certa forma os seus perigos, ou, pelo menos, minimizando-os. Os liberais deveriam esforçar-se, não para deter a democracia, mas para a instruir e domar, para que ela não ameaçasse a liberdade e recaísse no novo tipo de despotismo que França tinha conhecido com Napoleão.

Da Democracia na América granjeou a Tocqueville uma grande notoriedade, ajudando a que fosse eleito para a Câmara dos Deputados em 1839. Aí, juntou-se à oposição ao governo de Luís Filipe e Guizot, os quais nunca seguiram os seus conselhos. Quanto a Tocqueville, tornar-se-ia cada vez mais pessimista em relação à democracia nos anos que se seguiriam.[230]

Liberais e insurreição, de novo

As apreensões liberais relativamente à democracia estavam intimamente relacionadas com o medo da violência popular. E, contudo, a evidência mostra que alguns liberais continuaram a advogar a insurreição popular para derrubar regimes repressivos um pouco por toda a Europa. A maioria dos liberais apelidava-os «ultraliberais», «inflamados» ou «extremistas», e distanciava-se deles.

Quando a Revolução de Julho de 1830 irrompeu, liberais em Itália, na Polónia e na Alemanha esperaram receber ajuda do governo francês em defesa das suas próprias revoluções. No entanto, apesar do intenso lobismo de liberais como Lafayette, o novo governo francês pouco faria para transtornar o *statu quo* europeu. Com a exceção da Bélgica, onde França ajudou a estabelecer uma monarquia constitucional duradoura, o governo do *juste milieu* recusou-se a intervir, e as sublevações na Itália, na Polónia e na Alemanha foram facilmente esmagadas.

Alguns liberais passaram a operar na clandestinidade, onde continuaram a orquestrar insurreições. O revolucionário italiano Giuseppe Mazzini foi um deles. Nascido na República de Génova, em 1805, Mazzini juntou-se à Carbonária, uma sociedade secreta do mesmo tipo que a Maçonaria, durante a sua juventude. O principal objetivo dos carbonários era derrubar regimes absolutistas por toda a Europa e substituí-los por regimes constitucionais. Em 1830, Mazzini e os seus camaradas italianos esperavam ter a ajuda de França neste empreendimento. Mas essa ajuda não chegaria. Em vez disso, Mazzini foi detido, encarcerado e forçado ao exílio. Acabaria por conseguir estabelecer-se em Londres, onde continuou a orquestrar insurreições em coordenação com os seus congéneres por toda a Europa. Hoje aventado como um precursor do «internacionalismo liberal»[231], Mazzini era, na sua época, um tipo de liberal altamente invulgar, cujas táticas insurrecionais e ideias democráticas foram rejeitadas pela maior parte dos outros.

Os liberais radicais como Mazzini não viam contradição alguma entre advogar princípios liberais e apelar à insurreição. Afinal, o liberalismo devia a sua origem à Revolução Francesa. Mazzini e os liberais do mesmo veio encaravam todos os liberais como parte de uma família que lutava pela mesma coisa e apelavam frequentemente ao auxílio dos governos estabelecidos. Em Londres, Mazzini fez amigos entre a comunidade liberal, onde era amplamente estimado. John Stuart Mill, que conheceu Mazzini em 1837, expressou a sua grande admiração por ele. «Um dos homens que mais respeito» ou «um homem superior, em todos os sentidos, entre todos os estrangeiros que conheci»[232] foram alguns dos epítetos que lhe dedicou. Na verdade, a admiração por Mazzini era generalizada entre os liberais britânicos e a restante população. Lord Morley, colega de ministério e biógrafo de William Gladstone, referiu-se a Mazzini como «um dos homens moralmente mais admiráveis que alguma vez conheci». Quando Morley estava na presença de Mazzini, dificilmente podia resistir «ao sentimento de grandiosidade»[233].

Mas esta admiração por Mazzini não significava necessariamente que os liberais aprovassem os seus métodos ou todas as suas ideias. O apoio à insurreição era extremamente raro. Embora Mill tenha expressado o seu respeito por Mazzini, ele também professou não apreciar «o seu modo de operar»[234]. Com efeito, a maioria dos liberais rejeitavam o seu liberalismo «exagerado». Os liberais mais moderados continuavam a acreditar que o melhor caminho a seguir era cooperar com os governos europeus vigentes e pressioná-los a adotar reformas graduais. Em Itália, alguns destes moderados depositaram as suas esperanças em governantes como Carlos Alberto de Piemonte, ou mesmo no Papa Pio IX, eleito em 1846, que cedo adquiriu a reputação de ser um papa liberal.

Certamente, a grande maioria dos liberais alemães queriam distanciar-se daqueles que orquestravam as insurreições. Já vimos que o professor liberal Wilhelm Krug, no seu *Retrato Histórico do Liberalismo* de 1823, menosprezou os «poucos idiotas» que subscreviam aquela que ele designou como uma forma exagerada de liberalismo. O *Staats-Lexikon*, um autêntico compêndio de convicções liberais, também adotou um posicionamento firme contra os «ultraliberais», advogando, antes, a abordagem ponderada e gradual da reforma.[235] O próprio objetivo da enciclopédia, lia-se na sua introdução, era providenciar ideias políticas «sãs» com as quais todos os liberais sensatos e maduros estivessem de acordo. O seu objetivo não era, decerto, o de encorajar a insurreição ou a democracia política. Os liberais alemães como Krug e os redatores do *Staats-Lexikon* estavam empenhados em combater o extremismo da direita e da esquerda, o absolutismo e o radicalismo.

A longa entrada sobre o liberalismo no *Staats-Lexikon* é reveladora. Redigida por Paul Pfizer, um político liberal, jornalista e filósofo de Württemberg, esta respondia vigorosamente aos ataques oriundos da direita. O liberalismo, lia-se, estava a ser injustamente impugnado. Os liberais eram descritos como perturbados, enfermos e insanos. Eram acusados de incitar à violência e à lei da multidão. Mas isto, insistia

Pfizer, era uma deturpação grosseira dos factos. Os verdadeiros liberais deploravam o radicalismo, a violência e a lei da multidão. O que queriam, asseverava o *Staats-Lexikon*, era tão-só um movimento na direção de um governo constitucional e representativo. Defendiam a reforma e o progresso aos poucos e poucos, e não desejavam avançar demasiado rápido. Os liberais ambicionavam melhorias adequadas às circunstâncias históricas da Alemanha.

À semelhança dos seus congéneres em Itália, os alemães operavam sob condições bastante difíceis. Não tinham uma nação unida. Os principais estados alemães não tinham parlamentos; e, onde estes existiam, o seu poder era muito limitado. A população era politicamente inculta e continuavam em vigor muitos dos privilégios feudais, militares e burocráticos. Os draconianos Decretos de Carlsbad tinham sido renovados em 1832. O rei Frederico Guilherme IV da Prússia, que ascendera ao trono em 1840, recriminou o liberalismo como se este fosse uma doença e jurou não fazer quaisquer concessões às demandas liberais, ou, como ele lhes chamava, às formas «francesas» de governo. A sua pretensão era reanimar as noções medievais da monarquia divina.

Embora os redatores do *Staats-Lexikon* ansiassem apaziguar os críticos da ala direita com a garantia de que os liberais alemães não queriam a revolução, eles também desejavam unir os liberais sob o signo da moderação. Apesar de ser verdade, afirmou Pfizer, que alguns «ultraliberais» estavam dispostos a perpetrar excessos, os *verdadeiros* liberais não eram revolucionários. Também era verdade que as revoluções eram mais frequentemente o resultado da resistência absurda dos governos à mudança. Se os governantes queriam evitar a revolução, deveriam adotar reformas liberais. Fazendo lembrar Tocqueville e Krug, o *Staats-Lexikon* asseverava que o liberalismo era em todo o caso imparável, porque era a vontade da Providência.

A grande maioria dos liberais alemães tentou distanciar-se da violência associada à Revolução Francesa. Muitos procuraram formas de identificar o seu liberalismo com Inglaterra e a sua evolução política pacífica e gradual. Tentavam argumentar que a evolução política da Alemanha podia e devia assemelhar-se à de Inglaterra. Para esse efeito, reanimaram e utilizaram o mito anglo-saxão: a ideia de que Inglaterra devia as instituições políticas liberais às suas origens germânicas.

A ideia de que a forma de governo inglesa podia ser creditada às tribos dos «Saxões Antigos» que migraram para Inglaterra nos primórdios da Idade Média era uma lenda antiga, amplamente difundida no século XVIII e no início do século XIX. Montesquieu, o ilustre filosofo francês que nutria uma grande admiração pela Constituição de Inglaterra, fê-la remontar às florestas alemãs, usando a *Germânia* de Tácito para sustentar as suas ideias. Em *Da Alemanha*, Madame de Staël expressou admiração pelos traços de carácter e espírito de independência dos alemães antigos, a quem igualmente creditava a Constituição inglesa. Na própria Inglaterra, era crença comum que as instituições políticas do país tinham as suas raízes no tempo dos saxões e deviam muito às antigas tribos germânicas.

Deste modo, não era de estranhar que os liberais alemães do século XIX expressassem a sua admiração pela Constituição inglesa e pela forma como esta supostamente incorporava as instituições primordiais das tribos dos saxões antigos. «Grandes hostes de Saxões», escreveu F. C. Dahlmann, um liberal de Schleswig-Holstein, «imbuídos completamente em noções legais de liberdade», levaram esses conceitos para a Grã-Bretanha, onde estes acabariam por fazer o seu caminho até à Constituição inglesa.[236] Para os liberais alemães, fazer campanha pelos princípios liberais de governo era completamente natural, uma vez que estes princípios tinham raízes profundas na sua própria história. Ou pelo menos era nisto que os liberais alemães queriam que os seus concidadãos acreditassem.

Os liberais enfrentam a «questão social»

O medo liberal da democracia e da revolução estava associado a apreensões relativas à chamada «questão social». Aqui, mais uma vez, os franceses tomaram a dianteira. Durante as décadas de 1830 e 1840, Paris converteu-se num ponto de encontro para os radicais e revolucionários, bem como no lugar onde ocorreu algum do mais avançado pensamento socialista da Europa. Não foi por acaso que Karl Marx fez da cidade a sua casa em 1843, até ter sido expulso pelo governo de Guizot em 1845. Em Paris, Marx imergiu no pensamento mais radical daquela época.

A importância da Monarquia de Julho para a história do socialismo foi assinalada pelo professor liberal Lorenz von Stein no seu amplamente lido *Socialismo e Comunismo na França Contemporânea*, publicado em 1842. Nascido em Schleswig-Holstein, von Stein viria a tornar-se um dos mais influentes académicos no novo campo da sociologia, e tem sido creditado pela introdução do termo «movimento social» no debate académico.

Residente em Paris entre 1841 e 1842, foi claramente influenciado pelas discussões políticas que estavam a acontecer na cidade.

A Revolução de 1830, escreveu von Stein, foi um grande ponto de viragem na história da humanidade. Fora destruída para sempre a ideia do direito divino dos reis. Isto, por si só, tinha sido um grande passo em frente. O problema, contudo, era que o egoísmo e a visão tacanha dos liberais que a revolução colocara no poder estavam a fazer emergir uma classe trabalhadora com consciência de si mesma, politizada e zangada. Se os liberais não implementassem reformas sérias, deveriam preparar-se para uma nova revolução.

O governo de França não tomou nota destas advertências. Fez muito pouco para aliviar o descontentamento dos trabalhadores franceses, cuja condição só piorara desde 1789. A revolução tinha posto fim às guildas, que tradicionalmente os protegiam, e proibido quaisquer novas formas de organização dos trabalhadores que pudessem permitir-lhes negociar coletivamente com os seus empregadores. O Código Penal napoleónico de 1810 estabeleceu multas pesadas para as violações desta lei e instituiu um novo sistema de passaportes — ou *livrets* —, que permitia às autoridades monitorizar os movimentos dos trabalhadores. Entre 1827 e 1832, aproximadamente, uma depressão fez disparar os preços dos alimentos, ao mesmo tempo que uma epidemia de cólera atingiu Paris. O aumento da população urbana sob estas condições contribuiu para que os trabalhadores se vissem numa situação miserável. A extrema pobreza, o desemprego e a doença eram generalizados.

Durante os anos que antecederam a Revolução de Julho, os trabalhadores identificaram-se com a causa liberal. Tinham construído e armado as barricadas dos Três Dias Gloriosos. Tendo conferido um apoio tão crucial, eles estavam à espera de ter o auxílio dos liberais quando a revolução chegou ao fim. Pouco tempo depois de o novo regime ter sido instaurado, os trabalhadores começaram a levar a cabo manifestações pacíficas e enviaram representantes ao governo. Pediam dias de trabalho com menos horas, salários mais elevados e a proibição da nova maquinaria que ameaçava os seus meios de subsistência.

Mas, assim que chegaram ao poder, os liberais fizeram pouco para responder às necessidades dos trabalhadores. Agravaram a situação ao referirem-se a eles de forma condescendente e até desdenhosa. Alguns periódicos liberais chamaram «bárbaros» e «selvagens» aos trabalhadores, ou acusaram-nos de agirem como crianças. Deram-lhes lições sobre as «leis da economia». «No curso habitual dos acontecimentos», explicou Guizot, as relações entre capital e trabalho «resolvem-se por si só.» Qualquer tentativa de intervir na liberdade da indústria seria ineficaz ou mesmo prejudicial.[237]

Alguns liberais diziam que os programas do governo destinados a ajudar os pobres eram geradores de indolência. O aumento de salários ou a reforma das condições de trabalho não melhoraria nada, só inibiria o desenvolvimento de valores e hábitos que os trabalhadores precisavam de adquirir. O problema, dizia-se, era que os trabalhadores eram indolentes e degenerados; gastavam o seu dinheiro em álcool e prostitutas e não nas suas casas e nas suas famílias. A intervenção do Estado deveria, pois, ser evitada ao máximo. Apenas agravaria a situação e poderia também levar os trabalhadores a pensar que tinham o direito de exigir ajuda.

A verdade é que os liberais no poder intervieram *de facto* na economia, mas fizeram-no seletivamente e de formas que os beneficiaram a si próprios e à sua classe. Defenderam os empregadores em detrimento dos trabalhadores, muitas vezes, enviando tropas para suprimir greves e manifestações. Impuseram a censura aos seus críticos; perseguiram e exilaram os adversários políticos. Estabeleceram impostos que atingiam os pobres de forma desproporcionalmente dura e mantiveram um regime de tarifas aduaneiras elevadas que beneficiava os produtores e proprietários rurais abastados. A única lei que poderia ser chamada social aprovada pela Monarquia de Julho foi a proibição, em 1841, do trabalho infantil até aos oito anos de idade e do emprego de crianças de idade inferior a treze anos para o trabalho noturno. A lei, todavia, era rotineiramente contornada.

A despeito da sua ilegalidade, as greves foram frequentes durante a Monarquia de Julho. Uma destas greves foi a dos tecelões de seda de Lyons em 1831. Numa situação desesperada, devido à redução dos seus ordenados, os tecelões ergueram-se em protesto. Misturaram exigências económicas com exigências políticas e entoaram palavras de ordem republicanas, provocando uma retaliação violenta. O governo enviou um exército para restabelecer a ordem. Em 1834, teve lugar outra greve em Lyons. Desta vez, os confrontos subiram de tom. Cerca de trezentas pessoas foram mortas em dois dias de confrontos. Centenas de líderes foram processados, condenados e exilados.

Sentindo-se ofendidos e atraiçoados pelo seu governo liberal, e estando proibidos por lei de se associarem, os trabalhadores principiaram a reunir-se secretamente. Fundaram os seus próprios jornais. Entre 1839 e 1840, surgiram também vários tratados socialistas, incluindo

A Organização do Trabalho, de Louis Blanc, *Sobre a Humanidade*, de Pierre Leroux, *O Que é a Propriedade?*, de Pierre-Joseph Proudhon, e *Viagem à Icária*, de Étienne Cabet. Estas foram algumas das obras que Karl Marx leu enquanto esteve em Paris.

Foi neste contexto que a palavra «socialista» começou a ser introduzida e disseminada. Originalmente, o termo descrevia qualquer pessoa que se compadecesse com as dificuldades dos trabalhadores pobres. Ainda faltavam muitos anos para o marxismo, e naquela época não existia necessariamente uma contradição entre ser liberal e ser socialista. A palavra terá vindo de Inglaterra, onde foi associada ao industrial abastado e reformador Robert Owen. Em 1815, Owen já escrevia sobre um novo «sistema social» que viesse substituir o sistema em vigor, causador de tanto sofrimento aos pobres.

Owen estava convicto de que as suas ideias socialistas eram «verdadeiramente liberais», já que eram generosas, esclarecidas e concebidas para fazer avançar o bem comum. Ele aspirava a convencer os homens com «o hábito do pensamento engrandecido e liberal»[238] a adotarem as suas ideias socialistas. Da mesma forma, os seus apoiantes dirigiam-se às «pessoas com um espírito liberal de diferentes classes e partidos», considerando absolutamente natural e lógico que alguém fosse, ao mesmo tempo, liberal e socialista, no sentido de se compadecer com os trabalhadores e querer ajudá-los.[239]

Mas a Monarquia de Julho mudou tudo isto. De toda a parte chegaram acusações de que os liberais eram incorrigivelmente egoístas. Só se importavam com a sua própria classe e nem um pouco com os pobres. Eram bons a fazer discursos sobre direitos iguais, liberdade e reforma, mas, na verdade, estavam só a fazer «jogos de palavras».

Os liberais eram desprovidos de generosidade, coração ou sentimento.[240] As políticas que seguiam, escreveu um crítico, eram liberais apenas na sua aparência, mas «assassinas» na realidade.[241] Um pequeno número de pessoas ricas estava cada vez mais ricas, enquanto as restantes viviam «um inferno social»[242]. Os liberais, ouvia-se dizer então, haviam cumprido o seu propósito: tinham feito tombar o Antigo Regime, mas não ofereceram solução para os problemas que afligiam França.

Não tardou até que Friedrich Engels, amigo próximo e comparsa de Karl Marx, aprofundasse a crítica de von Stein ao liberalismo. Num ensaio para o *Deutsch-Französische Jahrbücher*, publicado em 1844, Engels denunciou a «falsa filantropia» e «falsa humanidade» do liberalismo, chamando-lhe uma hipocrisia flagrante.[243] Em 1845, publicou *A Condição da Classe Trabalhadora em Inglaterra*, baseando-se na sua própria pesquisa em Manchester. Os liberais ingleses eram tão odiosos quanto os liberais franceses, afirmou. Eles eram pobres de espírito, tacanhos e egoístas. Graças a eles, os trabalhadores estavam a ser tratados como bestas e, em alguns aspetos, estavam numa situação pior do que a dos escravos. O sistema liberal de governo justificava uma guerra de cada um contra todos, da qual só os liberais beneficiavam.

O que estava a acontecer em Inglaterra e França, vaticinou Engels, afetaria em breve a Alemanha, já que os seus sistemas sociais eram essencialmente idênticos. Três anos depois, Engels seria o coautor, juntamente com Marx, do famoso *Manifesto Comunista*, no qual alertaram para a chegada de uma revolução. Nas suas primeiras linhas, contestaram o ministro liberal francês, François Guizot, o qual se tornara no símbolo do liberalismo que Marx e Engels desejavam derrubar. O *Manifesto* foi publicado em Londres nas vésperas das Revoluções de 1848.

Laissez-faire e liberalismo

Com base nesta crítica socialista do liberalismo, seria errado concluir que todos os pensadores liberais de meados do século XIX acreditavam no *laissez-faire* ou que os governos liberais seguiam estritamente a política do *laissez-faire*. Os liberais da Europa e do mundo atlântico estavam divididos relativamente à melhor forma de fazer crescer a economia e remediar o «pauperismo», uma nova e oportuna palavra na Inglaterra deste período.[244] Não existia simplesmente uma posição liberal unificada sobre a economia.

Alguns liberais acreditavam que a melhor forma de ajudar os trabalhadores era reduzir o preço do pão. Na Grã-Bretanha, durante os anos trinta e quarenta, estes liberais fizeram campanha pela abolição das chamadas Leis dos Cereais, taxas sobre os cereais impostas no final das Guerras Napoleónicas. As leis excluíam o trigo importado até que o preço do trigo doméstico atingisse um determinado patamar. À semelhança do que acontecia com as Leis dos Cereais francesas, promulgadas aproximadamente na mesma altura, estas eram vistas como proveitosas sobretudo para a elite aristocrática e latifundiária, ao mesmo tempo que provocavam sofrimento aos mais pobres.

Os livre-cambistas franceses ficaram exasperados quando o seu novo governo fez apenas esforços débeis para reduzir as tarifas sobre as importações. Acusaram o «*chamado* partido liberal» de agir de forma contraditória e empreenderam esforços para que alterasse as suas políticas.[245] Fundaram a Sociedade de Economia Política em 1841 e lançaram o *Journal économique*, que exigia de forma implacável uma «legislação verdadeiramente liberal» e, em particular, um «sistema mais liberal de comércio»[246]. O próprio facto de se discutir o que era uma «legislação verdadeiramente liberal» é um indício claro das divisões pronunciadas que existiam dentro do posicionamento liberal.

O mais fluente porta-voz dos livre-cambistas franceses foi Frédéric Bastiat. Hoje, Bastiat é venerado entre libertários americanos pela sua enérgica defesa daquilo a que chamam «liberalismo clássico». Nesta época, todavia, ele representava um ponto de vista minoritário e teve pouco ou nenhum sucesso na tarefa de convencer os governos liberais a implementarem as ideias dele. E, é claro, ele não se via como o fundador, ou até mesmo como proponente, de um liberalismo clássico, que não existia.

Nascido no Sul de França, no seio de uma família ilustre de negociantes, Bastiat tornou-se politicamente ativo após a Revolução de 1830. Teve a sua estreia pública como economista em 1844, quando o seu primeiro artigo foi publicado no *Journal économique*. Depois disso, tornar-se-ia talvez o mais célebre e, certamente, o mais entusiástico proponente do *laissez-faire* na Europa. Entre os seus trabalhos mais notáveis, inclui-se a obra *Sofismas Económicos*, publicada em 1846, que contém uma parábola satírica conhecida como a «petição dos fabricantes de velas»: os fabricantes de velas pressionam o governo para que este tape o sol, evitando assim a competição injusta com os seus produtos.

Bastiat começou a interessar-se pela política quando, nos primeiros anos da década de 1840, tomou conhecimento da Liga Britânica Anti-Leis dos Cererais. Em 1838, um círculo de comerciantes de Manchester juntara-se para formar um grupo de livre-cambistas. Este lançou uma vigorosa campanha publicitária para educar os eleitores em relação aos benefícios do comércio livre. Muitos deles assumiam-se como discípulos de Adam Smith. Advogavam o estabelecimento de «sociedades smithianas» em todo o território inglês, e citavam com frequência excertos dos escritos de Smith para sustentarem a sua causa. Esperavam que as sociedades contribuíssem «para a veiculação de conceções liberais e justas de ciência política»[247]. Graças às suas iniciativas e propaganda, a mensagem de Adam Smith foi amplamente disseminada, mas foi também mutilada e distorcida. Ele foi convertido num proponente extremo do *laissez-faire* como se não tivesse dito nada mais do que isso, o que, como sabemos, está longe de ser verdade.

Bastiat visitou Inglaterra, onde foi bem recebido pela Liga Anti-Leis dos Cereais. Ao regressar a França, publicou o seu primeiro livro, *Cobden e a Liga*, tornando-se no mais enérgico propagandista das políticas liberais de comércio no país. Outras publicações se seguiriam. Em 1846, formou a Associação Nacional pelos Mercados Livres, que, entre os seus membros, contava com Horace Say, o filho de Jean-Baptiste, e Charles Dunoyer. Bastiat percorreu o país discursando sobre os benefícios do *laissez-faire.*

No fim de contas, os livre-cambistas não foram bem-sucedidos. Os políticos liberais recusaram-se a ouvir os economistas políticos liberais. Discordavam em relação ao que constituía uma política económica liberal. Adolphe Thiers, ministro do Comércio, menosprezou as «*chamadas* ideias liberais» de Bastiat.[248] «A liberdade de comércio», afirmou Thiers, seria «uma teoria que deve permanecer nos livros, pois é aí que pertence; a política deve ser determinada pela referência aos factos»[249]. Ser ou não ser um protecionista devia depender das circunstâncias, dizia, e não de teorias abstratas com pouca relevância no mundo real. Muitos liberais franceses concordaram. Um dos seus argumentos era que Inglaterra possuía vantagens económicas que França não conseguia replicar. Permitir que a indústria francesa competisse com a indústria inglesa sem a proteção das tarifas levaria ao colapso da produção industrial francesa e ao desemprego em massa. As «*chamadas* ideias liberais» dos livre-cambistas fariam sofrer os trabalhadores franceses, ao invés de os ajudar.

Não se deixando abalar por este argumento, os livre-cambistas franceses tornaram-se mais doutrinários. Dunoyer opôs-se ao envolvimento do governo na educação, nas obras públicas, nos correios e até na regulamentação do trabalho infantil. O único papel legítimo do Estado, dizia, era o de garantir a segurança interna e externa. Bastiat foi só ligeiramente menos extremo. Enquanto candidato às eleições, elucidou deste modo o que a palavra «liberal» queria dizer para ele: lutar para manter o governo dentro dos mais estreitos limites das suas funções.[250] A melhor política era a do *laissez-faire* mais estrito.

Um número crescente de críticos que se definiam como socialistas juntava-se agora aos conservadores na contestação aos liberais pelo seu «liberalismo», um termo que ambos os lados usavam alternadamente com o termo *laissez-faire.* O socialista Louis Blanc, por exemplo, condenou as «doutrinas limitadas e arcaicas do liberalismo, o catecismo do *laissez-faire*»[251]. Antecipando Marx, ele chamou ao liberalismo um mero reflexo do poder político da burguesia.[252] O liberalismo remetia para as políticas económicas fatalistas que conduziram ao pauperismo. A responsabilidade pelo pauperismo deveria ser atribuída aos discípulos franceses de Adam Smith, para quem os interesses individuais governavam o mundo.

Nas vésperas da Revolução de 1848, o liberalismo estava, pois, a ser atacado pela direita e pela esquerda, e algumas das razões eram as mesmas: tratava-se de uma doutrina egoísta, imoral e anárquica, que estava a dissolver o tecido social apenas para guarnecer os bolsos de uns quantos favorecidos. Poderá ser esta a razão pela qual os próprios liberais usavam com frugalidade a palavra «liberalismo». Ela tinha muito má reputação.

As funções de governo necessárias

Quando atacavam os liberais por defenderem o *laissez-faire* e não se importarem com os trabalhadores, os socialistas não eram rigorosos nem justos. Os liberais europeus estavam divididos quanto à problemática do *laissez-faire*. Poucos eram doutrinários nesta questão. Enquanto os socialistas e os reacionários tendiam a emparelhá-los, acusando-os a todos de «liberalismo», os próprios liberais discordavam em relação ao que o *verdadeiro* liberalismo significava. Dados os graves problemas causados pela industrialização e pela urbanização, cada vez mais visíveis durante a Monarquia de Julho, um número crescente de liberais começou a afirmar que o governo precisava de intervir. De facto, existem abundantes evidências de que alguns liberais em França, Inglaterra e Alemanha não viram contradição entre ser liberal e defender algum tipo de intervenção do governo. A ideia de que o século XIX foi o tempo áureo do *laissez-faire* é uma simplificação excessiva e uma distorção da história.

Tomemos como exemplo Tocqueville. Ele debateu-se com a questão da intervenção do governo e não foi inteiramente consistente neste tema. Os seus escritos sobre economia política são, de certa forma, vagos e, até, contraditórios. Pouco tempo depois de começar a trabalhar em *Da Democracia na América*, Tocqueville visitou Inglaterra, onde teve a oportunidade de observar os bairros da classe trabalhadora de Manchester. Abalado pelo grande número de pessoas que viviam na pobreza, escreveu o seu *Ensaio Sobre o Pauperismo*. Tal como muitos outros liberais, Tocqueville estava preocupado com as consequências não previstas de programas como as Leis dos Pobres, que poderiam contribuir para o desinteresse pelo trabalho e incentivar a ociosidade, o que, por sua vez, levaria ao crime e à imoralidade. Ele condenava aquilo a que chamava «caridade legal», isto é, programas de assistência social patrocinados pelo Estado. No entanto, aceitava a ideia de que eram necessários alguns programas de assistência social, destinados, por exemplo, aos mais idosos, aos loucos e aos doentes.

Alguns anos depois, no segundo volume de *Da Democracia na América* (1840), Tocqueville apelou a uma maior intervenção estatal para o auxílio aos pobres. A caridade privada não era suficiente, dizia agora; era necessária a «caridade pública». Estava preocupado com a emergência de uma «aristocracia industrial». Os proprietários das fábricas estavam cada vez mais ricos, mais poderosos e mais arrogantes, enquanto os trabalhadores estavam cada vez mais desmoralizados e desumanizados. «Este homem parece-se cada vez mais com o administrador de um vasto império», escreveu, «aqueloutro, com uma besta». Devido aos efeitos dolorosos da industrialização e da divisão do trabalho, Tocqueville concluía agora que os trabalhadores precisavam de «uma consideração especial do legislador». O governo precisava de atender a problemas endémicos tais como «o desamparo na infância, a decrepitude na velhice, a doença, a insanidade», e deveria fornecer ajuda «em tempo de calamidades públicas». «É, ao mesmo tempo, necessário e desejável», afirmou Tocqueville, «que o poder central ao comando de um povo democrático seja ativo e poderoso. Não se trata de torná-lo fraco ou indolente, mas, tão-só, evitar abusos decorrentes da sua agilidade e força.»[253]

Na Grã-Bretanha, os reformadores no Parlamento advogavam uma multiplicidade de perspetivas sobre o *laissez-faire* e a intervenção do governo. Também eles podiam ser contraditórios, defendendo um tipo de intervenção num dia e um tipo diferente no dia seguinte. E quando se reuniam certas circunstâncias — por exemplo, quando se convenciam de que as dificuldades económicas em determinada região se tinham tornado demasiado importantes para que pudessem ser ignoradas e que o governo local era incapaz ou não estava disposto a resolver a situação — era frequente solicitarem a intervenção do Parlamento.

Isto permite-nos perceber porque é que os académicos têm tanta dificuldade em categorizar Mill. Alguns chamam-lhe liberal; outros, socialista. Na verdade, o seu pensamento sobre o tema da intervenção não diferia assim tanto do dos liberais contemporâneos. Ele oferece um exemplo perfeito do liberalismo pragmático não-ideológico e não-doutrinário que foi preponderante no século XIX. Em meados do século, era possível que um liberal fosse socialista.

Quando Mill publicou os seus *Princípios de Economia Política*, tinha já adquirido uma reputação considerável como filósofo. A sua obra de 1843, *Lógica*, tinha sido reconhecida como um trabalho de suma importância. Os seus *Princípios* foram igualmente influentes, ou até mais. A primeira edição foi publicada em abril de 1848 e esgotou no espaço de um ano, levando a uma segunda edição em 1849, a que se seguiriam cinco novas edições quando a obra se tornou um texto estabelecido nas universidades americanas e britânicas. Houve ainda uma edição popular a custo reduzido, publicada em 1865, que vendeu mais de dez mil cópias.[254]

Existiam, na apreciação de Mill, inúmeras funções de governo necessárias. Embora defendesse a «prática generalizada» do *laissez-faire*, ele também reconhecia que as exceções eram, muitas vezes, necessárias «por um bem maior» e pelo «interesse público». O governo devia desempenhar um papel na proteção dos menos capazes, por exemplo. Devia instituir regulamentações para a conservação das florestas e da água, bem como «de todas as outras riquezas naturais, acima e abaixo da superfície». Além disso, o governo deveria legitimamente tomar para si funções como a cunhagem do dinheiro, a estandardização de pesos e medidas, a construção ou melhoramento dos portos e a edificação de faróis. Deveria garantir a educação pública obrigatória. Os exemplos destas funções de governo necessárias, assinalou Mill, «podiam multiplicar-se indefinidamente»[255].

Os periódicos liberais *Edinburgh Review* e *Westminster Review* encorajavam os seus leitores a confiarem no mercado, mas também aprovavam as novas regulamentações económicas, acabando por aceitá-las melhor com o tempo. John McCulloch, um ilustre economista político que escrevia para o *Westminster Review*, advogou a favor de leis que conferissem proteção ao trabalho realizado por crianças, mas também a favor da assistência aos pobres prevista na lei, de programas de reforma agrária patrocinados pelo Estado e da educação pública.[256] «A liberdade não é o fim do governo», escreveu, «o avanço da prosperidade e da felicidade coletivas é o seu fim: e a liberdade é valiosa apenas na medida em que contribua para o desencadear.»[257] No *Westminster Review*, multiplicaram-se os artigos sobre reforma policial, legislação fabril, condições da exploração mineira, apoio escolar e regulamentação de asilos, nos quais o governo era descrito como um instrumento de beneficência. No *The Times*, escrevia-se que a legislatura não só estava autorizada a interferir nos direitos dos indivíduos, como era *obrigada* a fazê-lo, quando o «benefício geral da comunidade assim o requeria»[258]. Este pensamento persuadiu diversos membros do Parlamento a votarem a favor da intervenção do governo uma e outra vez. Como é que o governo deveria intervir, e quando devia fazê-lo, era decidido num estilo *ad hoc* e pragmático.

Na América, o principal defensor do *laissez-faire* era o editorialista William Leggett, cuja fé no mercado sem freios era, certamente, extrema. O interesse da comunidade, escreveu, era sempre mais bem servido quando se confiava na «ordem simples da natureza». A mais eficaz política que os governos podiam seguir era obedecerem à «máxima *laissez-nous faire*», ou, por outras palavras, permitirem a livre competição entre indivíduos e restringirem a intervenção do governo dentro de limites estreitos.[259]

Todavia, tal como noutros países, estas ideias foram contestadas por outros escritores prestigiados. Francis Lieber, o editor da *Encyclopedia Americana* e um venerado professor de economia política, tinha Bastiat em suficiente consideração para se ter ocupado da sua tradução para a língua inglesa. Porém, parecia não ver nenhuma contradição ao afirmar que um Estado forte era «essencial para o pleno desenvolvimento das faculdades [do homem]» e, ao mesmo tempo, que o seu propósito era atingir «os fins mais elevados do homem e da sociedade»[260]. «Falando em termos gerais», escreveu Lieber, o objetivo do Estado era «ajudar a sociedade a atingir o mais alto grau de civilização ou o maior desenvolvimento possível do homem, quer pela eliminação de obstáculos, quer auxiliando-o diretamente.»[261]

Tudo isto serve para demonstrar, mais uma vez, que o «liberalismo clássico» não foi paradigma único durante o século XIX. Na verdade, o conceito que desempenha esse papel nos debates atuais sobre o liberalismo não existia durante o período em consideração. Os liberais defendiam um largo espectro de conceções económicas, sendo muitas vezes incoerentes, e eles próprios raramente utilizaram o termo «liberalismo» para designar as suas conceções.

Talvez seja especialmente útil termos em mente este facto quando consideramos o liberalismo alemão. Hoje, a Alemanha é frequentemente vista como tendo ficado de fora da tradição liberal, e isto tem muito que ver com o aparente estatismo do liberalismo alemão. Mas, a verdade é que os liberais alemães eram praticamente iguais aos seus congéneres noutros países da Europa; também eles se dividiam relativamente à questão da política económica e da intervenção do governo. Podiam advogar o *laissez-faire* nuns casos e não noutros. Entre eles encontravam-se tanto livre-cambistas como defensores do protecionismo. A maior parte deles acreditava que a política económica deveria estar relacionada com circunstâncias específicas e ser adaptada a situações particulares.

Como os liberais noutros países, os alemães preocuparam-se com a «questão social». Também aqui os defensores de um *laissez-faire* estrito foram uma minoria nítida. Os liberais alemães conheciam as condições deploráveis dos trabalhadores em Inglaterra, que alastravam para França. Na década de 1830, os efeitos da industrialização estavam também a tornar-se visíveis na Alemanha, e muitos começaram a dar o aviso em relação a uma crise doméstica de pauperismo. Este foi o contexto para a obra de von Stein *Socialismo e Comunismo na França Contemporânea*, pensada como uma advertência dirigida aos liberais alemães.

Um dos porta-vozes do *laissez-faire* era John Prince Smith, um prussiano naturalizado com ascendência inglesa. Smith mudara-se para a Prússia Oriental em 1831 e tornou-se uma figura cimeira no movimento alemão pelo comércio livre. Ele era um grande fã de Bastiat e desejava estabelecer na Alemanha um movimento semelhante à Liga Anti-Leis dos Cereais. Grande parte do seu trabalho pretendia convencer os liberais alemães acerca do carácter desejável do comércio livre. Outros defensores convictos do *laissez-faire* incluíam Karl Heinrich Rau e David Hansemann.

Mas a grande maioria dos liberais alemães rejeitava as ideias do *laissez--faire* extremo. Eles utilizavam os termos pejorativos «smithianismo», «manchesterismo» e «pseudossistema de liberdade» para designar aquilo a que hoje chamamos uma economia *laissez-faire*.[262] O liberal Friedrich List, que passara uma temporada em Paris entre 1830 e 1831 e era um dos fundadores do *Staats-Lexikon*, acusou a economia do *laissez-faire* e do comércio livre de não ser mais do que «*Individualismus*», isto é, egoísmo. Esta sacrificava o bem-estar da comunidade nacional pela aquisição individual de riqueza.[263]

Os redatores do *Staats-Lexikon* expressavam visões ambíguas e, muitas vezes, vagas ou até contraditórias. Robert von Mohl, professor de economia política, escreveu: «o *laissez-faire, laissez-passer* não deve ser mal interpretado. Pois uma coisa é interferir no sítio errado, e outra bastante diferente é oferecer ajuda onde ela é necessária.»[264] As limitações à liberdade eram perfeitamente aceitáveis quando serviam «o propósito mais elevado de toda a comunidade». Von Mohl coligiu uma longa lista de intervenções governamentais aceitáveis — escolas para a formação dos trabalhadores, seguros, empréstimos com juros reduzidos, bancos de poupança patrocinados pelo governo e associações de beneficência. Ele era favorável a que o governo tornasse ilegal o trabalho infantil e as jornadas de trabalho excessivamente longas, sugerindo ainda que o Estado tinha legitimidade para tentar estabelecer salários mínimos.[265]

Os liberais alemães também não encaravam os direitos de propriedade como sagrados ou inalienáveis. O artigo de Karl Rotteck sobre «Propriedade» defendia os direitos de propriedade, mas também condenava a «livre iniciativa sem limites», a qual equiparava a uma «guerra de todos contra todos». Assim como outros liberais alemães, Rotteck opunha-se à acumulação da riqueza nas mãos de uma «repulsiva aristocracia do dinheiro». Ele defendia a existência de leis que regulassem o comércio e a indústria e acreditava que o Estado tinha a obrigação de ajudar os pobres.[266]

Por outras palavras, a grande maioria dos liberais oitocentistas, quer fossem britânicos, franceses ou alemães, não era assim tão hostil à intervenção do governo. Tão-pouco advogava direitos de propriedade absolutos. E, certamente, não acreditava que um conjunto de indivíduos que procuravam satisfazer os seus interesses pessoais criasse espontaneamente uma distribuição saudável da riqueza ou a harmonia social. Aproveitou qualquer oportunidade para denunciar o egoísmo e o individualismo. A minoria de liberais que advogava princípios estritos de *laissez-faire* foi severamente criticada pelos outros.

As colónias vistas pelos liberais

Alguns liberais acreditavam que a aquisição de colónias poderia ajudar a solucionar a questão social. A sua posição sobre o colonialismo, todavia, é mais complexa do que possa parecer. Um olhar sobre as atitudes dos liberais na Grã-Bretanha e em França, os dois principais colonizadores em meados do século XIX, torna isto evidente. Afinal, os liberais podiam ser, simultaneamente, a favor e contra a aquisição de colónias.

Os liberais franceses protestaram ruidosamente quando, nas vésperas da Revolução de 1830, Carlos X invadiu a Argélia naquela que pareceu ser uma manobra deliberada para cair nas boas graças da população. Estes equiparavam as colónias ao governo aristocrático e autocrático. O deputado liberal Amédée Desjobert, um discípulo de Jean-Baptiste Say, recriminou desde o primeiro momento a regência francesa em África. Na Câmara dos Deputados, ele afirmou repetidamente que se tratava de algo moralmente repugnante e incompatível, nos seus fundamentos, com os princípios políticos liberais. Frédéric Bastiat foi também um cáustico crítico do colonialismo, classificando-o como «revoltante». Henri Fonfrède, outro ilustre publicista liberal, descreveu a colonização do território argeliano como «vergonhosa». Os franceses não estavam a civilizar, afirmou; eles estavam a exterminar.[267]

Este pensamento alinhou os críticos franceses do colonialismo com os livre-cambistas britânicos, como Richard Cobden e John Bright, líderes da Liga Anti-Leis dos Cereais. Também eles condenavam um império baseado na conquista violenta que apenas servia os interesses de uma pequena minoria da população. Nas célebres palavras de Bright, o império era «um enorme sistema de benefícios sociais para a aristocracia». Da mesma forma, segundo um dos escribas do *Westminster Review*, o colonialismo era «parte integrante de um esquema alargado, por meio do qual a aristocracia de Inglaterra seria sustentada pela comunalidade»[268]. Como se tal confirmasse tratar-se de um ponto de vista liberal, os conservadores *tory* entenderam o ataque às colónias britânicas como uma tentativa de «suscitar uma revolução social»[269]. O liberalismo era um «movimento democrático insidioso», um ataque à constituição e uma tentativa de destruir a aristocracia.[270]

Mas os liberais também podiam ostentar uma boa parcela de incoerência e hipocrisia relativamente à questão das colónias. Depois de recriminarem veementemente a tomada da Argélia por Carlos X, muitos deles mudaram de ideias assim que chegaram ao poder. Muitos deles deram o seu apoio à conquista da Argélia, mesmo diante da feroz resistência local, da morte de civis inocentes, da expropriação de propriedade e da incineração de quintas e silos. Houve quem desvalorizasse publicamente a brutalidade como sendo «infelizes necessidades»[271]. Um desses liberais foi Alexis de Tocqueville.

Os liberais justificavam a manutenção de colónias de múltiplas formas. Os seus argumentos eram tendencialmente diferentes dos utilizados pelos conservadores e ultramonarquistas. É certo que os liberais também se referiam à honra e à glória de França; mas era uma França diferente aquela que estes reivindicavam honrar. Para eles, as colónias já não estavam relacionadas com o incremento da condição da monarquia e da aristocracia, mas antes com a melhoria das vidas das classes médias e pobres. Pelo menos, era isto o que diziam.

Alguns deles argumentavam que a Argélia proporcionaria uma expansão do mercado para os bens produzidos em França, bem como fontes de matérias-primas, o que ajudaria a indústria. Ofereceria uma saída para os pobres e desempregados urbanos de França, diminuindo assim a sua ameaça à ordem pública interna. Tocqueville e outros liberais acreditavam que a aquisição de colónias poderia servir como um antídoto para a degeneração moral e física de que França padecia sob a Monarquia de Julho. Defendiam que, para sobreviver e prosperar nas colónias, era necessário ser industrioso, e que a cultura do trabalho árduo transformaria os franceses em cidadãos valorosos, patrióticos e obedientes à lei. Alguns liberais referiam-se ainda à «missão civilizadora» de França, uma fórmula que surgiu pela primeira vez nos dicionários franceses no início da década de 1840, com uma referência específica à colonização da Argélia.[272]

Entre o final da década de trinta e os primeiros anos da década de quarenta, muitos bretões acreditavam que a melhor maneira de manter a posição cimeira da Grã-Bretanha no mundo não era através da conquista e da exploração, mas sim através de um novo tipo de império baseado no comércio livre. Consideravam que, devido à preponderância industrial de Inglaterra, a sua economia não sairia prejudicada se abdicasse das colónias; pelo contrário, isso permitiria que a Grã-Bretanha alcançasse, na prática, um monopólio industrial, e que o mantivesse de forma menos dispendiosa. Joseph Hume, um membro liberal do Parlamento, argumentou que não haveria problema algum em conceder a independência às colónias britânicas, já que o comércio livre, em todo o caso, levaria a que «o mundo inteiro nos fosse tributário»[273]. Escutando tais argumentos, o economista alemão Friedrich List chamou ao comércio livre uma estratégia neomercantilista para a dominação britânica do mundo.

Outros liberais britânicos reivindicavam que a Grã Bretanha precisava tanto de um «império informal» quanto de um «império formal», de comércio livre como da «ocupação de colónias». Muitos renderam-se às ideias do teorizador do colonialismo Edward Gibbon Wakefield. Este defendia que as economias dos estados comerciais desenvolvidos, como Inglaterra, estavam em constante perigo de estagnação e declínio. Elas tendiam para a sobrepopulação, superprodução e excedente de capital. Precisavam, por isso, de novas terras para as suas populações, novos mercados para os seus bens e novos territórios nos quais pudessem investir. Só por via da ocupação de colónias (como a Austrália, a Nova Zelândia e o Canadá) é que uma Grã-Bretanha industrial poderia continuar a crescer e evitar a sublevação social.

As ideias de Wakefield tiveram ampla ressonância entre os liberais britânicos. John Stuart Mill via-se como um discípulo de Wakefield, a quem prestou tributo nos seus *Princípios de Economia Política*. Se um décimo dos trabalhadores e do capital britânicos fossem transferidos para as colónias, dizia Mill, os salários e os lucros beneficiariam.[274]

Muitos liberais franceses também eram favoráveis a este novo tipo de império. Em 1814, Say previra alegremente que «o velho sistema colonial ruirá em toda a parte»[275]. Mas isto não queria dizer que ele rejeitava completamente o colonialismo. Say defendia antes aquilo a que ele e outros chamavam uma «verdadeira colonização»[276], baseada em colónias ocupadas. Ele acreditava, aparentemente, que este novo e «verdadeiro» tipo de colonização dispensaria a conquista, mas poderia ser efetivado por via do superior esclarecimento dos europeus. Devido ao seu puro génio empreendedor, escreveu, os europeus estavam destinados a governar o mundo.

A maior parte dos liberais na Europa tomou como garantido que possuía o direito de subjugar as populações «retrógradas», as quais viviam «ainda na barbárie». Contudo, como Mill ilustrou, isto não lhes dava permissão para fazerem com elas o que quisessem ou para procurarem um engrandecimento sem limites à sua custa. O domínio sobre outro povo, escreveu Mill, era «um modo legítimo de governo tratando-se de bárbaros, desde que o fim seja o seu aprimoramento, e os meios justificados por concorrerem, de facto, para esse fim»[277]. Além disso, o objetivo do domínio colonial, para Mill, era a autonomia dos nativos. Objetivo esse que era justificado se constituísse um empreendimento educacional concebido para criar sociedades autónomas em todos os lugares, altura em que já não seriam precisos poderes imperiais.

Os liberais enfrentam a religião

Embora o socialismo e as exigências de democracia fossem uma ameaça crescente, os liberais de meados do século XIX continuavam a temer as forças reacionárias da direita. Em França, a ameaça da contrarrevolução permanecia bastante real e, como sempre, os inimigos do liberalismo oriundos da ala direita receberam o apoio crucial das igrejas tradicionais, quer da Católica, quer da Protestante. O período compreendido entre as Revoluções de 1830 e 1848 foi, pois, de profunda reflexão sobre a relação tensa e, muitas vezes, hostil entre o liberalismo e a religião. Um número cada vez maior de liberais rejeitava a ideia de que as religiões tradicionais, católica, protestante ou judaica, pudessem alguma vez ser compatíveis com princípios políticos liberais.

Liberalismo e Igreja Católica

Os últimos anos da Restauração Francesa ficaram marcados por um estreitamento da aliança Trono e Altar. Uma Assembleia ultramonarquista aprovara leis regressivas, das quais os liberais se ressentiram profundamente. Uma delas foi a medida que compensava os antigos emigrados pela propriedade perdida durante a revolução. Dois estatutos legalizaram as ordens religiosas que tinham sido proibidas durante a revolução e criminalizaram os «sacrilégios» religiosos, definidos de forma bastante vaga.

Estas leis regressivas não foram bem recebidas entre a população e desencadearam uma forte reação. Correram rumores sobre uma conspiração encabeçada pelos sacerdotes com o intuito de estabelecer uma teocracia. Capitalizando estes medos, os liberais lançaram uma grande ofensiva de propaganda. Inundaram o país com panfletos políticos, caricaturas, canções, livros a preços acessíveis e tratados anticlericais para denegrir e desacreditar a Igreja. Difundiram-se edições a baixo custo das obras anticlericais de Voltaire e cópias da Constituição Civil do Clero. O *Courrier français* emitiu uma advertência significativa quando se referiu ao clero católico como «o inimigo das constituições liberais, das garantias sociais, de tudo o que emancipa a inteligência humana»[278].

Durante a Revolução de Julho e nos dias que se seguiram, a raiva popular perante o conluio entre a Igreja e o absolutismo conduziu a afloramentos anticlericais recorrentes, tacitamente autorizados pelo governo liberal. Existiam, pois, razões para acreditar que o governo seguiria uma linha anticlerical. Havia a esperança de que se desmantelaria o acordo entre a Igreja e o Estado negociado durante o governo de Napoleão, a Concordata.

Mas nesta questão, tal como em muitas outras, as esperanças de tantos liberais sofreram um duro golpe dado pelo seu novo, e supostamente liberal, governo. A nova constituição despromoveu o catolicismo, mudando-o de religião do Estado para «a religião da maioria», e prometeu tolerância religiosa e liberdade de associação, sem desmantelar a Concordata. A relação particular entre a Igreja e o Estado permaneceu inalterável, tendo o governo continuado a apoiar e a controlar a Igreja. A Monarquia de Julho agradou de tal maneira ao Papa Gregório XVI que este acabaria por pedir ao clero francês que orasse pelo novo rei.

Mas quereria isto dizer que o papa achava o catolicismo compatível com os princípios liberais de governo? Era possível ser um bom católico e um liberal, afinal de contas? Um grupo de católicos efusivos respondeu a esta pergunta com um enfático «sim». Eram liderados pelos sacerdotes Hughes-Félicité de Lamennais e Henri-Dominique de Lacordaire, e pelo nobre Charles de Montalembert.

Pouco tempo depois dos Dias de Julho, os três homens lançaram um jornal intitulado *L'Avenir* (O Futuro). No seu editorial, o periódico assumia-se como católico e, ao mesmo tempo, «verdadeiramente liberal». Um dos seus primeiros artigos reiterava que «é contraditório não ser liberal quando se é católico»[279]. Mas muitos continuaram céticos.

O *L'Avenir* possuía três objetivos principais: adular o clero católico para que este se mantivesse longe dos conservadores e dos contrarrevolucionários, convencer os católicos de que podiam ser liberais, e persuadir o governo vigente a abdicar do controlo sobre a Igreja. Os escribas do *L'Avenir* acusavam o seu governo de não ser suficientemente liberal. O catolicismo só poderia prosperar quando se visse livre do controlo e da interferência do governo. Só então poderia desempenhar o papel que lhe estava destinado, o de conferir estabilidade e ordem a França.

Afinal de contas, os católicos liberais tinham diante de si o exemplo da Bélgica católica. A Constituição da Bélgica, estabelecida durante a revolução de 1830, separava a Igreja do Estado, mas o catolicismo continuava a prosperar visivelmente no país. A Bélgica era a prova de que os católicos podiam ser liberais e a Igreja Católica podia prosperar sob um sistema liberal de governo.

A hierarquia da Igreja francesa censurou publicamente estas perspetivas, e o *L'Avenir* só duraria um ano. Nessa altura, num gesto que teria uma repercussão decisiva para a história do liberalismo, o Papa Gregório XVI publicou a encíclica *Mirari Vos* (1832), na qual repreendeu todos os liberais católicos. Não medindo as suas palavras, referiu-se ao liberalismo como uma «peste» mortífera, porquanto conduzia à indiferença religiosa e fazia os indivíduos questionarem a obediência devida aos seus governos. O papa condenou explicitamente a separação entre a Igreja e o Estado, bem como a liberdade de consciência; chegou mesmo a defender a incineração de livros.

Com isto, o papa enviou uma mensagem poderosa que percorreu o mundo: os princípios liberais de governo eram fundamentalmente incompatíveis com o catolicismo romano. O abismo aberto entre a Igreja e o liberalismo, que tinha começado com a condenação da Revolução Francesa pelo Papa Pio VI, era agora maior.

A *Mirari Vos* desferiu um golpe ruinoso que atingiu os liberais católicos em toda a parte. Em obediência ao papa, alguns deles abandonaram a luta e ficaram quietos. Mas a condenação do papa não extinguiu para sempre o movimento liberal católico. Montalembert acabaria por emergir de novo como um dos seus principais líderes. Dupanloup e Lacordaire não desistiram. Outros liberais católicos preeminentes, tais como Ignaz von Döllinger, na Alemanha, o seu discípulo Lord Acton, na Grã-Bretanha, e Orestes Brownson, nos Estados Unidos, tomaram a dianteira. Muitos italianos, espanhóis e hispano-americanos agarraram-se firmemente à ideia de que o catolicismo era compatível com princípios políticos liberais. Alguns deles sonhavam até com um papa mais liberal que reformaria a Igreja e revitalizaria o catolicismo de um modo harmonioso com o *Zeitgeist* liberal. Embora Tocqueville não se contasse entre os crentes, ele sugeriu, no seu *Da Democracia na América*, que o catolicismo poderia sobreviver e até prosperar numa democracia.

Liberalismo e protestantismo

Os liberais não-católicos eram subscritores de um amplo espectro de crenças religiosas. Apesar de poucos serem ateístas, muitos eram ferozmente anticatólicos. Alguns referiam-se a si mesmos como «cristãos liberais» e acreditavam numa forma de protestantismo semelhante à religião proposta por Villers, Constant e Madame de Staël. Eles advogavam uma «religião racional e liberal»[280], como lhe chamou o economista político liberal Jean-Charles-Léonard Sismondi, numa carta ao líder unitarista americano William Ellery Channing. Para os tradicionalistas cristãos, é claro que esta não era, de todo, uma religião.

A investida liberal contra a ortodoxia de raiz católica e protestante tornou-se particularmente intensa na Alemanha, a casa da teologia liberal e o lugar onde ocorrera a crítica bíblica mais avançada. Na década de 1820, foram dados ao prelo uma série de livros provocatórios, com títulos que faziam referência à vida de Jesus e que se arrogavam de investigar a Bíblia com o objetivo de separar o que era historicamente rigoroso do que não o era. Estes livros causaram grande sensação e inflamaram as relações entre liberais e ortodoxos.

O teólogo Heinrich Eberhard Paulus foi o autor de um desses livros publicado em 1828. Em *A vida de Jesus como base de um relato puramente histórico do cristianismo primitivo*, oferecia explicações racionais e naturais para os milagres da Bíblia. Alguns anos depois, o seu discípulo, David Strauss, provocou um escândalo ainda maior com *A vida de Jesus criticamente examinada*. O livro reivindicava que todos os acontecimentos significativos da vida de Jesus relatados na Bíblia eram empiricamente imprecisos e não passavam de mitos inventados pelos cristãos primitivos.

A Revolução de Julho convenceu os soberanos alemães de que estas ideias eram uma ameaça séria à sua autoridade. Quando ascendeu ao trono prussiano em 1840, Frederico Guilherme IV aumentou imediatamente a pressão sobre os clérigos protestantes para que declarassem a sua ortodoxia religiosa ou se demitissem das suas funções. Ernst Wilhelm Hengstenberg, do *Evangelische Kirchenzeitung*, tornou-se cúmplice entusiástico deste empreendimento. Juntos, incrementaram os seus esforços para eliminar todas as influências racionalistas na Igreja Protestante. Os pastores liberais foram ameaçados e importunados até acabarem por ser substituídos por pastores neo-ortodoxos. O «*Zeitgeist* liberal» era incessantemente recriminado como obra do Diabo, e os reformadores religiosos eram acusados de encorajarem todas as formas de pecado. Os alemães receberam o aviso de que a ira de Deus se abateria sobre eles caso emulassem os franceses, alardeando as «ideias de 89» e exigindo mudanças constitucionais.

Frederico Guilherme não se limitou a construir alianças com as Igrejas Protestantes; ele também emprestou o seu apoio à fação mais conservadora da Igreja Católica. Graças à sua bênção, a Alemanha foi palco de um grande número de missões católicas e peregrinações religiosas que, para descontentamento e frustração dos liberais, eram extremamente populares. Em apenas sete semanas do ano de 1844, meio milhão de peregrinos deslocaram-se até à cidade de Tréveris para ver o Santo Sudário, o pano onde Jesus teria sido embrulhado no sepulcro, fazendo desta a maior peregrinação na história europeia.

Apesar do clima hostil, os liberais alemães não deram tréguas. Os redatores do *Staats-Lexikon* contestaram repetidamente os movimentos neo-ortodoxos em termos pouco abonatórios. Foram especialmente duros com o catolicismo. Um dos artigos chegaria mesmo a referir-se ao Papa como «o pior inimigo da nação alemã», e uma longa entrada sobre os jesuítas acusava-os de tentarem estabelecer um «império de trevas e superstição» no mundo. O seu objetivo era trazer de volta «o tempo da barbárie, da inquisição e dos *autos de fé*». Mas o *Staats-Lexikon* também não poupou a neo-ortodoxia protestante, a qual foi atacada por disseminar «a superstição, as trevas, a ignorância, o despotismo hierárquico e a intolerância».

O ateísmo, todavia, foi rotundamente declinado. A religião era crucial, afirmou um dos escribas, porque ela era «a educadora moral da humanidade». «A religião faz de cada dever cívico um assunto de consciência»[281], escreveu outro.

Rejeitando o ateísmo, por um lado, e a superstição, por outro, os autores liberais do *Staats-Lexikon* advogavam uma religião liberal e racional à semelhança da que já descrevemos, nomeadamente, uma religião menos centrada no dogma, no cerimonial e na obediência, e mais interessada no aprimoramento da moral pública. Heinrich Paulus, autor de uma das *Vidas de Jesus* mencionadas acima, redigiu os artigos que incidiam explicitamente sobre a Bíblia. O Novo Testamento, afirmou, deveria ser lido, não como transmissor de uma «metafísica teológica», mas antes como dando instruções práticas para quem pretendia ter uma vida moral. O verdadeiro cristianismo era uma religião que estava a par do seu tempo, que evoluía e se aprimorava de acordo com a marcha da história. Só assim poderia servir o seu propósito, que era o de moralizar a sociedade.[282]

Na década de 1840, surgiram dois movimentos religiosos que preocuparam as autoridades alemãs mais do que qualquer enciclopédia. Em 1841, um grupo de clérigos protestantes fundou um movimento designado Amigos Protestantes, que também ficou conhecido pela designação Amigos da Luz. O objetivo dos Amigos Protestantes era estabelecer uma igreja do povo, livre do controlo do governo e da ortodoxia religiosa. Eles promoviam encontros ao ar livre nos quais indivíduos com diferentes percursos e fés se juntavam para discutir tópicos de importância política e religiosa. Não tardou até que começassem a reclamar a liberdade de imprensa, de expressão e de associação, bem como um governo mais representativo.

As autoridades prussianas logo reconheceram a ameaça. Os líderes do movimento foram acusados de serem ateístas encobertos que tinham uma predileção pela revolução. Os seus encontros foram proibidos por lei em agosto de 1845.

Em dezembro de 1844, um padre católico excomungado lançou, com a ajuda de um democrata radical, um segundo movimento dissidente a que chamou «Católicos-Alemães». Os dois homens estavam descontentes com o autoritarismo e os dogmas supersticiosos da Igreja Católica, e viram como uma afronta as peregrinações ao Santo Sudário. Os protestantes liberais não tardaram a unir-se aos Católicos-Alemães, e juntos fundaram as suas próprias congregações ecuménicas e democraticamente geridas. Alguns dos membros principiaram a referir-se a uma «religião da humanidade» que deveria unir e transcender todas as confissões. Advogavam a liberdade de culto absoluta e a separação entre a Igreja e o Estado.

Em 1848, o número de filiados no movimento dos Católicos-Alemães ascendia a cerca de cento e cinquenta mil, tornando-se rapidamente no maior movimento de protesto de qualquer espécie na Alemanha pré-revolucionária. Inebriado com o seu sucesso, o advogado e político liberal Gustav von Struve escreveu que o Catolicismo-Alemão tinha alcançado mais em poucos meses do que o liberalismo político desde as Guerras de Libertação.[283]

Liberalismo e judaísmo

A reconceptualização do cristianismo como religião liberal e ecuménica teve implicações importantes para os judeus. O judaísmo tinha levado a cabo o seu próprio processo de liberalização. A reforma dos serviços religiosos nas sinagogas começara na década de 1810 e, em meados da década de quarenta, o movimento da reforma tinha alastrado e conquistado apoiantes. As congregações introduziram mudanças nas práticas e crenças tradicionais, tais como os assentos mistos, a utilização da língua alemã nos ofícios religiosos, a observância de um dia único nos feriados religiosos e o recurso a um cantor* e coro. O objetivo dos reformadores era revitalizar e modernizar o judaísmo; tal como os seus congéneres liberais, os judeus liberais retiraram a ênfase daquilo a que chamavam as meras formas da religião, e colocaram-na antes na sua essência moral. Pontes entre judeus liberais e cristãos liberais puderam, pois, ser erigidas.[284] Muitos judeus foram apoiados pelos Amigos da Luz, chegando mesmo a juntar-se a eles.

Todavia, não devemos sobrestimar o ecumenismo dos cristãos liberais. O judaísmo reformista estava intimamente relacionado com a questão da emancipação judaica. Muitos judeus liberais aspiravam à

---

* Eclesiástico que dirige o coro na liturgia judaica. [*N. da T.*]

plena igualdade cívica e política. Os liberais alemães discutiam o tema, e alguns deles, como Gustav Struve e Carl Scholl, ministro dissidente de Mannheim, tornaram-se fortes peticionários da causa, com Struve a chamar «falso liberalismo» àquele que não apoiava a emancipação e o sufrágio dos judeus. Scholl casaria com Regine Eller, filha de um rabi, numa cerimónia civil realizada em 1862.[285]

A maioria dos liberais alemães, todavia, não partilhava o mesmo entusiasmo, e as propostas de alargamento da igualdade civil e política aos judeus foram repetidamente reprovadas nas assembleias estaduais. A emancipação judaica deveria ser concedida, diziam alguns liberais, somente depois de os judeus terem sido moralmente «aprimorados». Também aqui muitos liberais desejavam transcender as diferenças religiosas, mais do que acolhê-las.[286] E a religião que achavam ser capaz de transcender as outras parecia-se quase sempre com uma versão do protestantismo liberal.

A crítica socialista da religião liberal

Os primeiros socialistas partilhavam a hostilidade dos liberais relativamente ao catolicismo vigente e, tal como eles, almejavam uma religião mais prática e humanitarista. Contudo, a maior parte deles não apreciava o protestantismo liberal. Consideravam-no uma religião excessivamente individualista e intelectual. Desiludia-os que os liberais condenassem tanto o egoísmo e falassem tanto sobre a necessidade de reforma, mas, no final, propusessem pouco mais do que elevação moral e progresso intelectual.

Duvidando profundamente da instituição da Igreja de Inglaterra, os seguidores de Robert Owen fundaram as suas próprias igrejas. Membros do movimento da classe trabalhadora britânica que ficou conhecido por Cartismo reivindicaram o regresso dos preceitos do cristianismo primitivo e dos valores de Jesus: igualdade, fraternidade e solidariedade. «Cristo foi o primeiro Cartista, e a Democracia é o evangelho posto em prática», declarou o seu líder, Ernest Harney.[287] O socialista francês Étienne Cabet afirmou, «Comunismo *é* Cristianismo», enquanto outros falaram sobre «os Evangelhos em ação»[288].

* * *

Nas décadas de 1830 e 1840, os liberais partilhavam um desejo de reforma e progresso, mas frequentemente discordavam sobre o que isso queria dizer na prática. Quanta democracia deviam subscrever? Quantas e que tipos de reformas sociais deviam apoiar? Seria correto, em determinadas circunstâncias, defender o uso da violência contra regimes opressores? As colónias eram do interesse do país? E, por fim, mas não menos importante, qual era a relação do liberalismo com a religião?

Tudo parece indicar que muitas das nossas ideias preconcebidas sobre o liberalismo do século XIX são pouco sustentadas pelos factos. Embora seja uma simplificação excessiva afirmar que todos os liberais eram antidemocráticos, a maior parte deles teve problemas com a possibilidade do sufrágio universal. Nem todos eram entusiastas do *laissez-faire* ou expoentes zelosos do colonialismo. As suas conceções religiosas eram mais ricas e mais variadas do que habitualmente se supõe. Sendo certo que a artilharia mais pesada foi apontada aos contrarrevolucionários e conservadores religiosos e políticos, também é verdade que eles discutiam entre si. Os liberais de toda a Europa, da América, e para além dela, debatiam o significado do «verdadeiro liberalismo».

Há um aspeto que sobressai em todos estes debates e que nos poderá surpreender hoje. Tal como os seus antecessores, a maior parte dos liberais de meados do século XIX não se concentraram tanto na defesa dos direitos e interesses do indivíduo como habitualmente cremos. Para eles, isso teria sido advogar o egoísmo.

Os liberais acreditaram sempre que estavam a lutar pelo bem comum, e continuaram a encarar este bem comum em termos morais. Hoje, talvez pensemos que eles eram ingénuos, tolos ou insinceros. Mas, para os liberais do século XIX, ser liberal queria dizer acreditar num projeto ético. Queria dizer o compromisso com um ideal moral que existira durante séculos. Os liberais teriam concordado com Giuseppe Mazzini, que, no seu ensaio intitulado «Os Deveres do Homem», afirmou que uma sociedade liberal não poderia ser erigida unicamente sobre uma teoria dos direitos. «Os direitos só podem existir como uma consequência dos deveres cumpridos», escreveu, ou «corremos o risco de produzir egoístas [...], o que sempre conduz a desastrosos e deploráveis resultados»[289].

CAPÍTULO QUATRO

A QUESTÃO DO CARÁCTER

A degradação da moralidade pública fará com que em breve, muito em breve talvez, se abatam sobre vós novas revoluções.
— Alexis de Tocqueville, 1848

No dia 17 de janeiro de 1848, Tocqueville proferiu um discurso na Assembleia Nacional Francesa que, desde então, se tem tornado célebre. Com assombrosa presciência, ele vaticinou que outra revolução estava rapidamente a aproximar-se. Ela chegaria, afirmou, devido aos muitos vícios da Monarquia de Julho, à sua falta de verdadeiros líderes, à sua relutância em empreender reformas e à sua indiferença perante a condição dos pobres. Os seus amigos deputados deveriam saber, acrescentou, que, por causa da sua intransigência em tantas questões e da corrupção presente em todo o sistema político, os trabalhadores de França já não se contentariam unicamente com a reforma política; eles queriam agora derrubar todo o sistema social. «Estamos a dormir sobre um vulcão», disse Tocqueville.

O vulcão a que Tocqueville se referia era o socialismo. Menos de um mês depois do seu discurso, multidões voltaram a encher as ruas de Paris, desta vez, exigindo um governo democrático *e socialista.*

O desaire de 1848

O ano de 1846 ficou marcado por uma grave depressão industrial e agrícola que acarretou tremendas dificuldades para os trabalhadores e camponeses de França. No final de 1847, um terço dos trabalhadores parisienses estavam desempregados. Entretanto, o governo francês recusava-se a levar a cabo reformas e a alargar o sufrágio, enquanto os relatos de fraude e corrupção no governo se generalizavam.[290] As críticas ao governo de Guizot tornaram-se mais sonoras. Numa passagem bem conhecida de *As Lutas de Classes em França* (1850), Karl Marx descreveu a Monarquia de Julho como «nada mais do que uma sociedade por ações para a exploração da riqueza nacional de França».

Durante anos, os líderes da oposição liberal pressionaram sem sucesso o governo de Guizot para que este expandisse o eleitorado e implementasse outras reformas. Frustrados, passaram então à agitação popular, organizando banquetes nas províncias para granjear apoios. O plano era que estes encontros culminassem num banquete de grandes dimensões, em Paris, no dia 22 de fevereiro de 1848. Temendo uma sublevação, o governo proibiu a realização deste banquete e os protestantes foram atacados pela polícia. Tomados pela raiva perante tais medidas imperiosas, multidões de pessoas encheram as ruas gritando «abaixo o Guizot» e «viva a reforma», ao mesmo tempo que erigiam barricadas. Guizot demitiu-se; Luís Filipe abdicou e deixou França.

Instigada pelas multidões, a Câmara dos Deputados selecionou um governo provisório encabeçado por nove bem conhecidos republicanos e dois bem conhecidos socialistas: Louis Blanc e um trabalhador chamado Alexander Martin. Este governo apressou-se a convocar eleições para uma Assembleia Constituinte, cujo mandato era o de conceber uma nova constituição baseada no sufrágio da masculinidade universal. Assim, em poucos dias, França passou de uma monarquia constitucional baseada num sufrágio muito limitado para uma república baseada num sufrágio dos mais democráticos que existiam na Europa. O eleitorado aumentou de um quarto de milhão para perto de dez milhões de homens.

Mas, como Tocqueville tinha previsto, esta expansão do eleitorado não foi suficiente para pacificar as multidões. No dia 25 de fevereiro, elas reuniram-se de novo, desta vez, exigindo o «direito ao trabalho». Respondendo à implacável pressão popular, o governo anunciou a criação de oficinas nacionais que empregariam estas pessoas. Introduziu ainda medidas sociais e políticas progressistas, tais como a abolição da pena de morte por crimes políticos e da escravatura nas colónias.

Esta fase inicial da revolução foi, na generalidade, recebida com simpatia na Grã-Bretanha e nos Estados Unidos. Os cartistas enviaram as suas congratulações ao povo francês e organizaram diversas grandes manifestações, esperando convencer o seu próprio Parlamento a conceder o voto a todos os homens adultos britânicos. John Stuart Mill comemorou estas notícias com satisfação. «Nada pode exceder a importância disto para o mundo ou a imensidade do interesse que está em causa no seu sucesso»[291], afirmou. Nenhum governo poderia esperar sobreviver sem promover reformas. O governo de Luís Filipe tinha sido profundamente desmoralizador, motivado pela «busca impudente de ganhos pessoais»[292].

Os festejos estenderam-se por toda a América, e a imprensa elogiou a revolução comparativamente não-sangrenta e a transição pacífica do poder. O representante do governo americano em Paris saudou a República Francesa quatro dias depois de ter sido proclamada, e o presidente Polk* endereçou as suas congratulações ao povo de França, referindo-se à revolução como um «espetáculo sublime»[293]. A sua mensagem foi secundada por uma mensagem semelhante do Congresso.

As notícias sobre a revolução em Paris atiçaram sublevações na Europa Central, onde os liberais, apoiados pelos trabalhadores, exigiam uma reforma constitucional. Quando os seus governos recusavam, o povo rebelava-se e os governantes capitulavam. O colapso do governo prussiano encorajou os liberais dos vários estados alemães a reunirem-se numa assembleia em Frankfurt com o objetivo de delinear a Constituição de uma Alemanha unificada. Os sonhos que eles mais acalentavam pareciam estar a tornar-se realidade. Como afirmou Frederico Guilherme IV da Prússia, «Satanás estava de novo à solta»[294].

As reverberações não terminaram por aqui. Na península italiana e na Sicília, as revoltas forçaram os governantes a consentirem reformas liberais. Em Roma, rebeldes derrubaram o papa. O líder do movimento de libertação italiano, Giuseppe Garibaldi, tomou a cidade e convocou Mazzini para ajudar a formar um governo baseado em princípios mais liberais, incluindo a liberdade religiosa e a separação entre a Igreja e o Estado. Ambos foram prontamente decretados. Do seu exílio, Pio IX descompôs o liberalismo. Era «abominável, monstruoso, ilegal, ímpio, absurdo, sacrílego e um ultraje a qualquer lei, humana ou divina»[295].

* James K. Polk (1795–1849), presidente dos EUA entre 1845 e 1849. [*N. da T.*]

Os liberais enfrentam o socialismo

As eleições para uma nova Assembleia Nacional Francesa, a 23 de abril de 1848, foram as primeiras da Europa baseadas no sufrágio universal masculino. Ironicamente, todavia, estas levaram ao poder uma maioria conservadora, incluindo diversos monarquistas. Absolutamente desfavoráveis às oficinas nacionais, eles encerraram-nas. A sua ação levou os parisienses, cinquenta mil deles, a organizarem outra sublevação, que ficaria conhecida como os Dias de Junho.

Recusando-se, desta vez, a ceder à pressão das multidões, a Assembleia enviou o General Cavaignac, conhecido pela brutalidade na Argélia, para suprimir militarmente a manifestação. Em três dias de luta sangrenta, cerca de três mil protestantes foram mortos e outros quinze mil foram presos; muitos deles foram enviados para campos de detenção na Argélia.

Os jornais franceses e estrangeiros descreveram-na como uma luta entre a barbárie e a civilização. Referiram-se aos manifestantes como «loucos», «selvagens» e «canibais» com propensão para o massacre e pilhagem. Os espectadores ficaram particularmente chocados com a participação das mulheres na sublevação, e descreveram a sua crueldade e barbaridade como sendo ainda pior do que a dos homens. O socialismo, concluíram, ameaçava a sociedade com o caos total. Quando tudo terminou, a imprensa parisiense celebrou a vitória conquistada pela «causa da ordem, da família, da civilização»[296].

Muitos dos liberais tornaram-se então apoiantes do chamado Partido da Ordem, também designado União Liberal. Por solicitação do General Cavaignac, alguns deles aceitaram contribuir para uma campanha de propaganda concebida para proteger França da ofensiva do socialismo. Charles de Montalembert, que tinha sido eleito deputado, falou por muitos deles quando contestou as oficinas, financiadas pelo governo, como um ataque flagrante aos direitos de propriedade. Adolphe Thiers, que se tornou um líder da União Liberal, publicou uma edição de baixo custo do seu tratado *Sobre a Propriedade*, no qual acusava os socialistas de tentarem abolir o direito «sagrado»[297] à propriedade e, juntamente com este, o direito à família. Na verdade, muita da ênfase dos liberais foi colocada nesta última.

Uma nova constituição foi publicada a 4 de novembro de 1848. Concedia o direito de voto a todos os cidadãos do sexo masculino, mas o seu preâmbulo definia agora os seus direitos *e deveres*. O Artigo IV proclamava a família, o trabalho, a propriedade e a ordem pública como a base da república. O Artigo VII afirmava que todos os cidadãos tinham o dever de trabalhar, poupar para o futuro e ajudar os outros, enquanto obedeciam a leis morais e escritas.

Foi então que, no dia 10 de dezembro de 1848, aconteceu algo que não teria sido possível prever. Com uma maioria avassaladora, os votantes da primeira eleição presidencial francesa baseada no sufrágio universal masculino escolheram Luís Napoleão Bonaparte, sobrinho do antigo imperador, como o seu líder. Durante a Monarquia de Julho, ele tentara por duas vezes levar a cabo um golpe de estado, mas em ambas falhou miseravelmente. Quando a Revolução de Fevereiro estourou, ele vivia no exílio em Londres. Desde a morte de Napoleão I, todavia, a lenda napoleónica tinha subsistido, e o seu sobrinho avivou-a e serviu-se dela. Regressou a Paris, candidatou-se às eleições e venceu.

O segundo Napoleão copiou deliberadamente o modelo do primeiro. Apresentou-se como alguém que estava acima da política e que uniria o país. Para a direita, posou como o paladino da ordem e da estabilidade. Para a esquerda, ele aparentou ser o paladino dos trabalhadores, um cruzado contra a pobreza e um líder que iria defender os valores da revolução. A todos prometeu prosperidade e glória.

Como presidente, Luís Napoleão seguiu uma linha próxima do Partido da Ordem. Os símbolos da Revolução Francesa tornaram-se ilegais; os bonés vermelhos foram proibidos; as árvores da liberdade, cortadas. As liberdades de associação e de imprensa foram reduzidas. O seu governo perseguiu jornalistas e ativistas políticos, levando muitos à clandestinidade. Os manifestantes eram sumariamente detidos. Uma nova lei do sufrágio aprovada em 1850 retirou o direito de voto a trinta por cento da população masculina adulta e à maior parte dos trabalhadores parisienses. Alguns historiadores referem-se à forma de governo que ele instaurou como uma primeira versão do Estado policial moderno.

O medo da revolução levou alguns membros-chave do liberal Partido da Ordem a mudarem de ideias relativamente à Igreja Católica. Eles entendiam agora que precisavam da Igreja na luta contra o socialismo. Thiers, que nunca tinha sido particularmente favorável à Igreja, interpelou a Assembleia em janeiro de 1849. «Pretendo que o clero seja todo-poderoso na sua influência», afirmou; «Peço que o papel do *curé* seja fortalecido, e que lhe seja dada maior autoridade, porque conto com ele para veicular a prudente filosofia pela qual se ensina ao homem que ele veio à Terra para sofrer.»[298] Os padres, continuou Thiers, deviam dizer às pessoas que o seu sofrimento não era culpa dos ricos, mas antes a vontade de Deus querendo incitá-los a trabalharem arduamente para o seu próprio bem.[299] Um ano depois, as tropas francesas restabeleceram o Papa em Roma, onde permaneceria sob a sua proteção até 1870.

Entretanto, o liberal Partido da Ordem aprovou as designadas Leis Falloux em março de 1850. Estas leis permitiram aos católicos abrirem as suas próprias escolas, introduzindo ainda a educação religiosa católica nas escolas públicas. «Hoje, quando o comunismo violento ameaça a nossa sociedade», justificou Thiers, «é essencial que a educação convoque o sentimento religioso em seu auxílio numa guerra comum para repelir os Bárbaros»[300]. O objetivo de uma educação cristã era «preparar a criança para o jugo da obediência [...], para resistir às suas paixões, para aceitar de sua livre vontade a lei do trabalho e do dever, e para adquirir hábitos de ordem e constância»[301].

Thiers foi nomeado para um comité encarregado da previdência social e, em 1850, preparou um relatório sobre o estado da questão social em França. O auxílio aos pobres era, por princípio, louvável, escreveu, mas, para que essa ajuda fosse «virtuosa», ela teria de ser voluntária e espontânea. A caridade nunca deveria ser obrigatória porque assim tornaria-se-ia autodestrutiva e corrupta. Obliteraria qualquer sentido de gratidão nos pobres. A conclusão do relatório era que o Estado deveria manter-se sempre confinado dentro dos mais estritos limites possíveis.[302]

Também na Alemanha, as conquistas iniciais de 1848 deram lugar aos medos, discórdias e falências liberais. Assim que venceram a sua primeira batalha, os liberais começaram a discutir entre eles. O seu desacordo piorou quando foram confrontados com manifestações de trabalhadores que, por vezes, culminavam em violência. Todos os liberais queriam reformas, mas isto queria dizer coisas diferentes para cada um deles e todos tinham diferentes prioridades. Alguns consideravam que o objetivo mais importante era a unificação da Alemanha sob uma única constituição; outros, queriam estabelecer repúblicas; e ainda outros queriam uma mudança social séria. Alguns eram a favor do sufrágio universal masculino; outros, não.

A perceção da ameaça à propriedade também instilou o medo em muitos liberais alemães, levando-os a unir forças com os conservadores. O que John Stuart Mill disse sobre a burguesia francesa também se aplicava, provavelmente, às classes médias alemãs: perante a ideia de mudanças sociais sérias, elas eram de tal modo invadidas por um «terror insano» que estavam dispostas a lançarem-se nos braços de qualquer governo que as protegesse de uma revolução socialista.[303]

Recuo e reação

As Revoluções de 1848 deixaram os liberais por toda a Europa assustados e desmoralizados. Apreensivos com o ativismo da classe trabalhadora e enfraquecidos pela incapacidade de chegarem a acordo entre si, viram-se obrigados a comprometer os seus princípios — ou, haverá quem diga, a abandoná-los —, preparando o caminho para a ascensão de dois governantes autoritários, Napoleão III, em França, e, alguns anos mais tarde, Otto von Bismarck, na Alemanha. Os liberais na Alemanha e em Itália abandonaram as suas aspirações de unificação. As tropas francesas permaneceram em Roma até 1870, evitando, deste modo, que a Itália se unisse em torno da sua capital natural. Na Europa Central, o poder dos Habsburgos foi restituído e acompanhado por uma repressão brutal.

Seguiu-se um período de reação que duraria cerca de dez anos. Os governantes reviram ou puseram de lado as constituições liberais que tinham aprovado e substituíram os ministros liberais por ministros conservadores. Em alguns lugares, as autoridades retaliaram com força brutal. No Grande Ducado de Baden, um décimo dos revolucionários que se renderam foram processados por tribunais militares e executados. Outros receberam longas sentenças de prisão, e muitos foram forçados ao exílio ou fugiram para escapar ao processo. Só em Baden, cerca de oito mil «revolucionários de 48» fugiram para os Estados Unidos, Suíça e outros países. Os governos reacionários censuraram a imprensa, dissolveram os clubes políticos e colocaram os liberais suspeitos sob vigilância. Todos eles, sem exceção, fortaleceram as relações com a ortodoxia religiosa. Ao restabelecimento do poder do Papa em Roma seguiu-se uma repressão castigadora.

Muitos concluíram que o liberalismo tinha chegado ao fim. Alguns afirmaram que, em todo o caso, este tinha sido um *cocktail* de ideias incompatíveis e ultrapassadas. Os liberais deveriam desistir dos seus devaneios e conformarem-se em aceitar um homem forte, um «César».[304]

Em breve, os franceses teriam a oportunidade de o fazer. No dia 2 de dezembro de 1851, o aniversário da coroação de Napoleão I em 1804 e da vitória de Austerlitz em 1805, o sobrinho de Napoleão orquestrou um *coup d'état* contra a República Francesa. Luís Napoleão prendeu os principais líderes da oposição, dissolveu a Assembleia e prometeu uma nova constituição, tomando como modelo a do seu tio. Seguir-se-ia um período de governo por decreto, durante o qual as leis habituais foram suspensas. Milhares foram encarcerados ou enviados para colónias penais; outros tantos milhares, forçados ao exílio. Um plebiscito realizado a 2 de dezembro de 1852, o aniversário do golpe, fez do presidente Luís Napoleão Bonaparte o imperador de França.

Seguindo o precedente do seu tio, Luís Napoleão criou um novo regime pseudodemocrático. Poder-se-á dizer que era o pior pesadelo de Constant e de Tocqueville tornado realidade: mais uma ditadura disfarçada de democracia. Embora sendo baseada na soberania popular e no governo representativo, a nova constituição deu a Napoleão poderes de que nenhum dos seus antecessores tinha usufruído.

O superior interesse da democracia, dizia Napoleão III, era sempre mais bem servido por uma pessoa do que por um corpo político.[305] Ele minimizou o poder real das assembleias representativas. Manipulou as eleições e utilizou a censura da imprensa e a vigilância policial para evitar que a oposição alastrasse. Recorreu a um volume de propaganda sem precedentes para influenciar a opinião pública e os plebiscitos a darem conta de uma pretensa aprovação popular das suas ações. Um Tocqueville profundamente abatido chamou a este regime «despotismo imperial».[306] O repúdio absoluto pelo imperador levou a que Mill dissesse muito pouco sobre a política francesa ao longo de mais de uma década.[307]

Observadores estrangeiros assinalaram a natureza peculiar do regime: Leopold von Gerlach, o conselheiro político mais próximo de Frederico Guilherme, referiu-se a este como «um casamento vil entre o absolutismo e o liberalismo»[308]. Os jornais britânicos designaram-no como uma nova forma de autocracia: a democracia e o imperialismo combinados. Inventaram-se neologismos para o nomear: «bonapartismo», «napoleonismo» e, porque o novo imperador gostava de fazer as coisas ao estilo de Júlio César, «cesarismo».

Houve quem chamasse a Napoleão III um socialista. Durante o período em que esteve preso, na década de 1840, ele escrevera um livro intitulado *A Extinção do Pauperismo*. Nele, afirmava o seu desejo de ajudar as classes trabalhadoras. Enquanto imperador, lançaria uma série de reformas sociais supostamente destinadas a melhorar as suas vidas. Abriu duas clínicas em Paris para receber os enfermos e debilitados, criou um programa de assistência legal para os que não podiam pagá-la, e concedeu subsídios às empresas que construíam habitações de baixo custo para os seus trabalhadores. Lançou um programa de obras públicas em grande escala, contratando dezenas de milhares de trabalhadores para melhorar o saneamento, o fornecimento de água e a circulação do trânsito em Paris. Os liberais receavam que ele estivesse apenas a tentar comprar a lealdade dos trabalhadores com o intuito de os fazer largar a política liberal e republicana. Construiu também canais, promoveu o desenvolvimento dos caminhos de ferro e fomentou a expansão das instituições bancárias e de crédito.

Para o descontentamento de muitos, Napoleão garantiu novos benefícios à Igreja Católica em troca do seu apoio. Aumentou o orçamento dedicado à religião, de trinta e nove para quarenta e oito milhões de francos. O número de padres aumentou de quarenta e seis para cinquenta e seis mil. A missa passou a ser obrigatória nas escolas estatais, realizando-se todas as quintas-feiras e domingos, com uma confissão a cada período. Pouco tempo antes do restabelecimento do império, Napoleão colocou a primeira pedra da nova catedral em Marselha; e pouco tempo depois disso, a Igreja de Santa Genoveva em Paris, o antigo Panteão, foi inaugurada com grande pompa. A cerimónia incluiu a transferência das relíquias da santa para a igreja, naquela que foi a primeira grande procissão religiosa em Paris desde a Restauração.[309] Durante todo este tempo, as tropas francesas permaneceram em Roma para proteger o Papa.

Pio IX

Eleito para o pontificado em 1846, Pio IX rapidamente deu indícios da sua disposição para instituir reformas liberais. Libertou vários prisioneiros políticos, aligeirou as restrições à imprensa e estabeleceu um comité consultivo laico para o ajudar no seu mandato. Prometeu reformas adicionais e não tardou até que fosse celebrado um pouco por todo o mundo como um «papa liberal».

Mas as Revoluções de 1848 seriam para ele um grande choque e mudariam irreversivelmente as suas ideias. Perplexo com a violência das multidões, e indignado com aquelas que considerava serem reivindicações indignas, Pio voltou-se contra o liberalismo, tornando-se uma força da reação durante o restante tempo do seu longo reinado. Ele forjaria uma relação próxima com os jesuítas favoráveis às suas perspetivas cada vez mais reacionárias. Juntamente com outros porta-vozes do catolicismo, produziu uma efusão de livros, panfletos e artigos que atribuíam a culpa das Revoluções de 1848 ao liberalismo. O povo tinha sido confundido e enfeitiçado pelas falsas filosofias da era moderna, diziam, entre as quais reinava o liberalismo. Este era responsável pela erosão da religião e da moralidade. Sob a sua influência, as massas tinham-se tornado egoístas e materialistas. «A sociedade está doente, muito doente»[310], escreveu um publicista católico. O liberalismo era «puro mal»[311].

Era necessária uma guerra santa contra o liberalismo, diziam os propagandistas do papa, ou o resultado seria um estado de licenciosidade e barbárie. Liberalismo e socialismo eram, na prática, a mesma coisa, ou um conduzia invariavelmente ao outro. Ambos implicavam a própria negação da religião. Era urgentemente necessária uma reeducação para o dogma católico, ou o liberalismo destruiria tudo — o patriotismo, a inteligência, a moralidade, a honra. A linguagem apocalítica foi mobilizada para instilar o medo. Num livro traduzido em diversas línguas, o publicista católico Juan Donoso Cortés anunciou que a civilização ocidental estava à beira de uma crise cataclísmica, «a maior catástrofe da história»[312]. E tudo isto era devido ao liberalismo.

O Vaticano, em parceria com os governos reacionários, lançou novas iniciativas com o intuito de reeducar as populações europeias para o Catolicismo. Foram desenvolvidas modalidades emocionais de devoção popular que atraíam especialmente as mulheres, enfatizando a obediência, o sofrimento e o milagroso. Em 1854, Pio anunciou a doutrina da Imaculada Conceição, pela qual a Virgem Maria foi declarada livre de pecado. Isto ajudou a gerar uma grande irrupção de fervor religioso, na qual especialmente as mulheres desempenharam um papel preponderante. Aparições marianas ocorreram em La Salette (1846), Lourdes (1858) e Pontmain (1871). Liberais angustiados desesperaram com a tendência das massas, e especialmente das mulheres, para a superstição.

Também na Alemanha, o Estado e a Igreja estreitaram ainda mais a sua parceria após as Revoluções de 1848. Juntos, atacaram sem cessar o racionalismo, o liberalismo e «as ideias de 1789». Atribuíram mais recursos às missões católicas que visitavam milhares de aldeias, vilas e grandes cidades. Os padres missionários apontavam as sublevações de 1848 como obra de Satanás, e prometiam castigo eterno para os pecadores impenitentes.

A tribulação dos liberais era acentuada pelo facto de as missões serem imensamente populares. Na Alemanha, uma delas atraiu vinte mil fiéis. Irritados, os liberais reclamavam que estas induziam a «insanidade religiosa» e a doença mental. Eram uma praga que ia contra as convicções liberais mais elementares. Os liberais condenavam a Igreja Católica pela sua campanha impiedosa «contra o *Bildung* [...], contra a luz e o esclarecimento, contra o bem-estar do povo, contra a prosperidade do Estado e a felicidade da família»[313].

Não se deixando ficar para trás, os clérigos protestantes da Alemanha também intensificaram o seu apoio à reação com mais propaganda antiliberal. A Igreja Protestante nacional lançou uma campanha massiva para convencer a população de que as revoluções tinham sido um ataque à ordem dada por Deus, e ao próprio Deus. O recém-fundado *Neue Preussische Zeitung* juntou-se ao *Evangelische Kirchenzeitung* num esforço conjunto de destruição do liberalismo. Quase todas as edições do *Evangelische Kirchenzeitung* em 1848 atacavam os revolucionários, referindo-se a eles como rebeldes ímpios e imorais que estavam contra a ordem dada por Deus.

Tal como os seus congéneres noutros países, os liberais alemães tinham a sensação desoladora de que o liberalismo falhara e chegara ao fim. Eles tinham lutado por um governo constitucional e representativo numa Alemanha pacificamente unificada, mas não conseguiram assegurar nenhuma destas coisas. Em vez disso, os seus inimigos pareciam estar mais fortes do que nunca. E agora os liberais tinham ganhado novos inimigos; os maiores entre eles eram os socialistas. A edição de 1853 da *Brockhaus Encyclopedia* dava conta de que, desde a revolução, a etiqueta política «liberal» e o termo «liberalismo» tinham «caído um pouco em desuso»[314]. Friedrich Engels afirmou que o liberalismo «nunca seria possível na Alemanha»[315].

O problema do egoísmo

As Revoluções falhadas de 1848 levaram os liberais europeus a proceder a um novo autoexame e a refletirem profundamente sobre aquilo que tinha corrido mal. Porque é que tinham sido tão malsucedidos? Porque é que as pessoas se atraíam pelas ideias socialistas? Porque é que as massas francesas tinham tanta propensão para a revolução?

A maior parte dos liberais rejeitou a ideia de que a culpa era de um sistema social injusto. Em vez disso, eles convenceram-se de que o fracasso de 1848 era o resultado de uma desintegração catastrófica da moralidade pública. Por causa disto, um pequeno grupo de agitadores tinha conseguido desencaminhar as pessoas, inculcando-lhes a doutrina do socialismo. As Revoluções de 1848, afirmou Tocqueville, foram suscitadas por «uma enfermidade geral dos espíritos dos homens», uma arriscada predileção por «estranhas» teorias socialistas.[316] Faltavam à população a capacidade intelectual e as qualidades morais para tomar decisões responsáveis. Em vez disso, atraía-se por filosofias egoístas e materialistas como o socialismo. A revolução era a prova daquilo que Tocqueville tinha dito em *Da Democracia na América*: faltavam aos franceses as ideias e os hábitos sociais necessários para sustentar um regime liberal.

Os observadores ingleses e americanos estavam de acordo acerca do estado deplorável da moral francesa. Na verdade, a revolução só veio confirmar inquietações há muito firmadas sobre o carácter nacional de França, ou a falta dele. Os jornais noticiavam que os cidadãos franceses viviam num estado de aviltamento moral e mental.[317] Não possuíam o mais básico autocontrolo. Os relatos de viagens realçavam este ponto. Os franceses eram implacavelmente ridicularizados por não possuírem as qualidades varonis da independência e da fortaleza moral.

Assim, num certo sentido, os liberais estavam de acordo com os cristãos conservadores e os ultramonarquistas: o problema subjacente era moral. A população era pouco instruída, egoísta e materialista, e isto era o que tinha causado a sua inclinação para as ideias socialistas. Ao contrário dos conservadores, todavia, a maior parte dos liberais não considerava que a resposta a longo prazo fosse um regresso às igrejas tradicionais, Católica ou Protestante. Eles não acreditavam que a resposta ao problema consistisse em ensinar à população a doutrina religiosa ou um maior respeito pela autoridade. Ao invés disso, eles defendiam que as populações precisavam de adquirir *carácter*. Com efeito, depois de 1848 o problema do carácter tornou-se praticamente uma obsessão para os liberais.

Na Grã-Bretanha, a representação depreciativa do carácter francês era, muitas vezes, acompanhada de uma conceção bastante favorável acerca do seu próprio carácter. Os bretões tinham motivos para se orgulharem de *não serem franceses*. No *Edinburgh Review* lia-se que, para que um sistema liberal de governo funcionasse, eram necessários cidadãos patrióticos.[318] Os britânicos eram patrióticos; possuíam um sentido de comunidade e responsabilidade inexistentes em França. Os britânicos ostentavam ainda uma capacidade para o pensamento independente, que os poupava de caírem nas artimanhas dos déspotas. Em suma, se a Grã-Bretanha tinha evitado a revolução, isso devia-se, em grande parte, ao seu carácter nacional. «Graças a Deus! Somos Saxões!», clamou um jornalista.[319]

A ascensão do Partido Liberal britânico

Precisamente nesta altura, e como se viesse confirmar a superioridade anglo-saxónica, o Partido Liberal surgiu e prosperou em Inglaterra. O que defendia este Partido Liberal? O que o tornava «liberal»? Afinal de contas, na Grã-Bretanha os liberais não tinham de lutar por um governo constitucional ou representativo, já que estes eram generalizadamente aceites, até mesmo pelos conservadores. Ser liberal na Grã-Bretanha queria dizer praticamente o mesmo que durante os anos anteriores às Revoluções de 1848, nomeadamente, a defesa do «aprimoramento», da «reforma» e do «progresso» — palavras que se escutavam cada vez mais durante esses anos. Mas foi somente em 1859 que vários grupos parlamentares se juntaram e criaram oficialmente o Partido Liberal britânico. Sob a liderança de William Gladstone, ele dominaria a política britânica até ao final do século.

Na Grã-Bretanha de meados do século XIX, progresso e reforma significavam, em regra, o desmantelamento dos privilégios aristocráticos, monopólios e interesses instalados — incluindo os da Igreja Anglicana. Os liberais frequentemente reclamavam que os conservadores apenas estavam interessados em defender ideias e práticas ultrapassadas. O *tory*, diziam os liberais, era alguém que protegia os seus privilégios e marcas de estatuto. Ele sentia-se empossado e encarava as outras pessoas como subordinadas e inferiores. O liberal, por outro lado, tinha uma inclinação mais democrática. O *Bristol Gazette* explicou a diferença entre liberais e conservadores do seguinte modo: «Os primeiros dedicam-se a expandir os privilégios do povo, os últimos dedicam-se a contraí-los.»[320] Como sabemos, todavia, isto não significava que os liberais defendessem o sufrágio universal.

Para além deste comprometimento com a reforma, existiam divisões acentuadas entre os membros do Partido Liberal. Ainda não existia uma organização liberal nacional e um programa legislativo específico. Alguns liberais advogavam o alargamento do direito de voto; outros, não concordavam com ele. Embora os liberais fossem geralmente a favor do comércio livre, o Partido Liberal nunca foi doutrinário em relação ao *laissez-faire*. Muitos liberais continuaram a apoiar o intervencionismo em algumas áreas, e não noutras. Em retrospetiva, e tal como outros historiadores argumentaram, o que identificava os liberais não era tanto a plataforma de um partido unido, mas sim a ênfase colocada no aprimoramento da moral da população britânica.

O dever de um Estado, proclamou o *Edinburgh Review*, era inculcar a religião e a moralidade na população. Era responsabilidade do governo elevar a energia, o tom e o carácter moral da população britânica. Este foi, pois, um dos ingredientes principais no modo como o Partido Liberal se definiu: a importância que atribuía à inculcação da responsabilidade cívica, do espírito público e do patriotismo. Apesar de todo o discurso autoafirmativo sobre o carácter e a capacidade de autodisciplina e autonomia da raça anglo-saxónica, era evidente que estas precisavam de ser fomentadas e encorajadas. A valorosidade anglo-saxónica requeria uma constante manutenção e fortalecimento. Era esta uma das funções essenciais do governo.

Laissez-faire versus Bildung

Depois de 1848, os liberais europeus tornaram-se realmente obcecados com a educação e a moralização da população. Debatiam entre si sobre como ela deveria ser feita. Alguns deles advogavam a disseminação e implementação dos princípios do *laissez-faire*. Na verdade, alguns deles tornaram-se bastante doutrinários em relação a este tema. Estes eram os liberais que, após a experiência de 1848, afirmavam que os trabalhadores tinham tido um mau comportamento porque não compreendiam as «leis da economia». A ignorância dos trabalhadores tê-los-ia tornado vulneráveis a ideias quiméricas e absurdas apregoadas por charlatães.[321] Uma das tarefas mais urgentes dos economistas políticos era, pois, a de transmitir um entendimento adequado da economia à generalidade da população. Isto era crucial para evitar que as ideias socialistas alastrassem, contrabalançando-as com as lições salutares do *laissez-faire*. Os trabalhadores tinham de saber que os esforços do governo para ultrapassar, ou até mesmo domesticar, as leis da economia estavam sempre condenados ao fracasso. A «caridade legal» *causava* o pauperismo; não o evitava.

Assim, diversos economistas políticos começaram a demonstrar precisamente isto, em jornais e revistas, dicionários, panfletos e livros. O *Dicionário de Economia Política* francês é um exemplo disto. Era uma grande ilusão, lia-se nele, pensar que o socialismo podia abolir a pobreza. A intervenção do Estado na economia era ineficaz e poderia até ser perigosa. Talvez os liberais devessem mesmo parar de usar a palavra «social», já que ela inspirava tantas ideias disparatadas.[322]

Depois de 1848, Frédéric Bastiat, livre-cambista e ideólogo do *laissez-faire*, dedicou todos os seus esforços à luta contra o socialismo, recitando as suas anteriores ideias numa linguagem ainda mais estridente. Ceder às exigências dos trabalhadores não deveria chamar-se caridade legal, escreveu, pois era, na verdade, um «saque legal». O problema da pobreza não era devido a uma reduzida intervenção do governo, mas sim a demasiada intervenção. O governo deveria ministrar tão-só a proteção física e a justiça. Em tudo o resto, deveria permitir o livre jogo das «leis da harmonia», que o próprio Deus tinha criado para o progresso da humanidade. A competição desimpedida entre interesses individuais geraria a riqueza que chegaria aos pobres num fluxo descendente. Até lá, os trabalhadores deviam aprender a aceitar que a sua dor e sofrimento eram «parte do plano da Providência»[323].

Os economistas políticos franceses, como Bastiat, continuaram a propagar a ideia de que a pobreza e a miséria das classes trabalhadores eram, sobretudo, culpa sua. Elas eram preguiçosas, irresponsáveis e tinham uma tendência para a prodigalidade. Para saírem da pobreza, as classes trabalhadoras precisavam de aprender bons hábitos: regularidade, diligência e sobriedade. Precisavam de aprender o valor do trabalho árduo, da responsabilidade e da autossuficiência — tudo isto era ensinado pelo mercado e pela religião. Acima de tudo, os trabalhadores precisavam de compreender que o governo nada tinha que ver com as suas dificuldades. A natureza atribuíra a cada indivíduo a sua posição na sociedade, e a única maneira de alguém melhorar a sua condição era através do aprimoramento do seu próprio carácter.

John Smith Prince era um grande fã de Bastiat, tendo traduzido as suas *Harmonias Económicas* para alemão em 1850. Smith negava a própria existência de uma «questão social». A economia estava sujeita a determinadas leis inalteráveis. Desconsiderar estas leis em busca de uma solução para o descontentamento social causaria mais dano do que benefícios. A única maneira de diminuir o nível de sofrimento era fazer crescer a economia através do livre funcionamento do mercado. Os trabalhadores deviam entender que a sua aflição era devida, sobretudo, às suas próprias insuficiências. O espírito de iniciativa e a responsabilidade individual eram a única solução.

Mas estas ideias extremas sobre o *laissez-faire* estavam longe de ser representativas da opinião liberal na Alemanha. Os liberais alemães estavam mais preocupados do que nunca com o facto de o desenvolvimento industrial sob as condições do *laissez-faire* poder conduzir à emergência de um proletariado, isto é, de um grupo de pessoas submergidas na pobreza material e na degradação espiritual. Um grande número deles rejeitava o *laissez-faire* doutrinário e continuava a usar termos pejorativos como «smithianismo» ou «manchesterismo» para indicar que estas ideias eram impraticáveis, ineficazes e até imorais.

John Stuart Mill também rejeitou qualquer adesão doutrinária ou extremista aos princípios do *laissez-faire*. Francófilo assumido, chegou mesmo a escrever ao socialista Louis Blanc para expressar a sua simpatia por certas ideias socialistas em 1848. Como justificaria mais tarde, ele e a sua mulher dedicaram muito tempo «ao estudo dos melhores escritores socialistas do continente»[324].

A atração de Mill por alguns aspetos do socialismo aumentou ao longo do tempo, tal como o comprovam as mudanças introduzidas na segunda e terceira edições dos seus *Princípios de Economia Política*. Ele tornar-se-ia cada vez mais sensível aos problemas sociais e recetivo à ideia de que a pobreza tinha menos que ver com uma falha moral dos pobres do que com «o grande falhanço da existente organização da sociedade». O que era necessário, acabou por crer Mill, era uma «transformação social»[325]. Em 1866, ingressou no Parlamento como um Liberal, e lutou duramente contra quaisquer políticas baseadas nos princípios do *laissez-faire*.[326]

Ao longo das décadas de 1850 e 1860, comentaristas franceses difundiram crescentemente a ideia de que era necessário forjar um caminho intermédio entre o *laissez-faire* e o socialismo. O liberalismo dos economistas do *laissez-faire*, escreveu um publicista, era um *falso* liberalismo que se limitava a encorajar o atomismo social.[327] O que era necessário era um «socialismo liberal».[328] O Estado deveria tornar-se um «instrumento da civilização».[329]

O amigo e tradutor francês de Mill, Charles Dupont-White, utilizou o termo depreciativo «individualista» para se referir àqueles que pregavam o *laissez-faire*. Um sistema baseado unicamente na competição e na ganância era, no seu entender, completamente insustentável. O Estado deveria intervir para proteger e promover o bem coletivo. O progresso requeria que o governo agisse mais, e não menos. O que era necessário agora, afirmou, era a «caridade legal». E embora ele defendesse o comércio livre por princípio, continuava a dizer que «não existe liberdade sem regulação»[330].

Tal como muitos outros liberais naquela época, Dupont-White estava menos preocupado com a intervenção do governo do que com a espécie de seres humanos que a sociedade moderna estava a criar. Em *Da*

Democracia na América, Tocqueville alertou os seus leitores para o facto de a sociedade democrática tender a encorajar o egoísmo. Mill, que revira os dois volumes do livro de Tocqueville, concordou. A democracia tinha uma propensão natural para a erosão do carácter. Os homens modernos, escreveu, corriam o risco de se tornarem pobres de espírito e egoístas. Era importante cultivar um espírito diferente que contrariasse esta tendência para a degradação moral. Este foi o pressuposto do célebre ensaio *Sobre a Liberdade* (1859), no qual Mill expressou os seus anseios, não tanto acerca dos perigos do intervencionismo estatal, mas acerca do modo de encorajar a educação moral da humanidade.

O papel da família

Falar sobre a moralização da humanidade implicava, invariavelmente, falar sobre as mulheres. Ao longo de séculos, teólogos, juristas e pensadores políticos tinham defendido que as mulheres desempenhavam uma função crucial como socializadoras e moralizadoras das suas famílias. Ter uma esposa e uma família contribuiria para aplacar e civilizar os homens que, de outro modo, seriam propensos a um comportamento egoísta, irascível e até violento. Um consenso generalizado sustentava que as mulheres eram mais amáveis, compassivas e generosas do que os homens, e que elas transmitiam os valores dos quais dependia toda a ordem social: autossacrifício, disciplina e compaixão pelos outros. Estes valores eram importantes numa democracia, em que os homens corriam um risco especialmente elevado de perderem o seu carácter. «Nunca houve uma comunidade livre sem uma moral», afirmou Tocqueville; «a moral é o trabalho da mulher»[331]. Na verdade, as mulheres eram um dos segredos do sucesso da América, escreveu em *Da Democracia na América*.

Assim, foi especialmente perturbador para os liberais assistirem à participação das mulheres nas sublevações. Durante as Revoluções de 1848, o choque em relação ao envolvimento das mulheres na rebelião chegou aos jornais dos Estados Unidos. As notícias davam conta de que elas tinham sido tão coléricas, violentas e vingativas como os homens, numa clara inversão da ordem moral e natural. As mulheres francesas tinham conseguido «dessexuar-se» pela sua conduta.[332] Os jornais também noticiaram que as mulheres e as raparigas tinham sido violadas e torturadas nas ruas, o que reforçava a mensagem de que a participação das mulheres nos conflitos políticos era desastrosa para a moral pública.

Pessoas em vários pontos do espectro político concordavam que a saúde moral de uma nação dependia, em grande medida, de as mulheres desempenharem a função doméstica para que tinham sido designadas. A discordância não era sobre a importância das mulheres, mas sobre *que* valores morais elas deveriam ensinar às suas famílias. A Igreja Católica decretava que as mulheres deveriam ensinar os valores cristãos tradicionais: humildade, piedade e obediência à autoridade. Os liberais diziam que elas deveriam ensinar o carácter e a valorosidade, qualidades essenciais a uma cidadania responsável. Ter uma esposa e uma família ensinava os homens a serem sóbrios, industriosos e a terem responsabilidade pessoal. No seio da família, e sob a influência das suas mulheres, os homens adquiriam o hábito da autorregulação. Aprendiam o autodomínio.

Muitos liberais advogavam também um novo tipo de casamento baseado, não num regime patriarcal, mas no companheirismo. Giuseppe Mazzini chamou à família «o berço da humanidade», mas disse que esta só poderia inspirar os valores certos se fosse baseada no amor e no respeito mútuos, e não na autoridade masculina. Ele pediu aos homens que pensassem nas mulheres como parceiras, e não como subordinadas.[333] Para John Stuart Mill, a família, tal como era concebida, consistia numa «escola de despotismo»; como tal, nunca poderia transformar as crianças em cidadãos responsáveis. A família só poderia ensinar a moral se fosse uma associação de iguais.[334]

As mulheres com inclinações liberais não negavam a sua diferença «natural», nem a sua função basilar como esposas e mães. Nisto, não eram diferentes das suas antepassadas do século XVIII. O jornal parisiense *Voix des Femmes*, lançado em 1848, secundou Tocqueville ao afirmar que a moralidade de uma nação dependia da moralidade das mulheres. Quando as mulheres pediam reformas, faziam-no para que melhor pudessem cumprir os seus deveres; queriam participar mais integralmente na «regeneração da humanidade». Como se poderia esperar que educassem devidamente as suas famílias se o seu espírito era «rebaixado e escravizado»?[335] Para fazerem o seu trabalho, elas tinham, primeiro, de se elevar intelectualmente e moralmente.

Os liberais, independentemente de serem homens ou mulheres, divergiam na questão do voto. Muito poucos seguiram o repto das feministas americanas Elizabeth Cady Stanton e Lucretia Mott, que fizeram campanha pelo sufrágio feminino. Não se deixando abalar pelos relatos negativos da imprensa sobre a participação feminina nas revoluções europeias, Stanton e Mott organizaram a primeira convenção nacional de mulheres em Seneca Falls, Nova Iorque, menos de um mês depois dos afamados Dias de Junho em Paris. Daí resultou uma Declaração de Sentimentos segundo o modelo da Declaração da Independência, na qual se proclamava que «todos os homens *e mulheres* nascem iguais», incluindo ainda, na segunda parte da declaração, uma lista de reclamações.

Harriet Taylor, filósofa britânica e defensora dos direitos das mulheres, foi também uma sonora proponente do voto feminino. O seu ensaio sobre «A Emancipação das Mulheres», publicado no *Westminster Review* em julho de 1851, promovia a igualdade plena para as mulheres em todos os direitos políticos, civis e sociais. Enquanto as mulheres não possuíssem estes direitos, lia-se, elas continuariam a ser escravas dos homens. Nenhum indivíduo deveria ter a possibilidade de decidir por outro o que era da esfera específica deste ou desta. Todas as profissões deveriam estar abertas a todos, com total liberdade de escolha para os indivíduos. De par com Taylor, o seu marido, John Stuart Mill, também defendeu a plena igualdade das mulheres, incluindo o direito de voto. Ele foi um pouco mais longe ao questionar se a natureza das mulheres era, na realidade, assim tão diferente da dos homens. «Aquilo a que hoje se chama a natureza das mulheres», cogitou, «é uma coisa eminentemente artificial — o resultado da repressão forçada em determinadas direções, e estimulação não natural noutras»[336].

Mill tinha muitos discípulos e admiradores, incluindo Louise Dittmar, na Alemanha. Dittmar concordava com a ideia de que uma família devidamente constituída era essencial para a saúde de um Estado liberal, e que manter as mulheres num estado de subordinação legal impediria a moralização da sociedade. As mulheres precisavam do voto, bem como do acesso a uma melhor educação e da independência económica. Só assim poderia existir a família feliz e moralmente sólida da qual dependia uma sociedade liberal bem-sucedida. Os «grilhões» das mulheres tinham de ser quebrados.

Porém, os liberais que defendiam o voto feminino faziam parte de uma nítida minoria. A maior parte dos liberais naquela época ridicularizava a ideia. O jurista alemão e político liberal Johann Bluntschli deu voz a muitos deles quando afirmou que conceder às mulheres os direitos políticos seria, simultaneamente, «perigoso para o Estado e ruinoso para as mulheres»[337]. As mulheres eram seres sentimentais e os seus juízos eram imperfeitos. A sua saúde sofreria se ultrapassassem os limiares das suas casas. A suposição do sentimentalismo, fraqueza e irracionalidade das mulheres levou a que liberais como Bluntschli insistissem que elas precisavam de ser governadas pelos homens.

A religião da humanidade

A questão da moral estava também, como sempre, intimamente ligada à questão da religião. O fracasso das Revoluções de 1848 apenas reforçou a convicção liberal de que era necessária uma reforma religiosa antes de poder ser realizado qualquer progresso político real.

Para Mill, uma das principais lições das revoluções foi que o espírito da comunidade tinha de sofrer alterações para que as novas ideias socialistas tivessem hipótese de ser bem-sucedidas. Era necessária uma «melhoria real do estado intelectual e moral» da humanidade. Um dos caminhos para tal eram os casamentos mais equitativos; outro, era uma educação liberal que ensinasse aos alunos «ética e política, no sentido mais amplo»[338]. Porém, Mill também considerava que mudar o espírito dos homens modernos requeria uma mudança religiosa. O cristianismo fixara os pensamentos das pessoas na sua própria salvação, tornando-as egoístas e desconectando-as de qualquer sentido do dever para com os seus semelhantes. O que era necessário, escreveu Mill, era uma «Religião da Humanidade» que cultivasse nos indivíduos um «sentimento profundo do bem comum»[339].

Como vimos, desde os primórdios do liberalismo a reforma da religião tinha sido uma preocupação liberal. Constant e Madame de Staël tinham defendido a necessidade de uma versão nova e esclarecida do protestantismo. Agora, cada vez mais liberais por toda a Europa adotavam o termo «religião da humanidade» para designar o que tinham em mente. O que era necessário, diziam, era «um evangelho novo e benigno» que inspirasse a devoção ao bem comum.[340] Bluntschli também o designou como a «Religião de Jesus», despida de dogmas e dedicada ao ensinamento da moral.[341]

Os liberais franceses, que viviam num país esmagadoramente católico, foram os mais prolíficos neste tópico. O historiador e professor Edgar Quinet, um admirador dos escritos de Benjamin Constant sobre a religião, concordava com ele sobre o facto de uma forma liberal de protestantismo ser a mais indicada. Esta ajudaria França na transição para fora do cristianismo. No seu livro de 1856, intitulado *Uma Carta Sobre a Situação Moral e Religiosa da Europa*, Quinet argumentou que tantos séculos de catolicismo, conjugados com um governo absoluto, tinham tornado os franceses indolentes, servis, egoístas e materialistas. Eles refugiavam-se num respeito pouco saudável pela autoridade e numa total desconsideração pela responsabilidade individual. Mas o problema era que os franceses dificilmente abririam mão do seu catolicismo de forma imediata. Seria impossível convertê-los à «pura luz da razão» do dia para a noite. O que era necessário, neste caso, era uma religião interina que auxiliasse os franceses a fazerem a transição. Essa religião, acreditava Quinet, podia ser o unitarismo do pregador americano William Ellery Channing.

Outros liberais franceses referiram-se nos mesmos termos à necessidade de uma religião de transição. Nas suas *Cartas sobre a Questão Religiosa*, o popular romancista Eugene Sue escreveu que não seria expectável que a população renunciasse ao catolicismo de uma assentada. O unitarismo era uma fé interina aceitável porque ensinava a virtude cívica, o patriotismo e o ódio ao despotismo. Podia ser um caminho para a religião natural.[342] Alguns liberais afirmavam que o unitarismo podia conduzir as pessoas a uma religião ainda melhor, nomeadamente, a «religião da humanidade»; outros diziam que este *era* a religião da humanidade.[343] Os admiradores de Channing começaram a disseminar as suas ideias através de artigos em periódicos como o *Journal des Débats*, bem como a traduzir os seus escritos para francês.

Diversos liberais noutros países da Europa foram também bastante críticos do catolicismo. O *Staats-Lexikon* germânico era-lhe, em geral, hostil; e, no que dizia respeito à Ordem Jesuíta, era certamente injurioso. Os jesuítas, afirmava, tinham declarado uma guerra aberta «contra o *Bildung* e a humanidade do nosso tempo, contra a luz e o esclarecimento, contra o bem-estar do povo, contra a prosperidade do Estado e a felicidade da família»[344]. Eram uma doença que punha em perigo as mais sagradas convicções liberais. Inimigos autodeclarados do progresso humano, os jesuítas eram «criminosos contra a humanidade»[345]. Seria difícil que alguém pudesse ser mais hostil.

Mas não era somente o catolicismo que os liberais alemães achavam aversivo: as versões ortodoxas do protestantismo causavam-lhes quase a mesma aversão. Em 1863, Bluntschli ajudou a formar a Associação Prostestante, cujo objetivo era combater a religião reacionária, fosse ela católica ou protestante. A cada um ou dois anos, esta associação organizava conferências para promover a separação entre a Igreja e o Estado. Um dos oradores definiu o alvo da associação como sendo o «jesuítismo das variantes católica *e protestante*»[346].

Por outro lado, Bluntschli era relativamente benevolente em relação aos judeus liberais. O seu artigo sobre o judaísmo no *Staatswörterbuch*[*] defendia que os judeus modernos tinham «deixado de ser um povo particular». Eles tinham demonstrado através do seu recente comportamento um desejo de pertencer à população europeia. Os judeus já não eram, pois, estrangeiros na Alemanha, mas sim compatriotas.[347] É claro que nem todos os liberais eram assim tão amigáveis.

Outros liberais pensaram que a Maçonaria seria uma outra forma de ensinar a religião da humanidade. Por toda a Europa e América, acorreram em massa às lojas maçónicas. O discurso das lojas alardeava que o objetivo da irmandade era inculcar a virtude interior e a retidão. O intuito da Maçonaria, dizia-se, era o «*Bildung* moral». Nas lojas maçónicas, os homens aprendiam a governar-se a si mesmos e a adquirirem a «verdadeira masculinidade». Bluntschli chamou às lojas «escolas de humanidade». Os maçons, dizia, advogavam uma religião humana que ensinasse uma «moral nobre».[348] Mantendo-se sempre bastante anticatólicas, as lojas em Hamburgo, Leipzig e Frankfurt começaram a admitir judeus na década de 1840, e não tardou até que as lojas de outros lugares seguissem o exemplo.

Os rituais maçónicos eram descritos como uma espécie de batismo durante o qual os homens eram espiritualmente renascidos. Um maçom relatava: «Reparei que fora admitido numa comunidade de homens, de irmãos, de almas magnâninas [...]. Tornei-me um novo ser humano.»[349] Sem dúvida, este foi um dos motivos que levou o Papa Pio IX a condenar vivamente as lojas maçónicas, designando-as como «Sinagogas de Satanás». No total, a Igreja Católica condenou a Maçonaria oito vezes ao longo do século XIX (em 1846, 1849, 1854, 1863, 1864, 1865, 1873 e 1875).

Nem todos os liberais procuraram novas religiões para promover os seus objetivos moralizadores e educacionais. Em Inglaterra, muitos liberais consideraram que podiam operar no interior da Igreja Anglicana estabelecida. Além disso, continuavam a existir católicos convictos de que o catolicismo e a política liberal podiam ser compatíveis e fortalecer-se mutuamente. O historiador e político John Acton, que viria a ser Lord Acton, foi um desses católicos. Ele pertencia àquele a que chamava o «partido liberal» católico, e tornou-se um amigo próximo e conselheiro de William Gladstone. Acton admirava os liberais católicos como Montalembert. Mas o catolicismo, dizia Acton, deveria ser reformado se

---

[*] Enciclopédia alemã em 11 volumes publicada entre 1857 e 1870. [*N. da T.*]

aspirava a manter-se vivo no mundo moderno. Deveria estar mais aberto à ciência e a novos conhecimentos. Alguns elementos impermanentes, ou meramente formais, do dogma deveriam ser revistos, e a obrigação de obedecer cegamente ao Papa deveria ser rejeitada.[350]

* * *

As Revoluções de 1848 foram um grande choque e um grande revés para os liberais. Estas obrigaram-nos a perceber que tinham novos e poderosos inimigos. Os monarquistas absolutos e os contrarrevolucionários católicos continuavam a ser uma ameaça de peso. Mas os liberais enfrentavam agora novas ameaças oriundas também da esquerda: um naipe de tendências políticas, tais como a democracia radical, o republicanismo e até o socialismo.

Depois de se recomporem, os liberais refletiram seriamente e por muito tempo sobre o motivo pelo qual as revoluções tinham ocorrido. Não atribuíam a culpa a um sistema político injusto nem a uma economia exploradora. Em vez disso, culparam a moral da população — ou a falta dela. Os pobres tinham-se deixado seduzir pelo socialismo; tinham sido levados a acreditar numa ideologia egoísta e materialista que ameaçava toda a ordem social e política, incluindo as suas próprias vidas e meios de subsistência. Nisto, os liberais, de facto, concordavam com os conservadores: os problemas sociais eram essencialmente problemas morais. Mais do que nunca, eles tornaram-se obcecados com a necessidade de moralizar e educar a população. Isto conduziu-os a uma ênfase renovada na família e na necessidade de uma reforma religiosa.

CAPÍTULO CINCO

CESARISMO E DEMOCRACIA LIBERAL: NAPOLEÃO III, LINCOLN, GLADSTONE E BISMARCK

O primeiro dever que se impõe aos que hoje dirigem a sociedade é o de educar a democracia.
— Alexis de Tocqueville, 1835

Tocqueville foi apenas um entre muitos liberais que atribuíram a culpa pelas Revoluções de 1848 à degeneração moral generalizada. A revolução, concluíram, tinha sido causada pelo materialismo, egoísmo e irracionalidade do povo francês. As massas tinham sido uma presa fácil para os demagogos que apregoavam ideias insanas.

Estas conceções negativas sobre a população explicam porque é que o termo «democracia liberal» teria parecido contraditório à grande maioria dos liberais no século XIX. As revoluções sucessivas e os reinados de dois Napoleões tornaram claro o quão fácil era a democracia aliar-se ao despotismo. A democracia era, como se via, naturalmente *iliberal.*

Mas os liberais sabiam que o problema não estava só na população. Era também uma questão de liderança. O primeiro dever dos que dirigiam a sociedade, escreveu Tocqueville em *Da Democracia na América,* era «educar a democracia». Os líderes da Monarquia de Julho tinham abdicado desta responsabilidade; tinham sido indiferentes e egoístas, e isto tinha conduzido a uma revolução desnecessária a que se seguiu uma nova ditadura.

Estariam as democracias condenadas a serem iliberais? Poderiam elas, com a liderança certa, tornar-se liberais? Nas décadas de 1850 e

1860, o aparecimento de quatro líderes poderosos estimulou reflexões sobre esta questão.

Napoleão III e o cesarismo

Enquanto pessoa e líder, Napoleão III foi alvo de chacota e desdém em doses monumentais. Karl Marx referiu-se a ele como «uma grotesca mediocridade» e ridiculizou o seu reinado como uma farsa patética. Outros chamaram-no «anão», «anão repugnante», «trapaceiro», «vigarista», «tirano» e até «assassino». Talvez o insulto mais famoso tenha vindo de um dos maiores escritores de França, Victor Hugo, que escarneceu do imperador com o título «Napoleão, o Pequeno». Ele era, afirmou o político liberal Charles de Rémusat, um «idiota» que apenas merecia desprezo. Mas Rémusat também reconheceu que Napoleão III tinha «mudado o curso da história»[351].

O segundo regime napoleónico, tomando deliberadamente o modelo do primeiro, suscitou comentários um pouco por todo o mundo. Observadores estrangeiros assinalaram consternadamente que uma revolução seguida de uma eleição democrática acabara, mais uma vez, a produzir um ditador. No *The Living Age*, periódico da cidade de Nova Iorque, lia-se que o sufrágio universal em França era impossível, já que a única coisa pela qual os franceses alguma vez tinham votado fora «a sua sujeição a um novo senhor»[352]. O Secretário de Estado americano Daniel Webster referiu-se ao governo de Luís Napoleão como uma catástrofe capaz de enfraquecer a fé de qualquer um no futuro da democracia.[353] Mais uma vez, a população tinha votado num ditador e demagogo.

O regime de Luís Napoleão era praticamente idêntico ao tipo de governo que Benjamin Constant tinha tentado a todo o custo evitar cinquenta anos antes: um governo autoritário baseado no sufrágio universal masculino. Alegando representar o povo, o imperador explorava os seus piores instintos para o seu próprio benefício. Era uma espécie de *déjà-vu*, apesar de ser ainda pior em alguns aspetos. Desta vez, uma eleição popular tinha servido para estabelecer um despotismo mais absoluto do que qualquer outro na história de França. Isto confirmava a intuição de Tocqueville de que as sociedades democráticas eram especialmente vulneráveis a novas e mais insidiosas formas de opressão. À medida que o tempo passava, e em parte graças ao segundo Napoleão, Tocqueville tornou-se mais pessimista relativamente aos prenúncios da democracia.[354]

O interesse na forma de governar de Napoleão III era especialmente intenso porque parecia constituir um novo tipo híbrido de governo — economicamente progressista, mas socialmente conservador; popular, mas autoritário. Os investigadores modernos comparam-no tanto a um Estado policial quanto a um Estado social, ainda que estes termos e conceitos ainda não existissem naquela época. Ao mesmo tempo que estabeleceu novas medidas autoritárias e utilizou a censura e a vigilância para abafar qualquer oposição, o imperador ofereceu aos trabalhadores um catálogo sem precedentes de medidas de alívio: sopa dos pobres, controlo dos preços do pão, esquemas de seguros, planos de reforma, orfanatos, berçários e hospitais. Pagou aos trabalhadores banquetes, celebrações e cerimónias de entrega de prémios. Garantiu redução de impostos e subvenções a construtores dispostos a erigirem habitações menos dispendiosas. Patrocinou a ida de uma delegação de trabalhadores franceses à Exposição de Londres em 1862. E tudo isto era amplamente noticiado pela imprensa controlada pelo Estado. Tocqueville considerou que as palavras «despotismo» e «tirania» eram inadequadas para este tipo de governo. «A coisa em si é nova», afirmou, passando depois a analisá-la.[355] No final, a palavra adotada para descrever esta espécie de despotismo foi «cesarismo».

O cesarismo passou a ser o nome dado a uma forma moderna de ditadura democrática, o governo militarizado de um homem forte que centralizava o poder nas suas mãos, ao mesmo tempo que reclamava encarnar a vontade do povo. A palavra foi usada alternadamente com os termos «napoleonismo» ou «bonapartismo», e não era, necessariamente, um insulto. A primeira teoria sustentada do cesarismo foi, na verdade, desenvolvida por Auguste Romieu, um admirador de Napoleão III, num breve tratado intitulado *A Era dos Césares*, em 1850. Alguns conservadores estavam gratos ao cesarismo de Napoleão III por ter restabelecido a ordem. Alguns socialistas também aplaudiram o seu cesarismo.

O cesarismo era uma designação apropriada para a forma de governo de Napoleão III por várias razões. O Napoleão original tinha tomado como modelo o ditador romano, e o segundo Napoleão emulara o tio em todos os aspetos possíveis. Ele devia o seu poder e prestígio ao nome do tio e ao mito que ele evocava, servindo-se de alusões a Napoleão I e a César para dar de si o retrato de um líder igualmente heroico e inspirador. O seu *coup d'état*, no dia 2 de dezembro de 1851, tinha o nome de código «operação Rubicon». Chegou mesmo a publicar uma *História de Júlio César*, na qual descrevia o ditador romano como um «homem superior» guiado por «motivações elevadas», cujo governo era «o caminho [que os franceses] deveriam seguir»[356].

As referências a César e ao cesarismo multiplicaram-se durante a década de 1860. Criticar César, lamentar o declínio da República Romana, ou simplesmente evocar o nome de Brutus, tornaram-se formas de criticar Napoleão.

Na década de 1860, após uma série de contrariedades pessoais, o imperador começou a liberalizar o seu regime. Deu à Assembleia Nacional o direito de rever e aprovar o orçamento, e permitiu que Adolphe Thiers, no exílio desde 1851, regressasse a França. Abrandou o controlo sobre a imprensa, o que desencadeou uma profusão de artigos, panfletos e livros exigindo mais reformas. Estes exibiam títulos como *Política Liberal, A Oposição Liberal, O Programa Liberal* ou *O Partido Liberal.*[357] Thiers tornou-se o líder daquela a que algumas pessoas de novo chamavam a União Liberal. Nas eleições de 1869, os liberais receberam quase quarenta e cinco por cento dos votos. O liberalismo estava de volta, ou pelo menos assim parecia.

Mas o que é que isto queria dizer exatamente? O que significava ser liberal em França nos anos de 1860? Mais uma vez, o Partido Liberal não estava unificado. Alguns viam nele nada mais do que um termo aglutinador para todas as pessoas que queriam reformas. «Todos dizem ser liberais»[358], lastimava Jules Simon, um ilustre político liberal. As dissensões dificultavam o estabelecimento de uma plataforma de entendimento. Havia liberais bonapartistas, liberais orleanistas e liberais republicanos. Havia até liberais legitimistas. No que dizia respeito à política económica, existiam divisões pronunciadas. Alguns eram a favor das tarifas; outros, opunham-se a elas. Alguns eram antissocialistas; outros, tinham uma perspetiva mais ambivalente. Alguns defendiam reformas para as mulheres, mas discutiam sobre que tipo de reformas deveriam ser. Por estes motivos, os liberais definiam-se como uma ampla coligação ou união. Edouard de Laboulaye, que se notabilizaria como um dos mais influentes teóricos liberais da sua época, referiu-se a eles como «uma igreja universal onde há lugar para quem quer que acredite na liberdade»[359].

Para Laboulaye, e para um grupo considerável de outros liberais, ser liberal significava trabalhar em conjunto com o imperador para a introdução de reformas. Eles afirmavam continuamente que não tinham desejo algum de provocar uma revolução ou fazer tombar o governo. Procuravam obter reformas graduais que instituíssem um sistema genuinamente representativo com eleições reais e um ministério respeitável. Queriam o poder descentralizado e os direitos individuais consagrados na lei e, entre estes, consideravam que uma imprensa livre era particularmente importante.

Os liberais apontavam as constituições de Inglaterra e da América como modelos com os quais França deveria aprender. «Temos diante dos nossos olhos duas grandes nações detentoras de instituições francamente liberais: Inglaterra e Estados Unidos», lia-se num panfleto. Não importava assim tanto que uma delas fosse uma monarquia e, a outra, uma república; França podia aprender com as duas.[360]

A maior parte dos liberais, como sempre, encarava a democracia com desconfiança, e até com hostilidade; mas agora estava também resignada com a sua inevitabilidade. Como Tocqueville dissera, não havia maneira de travar o que era a vontade da Providência. Esta compreensão tornava ainda mais premente a necessidade de canalizar, conter e tornar *segura* a democracia. E tornar a democracia segura significava educar e moralizar a população.

Foi para educar o eleitorado que Auguste Nefftzer fundou o jornal *Le Temps* em 1861. Prostestante liberal oriundo da região francesa da Alsácia, Nefftzer tinha trabalhado anteriormente em diversos periódicos e cumprira um mês de prisão por ter publicado um artigo que criticava Napoleão III. Nefftzer estudara teologia na Alemanha e, em 1858, cofundou a *Revue Germanique*, publicação em língua francesa, com o intuito de trazer o pensamento e a cultura alemã para França.

Tal como anunciado na primeira página do primeiro número do *Le Temps*, o objetivo do Partido Liberal era esclarecer a democracia, elevá-la e conferir-lhe a «capacidade». Este era também um ponto importante num artigo notável sobre o liberalismo escrito por Nefftzer e publicado no seu jornal. A instrução pública, afirmava Nefftzer, era o mais importante objetivo de qualquer agenda liberal.[361] Sem ela, a democracia resvalaria inevitavelmente pela rampa deslizante do cesarismo.

Uma democracia liberal, elucidou Nefftzer, era um tipo especial de democracia. Era uma democracia que colocava limites constitucionais ao poder do Estado e garantia determinadas liberdades individuais fundamentais. Na dianteira de todas estas garantias estava a liberdade de pensamento, da qual todas as outras liberdades procediam: a liberdade religiosa, de ensino, de associação e de imprensa. Estas eram as liberdades que preservariam a democracia das suas tendências inerentemente despóticas.

Foi, em grande medida, para transmitir esta mesma lição que Edouard Laboulaye publicou uma nova edição do *Curso de Política Constitucional* de Benjamin Constant em 1861. Hoje, Laboulaye é mais conhecido como a pessoa que organizou a oferenda da Estátua da Liberdade à América. Em 1861, ele era professor de Direito Comparado no Collège de France, e era a maior autoridade do país em estudos sobre os Estados Unidos. À semelhança de Tocqueville, por quem nutria uma grande admiração, Laboulaye pensava que França tinha muito a aprender com a América.

Produzir uma nova edição dos escritos fundamentais de Constant, tornando-a acessível ao grande público, fazia todo o sentido. Afinal, o liberalismo de Constant foi concebido como reação ao despotismo do primeiro Napoleão, e ele tinha ajudado o imperador a liberalizar o seu regime em 1815. Talvez Laboulaye esperasse convencer o segundo Napoleão a aceitar os princípios liberais de Constant, tal como o seu tio os tinha aceitado cinquenta anos antes.

Não foi por acaso que a introdução de Laboulaye incluiu longas passagens sobre o imperador Romano, Júlio César. A sua ascensão ao poder, asseverava, tinha sido propiciada pelo aviltamento moral do povo romano. Em contrapartida, Laboulaye bendizia o «espírito alemão» ostentado pelos bárbaros corajosos e amantes da liberdade que resistiram ao imperador. Qualquer leitor saberia facilmente a quem é que ele se referia.

Foi neste contexto que a expressão «democracia liberal» surgiu. Uma das primeiras pessoas a usá-la foi Charles de Montalembert. Como já relatámos, Montalembert era um aristocrata católico que, em 1830, tinha sido alvo de uma repreensão do Papa devido ao seu liberalismo. Em 1858, Napoleão ordenara a sua prisão na sequência de um artigo que elogiava o sistema constitucional de Inglaterra. Agora, em 1863, Montalembert voltava a desafiar as autoridades, tanto políticas como religiosas, proferindo dois discursos bastante publicitados e controversos em Malines, Bélgica. Os discursos foram depois publicados e amplamente difundidos.

De par com a França, a Bélgica era talvez a outra única história de sucesso das Revoluções de 1830. No mês de agosto desse ano, uma sublevação tinha conduzido ao estabelecimento de um país independente, com uma monarquia constitucional parlamentar duradoura. E, embora a Bélgica fosse predominantemente católica, a sua constituição garantiu a liberdade religiosa e reconheceu a separação entre a Igreja e o Estado.

A primeira coisa controversa que Montalembert fez no seu discurso foi pedir aos católicos de todo o mundo que atentassem no exemplo da

Bélgica. Eles deveriam suspender o seu apoio à monarquia absoluta e aceitar a separação entre a Igreja e o Estado. O antigo regime estava morto, disse Montalembert, e os católicos deviam parar de sonhar com a sua restauração. Uma «igreja livre num Estado livre» deveria ser o seu objetivo. Não existia uma única liberdade moderna que não pudesse ser útil à Igreja Católica, asseverou, arriscando-se mesmo a dizer que a liberdade de consciência era o mais necessário, precioso e «sagrado» direito de todos.[362]

Montalembert também falou aos liberais. A democracia era imparável e, por isso, não fazia sentido tentar resistir-lhe, disse. Em vez disso, eles deveriam lutar para que a democracia *viesse a ser* liberal. Poderiam fazê-lo lutando pelo reconhecimento de liberdades fundamentais, tais como as liberdades de pensamento, de imprensa e de ensino, bem como pela separação entre a Igreja e o Estado. Resistir a uma democracia «antiliberal», e lutar para ajudar a democracia «a tornar-se liberal», deveria ser o objetivo dos liberais. Transformar uma «democracia imperial» numa democracia liberal era a tarefa decisiva que tinham em mãos.

Para Montalembert, «democracia liberal» era claramente um termo aspiracional, e não descritivo. Tratava-se de algo por que os liberais deveriam lutar, um objetivo a ser atingido. Era diferente da democracia pura ou democracia imperial, no sentido em que era uma forma de governo genuinamente representativa que instituía limites aos poderes do governo e reconhecia certas liberdades fundamentais. Entre estas, as mais importantes eram, mais uma vez, as liberdades de pensar, ler, criticar e publicar livremente. Mas estas liberdades eram necessárias, não pela liberdade em si, nem pela mera proteção dos direitos ou interesses dos cidadãos, mas para permitir a sua educação e aprimoramento moral. Tornar a democracia liberal queria dizer lutar contra o egoísmo e o materialismo que, muitas vezes, a acompanhavam, tornando-a vulnerável ao cesarismo.[363]

Montalembert considerava que os liberais precisavam de aprender ainda outra lição. Ele dizia que o catolicismo não tinha de ser, necessariamente, o seu inimigo. Pelo contrário, o catolicismo serviria idealmente para ajudar as democracias a tornarem-se liberais, pois encorajava as pessoas a conduzirem a sua vida de forma moral. O catolicismo funcionava como um antídoto para a «paixão do bem-estar» que dominava por completo as sociedades democráticas, acabando por corrompê-las.

Nos anos que se seguiram, o conceito do cesarismo ajudou os liberais a compreenderem e a enfrentarem os perigos da democracia moderna.

Intrinsecamente ligado ao reinado de Napoleão III, o cesarismo levou a que os liberais se concentrassem, novamente, nos problemas interligados da educação e da moral públicas. Num artigo publicado em 1865 no *The Economist*, intitulado «O cesarismo tal como ele é hoje», um jornalista britânico alcançou o cerne da questão. Napoleão III estava deliberadamente a impedir que a população tivesse acesso a informação para manter os franceses num estado de imaturidade intelectual e política. Este era o aspeto mais perigoso, e também o mais trágico, da sua forma de governo. Napoleão não permitia o pensamento individual, a crítica.[364]

Uma entrada sobre o cesarismo no Dicionário Larousse de 1867 reiterava este ponto. O cesarismo era uma forma de governo que encorajava a ignorância das massas, ao mesmo tempo que lucrava com ela. Segundo o Dicionário de Littré, em 1873, a palavra aplicava-se «àqueles povos que não podiam ou não sabiam como se governar a si próprios»[365].

Na verdade, Montalembert estava apenas a reiterar aquilo que os liberais, de Constant e Madame de Staël até Mill e Tocqueville, tinham repetidamente vincado: a necessidade da educação e do aprimoramento moral. Laboulaye admirava o facto de Constant, tal como outros protestantes liberais da sua época, ter visto a liberdade como estando ligada à ideia da «perfectibilidade» humana. A liberdade que estes liberais tentavam obter nada tinha que ver com egoísmo ou com a entrega aos prazeres materiais, pelos quais Laboulaye, Montalembert e muitos outros nutriam somente desprezo. Era por este motivo que eles se referiam tantas vezes à necessidade de fomentar a «individualidade» em vez do «individualismo». A verdadeira fonte do direito de um homem à liberdade era o seu dever de se aprimorar a si mesmo. Isto também significava imbuir-se de valores como o patriotismo, a dedicação, o autossacrifício, em suma, aquilo a que um liberal como Nefftzer chamava virtude cívica e que aos franceses tanto faltava. Só assim poderiam aspirar a governar-se a si mesmos numa «democracia liberal».

«O objetivo supremo, o mais elevado objetivo a que um homem se pode entregar neste mundo, é o de amadurecer o conjunto das suas faculdades; aprimorar-se a si mesmo, ainda que à custa de sofrimento», escreveu Laboulaye. No mesmo seguimento, Nefftzer escreveu que o liberalismo estava dependente da generosidade e do espírito público. O liberalismo dependia do entendimento de que «um homem livre tem os seus direitos, mas também os seus deveres.»[366]

Os discursos de Montalembert suscitaram a reprovação imediata e contundente de Pio IX. O Papa reagiu de modo quase idêntico ao dos seus antecessores: emitindo uma encíclica duramente recriminatória. Na *Quanta Cura*, à qual anexou o *Syllabus Errorum*, Pio IX condenou extensivamente o liberalismo. Decretou, como um assunto de doutrina católica oficial, que o liberalismo era fundamentalmente incompatível com o catolicismo. Recriminou explicitamente a separação entre a Igreja e o Estado, a soberania popular, a liberdade de consciência e a liberdade de imprensa. Rejeitou oitenta proposições liberais deste tipo, declarando ser um «erro monstruoso» acreditar que a Igreja se pudesse reconciliar com o liberalismo. Não poderia existir nenhum compromisso entre a Igreja e a cultura, ideias ou política modernas. O catolicismo *não* deveria ser invocado para tornar as democracias liberais.

A *Quanta Cura* e o *Syllabus Errorum* tornar-se-iam os documentos católicos mais citados e debatidos de sempre. Os propagandistas católicos fortaleceram a sua mensagem, recorrendo a termos destrutivos e inclementes. Proclamaram ruidosamente a oposição implacável da Igreja a qualquer compromisso com os valores liberais, nunca deixando de declarar os liberais como anticristãos e imorais. Ao enfraquecerem a Igreja em face do Estado, os próprios católicos liberais eram os responsáveis pelo cesarismo, reivindicava um desses publicistas.[367]

Os pronunciamentos do Papa constituíram um novo golpe para os muitos católicos que se consideravam liberais. Um deles era o americano Orestes Brownson, um notável vira-casaca no que dizia respeito à religião. Batizado na Igreja Presbiteriana durante a adolescência, converteu-se mais tarde ao universalismo; depois, abraçou o unitarismo, a que se seguiria o transcendentalismo, antes de se converter ao catolicismo em 1844. A partir desse momento, Brownson tornou-se um defensor incansável e efusivo da Igreja Católica. Mas ele também apoiava os esforços dos liberais católicos na Europa para demonstrarem a relação de implicação mútua entre o catolicismo e o liberalismo político.

O problema, segundo Brownson, era que muitos católicos não compreendiam a diferença fundamental entre liberalismo *religioso* e *político*. Eles rejeitavam erradamente o liberalismo por inteiro. Brownson concordava que o liberalismo religioso era uma coisa muito má. Baseado no racionalismo, conduzia inevitavelmente à negação da revelação, o que, por sua vez, incentivava o desrespeito pecaminoso por toda a autoridade. O liberalismo do tipo religioso conduzia inevitavelmente à permissividade, ao caos moral e, por fim, à ruína da sociedade. O liberalismo político, por outro lado, era outra palavra para o sistema constitucional americano, pelo qual Brownson expressou apenas aprovação, e até reverência.

O *Sílabo dos Erros* de 1864 reforçou a convicção de muitos liberais de que o catolicismo estava entre os seus inimigos mais terríficos. Desencadeou uma efusão de publicações que advogavam a separação entre a Igreja e o Estado e promoviam o cristianismo liberal e o protestantismo liberal. As obras do pregador unitarista americano William Ellery Channing foram traduzidas e disseminadas.

Em França, um dos mais importantes peticionários pela separação entre a Igreja e o Estado foi Edouard de Laboulaye. Numa série de palestras inaugurais no Collège de France, em 1849, elogiara a «liberdade religiosa absoluta», que acreditava estar garantida pela Constituição americana, o que contrastava agudamente com a situação em França. Labouyale traduziu e difundiu as obras de Channing, ajudando assim a iniciar uma onda de entusiasmo pelo unitarismo americano entre os intelectuais liberais franceses. As ideias mais radicais de Theodore Parker, discípulo de Channing, foram também traduzidas e publicadas, muitas vezes em forma de excertos. Aquilo de que França precisava, diziam os admiradores de Channing e Parker, era de uma religião absolutamente não-dogmática e não-ortodoxa que promovesse a moralidade. Esta religião deveria aceitar dentro do seu séquito todos os indivíduos, católicos, protestantes, judeus e talvez até os ateístas, desde que estivessem comprometidos com o mais alto propósito de aperfeiçoamento do homem e da humanidade. Alguns chamavam a esta religião ecuménica a «Religião de Jesus Cristo».

O teólogo protestante Albert Réville, professor de História da Religião no prestigiado Collège de France, subscreveu a religião liberal de Parker, a qual considerava ser esclarecida e moralizante, em harmonia com as instituições, liberdades e novas necessidades da sociedade moderna. Era uma religião eminentemente prática, que incentivava os homens a serem industriosos, inspirava as virtudes domésticas e sociais e sustentava os valores republicanos e democráticos, afirmou Réville. Citando Parker, Réville escreveu que uma religião como o unitarismo era «um prodigioso instrumento do liberalismo político», porque «todos os liberalismos estão interligados»[368].

O momento deverá ter parecido ditoso aos liberais franceses. Napoleão começava a liberalizar o seu regime político e as suas relações com o Papa amargavam. Durante a primeira década do seu governo, os laços entre a Igreja e o Estado tinham sido estreitados. A Igreja tinha apoiado fortemente o seu *coup d'état*, sendo recompensada com concessões significativas. A partir da década de 1860, todavia, as tensões começaram a surgir. Os liberais aproveitaram a cisão em crescimento para fazerem campanha pela separação entre a Igreja e o Estado, tornando-se cada vez mais insistentes.

Mas, tal como o seu tio, Napoleão não estava disposto a promover o protestantismo liberal. Em todo o caso, a Guerra Franco-Prussiana não tardou a retirá-lo do poder. O projeto de moralização de França e de liberalização da democracia ficou em suspenso, mas apenas temporariamente.

Abraham Lincoln e os seus amigos liberais espalhados pelo mundo

Enquanto os liberais franceses lutavam para liberalizar a sua democracia cesarista, do outro lado do Atlântico emergia um líder que veio a simbolizar o tipo de governante que correspondia aos seus anseios. Esse líder foi Abraham Lincoln, um dos mais admirados presidentes na história dos Estados Unidos.

Isto não quer dizer que Lincoln não tenha sido acusado de cesarismo, porque o foi. Houve quem o acusasse de agregar deliberadamente forças despóticas, violar as liberdades civis, provocar a Guerra Civil e destruir a república. Por causa disto, ergueram-se vozes para que as pessoas aprendessem com a história romana, resistissem às usurpações do poder operadas por Lincoln e o assassinassem. Após disparar a sua arma no camarote presidencial do teatro, e enquanto se lançava para o palco, o assassino John Wilkes Booth brandiu o revólver e gritou para o público, «*Sic semper tyrannis.* O Sul foi vingado.»

Alguns europeus também dirigiram a Lincoln a acusação de cesarismo. Eles viam os Estados Unidos de Lincoln como mais um exemplo de uma democracia que degenerara no despotismo militarizado. Na Grã-Bretanha, muitos indivíduos — incluindo inúmeros liberais — encaravam o presidente americano como nada mais do que um aspirante a tirano, um demagogo que usava hipocritamente a questão da escravatura para impor a autoridade do Norte sobre o Sul. A história dizia-lhes que as democracias estavam destinadas ao fracasso.

Por outro lado, também existiam na Europa muitos liberais que admiravam o presidente americano, vendo nele o exato oposto de um demagogo ou de um déspota. Para estes, Lincoln foi o líder que contestou a noção de que as democracias modernas estavam condenadas e que mostrou, ao invés disso, que as democracias podiam ser liberais.

A admiração dos liberais franceses por Lincoln tinha muito que ver com o seu abolicionismo. Desde Benjamin Constant e Madame de Staël que os liberais viam a escravatura como uma mancha no carácter nacional da América, e muitos deles estavam empenhados em acabar com ela, integrando sociedades antiescravismo, proferindo dicursos e publicando livros e artigos. Na verdade, todos os liberais franceses referidos neste livro opunham-se terminantemente ao comércio de escravos e à própria escravatura, a qual tinha sido abolida no território francês em 1848.

Muito antes da irrupção da Guerra Civil, Lincoln sabia que os liberais europeus apoiavam a abolição. Ele lia os jornais da Europa e interessava-se pelas atividades dos reformadores europeus. Num discurso proferido em Peoria, Illinois, em 1854, ele prestou reconhecimento àqueles a quem chamou «o partido liberal espalhado pelo mundo», os que rejeitavam a escravatura e consideravam que esta contradizia os princípios da Constituição americana. As suas advertências, disse Lincoln, «não são o escárnio dos inimigos [...], mas antes o aviso dos amigos»[369].

É bem provável que Lincoln tenha lido a carta aberta que Tocqueville publicou no jornal abolicionista americano *The Liberty Bell* em 1856. Descrevendo-se como «o inimigo constante do despotismo onde quer que ele exista», Tocqueville declarou-se atormentado pelo facto de o povo mais livre do mundo manter a escravatura. Definindo-se como um velho e sincero amigo da América, esperava ver chegar o dia em que a lei garantiria iguais liberdades civis para todos. William Lloyd Garrison, preeminente jornalista e abolicionista americano, reimprimiu a carta no seu periódico, o *The Liberator*.

Lincoln trocou ainda correspondência com o liberal francês Agénor de Gasparin. Em 1861, Gasparin publicara um livro onde questionava como era possível que um povo liberal como o americano mantivesse a escravatura. Um ano depois, seguiu-se novo livro que seria traduzido para inglês. Ao eleger Lincoln, afirmava Gasparin, um povo liberal e generoso tinha posto de lado a ganância material para lutar pela causa nobre da emancipação. A batalha de Lincoln contra a escravatura era, para Gasparin, tal como para muitos liberais franceses, «a maior disputa liberal dos nossos tempos»[370]. Lincoln respondeu com uma carta de agradecimento, onde fez saber a Gasparin que ele era «muito admirado na América [...] e muito estimado pela sua generosidade para connosco, e pela sua devoção aos princípios liberais em geral»[371]. Os dois homens corresponderam-se durante todo o tempo que durou a guerra.

Estes valores liberais partilhados constituíram a base para uma rede transatlântica de homens que nutriam grande admiração por Lincoln e tinham posições semelhantes sobre a Guerra Civil. Os seus membros incluíam John Stuart Mill, Edouard de Laboulaye, Charles de Montalembert e vários jornalistas, editores e intelectuais públicos americanos e britânicos de renome. Charles Eliot Norton, editor da mais prestigiada publicação transatlântica, a *North American Review*, era um dos membros deste grupo, tal como o amigo de Norton, Goldwin Smith, professor de História na Universidade de Oxford. Smith viria a ser o presidente da Associação Histórica Americana. Outro amigo de Norton, Edwin L. Godkin, editor do nova-iorquino *The Nation*, também pertencia ao círculo. O pai de Godkin tinha sido conselheiro de William Gladstone, o primeiro-ministro eleito pelo Partido Liberal britânico. Por fim, devemos referir George William Curtis, editor da *Harper's Weekly*.

Unidos por aquilo a que chamavam a sua «liberalidade política de pensamento», estes cavalheiros, na Grã-Bretanha, em França e na América, acreditavam que homens como eles eram os depositários do progresso político. Apoiaram Lincoln e o Norte na Guerra Civil, mas, para eles, não se tratava só de uma batalha pela abolição da escravatura. Era uma batalha pela viabilidade das democracias. Como relembraria mais tarde um dos membros desta rede, antes da Guerra Civil americana, era lugar-comum conceber a democracia como sendo «incapaz do sentimento de lealdade, de um esforço concentrado e prolongado, de conceções amplas». Todos sabiam como as democracias eram vulneráveis aos déspotas. Existia, pois, uma convicção generalizada de que o Norte não só perderia a guerra, mas ficaria refém de uma espécie de Bonaparte, um César.

A questão central levantada pela Guerra Civil assemelhava-se, pois, à que Tocqueville tinha colocado vários anos antes e que era agora tão oportuna em França: poderia a sua democracia vir a ser liberal? Por outras palavras, poderia ela proteger as liberdades individuais e alcançar objetivos elevados e nobres — ou revelar-se-ia materialista e ignóbil ao perseverar na sua atração pelo despotismo? Poderiam os americanos dedicar-se a um ideal tão nobre como o da abolição da escravatura e procurar alcançá-lo até ao fim? Conseguiriam manter a coragem, o patriotismo e o autossacrifício? Através da sua liderança inspirada, Lincoln provou que eles conseguiam. Sob a liderança certa, uma democracia liberal era possível.

A Guerra Civil, para os liberais por toda a Europa, era um conflito com importantes implicações não só para a América, mas para todo o mundo. Os liberais na Grã-Bretanha, em França e noutros lugares acreditavam que os prenúncios da democracia nos seus países estavam ligados ao destino da União. Norton declarou que o triunfo do Norte «será partilhado pelos nossos amigos estrangeiros, que batalham pelos princípios liberais e pelos direitos iguais no Velho Mundo». Smith replicou que «o efeito do exemplo [da América] poderá permitir que a sociedade europeia rompa, finalmente, com o feudalismo». Outro membro da rede liberal acreditava que o exemplo e as ideias da América poderiam «acelerar incalculavelmente o progresso da equalização por todo o mundo». Em contrapartida, se o Norte perdesse, a democracia europeia ficaria «adormecida e petrificada para sempre». Em 1865, durante as celebrações da vitória da União, Curtis saudou os amigos estrangeiros do Norte. A guerra tinha mostrado que «todos os crentes num verdadeiro governo popular [...], qualquer que seja o país onde vivam», eram membros do «grande partido liberal do mundo»[372]. Pelo seu exemplo, Lincoln provara que, com a liderança certa, uma grande democracia podia ser liberal. Ele dedicou-se a educar a população americana, moralizando-a e elevando-a, como um líder verdadeiramente liberal deveria fazer.

As publicações dos admiradores de Lincoln ajudaram a transformar o presidente numa figura transnacional envolvida numa luta nobre em nome de todos os povos contra o privilégio e o despotismo. Ele era venerado por saber como inspirar o povo americano com linguagem edificante.

Lincoln era precisamente o oposto de Napoleão III. Ele falava aos americanos, não como um demagogo, mas de modo a apelar aos seus melhores instintos e às suas qualidades mais admiráveis. Ao fazê-lo, ele encorajava as pessoas a serem liberais como ele, isto é, a amarem a liberdade, a serem generosas, morais e valorosas.

Os liberais sabiam que o seu inimigo inveterado, o Vaticano, apoiava o Sul. Oficialmente, a hierarquia da Igreja era neutra, mas as simpatias do Papa não eram segredo para ninguém. À semelhança de muitas outras pessoas, ele via o Sul como uma sociedade mais tradicional e aristocrática, contrastando com um Norte, aparentemente, mais moderno e democrático, propenso à anarquia e a todos os problemas associados ao liberalismo. A publicação jesuíta *Civilta Cattolica* fez remontar as origens da Guerra Civil a uma obsessão pela liberdade e ao desrespeito pela autoridade endémicos na cultura política democrática. A questão da escravatura, argumentava este jornal católico, não era uma causa humanitária, mas apenas um pretexto para motivos egoístas subjacentes.

Após a Proclamação da Emancipação, em 1863, o *Civilta Cattolica* tornou-se ainda mais hostil em relação ao Norte, referindo-se a Lincoln como um político dúbio e ao seu governo como uma ditadura política. Acusou-o de tomar parte numa guerra injusta por «motivos incivilizados»[373]. Nesse mesmo ano, numa carta que foi amplamente difundida, o Papa saudou Jefferson Davies como o «Ilustre e Honorável presidente dos Estados Confederados da América»[374]. Em 1866, ele declarou que, sob certas condições, não era, de todo, «contrário à lei natural e divina que um escravo seja vendido, comprado ou trocado».

Muito poucos católicos preeminentes articularam o seu apoio a Lincoln, ao Norte ou ao abolicionismo. Mas a maior parte daqueles que o fizeram eram franceses, e entre eles estavam não só Tocqueville, mas também Laboulaye e Montalembert. O católico americano Orestes Brownson, um partidário do Norte, tomou nota deste facto. Numa apreciação bastante positiva dos discursos de Montalembert na Bélgica, Brownson observou o quão raro era que os católicos europeus apoiassem a abolição e agradeceu aos católicos liberais de França, «os únicos católicos na Europa solidários com o confiável povo da União»[375].

A morte de Lincoln em 1865 impulsionou outra vaga da sua popularidade por toda a Europa. As homenagens associaram a sua liderança e a vitória da União aos prenúncios da democracia liberal em todo o mundo. Laboulaye redigiu um panegírico comovente que foi amplamente disseminado, celebrando os serviços prestados pelo presidente não só à América, mas à causa de toda a humanidade. Goldwin Smith escreveu que os liberais ingleses também tinham motivos para agradecer o heroísmo e a determinação do povo americano. A vitória da União demonstrara que «o grande partido liberal do mundo» triunfava sobre as forças do iliberalismo.

Estes sentimentos foram amplamente repercutidos, por vezes, nos mais majestáticos dos termos. Montalembert foi efusivo — Lincoln tinha atuado não só como um paladino da liberdade, mas também como um verdadeiro cristão. A sua liderança e a vitória do Norte mostraram que a América era agora superior à grande maioria das cidades europeias e deveria assumir a sua posição entre as nações cimeiras do mundo.[376] Giuseppe Mazzini acreditava que os feitos heroicos da América eram a prova de que estava no seu destino ser o farol do mundo inteiro. «Eis-vos transformada numa Nação cimeira», propalou. «Deveis erguer-vos e tomar a vossa parte nesta batalha. É por Deus que batalhais.»[377]

Norton resumiu este otimismo liberal em torno da vitória da União num artigo intitulado «As ideias políticas americanas», publicado na *North American Review* em 1865.[378] A Guerra Civil, escreveu, provara que o egoísmo, a ignorância e a corrupção podiam ser derrotados. A América tinha demonstrado ser uma verdadeira comunidade, uma república liberal. Era isto o que queria dizer «Nós, o povo». O país estava agora preparado para concretizar «a mais inspiradora e a mais promissora ideia de uma civilização cristã moderna — a autêntica irmandade do homem». Nesse mesmo ano, Laboulaye concebeu a ideia de um monumento aos Estados Unidos — a Estátua da Liberdade.

Vale a pena determo-nos por um momento para considerarmos o facto de as credenciais liberais de Lincoln terem pouco que ver com os princípios de um «Estado mínimo» ou com o *laissez-faire*. Em vez disso, elas tinham tudo que ver com os seus princípios morais e a sua habilidade para inspirar o patriotismo, a coragem e a devoção a objetivos nobres. Os seus admiradores na Europa não estavam, aparentemente, muito preocupados com o facto de ele ter suspendido a garantia de *habeas corpus*, ordenado a prisão e a detenção militar dos suspeitos de traição, gasto dinheiro sem a aprovação do Congresso e ignorado muitas disposições constitucionais, justificando essas ações com os poderes de emergência que lhe tinham sido concedidos pelo povo.[379]

De facto, o uso que Lincoln fez da autoridade de emergência foi cuidadosamente analisado por Laboulaye. Tratava-se, concluiu Laboulaye, do próprio modelo da governação de crise. Lincoln tinha respondido à emergência sem macular a Constituição ou o Estado de direito. Ele suspendeu o *habeas corpus*, mas apenas para salvar a Constituição. Acima de tudo, Lincoln tinha empreendido um levantamento moral. Por todas estas vias, Lincoln era, pois, um grande líder da democracia liberal. Ao tornarem este homem o seu presidente, os Estados Unidos tinham feito jus não só à sua Constituição, mas à liberdade, à democracia e à própria humanidade.

O Partido Republicano Liberal

A euforia não duraria muito tempo. Poucos anos depois de ter publicado o seu tributo radiante aos ideais políticos americanos, Charles Norton encontrava-se profundamente desiludido com o seu país. Ele estava descontente com aquilo que considerava ser a degradação da vida americana, a perda da honra, dos modos de conduta e dos princípios morais. Já não existiam verdadeiros cavalheiros e o dinheiro governava. A liderança do presidente Ulysses Grant contrastava flagrantemente com a de Abraham Lincoln.

Tal como Norton, Charles Schurz sentia uma enorme frustração perante aquela que considerava ser a desmoralização da vida política sob a liderança do presidente Grant. Emigrado alemão, Schurz tinha combatido nas Revoluções de 1848. Após a sua chegada aos Estados Unidos, ele gravitara em torno do Partido Republicano, tornando-se uma espécie de elo de ligação com a comunidade germano-americana. Nomeado representante diplomático em Espanha, Schurz serviria mais tarde como major-general no Exército da União. Depois da guerra, ele tornou-se o primeiro membro do Senado americano nascido na Alemanha e, por fim, desempenhou funções como Secretário do Interior.

Inicialmente, tanto Schurz como Norton esperavam que Grant reformasse a burocracia que tinha proliferado durante a Guerra Civil e se visse livre da corrupção que a ela estava associada. Mas em breve se tornou claro que nada disto iria acontecer: Grant estava até a agravar a situação. Uma série de escândalos largamente difundidos forneceram as provas de que ele estava a usar o poder do seu mandato para o benefício pessoal. Surgiram mesmo receios de que ele pudesse derrubar a república e instalar uma ditadura militar caso perdesse as eleições de 1872. Era uma «espécie de cesarismo» absolutamente incompatível com as instituições republicanas, declarou Charles Sumner, senador do Massachusetts, na Câmara do Senado.

Tais sentimentos e receios presidiram à criação de um novo partido político em 1872, cuja vida seria breve. Sendo uma ramificação do Partido Republicano, ele foi fundado por Schurz, com o apoio de Norton e Sumner. Foi adotado o nome Partido Republicano Liberal, decerto, para assinalar a sua oposição ao cesarismo e a sua devoção a princípios morais elevados. Além disso, eram grandes as discordâncias relativamente às políticas específicas que os republicanos liberais defendiam. Até mesmo em questões-chave como o comércio livre ou o papel-moeda existiam opiniões diversas. Na verdade, as divisões entre os membros acabariam por conduzir ao fracasso e dissolução do partido.

Mas os republicanos liberais estavam unidos num ponto importante: o seu desejo de «infundir um espírito moral mais elevado na nossa vida política»[380]. Eles contestavam ruidosamente os «políticos gananciosos» que tratavam o eleitorado como um rebanho de ovelhas, usando de artimanhas para guarnecerem os seus próprios bolsos. Reclamavam mais integridade, patriotismo e valorosidade na vida pública. Estas eram as qualidades de liderança necessárias se a democracia americana queria sobreviver aos perigos colocados pelo cesarismo. Estas eram as características do liberalismo.

Gladstone, ícone liberal

Como Lincoln, William Gladstone tornou-se um símbolo internacionalmente conhecido dos princípios e valores liberais. Líder do Partido Liberal britânico e quatro vezes primeiro-ministro entre 1868 e 1895, ele personificou os valores do liberalismo vitoriano. Mas, podemos hoje perguntar, o que é que isso realmente queria dizer? O que é que Gladstone tinha de liberal?

Não se tratava de ele ter apoiado Lincoln e o Norte durante a Guerra Civil, porque não o fez. Como uma grande maioria dos liberais britânicos, Gladstone apoiou o Sul, um facto que causou grande irritação a John Stuart Mill e levou a que o *The Liberator*, periódico abolicionista americano, denunciasse o seu «falso liberalismo»[381]. Mas diversos liberais britânicos argumentavam que o Norte não estava assim tão preocupado com a emancipação dos escravos, mas antes com a sujeição do Sul à autoridade do governo central. A escravatura era mais uma desculpa do que a verdadeira razão da guerra.

Com o tempo, Gladstone acabaria por se arrepender da sua simpatia inicial pela Congregação, chegando mesmo a referir-se a ela como «um erro incrivelmente grosseiro». A guerra e a vitória da União tiveram nele o mesmo efeito que em outros liberais. Atenuaram o seu medo da democracia. Num discurso sobre a reforma eleitoral proferido em Liverpool no ano de 1866, ele afirmou que a América ilustrava as virtudes do alargamento do direito de voto e expressou admiração pelo «autodomínio, espírito de sacrifício e perspicácia» dos seus cidadãos.[382] Em resposta, o *The New York Times* referiu que «o Sr. Gladstone é um nome tido em grande estima pelos liberais de inteligência e princípios superiores em todo o mundo»[383]. Com o tempo, Gladstone tornou-se definitivamente o inglês mais admirado na América.

Como todos os liberais, Gladstone subscrevia uma série de princípios de fundo. Ele estava absolutamente comprometido com a igualdade civil e o governo parlamentar, e tinha uma aversão profunda pelos privilégios e preconceitos aristocráticos. Acreditava nas liberdades individuais de religião, de expressão e de imprensa. Como outros liberais, era também um defensor da reforma, do aprimoramento e do progresso; mas, e também tal como outros liberais, nem sempre foi claro ou coerente a propósito do que essas convicções queriam dizer na prática. Como vimos, no Partido Liberal britânico abundavam as disputas internas. Este *não* estava comprometido, como por vezes se pensa, com uma politíca doutrinária do *laissez-faire*.

Há quem diga que Gladstone era um proponente do «Estado mínimo», e isto é verdade, de certa forma, sobretudo se considerarmos os seus primeiros anos na política; todavia, o seu segundo mandato foi caracterizado como socialista por muitas pessoas naquela época. A política de Gladstone, concluíram os historiadores, é, na realidade, bastante difícil de delimitar. A verdade é que as suas opiniões sobre questões legislativas específicas não foram consistentes e mudaram ao longo do tempo. Ele nunca conseguiu realmente unir o partido com base numa agenda legislativa estritamente definida ou consistente.

O motivo pelo qual Gladstone era percecionado como um grande líder liberal tem, deste modo, muito pouco que ver com qualquer legislação particular ou agenda política por ele promovida, e mais a ver com o seu carácter e personalidade. O grande pioneiro da sociologia e liberal alemão Max Weber observou que Gladstone era detentor de um grande carisma pessoal. Ele apelava aos princípios morais elevados da população britânica, e esta, por sua vez, confiava na substância ética da sua política. O que levou Gladstone ao poder e o conservou lá foi «a crença firme das massas na justiça moral da sua política e, especialmente, nas qualidades morais do próprio homem»[384].

A reputação de Gladstone deve muito à perceção do seu compromisso com a educação e a edificação da cidadania britânica, tanto intelectual, como moralmente. Ele era visto como um líder com princípios que lutava por toda a comunidade e que não prestava contas a interesses egoístas. Isto era particularmente importante numa altura em que continuavam a existir preocupações profundas relativamente à democracia e à sua tendência para recair no despotismo ou no socialismo. Entre 1886 e 1914, Alemanha, França e Itália testemunharam a ascensão de partidos socialistas e dos trabalhadores; em contrapartida, na Grã-Bretanha, os liberais continuaram a ser o único partido de massas à esquerda. Muitos atribuíram este facto à liderança de Gladstone. Tal como Lincoln, existia a perceção de que ele guiava, educava e moralizava a democracia. Pessoa de elevados princípios morais, Gladstone trouxe os trabalhadores para o Partido Liberal e poderia tornar a democracia segura.

À semelhança de Lincoln, Gladstone era admirado pelo modo como se dirigia às massas e as inspirava. Em incontáveis discursos efervescentes e admonitórios, ele apelou ao seu sentido moral, razão e inteligência. Em todas as ocasiões, exortava-as ao altruísmo, ao patriotismo e à devoção ao bem comum. Os trabalhadores acorriam em bando e escutavam-no durante horas. Ele parecia ouvi-los, conhecê-los e respeitá-los — e eles respondiam com confiança e admiração. A partir do momento em que Gladstone assumiu a liderança do Partido Liberal, os trabalhadores apoiaram os liberais nas urnas.

O programa do Partido Liberal, afirmava Gladstone, visava «ao benefício geral de toda a massa do povo». O seu objetivo era «unir o país inteiro em harmonia e concórdia»[385]. Ao mesmo tempo, Gladstone não se coibia de criticar os membros mais ricos da sociedade. A mais perigosa ameaça que Inglaterra enfrentava, segundo ele gostava de dizer, não era o advento da democracia, mas sim a probabilidade da plutocracia. O perigo não vinha das classes mais baixas, mas sim do egoísmo das classes altas, que se inclinavam, por vezes, a colocar os seus interesses privados à frente dos seus deveres coletivos.

A economia moderna e industrializada tornava tudo pior. «Estais sob a ameaça às fundações do carácter nacional, cavalheiros», anunciou a um grupo de trabalhadores em 1876, «pela rápida criação e extensão da riqueza neste país». Mas o perigo não eram *eles*, afirmou. O perigo eram as classes abastadas que estavam a enriquecer a um ritmo sem precedentes e a alterar os seus valores. Começavam a interessar-se mais pelos seus próprios prazeres em detrimento «da saúde interna, da maturidade, do vigor» do país. O século XIX, lamentou Gladstone em 1880, era uma «época de falsidade». A abastança, o ócio e a procura do luxo estavam a corromper a nação.[386]

Esta espécie de moralismo populista inflamou os críticos de Gladstone entre as classes altas. Estes recriminaram-no por usar uma linguagem «ultrademocrática» e se comportar como um demagogo. A rainha Vitória referiu-se a ele como um «incendiário transtornado». Até mesmo um admirador como Max Weber viria a compará-lo a um ditador e «cesarista de plebiscito». Mas Gladstone não era nenhum democrata, ou, pelo menos, não o era na nossa aceção da palavra; nem a Grã-Bretanha do século XIX estava perto de ser uma democracia. O designado Ato da Terceira Reforma de 1884, que acrescentou

1,7 milhões de eleitores às listas, continuava a excluir do sufrágio cerca de quarenta por cento dos ingleses e a totalidade das inglesas.[387] A retórica de Gladstone sobre a confiança «nas pessoas» dissimulava este facto. Como quase todos os liberais, ele acreditava no conceito da capacidade. Os eleitores com direito de voto, afirmou, deveriam demonstrar «autodomínio, autocontrolo, respeito pela ordem, paciência no sofrimento» e consideração pelos seus superiores. Estes eram também os valores que ele procurava inspirar naqueles que o escutavam.

O carácter era particularmente importante para Gladstone. Ele referia-se frequentemente à necessidade de os eleitores exercitarem o autodomínio, para que o seu voto não fosse limitado e egocêntrico. Era legítimo, concedeu Gladstone num discurso proferido em 1877, que um homem se ocupasse dos seus interesses, mas estes interesses deveriam ser «postos à prova pelos seus deveres»[388]. Ao votar, era necessário que nos víssemos livres de «fins egoístas e limitados». E votar, como Gladstone gostava de dizer, era uma experiência enobrecedora, um ato de responsabilidade individual perante Deus. «O exercício consciencioso dos deveres fundamentais é uma função que tende a elevar um homem», anunciou Gladstone a uma audiência composta por membros da classe trabalhadora em 1890.[389] Mas exercer estes deveres fundamentais requeria uma autêntica valorosidade. Como preparação, eles deveriam cultivar o espírito público e a virtude. Deveriam também instruir-se sobre as questões políticas. Gladstone encorajava a sua plateia a ler os jornais, e fazia o mesmo com os seus discursos que, impressos em edições de baixo custo, constituíam autênticos tratados políticos.

Apesar de nem todos terem apreciado o estilo de liderança e o índice populista de Gladstone, ele foi grandemente admirado. Ele era, como disse John Stuart Mill, um «grande estadista moderno», um homem honesto e sincero que lutava pelo «bem coletivo [...], especialmente, o das classes mais pobres»[390]. No seu célebre ensaio intitulado *A Política Como Vocação*, Max Weber enalteceu-o como um mestre precursor da «liderança democrática» e comparou-o a Lincoln. O respeito que Gladstone evidenciava pelos trabalhadores, e o modo como os trabalhadores reagiram a isso, parecia sugerir que era possível uma democracia liberal — de cidadãos patrióticos e com espírito cívico, cientes dos seus direitos e deveres — e que a Grã-Bretanha, sob a liderança certa, poderia cultivá-la de forma gradual e segura.

Bismarck, o coveiro do liberalismo

Decerto, nunca alguém terá pensado em Otto von Bismarck como um líder liberal. Ele tem sido descrito como um déspota cínico que arruinou os prenúncios da democracia e do liberalismo na Alemanha. Bismarck praticava o que os liberais da época chamavam bonapartismo ou cesarismo: ele manipulava a democracia para fins iliberais.[391] Assim, na história do liberalismo, Bismarck figura sobretudo como o reverso dos líderes, como Lincoln e Gladstone, que se empenharam em esclarecer, educar e elevar a democracia.

Ministro dos Negócios Estrangeiros e ministro-presidente da Prússia durante a década de 1860, arquiteto da unificação alemã em 1871 e chanceler de um Império Alemão unificado entre 1871 e 1890, Bismarck foi uma figura histórica, como Lincoln e Gladstone, mas sem ostentar nenhuma das suas virtudes. O historiador e político Heinrich von Treitschke ficou em sobressalto quando pela primeira vez o conheceu: «Não tem a mais pequena noção das potências morais do mundo.» Bismarck era traiçoeiro e vingativo, chegando mesmo a ser diabólico, segundo algumas pessoas. Um astuto diplomata austríaco comentou do seguinte modo a sua forma de governar: «Ele vale-se das motivações mais abjetas da natureza humana: avareza, cobardia, confusão, indolência, indecisão e pobreza de espírito.»[392] Nada poderia ser mais iliberal.

Uma confluência de circunstâncias levou Bismarck ao poder. No final da década de 1850, as políticas reacionárias do governo prussiano principiaram a amenizar-se. O novo rei Guilherme I prometeu conceder mais liberdades e, o que era ainda mais importante, instituir o Estado de direito. Em resposta a isto, um conjunto de políticos liberais criou o Partido Progressista Alemão que, entre 1861 e 1865, se tornou o grupo mais numeroso na Câmara Baixa da Prússia.

As divergências com o rei levariam a um dilema e a uma crise constitucional em 1862. O motivo foi o plano do rei para fazer aprovar reformas que aumentariam o seu controlo sobre o exército. Os liberais no Parlamento recusaram-se a aprovar os fundos necessários, o que resultou num impasse. Recusando-se a negociar, em 1862 o rei designou Otto von Bismarck como chefe do seu ministério. Bismarck era, naquela época, um absolutista convicto e um integrante da classe *junker* prussiana (proprietária de terras), cujos membros se opunham terminantemente, na sua grande maioria, a reformas liberais de qualquer tipo.

A primeira manobra de Bismarck consistiu em anunciar que iria exercer o poder sem autorização constitucional, coisa que continuou a fazer durante os quatro anos seguintes. Ele simplesmente ignorou a oposição liberal e nunca escondeu o seu desprezo pelos liberais. Num discurso que se tornaria célebre, afirmou resolutamente que não teria complacência com eles: «A posição da Prússia na Alemanha não será determinada pelo seu liberalismo, mas pelo seu poder [...]. As grandes questões do nosso tempo não serão decididas por via de dicursos e decisões da maioria — esse foi o grande erro de *1848 e 1849*—, mas sim a ferro e sangue.»

Bismarck escolheu conselheiros que desprezavam abertamente o liberalismo. Um dos mais importantes foi Hermann Wagener.[393] Wagener era o fundador e editor-chefe de um jornal intitulado *Novo Diário Prussiano para Salvar a Monarquia* (*Kreuzzeitung*) e o editor do *Staats-und Gesellschafts-Lexikon*, uma enciclopédia com um forte viés conservador. A sua entrada sobre o liberalismo era arrasadora. O liberalismo, disse Wagener, era uma força maligna e absolutamente negativa que tinha causado danos imensuráveis à humanidade. Tributário das «ideias de 1789», tinha sido difundido por maçons empenhados em infligir estragos.

Wagener concedia que a palavra, oriunda do latim, possuíra originalmente um significado nobre. Referia-se a qualidades pessoais louváveis, tais como a beneficência, a generosidade, a tolerância e o esclarecimento. Mas a Revolução Francesa tinha mudado tudo isso. A palavra significava agora o afrouxamento de todas as restrições, o desprendimento de todos os laços e o primado da ganância sem limites. Nada mais era do que um individualismo ignóbil. Os governantes que adotassem o liberalismo estariam a cometer uma imprudência indesculpável.[394]

No mesmo ano em que Wagener publicou este artigo, Bismarck investiu contra o Partido Progressista, restringindo a liberdade de imprensa, recusando-se a certificar a eleição de prefeitos progressistas e proibindo a discussão de questões políticas nas reuniões dos conselhos municipais. Tendo em conta tudo isto, podemos perguntar-nos por que motivo um grupo considerável de liberais alemães acordou apoiar e trabalhar com Bismarck, como muitos fizeram. Este facto tem levado os historiadores a questionarem se os liberais alemães eram realmente liberais. Seria o liberalismo alemão insuficiente, fraco ou até mesmo *iliberal*?

O artigo de Heinrich von Treitschke sobre a «liberdade», publicado em 1861, lança luz sobre a questão. Quando redigiu esta entrada, von Treitschke era professor universitário, político liberal e editor do periódico liberal *Preussische Jahrbucher*. Os liberais alemães, defendia, não eram assim tão diferentes dos liberais franceses ou britânicos. Eles partilhavam muitos dos mesmos ideais e valores. Como John Stuart Mill e Edouard de Laboulaye, os liberais alemães acreditavam na inviolabilidade da liberdade pessoal. As diferenças entre os alemães e os outros tinham mais que ver com as suas circunstâncias. Dada a sua situação, von Treitschke compreendia que Laboulaye se preocupasse com o poder do Estado. Os liberais alemães, todavia, não *tinham* um Estado. Além disso, como poderiam os fins progressistas ser atingidos quando a Alemanha estava dividida em trinta e nove estados distintos, cada um deles com diferentes governos. Como engendrar um Estado alemão era a questão mais premente.

Frustrados por não conseguirem discernir uma maneira eficaz de procederem, alguns liberais alemães começaram a desejar que aparecesse um homem forte para realizar a partir de cima o que eles não tinham conseguido realizar a partir de baixo. A Alemanha precisava de «um homem resoluto na liderança», afirmou um liberal. «Gostaríamos de seguir um César, se tivéssemos um», admitiu outro. Usando alusões bíblicas, o liberal Karl Bollman expressou o que muitos outros liberais sentiam ao afirmar que a Alemanha precisava de um «redentor armado para a conduzir à terra prometida da unidade nacional e da independência». Os alemães deveriam aceitar um líder deste tipo, continuou Bollman, mesmo que isso significasse que eles tinham de «atravessar o Mar Vermelho de uma guerra aberta»[395].

Quando Bismarck apareceu e conseguiu unir a Alemanha, muitos devem ter pensado que ele era esse César há muito esperado. Após duas guerras vitoriosas — a primeira com a Dinamarca, em 1864, e a segunda com a Áustria e outros estados alemães, em 1866 — foi criada a Confederação da Alemanha do Norte, em 1867, sob a liderança da Prússia. Pouco tempo depois, o chanceler pareceu estender o cachimbo da paz aos liberais quando solicitou ao Parlamento a aprovação de uma lei que reconhecesse o poder da bolsa.* Tudo aquilo que tinham desejado estava, aparentemente, a tornar-se realidade.

Mas não era assim tão simples. A lei também serviu para aprovar os seus gastos inconstitucionais entre 1862 e 1866. Esta parte da lei causou grande consternação a muitos liberais e, no limite, dividiu o partido liberal em duas fações. Apesar da euforia associada à unificação, muitos

* Poder de definir a política fiscal e dispor dos dinheiros públicos. [*N. da T.*]

não puderam simplesmente desculpar o comportamento inconstitucional de Bismarck. Mas um grupo de liberais decidiu apoiar a lei e abandonou o Partido Progressista para formar o Partido Liberal Nacional. O grupo remanecescente manteve o nome do Partido Progressista e recusou-se a fazer cedências. Ao longo dos debates subsequentes, as acusações de cesarismo atingiram um pico. «Hoje, só se ouve falar sobre cesarismo», protestou Ludwig Bamberger, membro do Partido Liberal Nacional.[396]

Hermann Baumgarten foi um dos que mais contribuiu para convencer os liberais a deixarem o Partido Progressista e a juntarem-se aos Liberais Nacionais em solidariedade com Bismarck. Nascido no ducado de Brunswick, Baumgarten estudara História na Universidade de Jena antes de se tornar um jornalista liberal e, por fim, um professor de História. Em 1866, publicou *Uma Autocrítica do Liberalismo Alemão*, em que ilustrava o seu ponto de vista. Os liberais deveriam ser mais pragmáticos do que tinham sido no passado. Eles deveriam encarar o facto de que precisavam de uma Alemanha unificada antes de qualquer progresso poder ser feito. A mera retórica em oposição a Bismarck não os levava a lado algum: «Para que os homens se ocupem do Estado, eles devem, acima de tudo, ter um Estado.» Era preferível trabalhar com Bismarck e obter ganhos graduais do que permanecer impotente numa perpétua oposição. Em resposta, outros liberais questionaram se os princípios liberais poderiam ser atingidos por meios iliberais. Seria possível chegar a acordo com César?

A Constituição promulgada por Bismarck em 1871 não era nem liberal nem democrática, de acordo com a sua época ou com a nossa, mas dava a ilusão de ser um pouco das duas. Ao invés de ter sido delineada por uma assembleia eleita, ela foi concedida ao povo alemão como uma dádiva do seu imperador. Instituía um corpo representativo nacional, o *Reichstag*, que foi eleito por sufrágio universal masculino, mas cujos poderes estavam severamente circunscritos. No final, era um sistema que possuía alguns atributos democráticos e parlamentares, mas que, na realidade, concedia um poder gigantesco a um pequeno grupo aristocrático. Não incluía nenhuma referência à liberdade de expressão ou individual.

Os Liberais Nacionais não alimentavam quaisquer ilusões sobre o quão difícil seria trabalhar com Bismarck. A maioria deles considerava que estava a tomar parte num compromisso tático, com o qual esperava obter algumas concessões. Afinal de contas, tinham diante de si o exemplo de França, onde Luís Napoleão estava a trabalhar com os liberais para reformar o seu regime. Talvez tenham esperado que Bismarck procedesse, em primeiro lugar, como Lincoln, unificando a Alemanha; e, depois, como Napoleão III, liberalizando o seu regime.

Em todo o caso, os Liberais Nacionais não abandonaram a batalha contra o autoritarismo prussiano. Enquanto colaboravam com Bismarck, eles continuaram a lutar por muitas das coisas pelas quais os liberais na Grã-Bretanha e em França também já tinham lutado. Advogavam o alargamento e o reforço dos poderes do Parlamento e procuravam implementar legislação que assegurasse as liberdades individuais, a igualdade perante a lei e uma longa lista de reformas económicas, incluindo o desmantelamento de regulações feudais obsoletas.

Em alguns aspetos, os liberais foram bem-sucedidos. Obtiveram, de facto, concessões substanciais. As liberdades de debate parlamentar, de associação e de imprensa foram ampliadas. Aprovaram-se leis que garantiam os direitos pessoais e civis, e removeram-se as restrições de viagem no interior do país. Eliminou-se a necessidade de autorização oficial para alterar a residência ou casar. Aprovou-se um novo código criminal, e instituíram-se reformas judiciais. Os liberais obtiveram ainda a uniformização do sistema monetário e de pesos e medidas, um novo código comercial, um banco imperial e comércio mais livre. Eles não conseguiram tudo o que queriam, mas, durante algum tempo, parecia justificada a sua decisão de colaborar com Bismarck.

Contudo, é indiscutível que os liberais cometeram alguns erros graves. Um deles foi o seu apoio entusiástico à *Kulturkampf* de Bismarck. A palavra, que pode ser traduzida como «Guerra pela Civilização», refere-se a uma série de leis aprovadas entre 1871 e 1877, cujo propósito aparente era reduzir o poder da Igreja Católica. Esta política foi contestada pelos críticos, na altura e ainda hoje, como uma violação clara do princípio liberal da tolerância religiosa. Sendo completamente justos, a situação não era assim tão evidente.

No dia 18 de julho de 1870, o Vaticano tinha anunciado a doutrina da Infalibilidade Papal. O dogma sustentava que, em virtude de uma promessa feita por Jesus a Pedro, o Papa estava a salvo do erro quando falava *ex cathedra*, isto é, quando definia uma doutrina respeitante à fé ou à moral. Isto pode, na verdade, parecer bastante restrito — o Papa só é infalível no que diz respeito à *doutrina* cristã. Contudo, o significado *político* da Infalibilidade Papal, se é que existe algum, tem sido debatido desde então. Os críticos da época, incluíndo alguns poucos católicos, acreditavam que esta comprometia a sua lealdade para com o Estado, ou que podia, pelo menos, ser interpretada desse modo.

A Infalibilidade Papal mereceu a contestação generalizada dos liberais em toda a parte. Era, asseverou o *The New York Times*, «uma negação dos princípios sobre os quais se fundam as liberdades de todas as nações livres do mundo». A aceitação da Infalibilidade Papal tinha erguido «uma muralha da China entre o mundo do pensamento progressista moderno e a Igreja Católica Romana»[397]. O que muitos concluíram foi que os católicos tinham, mais uma vez, rejeitado a oportunidade de se reconciliarem com a era moderna. O próprio Gladstone teve o ímpeto de redigir dois panfletos denunciando o «vaticanismo» e refutando a ideia de que os católicos britânicos pudessem ser leais ao papado e à nação em simultâneo. Aceitar a Infalibilidade Papal seria renunciar à «liberdade moral e mental» e transferir a lealdade civil para Roma. O primeiro dos panfletos de Gladstone vendeu cento e cinquenta mil cópias e foi traduzido em diversas línguas.

No mesmo período, a questão do estatuto dos Estados Papais atraiu as atenções para alegadas diligências da Igreja Católica tendo em vista a dominação política. Este tópico era particularmente premente em França, cujas tropas tinham restituído Pio IX à Santa Sé em 1849, e cujo corpo militar continuou a manter o controlo sobre Roma até 1870. A recusa do Papa em transferir a autoridade sobre o seu remanescente território a um movimento que proclamava os princípios da unidade nacional foi vista, na América, como mais uma prova da cisão fundamental entre a sua Igreja e o tempo presente. Em 1860, uma carta de Pio IX endereçada a Napoleão III, na qual o pontífice caracterizava como imorais os princípios dos defensores da unificação italiana, foi amplamente difundida na imprensa dos Estados Unidos.

O primeiro exemplar de legislação alemã anti-Igreja foi o chamado parágrafo do púlpito, em dezembro de 1871. Nele se proibiam «maus usos do púlpito com objetivos políticos». Em 1872, foi abolida a supervisão das escolas a cargo da Igreja. No ano seguinte, a primeira das «Leis de Maio» reviu a Constituição prussiana que, desde 1850, tinha concedido às igrejas o direito de gerirem os seus próprios assuntos. Agora, todos os aspirantes a clérigos tinham de frequentar as universidades alemãs ou ser aprovados numa prova de cultura concebida por funcionários do Estado. Passou também a ser obrigatória a aprovação do governo para as nomeações eclesiásticas, e os padres católicos deixaram de poder ministrar a instrução religiosa nas escolas públicas. Foi estabelecido um Tribunal Régio de Assuntos Eclesiásticos, com a jurisdição final sobre todos os assuntos de disciplina da Igreja, e os jesuítas foram expulsos do país.

Quando a hierarquia da Igreja Católica se recusou a aceitar estas leis, Bismarck aplicou penalizações aos infratores, bem como outras medidas mais extremas. Duas leis de 1874 deram ao governo prussiano autoridade para expulsar todos os clérigos que se recusassem a obedecer, permitindo ainda confiscar a propriedade das paróquias cujos sacerdotes não tivessem sido legalmente designados. O baixo clero foi multado ou detido em milhares de processos. Em 1876, um total de mil e quatrocentas paróquias — quase um terço das que existiam na Prússia — tinham ficado sem os seus sacerdotes.

A grande maioria dos liberais alemães apoiou fervorosamente a *Kulturkampf.* Johann Bluntschli denunciou o catolicismo como «uma ameaça à humanidade», asseverando que a Alemanha deveria «defender-se deste terrível poder [...] com todos os meios admissíveis *e inadmissíveis*». Onde a Igreja Católica excercia o poder, declarou, «o estado encontrava-se castrado e desvalorizado». O liberal Eduard Windhorst não viu, aparentemente, nenhuma contradição em argumentar que «o ódio abrasador com que o Império Alemão persegue o jesuítismo» se justificava porque esta era «a terra da tolerância e do esclarecimento».

Os liberais alemães insistiam que o seu apoio à *Kulturkampf* sancionava os princípios liberais da liberdade e do progresso. O seu compromisso com o *Bildung*, o Estado moderno e a unidade alemã requeriam-no. A liberdade, explicou Windhorst, «salvaguarda tudo exceto a ausência de liberdade, e a tolerância resiste a tudo exceto à intolerância»[398]. Tratava-se, afirmou o deputado liberal Rudolf Virchow, de uma parte crucial da grande luta pela civilização no interesse da humanidade.

Inicialmente, a *Kulturkampf* também suscitou o apoio dos liberais de outros países. A generalidade da imprensa britânica encarava as leis, essencialmente, como medidas defensivas. Em março de 1872, o *The London Times* admitiu que o papado estava a tentar derrubar o Império Alemão. Ofereceu ao povo e ao governo alemães o apoio «de todos os amigos da liberdade intelectual, moral e espiritual»[399]. Os jornais britânicos caracterizaram os jesuítas como defensores do «absolutismo papal» e «missionários da sedição»[400]. O dogma da Infalibilidade Papal foi descrito como uma tentativa crua do Papa aumentar o seu poder recorrendo a superstições e dogmas obscurantistas e obsoletos. Como tal, este constituía uma enorme ameaça aos pilares da sociedade liberal.

Na América, a doutrina da Infalibilidade Papal e a *Kulturkampf* desencadearam uma nova onda do sentimento anticatólico. Os críticos da Igreja afirmaram que a América estava agora sob a ameaça do governo dos sacerdotes. No auge da *Kulturkampf*, o embaixador americano na Alemanha, George Bancroft, enviou relatórios ao Departamento de Estado que defendiam a «firmeza e moderação» de Bismarck, com o aviso de que «a mesma influência [católica] maligna está em curso» em muitos países por todo o mundo, incluindo os Estados Unidos. Editores nova-iorquinos reimprimiram os *Decretos do Vaticano* de Gladstone, e a imprensa americana aplaudiu-o por ter «atingido o despotismo românico». O mais importante historiador eclesiástico americano, Philip Schaff, acrescentou um comentário a uma das edições, em que denunciava o «antagonismo direto do Vaticano às tendências liberais da época»[401].

Numa mensagem ao Congresso, em dezembro de 1871, o presidente Grant fez saber que a América tinha de se proteger contra a «superstição, a ambição e a ignorância», num ataque óbvio à Igreja Católica. Ele deu impulso à aprovação de uma emenda constitucional que proibia as subvenções do governo às escolas religiosas, uma medida que afetaria sobretudo as escolas católicas. Um jornal católico alemão sentenciou que o presidente «inaugurou a *Kulturkampf*» na América. Os jesuítas recriminaram a crescente influência do liberalismo nos Estados Unidos, equiparando-a a uma «guerra ao catolicismo»[402].

Os liberais divergiam em relação ao modo como o poder do Estado deveria ser usado para combater o Papa e a sua Igreja, e até onde este deveria ir. As medidas americanas contra o catolicismo estavam bem longe do encarceramento. Muitos liberais retiraram o seu apoio à *Kulturkampf* quando Bismarck começou a fazer cumprir as suas leis com mão pesada. Gladstone observou, em privado, que «as ideias e métodos de Bismarck não são os nossos»[403]. A *The Spectator* era antipapado e anti-infalibilista, mas era também antibismarckista, e via toda a *Kulturkampf* como iliberal. «Os chamados "Liberais" da Prússia», lia-se nela, «parecem ter perdido toda a confiança no poder da luz para combater o autoritarismo Católico Romano [...]. O liberalismo não pode consentir na troca de hostilidades com os seus inimigos e na perseguição em nome do progresso.» No *The Guardian*, lia-se: «Declinamos considerar como sendo política do liberalismo punir pela perseguição as igrejas intolerantes e os credos reacionários.»[404] Com a aprovação das Leis de Falk em maio de 1873 e a sua execução ao longo dos três anos subsequentes, os escritores britânicos começaram a dividir-se nesta matéria. Uma grande maioria deles continuou a ser antipapado, e alguns deles eram pró-bismarckismo, mas muitos estabeleceram uma distinção entre os intuitos abstratos da *Kulturkampf* e o método de execução das Leis de Falk.

No final, a *Kulturkampf* virou-se contra os liberais alemães. Respondendo à provocação, o católico Partido do Centro alemão robusteceu-se, e, devido à animosidade alimentada, uma futura coligação liberal-católica tornou-se praticamente impossível. Em 1879, o ditador sem escrúpulos pôs fim à sua aliança com os Liberais Nacionais ao elaborar um acordo sobre reformas fiscais com o Partido do Centro.

Em 1878, os liberais alemães tinham sido levados a apoiar outra política que se viraria contra eles, nomeadamente, as infames leis antissocialistas de Bismarck. Em 1869, vários grupos da ala esquerda juntaram-se para formar o SPD, o Partido Socialista da Alemanha. Alguns anos depois, o seu programa seria delineado num congresso do partido em Gotha. Apelava a que o Estado assumisse o controlo da indústria e que os lucros fossem partilhados pelos trabalhadores. Em 1878, o SPD tinha doze assentos no *Reichstag*. Nesse ano, ocorreram duas tentativas de pôr fim à vida do *kaiser*.

Usando como pretexto as tentativas de assassinato, Bismarck introduziu as suas leis antissocialistas. As medidas não aboliram abertamente o SPD, mas tornaram ilegal qualquer organização que difundisse princípios sociais-democratas, proibiram os sindicatos de trabalhadores e encerraram diversos jornais. Na generalidade, os liberais alemães apoiaram estas leis.

Como a *Kulturkampf*, as leis antissocialistas falharam catastroficamente. O SPD continuou a crescer apesar delas. As leis também dividiram, enfraqueceram e desacreditaram os liberais alemães, tornando muito difícil a sua colaboração com os socialistas no futuro. O partido dividiu-se uma e outra vez. Gladstone trouxe os trabalhadores para o Partido Liberal, mas os liberais alemães liderados por Bismarck não o conseguiram fazer.

Uma aura de descrédito pairou sobre os Liberais Nacionais durante muito tempo e, em certa medida, macula o liberalismo alemão ainda hoje. Em 1907, as duas fações de liberais continuavam a trocar insultos, com o Partido Progressista a acusar os Liberais Nacionais de traírem os princípios liberais devido à sua falta de carácter, cobardia e animosidade.[405] Hoje, há quem diga que Bismarck *destruiu* o liberalismo.

Max Weber atribuiu grande parte da culpa a um líder que nunca respeitou o governo parlamentar. Sendo um déspota cesarista, Bismarck destruiu os partidos políticos e quaisquer indivíduos que ameaçassem a sua autoridade, recorrendo à demagogia para levar adiante os seus interesses. Em 1918, ao refletir sobre o legado de Bismarck, Weber fez uma observação que vale a pena citar completamente: «Ele deixou *uma nação inteira sem educação política* [...], acostumada a esperar que o grande homem na frente ministrasse a sua política [...], [a Alemanha] estava acostumada a *submeter-se pacientemente* e fatalisticamente ao que fosse decidido por ela em nome do "governo monárquico".» Bismarck legou aos seus sucessores «uma nação sem qualquer sofisticação política» e «sem qualquer vontade política própria». Ele criou uma pseudodemocracia que manipulava para a prossecução de objetivos iliberais. «O egoísmo», afirmava, era «a única base sólida de um grande Estado.»[406]

CAPÍTULO SEIS

A LUTA PELA SECULARIZAÇÃO DA EDUCAÇÃO

A serpente do Paraíso já anunciava as tentações
e a falsa promessa do liberalismo.
— Léxico da Igreja Católica, 1891

Em 1870, Bismarck instigou Napoleão III a declarar guerra à Prússia e o Segundo Império chegou a um fim abrupto e humilhante. A Prússia demorou uns meros seis meses a derrotar França, que até então era vista como a mais forte potência da Europa. Quando Napoleão III foi capturado em Sedan, em 2 de setembro de 1870, França passou a ser uma república *de facto.*

Ao choque provocado pela derrota francesa, somou-se uma rebelião em Paris, na qual uma grande parcela da população, recusando-se a aceitar os termos de paz impostos pela Alemanha e acordados pelo seu próprio governo, se amotinou e estabeleceu a designada Comuna.

Enquanto o governo nacional provisório em Versalhes congregava as forças necessárias para derrubar a sublevação, a Comuna tomou uma série de medidas que surpreenderam tudo e todos. Adotou a bandeira vermelha como o seu símbolo. Enviou delegados a outras cidades francesas, encorajando-as a estabelecerem as suas próprias comunas. Emitiu uma Declaração ao Povo Francês, prometendo implementar medidas que incrementassem o «bem-estar social», e principiou a legislar em nome das classes trabalhadoras. Votou a favor da separação entre a Igreja e o Estado e da eliminação dos encargos eclesiásticos. Encerrou diversas escolas católicas e igrejas. Cerca de duzentos padres, freiras e monges foram detidos. O movimento feminista reivindicou igualdade salarial, o direito ao divórcio e uma educação secular e profissional.

A assombrosa derrota do exército francês, a que se seguiu o que parecia ser uma nova revolução e um levantamento comunista em Paris, enviou ondas de choque por toda a Europa e mais além. Os liberais foram de novo obrigados a refletir sobre o que tinha corrido tão extraordinariamente mal. Decerto, não tinham como saber que a humilhação de França às mãos da Prússia ajudaria a preparar o terreno para algo por que os liberais lutavam há muito tempo: um «sistema educacional liberal» e a separação entre a Igreja e o Estado.

O que está errado nos franceses?

Em choque, os observadores da sublevação parisiense de 1870 reportaram que os bárbaros e selvagens tinham, de novo, assumido o controlo da cidade. A culpa pertencia aos «Vermelhos» que pregavam o ódio de classe e a violência. Eram «salteadores», «fora da lei», «vermes». O Papa referiu-se a eles como a «escória bestial e sem salvação»[407]. Os jornais deram conta do papel das mulheres na sublevação, descrevendo-as como «fúrias» degeneradas e pervertidas.

Propagou-se o medo de que esta revolução, tal como as anteriores, exportasse as suas ideias além das fronteiras francesas. O *The New York Times* vaticinou que a Comuna era apenas «o primeiro rumor da tempestade social que abalará todas as capitais da Europa»[408]. Designando repetidamente os insurgentes como «comunistas» empenhados em subverter a ordem vigente da sociedade, o jornal lançou o aviso sobre uma futura revolução que nacionalizaria toda a propriedade.

O governo francês em Versalhes atribuiu a culpa desta revolução a uma conspiração orquestrada pela Associação Internacional dos Trabalhadores e pelo seu líder, Karl Marx, e esta ideia disseminou-se. Edwin Godkin, editor do periódico americano *The Nation*, advertiu que a Comuna iria «dar à civilização do mundo ocidental um forte abalo»[409].

Foi, pois, um alívio para muitos quando, no dia 21 de maio de 1871, a Assembleia Nacional Francesa, liderada por Adolphe Thiers, deu ordens ao exército para que entrasse em Paris e reconquistasse a cidade. A batalha foi brutal, com muitas atrocidades cometidas por ambos os lados. As tropas de Versalhes mataram vários milhares de suspeitos sem direito a julgamento, incluindo muitas mulheres e crianças.

Os Comunardos executaram reféns, incluindo o arcebispo Monsenhor Darboy, e atearam fogo aos símbolos do governo nacional, entre os quais se encontrava a casa onde Thiers residia.

Embora seja sempre difícil conhecer os números exatos, estima-se que, no final da «Semana Sangrenta», entre vinte e vinte e cinco mil pessoas tenham sido mortas, a maior parte delas Comunardos ou vítimas inocentes, e muitas delas por execução sumária. Cerca de quarenta mil pessoas foram detidas, incluindo um grande número de ativistas sindicais, socialistas e também feministas, muitos dos quais foram deportados para uma colónia penal na Nova Caledónia.

A derrota militar, uma sublevação «comunista» e uma repressão brutal desencadearam um novo período de reflexão profunda e autoquestionamento em França. De quem era a culpa? Ou do quê? Os monarquistas católicos afirmaram que era um castigo divino pelo pecado do liberalismo. O Papa definiu o tom quando condenou o liberalismo como «o epítome da subversão satânica». Os liberais deveriam ter percebido que expulsar Deus da sociedade conduziria imediatamente à disrupção, à anarquia e à morte. A culpa pela maldição do socialismo, a que as suas ideias inevitavelmente conduziam, era inteiramente deles. Utilizando toda a propaganda à sua disposição, os monarquistas católicos desferiram um ataque feroz aos princípios liberais, fazendo recair a sua ira, especialmente, sobre a soberania popular, o governo representativo e a liberdade religiosa.

O debate sobre as causas da humilhante derrota e a formação da Comuna era particularmente intenso numa época em que dois campos opostos disputavam que tipo de governo deveria ser estalebecido, uma monarquia ou uma república. Em 1871, as eleições baseadas no sufrágio universal masculino resultaram numa maioria de monarquistas, mas estes estavam divididos entre si. Legitimistas, orleanistas e bonapartistas não conseguiam chegar a acordo sobre quem deveria ser rei. Só em 1879, após as eleições que resultaram numa maioria republicana e a resignação do presidente monarquista MacMahon, se tornou claro que França continuaria a ser uma república.

Católico devoto, conhecido por ter esmagado a Comuna, o General MacMahon aceitara a ajuda da Igreja para combater o liberalismo. O principal objetivo do seu governo, afirmou, era a restituição da ordem moral no país. Para isto, ele precisava do catolicismo. Foram instituídas orações públicas no Parlamento. Aprovou-se a construção da Basílica do Sagrado Coração na região progressista de Montmartre para expiar os crimes da Comuna. Desde 1789, o Sagrado Coração tinha sido um símbolo da contrarrevolução monarquista e católica. Organizaram-se peregrinações a Lourdes, durante as quais se entoavam hinos monarquistas.

Tudo isto era extremamente frustrante para aqueles que viam no catolicismo o problema de França, e não a solução. Mas eles também estavam de acordo com os monarquistas sobre o facto de uma profunda crise moral e intelectual ter causado a quarta revolução de França. Num livro amplamente difundido, o historiador e teórico Ernest Renan atribuiu a culpa diretamente ao catolicismo. Graças à Igreja Católica, escreveu, França tornou-se um país de segunda categoria, uma sociedade de fracos. Outros livros e artigos subscreveram. Tornou-se um estribilho comum dizer que o exército francês tinha sido derrotado pelo mestre-escola prussiano. O catolicismo, repetia-se interminavelmente, tornava os soldados franceses não só supersticiosos e submissos, mas também pouco patrióticos. Alfred Fouillée, um dos mais reputados filósofos de França, afirmou que os soldados franceses eram egoístas e materialistas. França precisava desesperadamente de uma reforma intelectual e moral.[410]

Observadores estrangeiros saíram em defesa desta ideia, atribuindo novamente os problemas de França a uma falha moral de grandes proporções. Os comentadores britânicos acusaram os franceses de serem pouco valorosos. Os franceses estavam contaminados com o amor da luxúria e dos prazeres materiais. John Stuart Mill considerou que os seus problemas se relacionavam com a enfermidade do espírito francês. De novo, os franceses tinham mostrado a sua falta de carácter.[411] Os americanos concluíram que os franceses eram «ignorantes, clericalistas e emasculados»[412]; os alemães, que eles eram debilitantemente frívolos.

O desdém generalizado pela Igreja Católica viria a ser ampliado pela declaração da Infalibilidade Papal feita pelo Vaticano nas vésperas da Guerra Franco-Prussiana. Os críticos franceses viram-na como mais uma afronta ao pensamento racional e um incentivo à superstição. Como os liberais noutros países, eles interpretaram-na como um ataque à soberania da sua nação. O Papa parecia estar a pedir aos católicos que lhe jurassem fidelidade, a si e à sua Igreja, e não ao seu próprio país. Isto enfraquecia França, como ficou evidente quando enfrentou um inimigo protestante no campo de batalha.

Charles Renouvier, outro influente filósofo francês, também saiu em defesa desta ideia. Depois da guerra, ele fundou *La Critique Philosophique* e o seu suplemento *La Critique Religieuse*, em grande parte, para denunciar o perigo colocado pela Igreja Católica e para promover, como alternativa, o protestantismo e a educação cívica. Durante a curta vida da Segunda República, ele desempenhara o cargo de ministro da Instrução Pública e produzira um manual para promover os valores republicanos. O que era necessário, reivindicava agora, era uma campanha para erradicar de uma vez por todas a «religião-escravocrata» que tinha enfraquecido a fibra moral da nação. Isto implicava separar a Igreja do Estado e instituir um sistema educacional gratuito, obrigatório e laico. A educação cívica, escreveu, deveria libertar os homens do jugo da teocracia.

Renouvier foi uma das muitas vozes a esgrimir o argumento de que a população francesa precisava desesperadamente de largar o hábito do catolicismo. A educação pública tornou-se, pois, uma questão-chave, e ferozmente debatida na Terceira República. A disputa culminou nas chamadas Leis de Ferry de 1881 e 1882 e na separação entre a Igreja e o Estado em 1905, após a qual os triunfantes republicanos alardeariam que França possuía «o mais liberal, o mais moderno [sistema de educação] do mundo civilizado»[413].

O sistema da escola pública liberal

As Leis de Ferry, que devem o seu nome ao primeiro-ministro e ministro da Instrução Pública Jules Ferry, viriam a ser concebidas como a mais significativa e duradoura reforma da Terceira República. Com elas, a educação primária pública tornou-se gratuita, obrigatória e secular. Os arquitetos e defensores deste sistema estavam certos de que este engendraria a muito necessária «revolução moral e social» em França.[414]

As Leis de Ferry foram complementadas por uma terceira lei em 1886, a que por vezes se chama a Lei de Goblet, em referência ao primeiro-ministo René Goblet, que desempenhou o cargo de ministro do Interior e ministro do Culto Público entre 1886 e 1887. A lei proibia a integração de membros das ordens religiosas de ensino nas escolas públicas. Ao enfrentar dificuldades no Senado, a Câmara Baixa retaliou, exigindo ao governo que dissolvesse a Ordem Jesuíta. Os jesuítas receberam instruções para deixarem as suas casas em três meses, enquanto às outras ordens nomeadas foram dados seis meses para obterem uma autorização do governo.

Não é difícil ver que o sistema liberal de educação defendido pelos reformadores educacionais era abertamente anticatólico. Quem o concebeu nunca escondeu o facto de o seu propósito ser o de afastar a população dos padres. Tão-pouco ocultaram que isto implicava precipitar uma espécie de Reforma Protestante. Um artigo no *Le Temps* publicado em 1879 elucidava o seu pensamento: «As sociedades católicas atravessam tempos difíceis. A obra da secularização moral que não concluíram no século XVI por via da reforma eclesiástica ou religiosa é o que tentam concluir por via da reforma escolar.»[415]

Para a promulgação destas leis, foi essencial que muitos protestantes ocupassem posições relevantes no governo — na verdade, desproporcionais em relação ao seu peso numérico no país. Entre 1879 e 1890, cinco gabinetes foram presididos por protestantes. Num destes, o gabinete de Waddington em 1879, metade dos funcionários eram protestantes. Muitos deles eram também maçons e admiradores da «religião da humanidade». Alguns deles já não acreditavam em Deus.

O principal arquiteto das reformas escolares francesas foi Ferdinand Buisson, que se tornou diretor da educação primária em 1879, mantendo-se no cargo durante dezassete anos. Buisson presidiria mais tarde à Liga da Educação, entre 1902 e 1906, e à Liga dos Direitos Humanos, entre 1914 e 1926. Em 1905, ele liderou o comité parlamentar que implementou a separação entre a Igreja e o Estado. Em 1927, receberia o Prémio Nobel da Paz (juntamente com Ludwig Quidde).

Buisson era um protestante liberal e, como Ferry ou Goblet, um maçom. Durante o Segundo Império, publicara diversos livros e artigos com títulos como *Cristianismo Liberal* (1865) ou *Os Princípios do Cristianismo Liberal* (1869), onde elucidava as suas conceções religiosas. Criou ainda uma organização designada União do Cristianismo Liberal para ajudar a difundi-las.

A religião que Buisson professava dispensava os dogmas, os milagres ou os padres. Subordinava tudo à moralidade e tinha como objetivo «o aperfeiçoamento espiritual do homem e da humanidade». Era uma igreja universal que aceitava todas as pessoas, independentemente da sua denominação, incluindo deístas e até ateístas. Só uma igreja deste tipo, defendia Buisson, podia engendrar o reino da fraternidade e da solidariedade humanas a que os homens como ele aspiravam.[416] O que era necessário, afirmou, era «uma igreja humana, laica e liberal». Seria «como uma grande Maçonaria à vista de todos»[417].

Enquanto diretor da educação primária, Buisson estava bem posicionado para implementar as suas ideias religiosas e educacionais. O seu colossal *Dicionário de Pedagogia e Educação Primária* (1880–1887) pretendia servir como guia para todos aqueles que se ocupavam da instrução primária. O sistema da escola pública, afirmava Buisson, não deveria limitar-se a ensinar as disciplinas habituais. O seu objetivo mais importante era o de produzir «bons homens e bons cidadãos». Os rapazes deveriam aprender a «pensar e agir como homens»[418]. Para esse fim, a escola pública deveria fazê-los largar o hábito do catolicismo e ensinar-lhes, como alternativa, os princípios educativos advogados pelos protestantes liberais. Acima de tudo, as escolas francesas deveriam ensinar a moral ao invés da obediência ao Papa.[419]

Buisson admirava especialmente o sistema escolar público americano. O seu *Dicionário* inclui longos e elogiosos artigos sobre os Estados Unidos e o seu método de educação dos cidadãos. Ele apreciava o facto de que, nas escolas americanas, não era ensinada uma doutrina religiosa em particular, mas tão-só o cristianismo «em geral». O *Dicionário* inclui artigos laudatórios não só sobre o líder unitarista William Ellery Channing, mas também sobre Theodore Parker, o discípulo mais radical de Channing, e sobre o seu amigo comum, o reformador educativo Horace Mann.[420]

É fácil de perceber porque é que Buisson admirava tanto estes americanos. Eles partilhavam a sua aversão pelo catolicismo e a sua preferência por um tipo liberal de protestantismo. O próprio Mann tinha alguma afinidade com os unitaristas. Parker, que conhecia bem os escritos de Benjamin Constant sobre a religião, começara como unitarista, mas acabaria por deixar o movimento porque este não era suficientemente liberal. Estava parado no mesmo sítio, afirmou, tornava-se limitado e intolerante. Todas as igrejas cristãs, alvitrou, tinham divagado para muito longe dos ensinamentos de Jesus. As religiões deveriam ensinar o autoaperfeiçoamento e o comportamento moral, não o dogma.

O catolicismo, da forma que era difundido pelo Vaticano, era o inimigo número um. Não permitia que os homens pensassem por si próprios. Quando o protestantismo surgiu, escreveu Mann, trouxe consigo a liberdade de pensamento e a tolerância. Parker foi ainda menos comedido. O catolicismo era categoricamente prejudicial aos filhos de uma república, afirmou, porque era «o adversário de todo o progresso, e mortalmente hostil à democracia». Sendo o aliado natural dos tiranos, o catolicismo era um inimigo inconciliável da liberdade.[421]

Mann considerava que as escolas públicas americanas deveriam ensinar às crianças uma forma generalizada do cristianismo centrada na moralidade. As crianças deveriam aprender os princípios comuns a todos os cristãos, e não as doutrinas sobre que diferentes fações discordavam. Enquanto secretário do Conselho de Educação do Massachusetts, em

1837, ele concebeu um sistema escolar gratuito e «não-sectário» com o intuito de ensinar as virtudes e os valores cívicos necessários para sustentar a república. Era importante, acima de tudo, cultivar a autodisciplina e o juízo. A moralidade e a inteligência eram essenciais numa república.

Buisson e os seus colaboradores acreditavam que deveriam ser introduzidos princípios similares em França. Paul Bert, por exemplo, concedia que um dos objetivos principais — talvez, *o* objetivo principal — do sistema educacional francês deveria ser o de libertar os espíritos dos rapazes do que, no seu entender, eram as crenças absurdas e aterradoras ensinadas nas escolas católicas. Como alternativa, a educação pública deveria transmitir as virtudes públicas e privadas basilares, os deveres de um rapaz para com a sua família e a sua pátria.[422] Sendo ele próprio um maçom, Bert ocupou durante algum tempo o cargo de ministro da Educação e foi o autor de um dos manuais utilizados no currículo moral da educação primária.

O novo sistema escolar francês teria um duplo propósito. Em primeiro lugar, ao incentivar o livre pensamento e discussão, ensinaria os rapazes a pensarem e ajuizarem por si próprios. Em segundo lugar, ao inculcar aquilo a que Buisson chamou «disciplina liberal»[423], ensinar-lhes-ia o autodomínio e a autorregulação, os quais podiam ser resumidos no termo «autonomia». Para ser um adulto e um homem respeitável, um rapaz tinha de aprender a governar-se a si mesmo. De novo, isto queria dizer libertá-lo dos padres católicos e do dogma cristão, e ensinar-lhe, como alternativa, princípios morais de um cristianismo liberal ou generalizado. Quando se ensinava a Bíblia, esta deveria ser encarada unicamente como um documento histórico para ajudar a instruir a moral.

Buisson admirava o facto de os americanos terem entendido a necessidade de veicular uma cultura intelectual adequada. Eles sabiam que era valioso ensinar aos jovens estudantes os preceitos morais da justiça e da piedade, sobre os quais assentavam todas as constituições republicanas. O patriotismo era excecionalmente importante. De acordo com o sistema educacional que Buisson ajudou a conceber, as crianças de tenra idade aprendiam canções patrióticas e poemas com temáticas morais. Entre os nove e os onze anos, aprendiam o dever de pagar impostos e servir no exército. Entre os onze e os treze anos, a sua instrução enfatizava a importância do serviço militar, do respeito pela bandeira, da obediência à lei, bem como noções elementares de economia política.[424]

As reformas educacionais não se dirigiam somente aos rapazes. As raparigas, afirmavam os reformistas, também deveriam receber uma educação liberal. E também aqui foram buscar inspiração à América. Em 1870, depois de uma visita ao país, o reformador educacional Célestin Hippeau publicara *A Educação Pública na América*. Nesta obra, argumentou que a América provara os benefícios de dar às raparigas uma educação liberal. Só deste modo elas poderiam contribuir patrioticamente para uma sociedade democrática. França, lastimava, tinha falhado inteiramente na tarefa de resgatar as mulheres da tenaz da Igreja, com consequências devastadoras.

O teórico liberal Jules Simon referiu que até as melhores escolas internas francesas eram completamente inúteis no que respeitava ao modo como educavam as raparigas. Os princípios que transmitiam eram frívolos; não havia nada de sério ou elevado neles.[425] Um longo artigo sobre as raparigas no *Dicionário* de Buisson corroborou esta ideia. Buisson lamentava que os seus compatriotas tivessem dado tão pouca prioridade à educação das raparigas e que esta se tivesse centrado tanto na religião. As raparigas e os rapazes tinham o mesmo direito a uma educação primária elementar, afirmou, porque possuíam «inteligência igual e deveres equivalentes enquanto membros do Estado e de uma família». Ele forneceu uma longa lista de tópicos sobre os quais as raparigas, tal como os rapazes, deveriam aprender, com a educação moral e cívica na dianteira, mas incluindo também a língua e a literatura francesas, a geografia, algum Direito e a economia política. A ideia não era tornar as raparigas «argumentativas [*raisonneuses*]», ressalvou; mas as raparigas, tal como os rapazes, deveriam compreender os seus deveres para com a pátria, a constituição e as leis. Não se tratava de converter as raparigas em sabichonas, asseverava outro reformador, mas elas também não deveriam «permanecer alheias à vida intelectual do mundo moderno»[426].

Os reformadores educacionais não questionavam a ideia de que a vocação natural de uma rapariga era tornar-se esposa e mãe. O seu principal objetivo era fazer das raparigas *melhores* esposas e mães. Henri Marion, um reputado especialista em educação de raparigas na época, compôs uma série de palestras sobre este tópico que foram apresentadas na Sorbonne. As relações entre marido e mulher, elucidou Marion, eram um exemplo da dependência mútua e da solidariedade que caracterizava todas as formas da vida social. As mulheres e os homens tinham diferentes papéis a desempenhar na sociedade, mas eram complementares e iguais em importância: «O papel que cabe às mulheres é o de aperfeiçoar e amenizar a vida — a vida privada, acima de tudo, mas, por via desta, e indiretamente, também a vida pública.»[497]

Frequentemente, os reformadores como Marion apontavam a forma como as raparigas eram educadas na América como um exemplo a ser emulado. Os casamentos na América eram mais equitativos, diziam, e a autoridade dos pais sobre os filhos, mais razoável; era assim que as crianças americanas aprendiam os valores democráticos.[428] A ideia de que marido e mulher eram mutuamente dependentes e funcionavam em solidariedade um com o outro era, decerto, bastante diferente da visão patriarcal do casamento habitualmente difundida pela Igreja Católica.

A verdade é que o sistema escolar público «não-sectário», liberal ou secular também era controverso na América. Tal como os seus congéneres franceses, os católicos americanos contestavam que este fosse verdadeiramente não-sectário; as escolas ensinavam, na verdade, uma versão liberal do protestantismo. Os católicos reivindicaram, pois, o direito de abrirem as suas próprias escolas publicamente financiadas.

Em 1876, organizou-se um debate sobre esta questão. Foi anunciado como uma discussão entre «um cidadão americano católico» e «um cidadão americano liberal». Posteriormente, o debate foi publicado em formato de panfleto. O cidadão católico era o bispo McQuaid de Rochester, um forte proponente da educação católica, e o cidadão liberal era Francis Ellingwood Abbot, um célebre livre-pensador e autoproclamado «anticristão».

McQuaid expôs as objeções católicas às escolas públicas americanas. Em primeiro lugar, elas não eram, efetivamente, não-sectárias. Propalavam uma forma de protestantismo liberal que violava os direitos dos católicos inscritos na Constituição e na Carta dos Direitos. Em segundo lugar, as escolas violavam o direito parental de decidir sobre a religião dos filhos. Finalmente, não era correto que os católicos tivessem de pagar por escolas que pretendiam afastar os seus filhos da sua religião. McQuaid rejeitava ainda a noção de que a moral poderia ser ensinada sem a religião, o que para ele seria o mesmo que basear a moral no egoísmo, uma evidente contradição nos termos.

Na sua resposta ao bispo McQuaid, Abbot não negou que as escolas eram anticatólicas. O objetivo do sistema escolar público americano, disse, não era ensinar a religião, mas sim desenvolver a «individualidade». Os direitos parentais a que McQuaid aludia eram uma mera relíquia da «barbárie primeva». O seu verdadeiro intuito era o de conferir uma autoridade despótica aos pais e, além deles, ao Papa. O catolicismo, e o tipo de família que advogava, cingia as mulheres e as crianças à servidão doméstica.

Abbot via com bons olhos que, na América moderna, as mulheres começassem a ser reconhecidas como iguais aos homens perante a lei. Abbot também via com bons olhos um movimento das mulheres cujo intuito era «estabelecer e proteger o direito da mulher a desfrutar livremente da sua própria individualidade»[429].

Esta discussão entre um católico e um liberal não deverá fazer-nos crer que os católicos foram os únicos a levantar objeções ao sistema escolar público americano. Muitos protestantes conservadores contestaram-no nos mais cáusticos termos. Não vendo nenhuma diferença entre o cristianismo liberal e a mais patente descrença, eles referiam-se às escolas de Horace Mann como viveiros anticristãos de imoralidade. Segundo o ministro congregacionalista Noah Porter, o liberalismo era ainda mais perigoso do que o ateísmo puro por ser tão tentador. Sendo uma conspiração contra a verdade das Escrituras, era também um perigo notório e presente para as noções tradicionais de família. Se fosse permitida a sua disseminação, ele subverteria inevitavelmente a sociedade e traria o caos ao mundo.

Os proponentes tradicionalistas da ortodoxia religiosa, quer fossem católicos ou protestantes, receavam especialmente a ligação entre a religião liberal e o feminismo. De Mary Wollstonecraft, cujo percurso se iniciara nos círculos dissidentes, e Louise Otto, com ligações ao movimento dos Católicos-Alemães[430], até às feministas francesas militantemente anticlericais, estas defensoras dos direitos das mulheres contestaram «o clericalismo e a superstição» e, frequentemente, culparam as igrejas tradicionais pelo reduzido estatuto das mulheres. Tal como os seus congéneres do sexo masculino, muitas delas também acreditavam que, para que as reformas significativas pudessem ocorrer, as Igrejas cristãs teriam de tornar-se mais liberais, ou uma nova religião teria de ser inventada.

Poucas feministas foram mais radicais do que a americana Elizabeth Cady Stanton quando recriminou a própria Bíblia pelo seu flagrante sexismo, tendo sido uma das autoras de uma *Bíblia da Mulher*, que pretendia substituí-la. «A Bíblia e a Igreja têm sido os maiores entraves no caminho da emancipação das mulheres», afirmou. Afortunadamente, todavia, «espíritos mais liberais» estavam agora a produzir «exposições mais elevadas e mais puras das Escrituras»[431]. Stanton, como outros, confiava no advento de uma nova religião mais tolerante, mais aberta à ciência e mais propícia à reforma política, económica e social — em que se incluía a emancipação das mulheres.

Liga Liberal Nacional, livre-pensamento e amor livre

O surgimento de uma organização chamada Liga Liberal Nacional terá, certamente, enfurecido o bispo McQuaid. Foi constituída no mesmo ano em que teve lugar o seu debate com Abbot, um dos seus fundadores. O objetivo da Liga era a separação total entre a Igreja e o Estado, algo que os seus membros consideravam não estar suficientemente definido na Constituição. Para alcançar o seu objetivo, a Liga subscreveu as Nove Demandas do Liberalismo.

As Nove Demandas contestavam a alocação de verbas do governo para instituições religiosas de ensino ou caridade, bem como os serviços religiosos e o uso de artefactos religiosos nos procedimentos governamentais. Exigiam que o governo deixasse de assinalar as celebrações e dias religiosos, que se anulassem as leis dominicais*, que os juramentos fossem substituídos por uma declaração simples, que as leis através das quais se impunha a moralidade cristã fossem revogadas e que se pusesse fim ao favoritismo do governo por uma religião.

A Liga Liberal Nacional admitia homens de todas as filiações religiosas, quer fossem cristãos, judeus, muçulmanos, budistas, brâmanes ou mesmo ateístas. Os judeus liberais viriam a ocupar posições de relevo na sua liderança. Em 1879, o rabi Isaac Wise, do *The American Israelite* e um dos fundadores do judaísmo reformista americano, e Moritz Ellinger, do *The Jewish Times*, exerceram funções como vice-presidentes nacionais.

Apesar de o objetivo principal da Liga ser a separação entre a Igreja e o Estado, um outro objetivo que se relacionava com este era o combate à «escravatura espiritual» e à «superstição», palavras de código para o catolicismo ou, na verdade, para qualquer religião baseada em dogmas imutáveis. A Liga pretendia incentivar o livre-pensamento e promover uma religião racional e não-sectária que se comprometesse a difundir «um sentido de irmandade»[432].

Abbot e outros membros preeminentes da Liga advogavam uma religião secular, ou aquilo a que chamavam a religião da humanidade. É claro que, para os tradicionalistas religiosos, os conservadores e todos aqueles que se consideravam a si mesmos ortodoxos, esta «religião da humanidade» não era, de todo, uma religião. Deste modo, não é surpreendente que o bispo McQuaid, nas suas comunicações com o Vaticano, perorasse contra o liberalismo que se estava a disseminar.[433]

---

* Restrições legais a atividades laborais ou de lazer nos dias de descanso do calendário religioso. [*N. da T.*]

No final do século XIX, a palavra «liberal» num contexto religioso podia significar muitas coisas diferentes na América. Podia significar tolerante, tal como George Washington usou o termo. Podia significar uma vertente do unitarismo, professada por William Channing e vários dos seus discípulos. Ou podia também significar um proponente da separação rigorosa entre a Igreja e o Estado e de um sistema escolar público «não-sectário». Por fim, liberal podia ainda significar um livre-pensador, o que, por si só, era passível de se referir a múltiplos posicionamentos sobre a religião.

No início do século XX, era comum existirem clubes que ostentavam a palavra «liberal» no nome, procurando atrair os homens de livre-pensamento. Em Nova Iorque, existia a Aliança Liberal de Harlem; em Boston, a Liga Liberal da Amizade; em Los Angeles, o Clube Liberal. Existia até uma cidade no Missouri chamada Liberal. Fundada em 1881 por indivíduos com inclinações liberais, tornara-se, em 1885, uma animada cidade de negócios com quinhentos habitantes que desejavam viver livres do dogma da Igreja. Existia ainda uma Universidade Liberal, e muitos jornais com a palavra «liberal» nos seus nomes. Na verdade, o *The Kansas Liberal*, considerando que a palavra «liberal» se encontrava gasta, chegou mesmo a mudar o seu nome para *Lúcifer, o Mensageiro da Luz* em 1883. Aqueles que viam no liberalismo a obra do diabo tinham agora uma publicação convenientemente intitulada para atacar.

Alguns autodesignados liberais religiosos rejeitaram inteiramente o cristianismo. Abbot confessou ser, não apenas um não-cristão, mas um *anti*cristão assumido. No periódico de Boston intitulado *The Free Religious Index*, lia-se: «A palavra "liberal" significa hoje, neste país, alguém que não reconhece a autoridade da Bíblia nem admite o carácter sobrenatural do sistema cristão.» Robert Ingersoll, um famoso advogado, orador popular e membro da Liga Liberal Nacional, gostava de fazer troça da religião nas suas palestras escutadas por uma vasta audiência.

David M. Bennett, o fundador do periódico *The Truth Seeker* e também membro da Liga Liberal Nacional, chamou ao cristianismo «a maior farsa do mundo»[434]. Era «uma maldição para a raça humana», afirmou, já que «fomentava a ignorância, a superstição e a falsidade». A missão declarada do *The Truth Seeker* era fazer chegar «aos liberais do país [...] informação, entretenimento e sustentação contra o engano religioso e a escravidão mental». No editorial do primeiro número, David Bennett e a sua mulher, Mary, anunciaram que a sua publicação se dedicaria a propagar o liberalismo, identificando-o pelo nome, com o qual se referiam a «tudo aquilo que tende a elevar e emancipar a raça humana». Entre a extensa lista de assuntos incluíam-se a ciência, a moral, a reforma laboral, o livre-pensamento, a educação gratuita, a igualdade sexual e o amor livre.

A associação do liberalismo ao «amor livre» tornou-se um tema particularmente controverso. Apesar de existirem discordâncias entre eles, muitos proponentes do amor livre advogavam o direito de voto para as mulheres, bem como os direitos de propriedade e o direito ao divórcio. O que distinguia os proponentes do amor livre de outros peticionários pelos direitos das mulheres era o facto de aqueles serem abertamente críticos do casamento. Alguns chamavam-lhe prostituição legalizada; outros, escravatura sexual, e outros, ainda, um sistema de violação. Nem a Igreja nem o Estado, afirmavam, deveriam ter o direito de regular as relações sexuais. O divórcio deveria ser fácil de obter e os casamentos deveriam basear-se no amor mútuo e na atração sexual. Antes de iniciarem uma relação, as mulheres, tal como os homens, deveriam ser instruídas sobre a sexualidade, sendo-lhes depois confiada a regulação da sua própria conduta sexual. As mulheres deveriam poder controlar a sua capacidade reprodutora e recusar as relações sexuais com os seus maridos se assim o desejassem.

Por vezes, os proponentes do amor livre referiam-se a isto como sendo os direitos da mulher sobre o seu próprio corpo.[435] Ezra Heywood, o presidente da Associação do Amor Livre da Nova Inglaterra, advogava um «Direito Natural da Mulher ao domínio e controlo sobre o seu próprio corpo, um direito inalienável de uma existência inteligente da Mulher»[436]. Alguns proponentes do amor livre chegaram mesmo a mencionar o direito da mulher à gratificação sexual.

Como se a sua associação ao ateísmo e ao amor livre não fosse suficientemente má, um julgamento amplamente publicitado manchou ainda mais o liberalismo aos olhos dos tradicionalistas. Ao mesmo tempo que Bennett começava a publicar o seu *The Truth Seeker*, a liberdade de expressão estava a ser atacada pelo inspetor postal e político americano Anthony Comstock. Em 1873, o Congresso aprovara o chamado Ato de Comstock, nomeado em seu tributo, e cujo suposto objetivo era a «Supressão da Venda e Circulação de Literatura Obscena e Artigos de Uso Imoral». A lei criminalizava o uso do Serviço Postal americano para enviar qualquer item julgado «obsceno». Ampliava também radicalmente o poder do governo para regulamentar os objetos impressos, ao incluir nos objetos que podiam ser julgados obscenos os jornais, os anúncios publicitários e uma série de produtos relacionados com a contraceção. A lei definia a obscenidade em termos bastante vagos para abranger qualquer tipo de informação sexual, incluindo factos fisiológicos básicos. Os ataques do livre-pensamento à Bíblia também podiam ser encarados como obscenos. Comstock utilizou as leis da obscenidade para deter e encarcerar tanto os livres-pensadores como os proponentes do amor livre.

Um conjunto de liberais de renome infringiram intencionalmente as Leis de Comstock para suscitar uma batalha legal. Em 1877, David Bennett publicou uma «Carta Aberta a Jesus Cristo» no *The Truth Seeker*, e depois vendeu-a em simultâneo como um panfleto. Interpelando diretamente Jesus, a «Carta Aberta» perguntava: «Não terá a religião que leva o Teu nome causado mais derramamento de sangue, mais perseguição e mais sofrimento do que todas as outras religiões do mundo?» Bennett foi detido, mas as acusações contra ele foram levantadas depois de Robert Ingersoll, um homem com amplas conexões, ter intercedido a seu favor. Mas Bennett foi detido uma segunda vez, e ainda uma terceira vez, e, nesta última ocasião, o caso levou ao seu julgamento, condenação e encarceramento.

A segunda e terceira detenções de Bennett estiveram relacionadas com um panfleto sobre o amor livre intitulado *O Jugo de Cupido*, da autoria de Ezra Heywood. O panfleto escarnecia da campanha anti-depravação de Comstock como uma espécie de «fanatismo lascivo» e apoiava abertamente vários princípios do amor livre. Reivindicava o fim da regulamentação do casamento, do adultério e do controlo de natalidade por parte do Estado ou da Igreja, afirmando que esta deveria ser substituída pela «autonomia sexual». O divórcio deveria ser fácil de obter; e os homens e as mulheres deveriam poder amar quem quisessem e durante quanto tempo quisessem.

Não tardou até que a Liga Liberal Nacional se envolvesse no assunto. Heywood e Bennett foram detidos sob acusações de obscenidade, um deles por ter redigido o panfleto, o outro, por tê-lo vendido. Mas, na primeira detenção, o caso de Bennett nunca chegou a julgamento. Algum tempo depois, ele seria detido por expedir uma cópia para fora das fronteiras estatais, acabando desta vez por ir parar à prisão. Os seus processos judiciais impeliram a Liga Liberal Nacional a dirigir ao Congresso uma petição contra o Ato de Comstock. Em fevereiro de 1878, foi submetida uma petição assinada por mais de cinquenta mil pessoas — talvez por setenta mil pessoas — na qual se declarava que a lei servia como um instrumento de perseguição religiosa. Ela estava a ser usada para intimidar redatores, editores e autores de obras antirreligiosas injustamente rotuladas como obscenas. Todavia, uma Comissão do Congresso assegurou a constitucionalidade da lei.

No final, o debate em torno do Ato de Comstock produziu uma cisão no convénio da Liga Liberal Nacional. Ingersoll, Abbott e outros líderes demitiram-se. A lei da obscenidade foi considerada uma questão periférica que divergia das preocupações mais fundamentais da Liga. Para alguns liberais, contudo, a livre discussão dos assuntos sexuais era de grande importância.

Entretanto, a publicidade gerada pela campanha para revogar ou rever as leis de Comstock ajudou a obscurecer, na ideia coletiva, a distinção entre liberalismo, ateísmo, liberdade sexual e obscenidade. Críticos que assistiram a encontros da Liga Liberal Nacional reportaram que neles se pregava o ateísmo e se levavam a cabo festins de amor livre. Eles acusavam o liberalismo de incentivar a um «individualismo desenfreado», bem como à negação de Deus e da santidade do casamento. Se a tendência continuasse e os proponentes do amor livre levassem a melhor, advertiu um comentador, o prazer do indivíduo tomaria o lugar da estabilidade da família, e a desintegração da sociedade seguir-se-ia inevitavelmente.[437] Os liberais eram ateístas pecaminosos e lascivos empenhados em apregoar obscenidades e destruir a família.

O Papa contra-ataca

O Papa Leão XIII não se enganou ao ver nas Leis de Ferry um ataque direto à sua Igreja e aos seus ensinamentos. Em resposta, emitiu duas encíclicas. No dia 8 de fevereiro de 1884, publicou *Sobre a Questão Religiosa em França*, em que recriminou inequivocamente as leis. Estas eram «perversas», «viciosas» e «criminosas». Dois meses depois, publicou *Humanum Genus*, em que anatemizou os maçons em termos idênticos; os seus princípios, afirmou, eram perversos, viciosos e criminosos. Os maçons, que sabemos terem sido bastante preeminentes na Terceira República e, especialmente, na conceção e implementação das leis educativas, «atacam com impunidade as próprias fundações da religião católica», asseverava. A sua irmandade era «uma peste imunda que estava a infiltrar-se nas veias do corpo político», e as reformas educacionais de França nada mais eram do que uma conspiração maliciosa que ditaria o fim de toda a ordem social. Os bispos e propagandistas católicos franceses repetiram estas acusações.

A maior afronta à Igreja foi a reforma do sistema educacional para as raparigas.[438] Como sempre, a Igreja via no controlo sobre a educação das futuras esposas e mães um modo de voltar a catolicizar a nação. O sistema educativo liberal era claramente uma ameaça a esse objetivo. Enquanto a imprensa liberal celebrava a «libertação das mulheres do jugo da superstição grotesca», os jornais católicos e conservadores consideravam as mudanças desastrosas. Os padres tentavam dissuadir as raparigas católicas de se matricularem nos novos cursos, dizendo-lhes que estavam a pôr as suas almas em perigo. Proclamavam que, caso o Estado assumisse a educação de todas as raparigas, cada uma delas ficaria exposta «à impiedade radical, ao ateísmo, ao materialismo e às teorias mais subversivas de toda a moralidade»[439].

Os porta-vozes católicos rejeitavam categoricamente a ideia de que as mudanças na educação das raparigas melhorassem os casamentos e produzissem famílias mais felizes, mais morais e patrióticas. Ao invés disso, elas iriam «instigar [nas raparigas] um certo espírito de independência» e causar uma revolução na família francesa. As mulheres perderiam o gosto pela domesticidade e pela maternidade. Tornar-se-iam indisciplinadas e desobedientes. Tragicamente, e em primeiro lugar, isto também significava que elas teriam dificuldade em encontrar um marido. O perigo seria ainda maior se as raparigas frequentassem cursos ministrados por professores solteiros.[440]

Os propagandistas católicos consolidaram e disseminaram a investida do Papa contra o liberalismo, recorrendo muitas vezes aos termos mais corrosivos. Em 1886, um panfleto do sacerdote espanhol Don Felix Sarda y Salvany, intitulado *O Liberalismo é um Pecado*, foi originalmente publicado em Espanha, sendo rapidamente traduzido para outras línguas europeias. O liberalismo, lia-se nele, era «um pecado maior do que a blasfémia, o roubo, o adultério, o homicídio, ou qualquer outra violação da lei de Deus». Era «o mal de todos os males», o «sucessor de Satanás e o inimigo da humanidade»[441].

Dois anos depois, em 1886, o Papa emitiu uma nova encíclica condenatória, *Sobre a Natureza da Liberdade Humana*. Os liberais que apoiavam a separação entre a Igreja e o Estado, afirmava agora, «seguiam no encalço de Lúcifer». Aqueles que subscreviam o princípio da soberania popular negavam a existência de Deus. Tais princípios liberais conduziriam inevitavelmente à corrupção, à turbulência, à confusão e, no limite, à ruína de todos os estados. O Papa afirmou ainda, contraditoriamente, que a separação entre a Igreja e o Estado conduziria à tirania do Estado.

Se não existisse outra autoridade acima do indivíduo a não ser o Estado, este tornar-se-ia omnipotente.

A investida papal não era apenas contra o liberalismo, mas também contra o «americanismo» que, nesta época, se tornou praticamente um sinónimo do liberalismo no léxico do Vaticano. O americanismo era regularmente contestado nos mais estrídulos dos termos pelos porta-vozes do Papa. De acordo com o periódico jesuíta *Civilta Cattolica*, os Estados Unidos respiravam o «ar contaminado» do liberalismo, e o americanismo ameaçava o catolicismo em toda a parte. Outra publicação romana atacava o «espírito satânico» e as «teorias blasfemas» dos americanos.[442]

Decerto, o Papa e os seus apoiantes próximos estariam bem cientes da inspiração americana subjacente às Leis de Ferry e da disputa em curso na América a propósito das suas escolas públicas. O Papa também saberia que muitos católicos na América — incluindo alguns preeminentes líderes católicos — não se opunham à democracia nem à separação entre a Igreja e o Estado, tão-pouco a muitos outros princípios liberais. Exemplos disto são os arcebispos John Ireland, John Keane e Dennis J. O´Connell, bem como o cardeal James Gibbons. Alguns deles eram mesmo favoráveis ao sistema escolar público. Numa carta dirigida ao cardeal Miecislaus Ledochowki, prefeito da Propaganda do Vaticano, o bispo McQuaid caracterizou esta tendência no interior na Igreja Católica americana como um pernicioso «liberalismo».[443]

Como sabemos, existiram liberais católicos desde os primórdios do liberalismo e ao longo de todo o século XIX. Eles viam-se como parte de um movimento internacional que pretendia demonstrar a compatibilidade do catolicismo com a civilização moderna. Os chamados americanistas eram animados pelo mesmo sentimento. Ireland, Kean e Gibbons forem bem recebidos em França, especialmente, por aqueles que desejavam emendar as relações entre o seu governo republicano e a Igreja. Alguns dos mais célebres discursos de Ireland foram traduzidos para francês. «O liberalismo, se não for travado a tempo, trará infortúnio à Igreja»[444], temeram os católicos conservadores, entre os quais se encontrava o bispo McQuaid.

Em 1892, o Papa operou uma súbita reviravolta. Apenas quatro anos depois da sua encíclica condenatória sobre a soberania popular, ele reverteu a sua posição numa nova encíclica, *Inter Innumeras Ollicitudines*. O seu subtítulo era «A Igreja e o Estado em França». Numa revisão crucial do ensinamento da Igreja, ele pediu aos católicos franceses que deixassem de identificar a causa católica com a monarquia e que aceitassem a república. Esta política passou a ser conhecida como o *ralliement* à república.

Todavia, o *ralliement* à república não era o mesmo que aceitar o «liberalismo». Um autor ultramontano de uma diatribe contra o catolicismo liberal repetia, em 1897, que «o liberalismo é, em si, um pecado mortal»[445]. O *ralliement* à república significava usar meios republicanos e liberais para *combater* o liberalismo.

Decerto, o *ralliement* não significava aceitar a educação não-sectária nas escolas públicas — ou as leis secularizantes. Estas continuaram a ser contestadas pelo Papa e pelos seus apoiantes próximos como um «americanismo» pernicioso.[446] O que se pedia aos católicos era que adotassem métodos modernos, tais como a imprensa e a propaganda, os movimentos sociais e os clubes, para transmitir e disseminar a mensagem católica e voltar a catolicizar a nação francesa. Na prática, o Papa estava a pedir aos franceses que usassem métodos liberais para combater o liberalismo religioso.

A aparente disposição do Vaticano para aceitar determinados princípios liberais, nomeadamente, no campo da política eleitoral, conduziu à formação, por sugestão do Papa, de um partido político católico francês designado *Action Libérale Populaire* (ALP), em 1901. Criado por dois antigos monarquistas, Albert de Mun e Jacques Piou, foi, muito provavelmente, financiado pelo Vaticano.[447] O partido editou um jornal intitulado *Bulletin Action Libérale,* cujo primeiro número foi dado à estampa no dia 20 de novembro de 1901.

Vale a pena determo-nos por um momento para considerarmos o facto de uma palavra historicamente usada para descrever um movimento de *oposição* à Igreja Católica ter sido apropriada para designar um partido *pró*-Igreja. O objetivo da ALP era utilizar o sistema liberal — as suas eleições livres, imprensa e *media* — para defender os direitos da Igreja contra aquilo a que chamava a ameaça da «tirania maçónica [...], jacobina e socialista». A ALP era ardentemente pró-Igreja e pró-Concordata; lutou com unhas e dentes contra todas as leis secularizantes e, especialmente, contra o projeto de separação entre a Igreja e o Estado.

Contudo, se a ALP pensou que seria capaz de pressionar o governo para revogar as Leis de Ferry, a desilusão foi estrondosa. As leis secularizantes sucederam-se. Em 1901, a Lei das Associações concedeu maior liberdade de organização a grupos como sindicatos de trabalhadores e partidos políticos, mas limitou acentuadamente a liberdade das congregações religiosas, obrigando-as a obter uma autorização governamental caso desejassem permanecer em França ou expandir-se.

A administração de Émile Combes, primeiro-ministro de 1902 a 1905 e um maçom com fortes convicções anticlericais, aplicou a lei rigorosamente, e as ordens religiosas depararam com a quase impossibilidade de obter uma autorização legal. Em 1903, mais de catorze mil escolas dirigidas por ordens não autorizadas foram encerradas. Em 1904, os membros das ordens religiosas foram proibidos de ensinar e quase todas as ordens religiosas em França foram extintas, tendo a sua propriedade sido vendida. Entre trinta e sessenta mil padres e freiras foram enviados para o exílio. E tudo isto culminou na Lei da Separação de 1905, que suprimiu qualquer financiamento e reconhecimento público da Igreja Católica.

Protestando ferozmente contra cada uma destas medidas, a ALP viu o seu número de membros aumentar, atingindo duzentos mil quotizados e mil e duzentos comités eleitorais locais em 1906. No seu auge, o partido obteve setenta deputados na Câmara e constituiu uma ameaça real à agenda liberal. A certa altura, Combes escolheu-o como alvo de opróbrio numa série de discursos, clamando «*Action Libérale Populaire*, aqui está o inimigo!»

* * *

Desde a primeira aparição da palavra na segunda década do século XIX, o «liberalismo» foi intimamente associado à Revolução de 1789 e a uma postura explicitamente hostil à Igreja Católica. Ser liberal queria dizer advogar a liberdade de pensamento, a liberdade religiosa e a separação entre a Igreja e o Estado, princípios que o papado rejeitou firmemente e de forma constante ao longo de todo o século XIX. A palavra denotava ainda outras coisas, tais como a igualdade civil das mulheres e o direito ao divórcio. Estes eram princípios que a Igreja Católica também rejeitava.

No final do século XIX, tais causas liberais continuavam a ser controversas em todo o mundo, mas, nos Estados Unidos, sofreram uma viragem particularmente radical. Aí, a palavra «liberal» foi também utilizada para descrever alguém que fosse abertamente ateísta, ou que advogasse o direito à liberdade sexual e à contraceção, ou defendesse o direito a publicar literatura obscena. Para os tradicionalistas, o que eles vaticinavam há mais de um século estava a tornar-se realidade: o liberalismo estava a conduzir à degeneração moral absoluta e ao caos.

Entretanto, em França, os paladinos da Igreja tiraram proveito das associações da palavra à liberdade e à tolerância para estabelecer a ALP. Subsidiado pelo Vaticano, o partido lutava para *proteger* os direitos da Igreja contra as reformas secularizantes na Câmara dos Deputados francesa. «O que significa realmente ser liberal?», questionou Piou, o líder do grupo. «A palavra precisa de ser definida», justificou, antes de oferecer uma definição que recrutava o liberalismo para aquele que era, essencialmente, um movimento católico e à direita do centro. Ser liberal, afirmou Piou, significa proteger os franceses e as francesas da ameaça do jacobinismo, da Maçonaria e da «tirania socialista». Curiosamente, na França do início do século XX, ser liberal podia então significar ser um conservador social e religioso, enquanto na América significava, em regra, o contrário.

CAPÍTULO SETE

DOIS LIBERALISMOS: O ANTIGO E O NOVO

Não encaramos o Estado-Providência como uma medida de emergência ou como um mal inevitável, mas antes como o cumprimento de uma das tarefas mais elevadas do nosso tempo e da nossa nação.
— *Verein für Sozialpolitik*, 1873

Os liberais atribuíram grande parte da culpa pela derrota de França na Guerra Franco-Prussiana ao seu fraco sistema educacional e à influência debilitante dos ensinamentos da Igreja. Todavia, concluíram que existiam razões adicionais para a humilhação de França. Não havia dúvidas de que os soldados alemães eram fisicamente mais fortes e mais saudáveis do que os seus congéneres franceses. Durante o período em que durou a guerra, o exército francês perdeu para a varíola o equivalente a um contingente inteiro, e cerca de cinco vezes mais indivíduos adoeceram. O exército prussiano tinha sido inoculado e, por isso, sofreu menos perdas. Aqui estava, pois, uma prova evidente dos benefícios da intervenção do governo.

Após a guerra, seguiram-se novas iniciativas do governo prussiano. Em 1874, foi estabelecido um programa de vacinação obrigatória contra a varíola para todos os cidadãos alemães. Foi criado um departamento de saúde para estudar as doenças infeciosas e descobrir tratamentos eficazes. Em 1876, foi aprovada uma lei que obrigava todos os trabalhadores industriais acima dos dezasseis anos de idade a registarem-se num plano de saúde caso não estivessem cobertos por outro sistema. Bismarck parecia estar a abraçar o «socialismo de Estado», e os liberais, em toda a parte, tomaram nota.

Em poucos anos, foram várias as diligências pioneiras adotadas pelo governo prussiano. Criou-se um sistema de seguros completo e obrigatório para os trabalhadores alemães, que incluía seguro contra doenças, acidentes industriais, envelhecimento e incapacidade. O próprio Bismarck não hesitou em chamar a estas medidas socialistas e prometeu aos trabalhadores mais legislação. Alguns liberais declararam estas medidas como mais um exemplo de cesarismo, porém, outros estavam satisfeitos com elas. Não tardou a iniciar-se um debate transatlântico sobre a relação entre o «verdadeiro liberalismo» e o socialismo de Estado.

Os historiadores tendem a negligenciar o papel que a Alemanha desempenhou na história do liberalismo. Mas as ideias alemãs tiveram um impacto gigantesco desde o início. A teologia liberal alemã influenciou a conceção liberal da religião durante mais de um século. E agora, no final do século XIX, as ideias alemãs da economia política provocaram a divisão do liberalismo em duas vertentes, uma, favorável ao *laissez-faire*, e outra, à intervenção do governo. Ambas se apresentavam como liberais.

O papel do Estado reimaginado

As medidas alemãs dirigidas ao interesse da sua população pobre foram especialmente certeiras numa época em que inúmeros estudos começavam a revelar os graves problemas que assolavam todos os países industrializados. Embora estivesse a ser criada muita riqueza e os padrões de vida fossem, na sua generalidade, mais elevados, um grande número de pessoas pobres estava a ser deixado para trás. Os bairros de lata, a sobrelotação e a doença eram galopantes. A agitação laboral crescia, e os trabalhadores, sindicatos e partidos começaram a organizar-se. O socialismo, nas suas variadas formas e manifestações, alastrava. Isto fez com que um número crescente de liberais acreditasse que os governos deveriam fazer mais para ajudar os pobres, encontrando inspiração naquilo que estava a acontecer na Alemanha.

Em França, na Grã-Bretanha e nos Estados Unidos, liberais inquietos estavam agora recetivos às ideias de uma nova escola de economistas alemães. A dianteira foi tomada por professores de economia como Wilhelm Roscher, Bruno Hildebrand e Karl Knies que, apesar de terem sido influentes na sua época, caíram em esquecimento na nossa. Em meados do século, eles lançaram um ataque de grandes proporções à doutrina do *laissez-faire*. As ideias do *laissez-faire*, advogavam, eram demasiado abstratas e teóricas para que pudessem ter alguma utilidade. Eram ainda pouco éticas, já que tornavam possível a exploração dos trabalhadores e nada faziam para remediar a pobreza endémica.

Era necessária uma economia política mais prática e orientada para os resultados, baseada em dados empíricos. Começaram então a recolher evidências que provassem que o *laissez-faire* estava a tornar a vida pior, e não melhor, para a maioria dos habitantes dos países industrializados. A previsão era de que as condições se deteriorariam e disseminariam se os governos não tomassem medidas.

Para homens como Roscher, os erros do *laissez-faire* não eram somente empíricos, mas também morais. O homem não era apenas um indivíduo solitário e egocêntrico; ele era um ser social com obrigações éticas que podia conceber e cumprir. Era moralmente repugnante, afirmavam, alegar que o egoísmo e a competição sem limites poderiam servir como base para uma economia viável e justa. Estas conceções levaram alguns a rotularem Roscher e os seus colegas como «economistas éticos» e «socialistas de cátedra», a que ficariam colados. Em resposta, os economistas éticos continuaram a acusar os seus adversários de «manchesterismo», um termo igualmente ou ainda mais depreciativo. Em 1872, os economistas éticos fundaram a Associação para a Política Social (*Verein für Sozialpolitik*). A sua declaração de missão confirmava a perspetiva de que o Estado tinha a obrigação moral de atender ao bem-estar coletivo. Nela se afirmava inequivocamente: «Não encaramos o Estado-Providência como uma medida de emergência ou como um mal inevitável, mas antes como o cumprimento de uma das tarefas mais elevadas do nosso tempo e da nossa nação. Na execução séria desta tarefa, o egoísmo dos indivíduos e o interesse restrito das classes estarão subordinados ao duradouro e mais alto destino do todo.»[448]

Lentamente, mas de forma regular, as ideias dos economistas éticos disseminaram-se, provocando debates acesos por toda a Europa e para além dela. Filósofos, politólogos, jornalistas e políticos mediram forças, tomando partido pela intervenção do governo ou pelo *laissez-faire*. Alguns liberais aceitaram e absorveram estas ideias entusiasticamente; outros, rejeitaram-nas. Observadores começaram a dar registo de uma crise da economia política. O futuro presidente Woodrow Wilson, bem versado nas ideias alemãs, designou-a como «uma guerra entre os economistas políticos»[449]. Isto resultou na criação do que o filósofo americano John Dewey mais tarde chamaria as «duas vertentes» do liberalismo, uma delas favorável ao intervencionismo, e a outra, ao *laissez-faire*.

Em França, os debates sobre a economia política alemã opuseram homens como Charles Gide e Alfred Fouillée a Léon Say, o filho de Jean-Baptiste, que exerceu funções como ministro das Finanças de França entre 1872 e 1883. Say e outros economistas políticos próximos do governo repudiaram as ideias provenientes da Alemanha como sendo um «estatismo» abominável e um tipo de «idolatria».[450] «Verdadeiro liberalismo», reiteravam, queria dizer aderir aos princípios do *laissez-faire.*

Graças, em grande medida, a homens como Say, a posição oficial dos governos franceses durante a década de 1870 era fazer o mínimo possível no que dizia respeito à ajuda direta aos pobres. Excetuando o contributo de Louis Roussel, em 1874, na regulamentação das amas de leite e na proteção às crianças enjeitadas, muito pouco aconteceu em França no campo do alívio da pobreza durante esta época. Os responsáveis do governo adiantavam os mesmos argumentos de antes: a «caridade pública» era prejudicial, pois encorajava a preguiça e a irresponsabilidade dos trabalhadores. Isso também os levava a considerar a ajuda um direito, e não um ato de caridade. Paul Ceré, um intelectual de renome que, durante um breve período de tempo, exerceu funções como prefeito na Segunda República, chegou ao ponto de sugerir que os hospícios e outros «sumptuosos dormitórios do pauperismo» deveriam ser encerrados. Os idosos e os doentes deveriam ser encaminhados de volta para as suas casas, e os desocupados, alistados no exército.[451]

Mas uma nova classe emergente de economistas políticos veio desafiar esta ideologia do *laissez-faire.* Charles Gide pertencia a este grupo. Gide começou por lecionar nas Universidades de Bordéus e Paris, transferindo-se mais tarde para o Collège de France. Em 1883, publicou um livro em que promovia as novas ideias. Este foi traduzido para inglês com o título *Principles of Political Economy** em 1892. Dois anos antes, tinha sido publicado na *Political Science Quarterly* um artigo que compendiava as ideias de Gide para o público americano.[452]

Estava mais do que na hora, asseverava Gide, de procurar orientação na nova escola da economia política alemã. A Guerra Franco-Prussiana, argumentava, tinha sido uma derrota não só do exército de França, mas também da sua política de *laissez-faire.* Houve um tempo em que França encabeçara o campo da economia política. Homens como François Quesnay, Dupont de Nemours, Turgot e Condorcet, ao qual o próprio Adam Smith prestava tributo, tinham estado na primeira linha da sua

* *Princípios de Economia Política* em português. [*N. da T.*]

disciplina. Mas hoje, lamentava Gide, importantes economistas franceses como Frédéric Bastiat e Léon Say tinham-se tornado complacentes, conservadores, e até mesmo insensíveis à miséria dos pobres. Talvez já não devessem chamar a si mesmos liberais, propôs Gide, já que advogavam um tipo repreensível de egoísmo que era cego ao bem coletivo. Talvez devessem ser chamados, antes, «hedonistas modernos». Gide acabou por designá-los como liberais «clássicos» ou «ortodoxos», talvez cunhando estes termos. Os liberais ortodoxos estavam presos ao passado, indisponíveis para encarar as novas realidades, afirmava. Felizmente, as suas ideias estavam a ser substituídas por outras mais sãs, provenientes da Alemanha.

As ideias alemãs também fizeram progressos na Grã-Bretanha. A derrota inesperada de França na Guerra Franco-Prussiana e a Comuna tinham funcionado como um aviso sério, e uma grave desaceleração económica gerara desemprego e pobreza massivos. A concorrência da Alemanha e dos Estados Unidos fez os bretões recearem perder a posição cimeira do seu país como a fábrica do mundo, enquanto um número crescente de pessoas perdia a fé no «mercado livre».

As inquietações dos liberais intensificaram-se quando, em 1874, o seu partido sofreu uma derrota inesperada nas eleições e os conservadores conquistaram uma maioria parlamentar pela primeira vez em mais de trinta anos. Benjamin Disraeli substituiu Gladstone como primeiro-ministro. Na sua campanha eleitoral vencedora, Disraeli estendeu a mão aos trabalhadores e prometeu-lhes legislação. Assim que chegaram ao poder, os conservadores apressaram-se a promulgar uma série de reformas; em 1879, Alexander MacDonald, um dos primeiros membros da classe trabalhadora eleito para o Parlamento, assinalou que «o partido Conservador fez mais pelas classes trabalhadoras em cinco anos do que os liberais em cinquenta anos».

Tudo isto deixou muitos no Partido Liberal britânico desorientados e confusos. Começaram a lastimar a falta de rumo do seu partido. Já não pareciam ter uma mensagem ou um propósito unificador. Era óbvio que as invocações vagas sobre aprimoramento e as récitas sobre carácter e autossacrifício já não estavam a funcionar. Já não era sequer possível chegar a uma definição do que era um liberal, lamentavam alguns. Os panfletos e artigos que ostentavam títulos como «O que são princípios liberais?» proliferaram.

A situação levou a que um número crescente de liberais britânicos se tornasse recetivo às novas ideias que chegavam da Alemanha, como se pode ser pela profusão de artigos e traduções de obras alemãs sobre economia política que começaram a surgir. Logo em 1875, a *Fortnightly Review*, uma das mais influentes publicações de espírito reformista na Grã-Bretanha do século XIX, anunciou alegremente a queda do «antigo credo ortodoxo», que provara ser incapaz de resolver os problemas com que se debatiam as nações industrializadas. Em 1879, a mesma revista publicou os «Capítulos sobre Socialismo», de John Stuart Mill, nos quais defendia que as ideias socialistas deveriam ser tidas em alta conta, porque poderiam fornecer os princípios orientadores da reforma.

Ao longo das décadas seguintes, um número crescente de liberais britânicos começou a ser favorável a um novo tipo de liberalismo que advogava mais intervenção do governo no interesse dos pobres. Apelavam a que o Estado tomasse medidas para eliminar a pobreza, a ignorância e a doença, bem como a excessiva desigualdade na distribuição da riqueza. Começaram a afirmar que não bastava conceder às pessoas a liberdade; era preciso conceder as *condições* da liberdade. Começaram a chamar a isto o «novo liberalismo».

Na América, as novas ideias da economia política foram introduzidas por via dos muitos jovens que prosseguiram os seus estudos nas universidades alemãs e regressaram para assumir posições cimeiras nas faculdades americanas. Na Alemanha, estavam imersos na economia ética e testemunharam em primeira mão o que um Estado podia fazer pelos seus pobres. Tal como os seus congéneres britânicos e franceses, eles tinham cada vez mais a certeza de que o *laissez-faire* era simplesmente errado, no plano moral e empírico, e começaram a advogar mais intervenção do governo na economia.

Tal como noutros países, a economia da América estava a ser transformada por alterações profundas. O país industrializava-se a um ritmo célere, de tal forma que, na viragem para o século XX, a sua produção ultrapassou o total conjugado da Grã-Bretanha, Alemanha e França. As alterações na economia causaram disparidades de riqueza nunca antes vistas. As depressões prolongadas das décadas de 1870 e 1890 levaram milhões de americanos a perder os seus empregos.

Quando os trabalhadores americanos, tal como os de outros países, pediram ajuda ao governo, esta foi-lhes negada. As autoridades recorreram às forças armadas para suprimir a Greve Geral de 1877, a primeira contenda laboral na história dos Estados Unidos que envolveu toda a nação. Observadores apreensivos recearam que a Comuna de Paris tivesse atravessado o Atlântico.[453]

No ano seguinte, a Câmara dos Representantes achou que tinha o dever de inquirir quais as causas do descontentamento dos trababalhadores e divisar soluções. Mas, no final, nenhuma solução foi proposta. O consenso parecia ser o mesmo de sempre: a intervenção do governo violaria as leis do mercado. Os trabalhadores deveriam aprender estas leis e adquirir os hábitos certos: os valores do trabalho duro, da poupança e da valorosidade. Os americanos que tinham estudado economia ética na Alemanha tornaram-se figuras cimeiras nas disciplinas emergentes da economia, ciência política, história e sociologia. Fundaram uma legião de associações académicas profissionais, a Associação Americana de História (1884), a Associação Americana de Economia (1885), a Asociação Americana de Ciência Política (1903) e a Associação Americana de Sociologia (1905). Cinco dos seis primeiros membros fundadores da Associação Americana de Economia tinham estudado na Alemanha, e o mesmo acontecia com vinte dos seus primeiros vinte e seis presidentes.

Um dos mais importantes disseminadores das novas ideias na América foi o economista Richard Ely. Ely possuía o doutoramento em economia da Universidade de Heidelberg, onde estudara sob a orientação de economistas éticos como Karl Knies e Johann Bluntschli. Regressou para aceitar um cargo de docente no Departamento de Economia Política da Universidade Johns Hopkins em 1881. Não tardou a afirmar-se como um autor prolífico de livros e artigos. Os americanos, afirmava, deveriam tomar nota do exemplo alemão e aprender com as ideias alemãs.

Foi sob a liderança de Ely que um grupo de jovens economistas americanos fundou, em 1885, a Associação Americana de Economia. Os seus estatutos reiteravam o ideal fundador da associação alemã. O Estado, lia-se neles, era «um agente educacional e ético», cuja contribuição era necessária para que a humanidade progredisse. A economia política não mais deveria ser utilizada como um instrumento em mãos gananciosas ou como uma desculpa «para não se fazer nada enquanto há pessoas a morrer de fome»[454].

As enciclopédias britânicas e americanas comprovam a influência da economia ética alemã. Na edição de 1885 da *Encyclopædia Britannica*, a entrada sobre economia política informava os seus leitores de que uma nova escola estava em ascensão. A *Enciclopédia de Ciência Política, Economia Política e da História Política dos Estados Unidos* anunciava que a ciência política se encontrava num estado caótico. Estava em curso, lia-se nela, uma rebelião contra a doutrina do *laissez-faire*, que os alemães haviam provado ser absolutamente errónea. A grande maioria das pessoas percebia agora que o Estado tinha a obrigação moral de intervir no interesse dos desamparados e oprimidos. O Estado tinha fins mais nobres a atingir do que a mera criação de riqueza material. O aprimoramento dos cidadãos em «inteligência e felicidade» era bem mais importante. Era isto o que distinguia a civilização da barbárie.[455]

As ideias alemãs exerceram um efeito poderoso na história do liberalismo. Estas desencaderam um grande debate — muitas vezes, um debate injurioso — entre os proponentes das ideias «antigas», «clássicas» ou «ortodoxas» da economia política e os proponentes das ideias «novas, «progressistas» ou «construtivas». Como resultado, a economia política dividiu-se em duas. Os dois lados iriam digladiar-se ao longo do século seguinte e, em certa medida, continuam a fazê-lo ainda hoje.

A resistência ao novo liberalismo foi considerável. A escola ortodoxa deu luta. Uma das suas vozes mais fortes e influentes foi Herbert Spencer, talvez o mais lido filósofo de língua inglesa no seu tempo. Hoje mais conhecido pela expressão «sobrevivência do mais apto», Spencer foi uma autoridade numa ampla gama de disciplinas, incluindo ética, biologia, filosofia e economia.

Em 1884, Spencer marcou a sua posição com uma obra altamente polémica intitulada *O Homem Contra o Estado.* Os proponentes do «novo liberalismo», denunciou, não eram, de todo, liberais. O «verdadeiro liberalismo» nada mais era do que a libertação de constrangimentos ou interferências. No passado, o liberalismo tinha-se oposto à autoridade ilimitada dos monarcas; no presente, o liberalismo deveria opor-se ao poder ilimitado dos parlamentos.[456]

O mais importante discípulo americano de Spencer, William Graham Sumner, repudiou as ideias alemãs como sendo nada mais do que «charlatanice social». Sumner lecionava Ciências Sociais na Universidade de Yale e, tal como o seu mentor, acreditava numa política estrita de *laissez-faire.* Algo como uma «questão social» simplesmente não existia, propalava; aquilo de que o trabalhador precisava era que o deixassem em paz.[457] Ideias semelhantes foram sugeridas por J. Laurence Laughlin, desta feita, na Universidade de Harvard. Em 1884, Laughlin publicou uma versão resumida dos *Princípios de Economia Política* de John Stuart Mill para uso nas escolas americanas, da qual retirou as referências de Mill aos benefícios da intervenção do Estado.[458] Cinco anos depois da publicação dos seus ensaios socialistas em Inglaterra, Mill viu-se transformado em defensor dos mercados livres sem amarras na América.

Nem Sumner nem Laughlin podiam remar contra a maré. Em 1903, Charles Merriam, professor de Ciência Política na Universidade de Chicago, proclamou a vitória das ideias alemãs. A sua *História das Teorias Políticas Americanas* seguiu a evolução do pensamento político na América desde a fundação. As ideias modernas sobre o propósito do Estado tinham mudado radicalmente, afirmava. Os cientistas políticos da América estavam agora preparados para que o Estado assumisse poderes mais vastos. Eles já não acreditavam que o governo se limitava a desempenhar um papel negativo, mas antes que ele deveria fazer avançar o bem-estar de todos. Merriam completara os seus estudos na Alemanha.

Enquanto os liberais britânicos discutiam entre si sobre a natureza do verdadeiro liberalismo, Gladstone continuou a oferecer pouca orientação sobre este tema. Ele contava que o governo autónomo da Irlanda fosse uma questão em torno da qual todos os liberais se pudessem mobilizar. Mas, em vez disso, o partido dividiu-se relativamente a este tema e os liberais foram destituídos do governo em 1885. Nesse ano, a desunião e a confusão dos liberais atingiram um pico. Permaneceram afastados do poder durante os vinte anos seguintes, exceto por um curto período entre 1892 e 1895. Segundo o *The Daily Chronicle*, o Partido Liberal encontrava-se em estado de crise; era «incoerente, apático, desorganizado e néscio»[459]. Os liberais já não faziam ideia daquilo por que lutavam.

Entretanto, vários jornais britânicos reclamavam que fosse dada mais atenção aos assuntos económicos e sociais. Com um sentido crescente de urgência, afirmava-se que os liberais tinham de descartar o «liberalismo antigo» para dar lugar ao novo. Em 1906, John A. Hobson, um dos mais originais teóricos políticos da época, anunciou resolutamente: «O antigo liberalismo do *laissez-faire* está morto.» Deveriam ser aprovadas novas medidas progressistas para extirpar as raízes da pobreza e das doenças que andavam lado a lado com ela. Só então poderia existir uma efetiva «igualdade de oportunidades económicas e intelectuais»[460].

Socialismo liberal

Vários proponentes do novo liberalismo admitiam que podiam ser vistos como pregadores do socialismo, mas não se importavam com isso. Em 1893, lia-se o seguinte num ilustre semanário liberal britânico: «Se é socialismo ter sentimentos generosos e esperançados a respeito do lote daqueles que trabalham [...], somos todos socialistas nesse sentido.»[461] Alguns anos depois, o futuro primeiro-ministro Winston Churchill proferiu um dicurso no qual exortava especificamente os liberais a não se preocuparem com o rótulo do socialismo. «A causa do Partido Liberal é a causa dos milhões desprezados», e essa deveria ser favorável à intervenção do Estado no seu interesse. Seria por meio de uma forma nova e «socialística» de liberalismo que a sociedade evoluiria «para uma base mais igualitária».[462]

Decerto, a abertura ao socialismo dependia da forma como o socialismo era definido. Também aqui existiam discordâncias. A palavra significava coisas diferentes para pessoas diferentes. Para Churchill, «socialístico» não tinha necessariamente de implicar a defesa da revolução ou algo tão radical como a nacionalização da indútria privada. Ele defendia reformas graduais e não violentas. O economista americano Francis Amasa Walker afirmou que o termo «socialista» poderia ser aplicado a «todas as tentativas, subordinadas ao impulso popular, de expansão das funções do governo» pelo bem coletivo.[463] No *Staatswörterbuch,* Bluntschli admitiu que o socialismo queria dizer coisas diferentes para pessoas diferentes, e que era, no seu entender, perfeitamente apropriado que alguém se referisse à reforma social gradual como socialismo.[464]

Em França, a via intermédia entre o liberalismo e o socialismo era, muitas vezes, chamada «solidarismo». O seu principal proponente foi Léon Bourgeois, que se tornou primeiro-ministro em 1895 e publicou um livro intitulado *Solidariedade* no ano seguinte. Alguns preferiam designá-lo «socialismo liberal»[465]; na verdade, Bourgeois gostava de se referir a si mesmo como um «socialista liberal».[466] A República Francesa tinha o dever de promover a solidariedade entre os seus cidadãos, afirmava, e deveria fazê-lo não só ensinando-lhes o patriotismo nas escolas públicas, mas também reduzindo a desigualdade que os dividia. Em resposta, Léon Say e os seus colegas insistiram que o governo se deveria manter fiel ao *verdadeiro* liberalismo, ou seja, ao *laissez-faire.*

O solidarismo proporcionou a base lógica para uma colaboração entre o radical partido republicano francês e um grupo de socialistas no Parlamento. Em conjunto, fizeram aprovar um programa de reformas que incluíram a limitação da jornada de trabalho e um imposto progressivo sobre os rendimentos para pagar o suprimento de pensões e a assistência social. O dever da solidariedade social requeria a intervenção do Estado, declarou Bourgeois. Uma república não deveria ser apenas um certo tipo de instituição política, afirmou, mas o instrumento do progresso social e moral. Estas ideias enfureceram os economistas políticos liberais, entre os quais se encontrava Say.

A simpatia crescente dos liberais pelo socialismo tinha, sem dúvida, alguma coisa que ver com a simpatia crescente dos socialistas pelos liberais. Os socialistas do final do século XIX não advogavam necessariamente a revolução ou a abolição do capitalismo. O primeiro partido socialista francês, a Federação dos Trabalhadores Socialistas de França, fundado em 1879, advogava reformas graduais aprovadas pelo Parlamento. Também na Alemanha o sucesso eleitoral do seu partido levou muitos Sociais-Democratas a acreditar que o socialismo poderia ser alcançado pela reforma pacífica e pela legislação. Estes desenvolvimentos encorajaram os liberais a pensar que podiam colaborar com os socialistas para implementarem leis progressistas. Em 1901, o líder liberal Friedrich Naumann propôs uma grande coligação eleitoral «de Bassermann a Bebel», por outras palavras, da direita Liberal Nacional à esquerda Social-Democrata.

Eduard Bernstein, um teórico político alemão e membro do Partido Social Democrata, emergiu como um dos líderes desta revisão da doutrina socialista. Numa série de artigos publicados na *Die Neue Zeit*, Bernstein sugeriu que os socialistas amenizassem a sua retórica contra o liberalismo, já que o liberalismo estava, de qualquer forma, a evoluir na direção certa. O socialismo, afirmou Bernstein, era o herdeiro e a concretização do liberalismo, e a democracia permitia a realização do socialismo por meios pacíficos e graduais. A revolução não era necessária.

Este posicionamento dos socialistas explica porque é que o inglês Leonard Hobhouse, um notável publicista do novo liberalismo, pôde afirmar que «o verdadeiro socialismo serve para completar, e não para destruir, os mais excelsos ideais liberais».[467] O seu amigo John Hobson designou-o como «socialismo praticável».[468] Mas, como seria de esperar, os liberais da velha-guarda continuaram a denunciar qualquer conivência com o socialismo. Em França, indivíduos que se autointitulavam «homens da ordem» e «conservadores francos» criaram uma União Republicana Liberal para lutar pelo «*verdadeiro* liberalismo»[469]. Para estes homens, tal como para os membros da *Action Libérale Populaire*, ser liberal era ser conservador.

Um modo de vida moral

Desde os primórdios do liberalismo, os liberais viram a sua causa como moral. Lutavam, não apenas pelos seus direitos, mas pelos meios para cumprirem melhor os seus deveres morais. Os novos liberais também se exprimiram nestes termos. Eles não defendiam direitos individuais, mas sim o autodesenvolvimento moral como um modo de fazer avançar o bem coletivo. Um bom exemplo disto é a palestra de T. H. Green, «Legislação Liberal e Liberdade de Contrato», proferida em 1880, que foi depois publicada e amplamente lida. Green, que estudara filosofia e teologia na Alemanha, lecionava filosofia moral na Universidade de Oxford. A sua palestra foi bastante influente no seu tempo e, desde então, tem sido encarada como a própria quinta-essência do novo liberalismo britânico.

Todos os seres humanos, reivindicava Green, tinham a obrigação moral de fazerem o melhor que podiam. E fazer o melhor que se podia queria dizer ocupar-se de certos deveres para com os seus concidadãos. Isto não se aplicava somente aos ricos ou bem estabelecidos; todos tinham estes deveres. Mas como poderiam os pobres e os enfermos cumprir os seus deveres para com a sociedade dadas as condições miseráveis em que se encontravam? Circunstâncias fora do seu controlo, argumentava Green, impediam que a maioria dos pobres cumprisse as suas obrigações morais. Este raciocínio levá-lo-ia a advogar um conjunto de medidas, em que se incluíam leis sanitárias, inspeções fabris e educação pública. Outros liberais contribuiriam para aumentar esta lista.

Na verdade, é impossível entender o novo liberalismo sem ter em conta a primazia que os seus proponentes atribuíam à ética. Era a paixão pelo aprimoramento da humanidade que os guiava. Os novos liberais referiam-se frequentemente à necessidade de os indivíduos desenvolverem as suas «faculdades elevadas». O autodesenvolvimento em favor dos outros, acreditava Ely, era o intuito da ética social. Em sermões seculares proferidos na Universidade de Balliol, Green instigava as pessoas a serem o melhor que conseguiam ser. Para isto, afirmava, elas deveriam cultivar o espírito do autossacrifício. A tarefa mais importante do liberalismo, dizia um liberal alemão, era ajudar os trabalhadores a prosseguirem um modo de vida moral. Outros chamaram-lhe uma «vida humana» ou «a melhor vida».

Uma das formas de os governos proporcionarem aos indivíduos a oportunidade de prosseguirem uma vida moral era através da educação pública. Vimos já quanto empenho os liberais lhe dedicaram. De acordo com o solidarista francês Léon Bourgeois, cabia ao sistema escolar público «elevar os homens à ideia do dever social»[470]. As novas escolas francesas tomaram para si a missão de fazer dos estudantes bons cidadãos — por outras palavras, ensinar-lhes a solidariedade. Um sistema aprimorado de educação pública, afirmou Hobson, precipitaria a necessária «revolução [...] nos espíritos dos homens»[471]. Woodrow Wilson afirmou que os sentimentos de generosidade e humanidade precisavam de ser cultivados; ele acreditava que o papel do ensino das artes liberais era o de desenvolver esses sentimentos.[472]

A reforma educacional e moral estava, como sempre, intimamente relacionada com a religião. Como seria de esperar, muitos dos novos liberais eram protestantes, ou tinham raízes no protestantismo, e a maior parte deles era favorável a uma modalidade de «protestantismo liberal» com que já nos deparámos anteriormente. T. H. Green era filho de um ministro evangélico e estudara teologia liberal em Tübingen.[473] A Associação Americana de Economia incluía vinte e três homens do clero entre os seus membros fundadores, muitos dos quais tinham completado os seus estudos na Alemanha. Os protestantes liberais e os maçons tinham uma participação desproporcionadamente vasta no movimento solidarista francês. O trabalho com as sociedades éticas britânicas impregnou grande parte da perspetiva moral de Hobson e Hobhouse.

De acordo com os seus proponentes, o «cristianismo liberal» revelava-se no altruísmo e nas boas obras. No final do século XIX, os ingleses designavam-no «cristianismo generalizado» ou «comum». Edward Miall, um parlamentar liberal e ministro congregacional, pretendia que as crianças britânicas em idade escolar assimilassem «um credo doutrinário ampliado, mais liberal, e talvez, em alguns aspetos, mais *indistinto*»[474].

Num manual unitarista de grande difusão, intitulado *O Nosso Movimento Liberal na Teologia*, descrevia-se este cristianismo «generalizado». Acima de tudo, este deveria propalar um sistema de moralidade que viesse a ter um efeito prático na vida.[475] Esta ideia de que a religião deveria ser prática era frequentemente repetida. Friedrich Naumann chamava-lhe «cristianismo prático».[476] Para Richard Ely, «um cristianismo que não seja prático não é cristianismo de todo»[477]. Cada um destes protestantes liberais acreditava que a religião cristã deveria ver-se livre de uma atitude restrita, negativa e excessivamente individualista, concentrada na salvação individual das almas, e dedicar-se antes a melhorar as vidas de todas as pessoas.

Eugenismo liberal

Tais palavras grandiosas sobre o melhoramento humano e o autoaperfeiçoamento não nos preparam para um facto assombroso: muitas das pessoas que defendiam um papel mais alargado do Estado no alívio da pobreza eram também proponentes entusiásticas da «ciência racial» e do eugenismo. Por mais chocante que hoje nos pareça, muitos liberais consideravam estas duas coisas inteiramente coerentes com a sua missão de fazer avançar o bem comum.

O termo «eugenismo» foi cunhado em 1881 pelo naturalista e matemático britânico Francis Galton, um primo de Charles Darwin. O principal eugenista americano, Charles B. Davenport, descreveu-o como «a ciência do aprimoramento da raça humana pelo melhoramento da reprodução». Existia um eugenismo «positivo», que pretendia incentivar os mais aptos a procriarem de forma mais prolífica. As medidas positivas incluíam, em regra, legislação promotora da saúde das mães e dos recém-nascidos. Existia também um eugenismo «negativo», que pretendia incentivar aqueles que eram julgados «inaptos» a reproduzirem-se menos ou, o que seria ainda melhor, a não se reproduzirem de todo.

Muitos eugenistas tinham a expectativa de que o seu programa de aprimoramento da raça, pela via positiva ou negativa, fosse voluntário. Eles colocavam a ênfase na educação, na injunção moral e na contraceção. Alguns deles também eram favoráveis à esterilização forçada ou à proibição do casamento entre os «inaptos». Destes faziam parte, entre outros, os loucos, os débeis mentais e os epiléticos. Porque era crença comum a existência de uma relação entre a inteligência inferior e a imoralidade ou o crime, e se considerava que os criminosos geravam criminosos e os pobres geravam pobres, havia quem advogasse a proibição do casamento também entre estes.

Os liberais não foram os únicos proponentes entusiásticos do eugenismo. A crença no eugenismo e na «ciência racial» era generalizada ao longo do espectro político em todos os países aos quais fizemos referência. Esta era alimentada pelos receios de degeneração que cresciam nos países industrializados, não só em França após a Guerra Franco-Prussiana, mas também nos Estados Unidos, na Grã-Bretanha e na Alemanha. Em França, as preocupações com a degeneração da «raça» conduziram à formação de uma Liga da Regeneração Humana em 1896. Poucos anos depois, Léon Bourgeois tornou-se presidente honorário da recém-criada Sociedade Eugenista Francesa. Os franceses, como têm notado os historiadores, tendiam a preferir os métodos positivos em detrimento dos negativos.

Em 1903, o Parlamento britânico tomou a iniciativa de estabelecer uma comissão para analisar a deterioração nacional. A «fibra» da nação — o seu carácter moral, inteligência e capacidade para competir no mundo — estava, aparentemente, em declínio. Para contrariar este problema, as reformas sociais e políticas eram insuficientes.

Hobson, um dos mais respeitados teóricos liberais do seu tempo, apoiava o impedimento da «procriação antissocial». A «seleção do mais apto, ou antes, a rejeição do mais inapto» era essencial a todo o progresso. «Deixar a geração de crianças entregue a uma investida privada sem restrições é a mais perigosa renúncia às suas funções que um Governo pode praticar», afirmou.[478]

Também na América progressistas como Richard Ely e Herbert Croly ou Woodrow Wilson defenderam entusiasticamente o eugenismo. Ely apelou à adoção da seleção artificial para evitar o nascimento de «progenitura viciosa» e era favorável a leis que negassem a determinadas pessoas o direito ao casamento. Alguns seres humanos, escreveu, «são absolutamente inaptos e devem ser impedidos de continuar a sua espécie». Ely também apoiava a segregação dos «não-empregáveis» em colónias laborais e, quando isto não fosse suficiente, propunha soluções mais drásticas. Os «moralmente incuráveis» e «os que não trabalham nem obedecem», afirmou Ely, «não devem poder reproduzir a sua espécie»[479]. Em 1911, o governador da Nova Jérsia Woodrow Wilson firmou a legislação sobre esterilização forçada naquele estado, cujo alvo eram «os desvalidos irremediáveis e as classes criminosas»[480].

Muitos dos eugenistas, se não mesmo a grande maioria, eram também abertamente racistas. Ely escreveu que os negros eram, «na maior parte dos casos, crianças grandes, e devem ser tratados como tal». O racismo do seu aluno, Woodrow Wilson, é bem conhecido. Enquanto professor, Wilson explicou aos leitores do *The Atlantic Monthly* que os escravos libertos e os seus descendentes eram «indolentes e agressivos, indispostos para o trabalho, e ciosos dos prazeres»[481]. Mas estas ideias eram comuns. Aos negros, dizia-se, faltava a capacidade para se governarem a si próprios, e era por isso que não deveriam poder votar.

Feminismo e liberalismo no final do século XIX

O eugenismo também esclareceu as atitudes dos liberais em relação às mulheres. Uma vez que elas eram o sexo biologicamente mais fraco, considerava-se que as mulheres precisavam de ser especialmente protegidas dos rigores do trabalho exterior ao lar. Era sobretudo por isto que os legisladores liberais defendiam coisas como restrições ao número de horas de trabalho ou a proibição do trabalho noturno para as mulheres. Afinal, as mulheres desempenhavam um papel especialmente importante na preservação da hereditariedade humana e não deveriam poder arriscar a saúde da raça por causa do excesso de trabalho ou da fadiga. Qualquer tipo de ocupação «injuriosa para o organismo feminino» deveria ser proibida, escreveu Ely.[482]

Estas ideias também eram comuns entre os liberais franceses, especialmente, após a Guerra Franco-Prussiana, quando os receios de declínio e degeneração da população atingiram níveis elevados. Na sua obra *Sobre a Mulher Trabalhadora*, Jules Simon escreveu que as mulheres que trabalhavam fora de casa geravam bebés fracos e malformados. O seu leite materno era corrompido. Inquietações deste tipo estão subjacentes às reformas sociais dos liberais franceses que tinham como alvo específico as mulheres. As novas leis estavam intimamente relacionadas com o incentivo ao nascimento de crianças saudáveis.[483]

No que dizia respeito ao alargamento do direito de voto às mulheres, a maior parte dos liberais continuava a opor-se. Tal como acontecia com os afro-americanos, às mulheres faltaria a capacidade necessária. Elas não eram apenas fisicamente mais fracas; eram também mais impressionáveis e menos racionais do que os homens. A sua natureza tornava-as menos capazes de formarem juízos certeiros. Faltava-lhes o senso comum. Estas ideias, é claro, fortaleceram a noção de que o seu papel era dentro de casa, onde poderiam ser supervisionadas pelos seus maridos e incentivadas a gerarem crianças saudáveis.

Em França, existia ainda o receio de que, ao conceder às mulheres o direito de voto, isso beneficiaria os candidatos católicos. As mulheres eram naturalmente supersticiosas, diziam os liberais, e, portanto, suscetíveis à manipulação dos padres. Esta era a principal razão pela qual Alfred Fouillée, em tudo o resto um proponente daquele a que chamava um «liberalismo progressista» e «reformista», se opunha ao direito de voto das mulheres. Elas precisavam de mais educação antes de essa possibilidade poder sequer ser considerada. Entretanto, a sua contribuição para o bem coletivo era gerar uma descendência saudável e manter a felicidade no lar.

Os liberais apresentaram razões adicionais para privarem as mulheres do direito ao voto. Porque as mulheres eram tão emocionais e insensatas, conceder-lhes o voto encorajaria o excesso legislativo. Herbert Samuel, membro liberal do Parlamento, admitia que o governo talvez se tornasse «mais humano», mas sacrificaria a eficiência, o fundamento e o «verdadeiro estadismo». Se o direito de voto fosse concedido às mulheres, o governo ficaria esmagado por um «idealismo impraticável». Um espírito de efeminação infiltrar-se-ia no governo, «exaurindo silenciosamente as fundações da grandiosidade nacional e imperial». O sexo, concluiu Samuel, «define uma linha de capacidade política que não é seguro ultrapassar»[484].

Apesar do crescimento dos movimentos de mulheres sufragistas, William Gladstone opôs-se inequivocamente ao sufrágio das mulheres. Do mesmo modo que se opôs a Federação Liberal das Mulheres, fundada em 1886 sob a presidência da Sra. Gladstone. O propósito da federação era o de promover os interesses do Partido Liberal, ou, nos termos da Sra. Gladstone, «ajudar os nossos maridos»[485]. Alguns liberais continuavam a afirmar que conceder às mulheres direitos iguais não melhoraria o casamento e a família, mas antes colocaria em perigo estas duas instituições cruciais na moralização e preparação dos homens para a cidadania.[486] Na Alemanha, o livro de referência do Partido Liberal Nacional em 1897 falava em nome de muitos liberais ao proclamar que a vida doméstica «só pode desenvolver-se de forma saudável [...] quando o homem é o chefe da família»[487]. Fazendo eco de um dos argumentos de Samuel, convidar as mulheres para o governo iria «efeminar» o Estado.[488]

Alguns destes argumentos eram flagrantemente contraditórios. Se, por um lado, se dizia que conceder às mulheres o direito de voto causaria um «excesso legislativo» em favor de causas humanas e idealistas, também se dizia que elas não precisavam de votar, uma vez que os seus maridos votavam por elas. Conceder às mulheres o sufrágio duplicaria simplesmente o número de votos, o que seria inútil. Por outro lado, as discordâncias políticas entre um casal criariam desarmonia no seio da família. Samuel acrescentou que as diversas queixas das mulheres em matérias como o divórcio, o direito de sucessão, «e por aí adiante», eram, em todo o caso, «pouco graves» e estavam a ser tratadas. As questões remanescentes poderiam ser solucionadas pelos seus maridos.[489]

Alguns liberais consideravam que as mulheres poderiam, *ao final de algum tempo*, adquirir o direito de voto. «Esperemos um pouco», sugeriu

Samuel, já que as mulheres ganhariam, com o tempo, a aptidão necessária.[490] Na verdade, muitos liberais diziam que ainda não era a altura certa para o sufrágio feminino. Primeiro, as mulheres precisavam de adquirir e de mostrar a sua «capacidade». Quando as feministas alemãs procuraram obter o apoio de Friedrich Naumann, ele respondeu que as mulheres «fariam melhor em demonstrar as suas habilidades nos assuntos públicos» antes de exigirem o voto. A sua primeira prioridade deveria ser a reforma do sufrágio para os homens prussianos. As mulheres deveriam ajudar os homens a conquistarem a «plena maturidade política»; depois disso, «a questão do sufrágio das mulheres resolver-se-á por si só»[491].

Um número crescente de mulheres e homens liberais desafiavam estes argumentos, insistindo que os liberais contradiziam os seus próprios princípios. As feministas alemãs lastimavam que o mais recente e muito alardeado «novo liberalismo» nada tivesse trazido às mulheres, ou quase nada. Alice Salomon tentou convencer os liberais de que o feminismo «brotava do mesmo chão» que o liberalismo e partilhava com ele uma visão do mundo semelhante.[492] O que as mulheres pediam era simplesmente um «liberalismo alargado» que as incluísse.[493]

Várias feministas começaram a afirmar que o «verdadeiro liberalismo» deveria apoiar o direito de voto das mulheres. Entre uma nova geração de homens, onde se incluíam os Jovens Liberais Alemães, existia um número crescente de vozes que concordavam com isto. O teólogo protestante Rudolf Wielandt era uma delas. «O movimento das mulheres, nas suas mais nobres e melhores motivações, é irmanado ao liberalismo», proclamou. «A mulher pretende unicamente ter o direito de utilizar a sua natureza particular» para o bem coletivo, algo que as mulheres deveriam ser encorajadas a fazer.[494]

Por seu turno, na Grã-Bretanha, a Federação Liberal das Mulheres principiou a não se contentar com a restrita missão de «ajudar os seus maridos», e reivindicou que as próprias mulheres deveriam ter o direito de voto. Em 1911, o *The Manchester Guardian* proclamou que a exclusão das mulheres era «um ultraje». «Nenhum Governo que se considere liberal pode levar tão longe a traição aos princípios liberais sem incorrer no descrédito profundo e duradouro e na ruína definitiva», lia-se nele.[495]

Algumas mulheres garantiam que era precisamente a sua «natureza» específica que tornava a sua plena participação política tão importante para o Estado. Um exemplo disto é a feminista alemã Gertrude Bäumer, convidada em 1910 como oradora principal numa conferência de progressistas alemães, onde se apresentou com uma comunicação intitulada

«As Mulheres e o Futuro do Liberalismo». A singularidade das mulheres, afirmou, tornava imperativo que elas adquirissem o direito de voto. O sufrágio das mulheres asseguraria a influência «dos talentos e das energias femininas» na sociedade.

Todavia, isto era precisamente aquilo que preocupava os adversários de Bäumer: a efeminização do Estado. Em 1908, a posição oficial dos Liberais Nacionais rejeitou os seus argumentos, mantendo o argumento, infinitamente repetido durante mais de cem anos, de que conceder às mulheres o voto era negar «a diferença entre os sexos deliberada pela Natureza»[496].

No final do século XIX, os argumentos com base nos direitos continuavam a ser raros entre as proponentes do sufrágio feminino. As sufragistas americanas Susan B. Anthony e Elizabeth Cady Stanton foram verdadeiras pioneiras — e casos isolados — a este respeito. No dia 5 de novembro de 1872, em Rochester, Nova Iorque, Anthony e quinze outras mulheres foram às urnas na eleição presidencial, apesar de as mulheres estarem proibidas de o fazer. Duas semanas depois, elas foram detidas; Anthony foi julgada e acusada de votar ilegalmente. As suas ações ameaçavam o casamento, a família, a Igreja e a Constituição. Ela, por sua vez, acusou as autoridades de «deitarem por terra todos os princípios vitais do nosso governo. Os meus direitos naturais, os meus direitos civis, os meus direitos políticos, os meus direitos judiciais são, por igual, ignorados. Espoliada do privilégio fundamental da cidadania, rebaixam-me do estatuto de cidadã ao de súbdita; e não só a mim individualmente, mas ao sexo a que pertenço, condena à submissão política, sob esta pretensa forma de governo, o veredicto do senhor meretíssimo.»

Estes argumentos, baseados nos direitos individuais das mulheres, raramente voltaram a escutar-se. No seu manual de referência do Partido Liberal, Samuel esclareceu que não fazia sentido falar-se de um «direito natural» ao voto, já que este direito não existia. A aptidão era uma condição absoluta do sufrágio. Uma vez que à mulher inglesa, tal como à criança inglesa ou ao homem indiano, faltava a «aptidão» requerida, era ridículo pensar que se lhe deveria conceder o direito de voto. Da mesma forma, no *The National Liberal News* a expectativa era a de que as mulheres alemãs evitassem ser «americanizadas». As boas mulheres alemãs rejeitariam qualquer «idiotice sufragista»[497].

Com maior regularidade, as mulheres argumentavam que pretendiam uma mudança nas leis para que pudessem desempenhar melhor os seus deveres como esposas, mães e cidadãs, e gerar crianças mais saudáveis. A maior parte das feministas não negava a sua natureza particular ou a sua vocação doméstica. Elas acreditavam que os homens e as mulheres tinham diferentes naturezas e deveres, e que estes eram *complementares*: deveriam trabalhar em conjunto para construir famílias de forma a contribuírem para o bem coletivo. Algumas chegaram mesmo a usar argumentos eugenistas para promover a sua causa. A americana Victoria Woodhull, célebre sufragista e proponente do amor livre que se candidatou à presidência em 1870, defendeu que uma lei do divórcio mais liberal iria regenerar «a raça». Os proponentes do amor livre afirmavam frequentemente que tornar o divórcio mais fácil, os casamentos mais afetuosos e o sexo mais aprazível para as mulheres se traduziria em melhores mães, melhores famílias e bebés mais saudáveis.

* * *

No final do século XIX, a questão do papel atribuído ao governo determinava a existência de duas espécies de liberais: os novos e os antigos, os intervencionistas e os *laissez-fairistas*. Ambos insistiam que eram *eles* os *verdadeiros* liberais.

Ao fim de algum tempo, os novos liberais descartaram o termo qualificativo «novos» e passaram-se a chamar-se simplesmente liberais. Como Green, muitos deles consideravam que existia muito pouco de novo na sua versão de liberalismo. Os liberais, afirmou Green, estavam há cinquenta anos a lutar pela mesma coisa: o bem social. Hobson garantiu que os liberais *nunca* tinham subscrito uma política de *laissez-faire* estrito ou concebido a liberdade de uma forma puramente negativa. Incorporar as conceções dos economistas éticos alemães era inteiramente compatível com os princípios liberais, uma vez que estes estavam constantemente a ser ajustados para responderem aos problemas de cada época.

A disputa entre os novos e os antigos liberais foi também sobre o modo como se deveriam ler os fundadores da escola liberal. Os novos liberais reivindicavam que os *laissez-fairistas* faziam uma leitura equivocada de economistas como Adam Smith. Eles, os novos liberais, estavam «a fazer o trabalho que Adam Smith começou»[498]. Afinal de contas, Smith tinha sido sensível às circunstâncias históricas, lia-se na *Encyclopædia Britannica*; no quinto livro da *Riqueza das Nações*, ele tinha admitido a necessidade da intervenção do governo. Da mesma forma, Alfred Fouillée repudiou o «economismo dos *laissez-fairistas*»; não era nada daquilo o que Smith pretendia.[499]

Beatrice Webb, uma proponente do socialismo fabianista, apreciou a ironia de tudo isto: «A economia política de Adam Smith foi a expressão científica da impetuosa cruzada do século XVIII contra a tirania de classe e a opressão da Maioria pela Minoria. Que convulsão silenciosa de acontecimentos, que inconsciente transformação do pensamento, a transformou no "Evangelho dos Patrões" do século XIX?»[500]

CAPÍTULO OITO

DE COMO O LIBERALISMO SE TORNOU O CREDO AMERICANO

Nos Estados Unidos, o liberalismo é, hoje, não só a tradição intelectual dominante, mas também a única que existe.
— Lionel Trilling, 1950

Como é que o liberalismo se tornou um termo chave e ubíquo no vocabulário político americano? A *Encyclopedia Americana* de 1831 não incluía uma entrada sobre o liberalismo, e a entrada «liberal» explicava que o seu significado político era oriundo de França. Só meio século mais tarde é que o liberalismo teve direito a uma entrada na *Cyclopaedia de Ciência Política* americana, e esta era uma tradução de um artigo francês que equiparava o liberalismo aos «princípios de 89». Durante os últimos anos do século XIX, «liberalismo» continuou a ser uma palavra rara na linguagem da política americana e, quando era utilizada, servia frequentemente para designar um acervo de ideias europeu, se não mesmo *francês*.

A ser assim, como é que o liberalismo se americanizou? Segundo o preeminente intelectual e comentador político Walter Lippman, a palavra começou a ser de uso comum graças a um grupo de reformadores, que eram Progressistas Republicanos em 1912 e Democratas Wilsonianos a partir de 1916.[501] É sugestivo que Woodrow Wilson se tenha apresentado como «progressista» em 1916 e «liberal» em 1917.[502] Mas o que queria dizer o presidente? O que queria dizer ser liberal para Wilson?

Em 1917, o significado do termo tinha evoluído significativamente desde as suas origens na Revolução Francesa e a sua associação centenária aos desenvolvimentos políticos de França. Perto do final do século XIX, a influência francesa tinha regredido e as ideias alemãs começaram a exercer uma influência crescente.

Em Inglaterra, isto conduziu à conceção do «novo liberalismo». Graças sobretudo ao afã do Partido Liberal britânico, dos jornais liberais e de teóricos liberais como Leonard Hobhouse, esta nova forma de liberalismo disseminou-se, e, na segunda década do século XX, os seus proponentes sentiram-se suficientemente seguros para descartarem o «novo» e chamarem-lhe simplesmente liberalismo. O manual liberal de Herbert Samuel, publicado em 1902 com uma introdução do futuro primeiro-ministro H. H. Asquith, intitulava-se *Liberalismo: Uma Tentativa de Formular os Princípios e Propostas do Liberalismo Contemporâneo em Inglaterra*. Lyon Blease, outro político do Partido Liberal, publicou um livro em 1913 que se intitulava simplesmente *Breve História do Liberalismo Inglês*. Este foi o liberalismo importado para a América entre os anos de 1914–1917 pelos Progressistas Republicanos e Democratas Wilsonianos.

Herbert Croly, um dos mais influentes intelectuais públicos do movimento progressista e cofundador da ilustre revista progressista *The New Republic* em 1914, foi um dos responsáveis pela disseminação do termo na América. Num livro que ganhou uma enorme reputação, *A Promessa da Vida Americana*, de 1909, apresentou uma denúncia contundente da economia do *laissez-faire* e uma forte defesa da intervenção do governo. É mais do que provável que Croly tenha adotado o termo em solidariedade para com o governo liberal e os pensadores liberais na Grã-Bretanha, com quem tinha afinidade. Em 1914, Croly começou a referir-se às suas próprias ideias como liberais e, em meados de 1916, o termo era comummente usado no *The New Republic* como uma nova forma de descrever a legislação progressista. No fim de contas, ilustrou Woodrow Wilson em *O Governo Constitucional nos Estados Unidos*, de 1908, toda a linguagem política dos americanos foi «tomada de empréstimo de Inglaterra»[503].

Um império liberal

O presidente Wilson poderá também ter sido um dos primeiros americanos a utilizar a palavra «liberal» para descrever uma determinada agenda de política externa. Durante o seu célebre discurso da Paz sem Vitória, em janeiro de 1917, ele anunciou que se dirigia «aos liberais e amigos da humanidade». A caminho da Conferência de Paz de Paris para negociar os seus Catorze Pontos, Wilson declarou que «o liberalismo é a única coisa que pode salvar a civilização do caos».

Evidentemente, o liberalismo sempre foi mais do que política doméstica. Desde Lafayette, que alardeava o liberalismo como um vasto movimento irradiando em direção ao exterior a partir de França, aos receios de um «liberalismo universal» com reverberações que chegaram tão longe como a Índia, a ideia da disseminação internacional do liberalismo tinha uma longa história, da qual o presidente Wilson decerto estava ciente, pelo menos, em parte. Antes de chegar a Paris, visitou Génova e prestou tributo a Mazzini em frente à sua lápide. Wilson garantiu ter estudado atentamente os escritos de Mazzini e ter retirado orientações deles. O presidente acrescentou ainda que, com o final da Primeira Guerra Mundial, esperava contribuir para «a realização dos ideais aos quais ele [Mazzini] dedicou a sua vida e pensamento»[504].

Wilson também sabia, muito provavelmente, que o liberalismo se entrelaçava com a ideia de império. Para muitos dos liberais britânicos com quem os progressistas americanos tinham afinidade, o império era um modo de disseminar os valores liberais por todo o mundo. De facto, muitos deles não viam contradição em defenderem o império e, ao mesmo tempo, acreditarem que «o princípio base do liberalismo [era] uma afeição fervorosa a um ideal de autonomia»[505]. O império era uma «política externa verdadeiramente liberal» que levaria a civilização e as «artes de governo» a todo o mundo.[506]

Hoje, poderá parecer-nos intrigante que eles tivessem esta conceção sobre o império quando, simultaneamente, recriminavam o «imperialismo». Para dar apenas um exemplo, John Hobson, num livro altamente reverenciado que versou sobre o imperialismo, chamou-lhe uma «enfermidade» disseminada por parasitas económicos que rapinavam os pobres. O estadista liberal Robert Lowe referiu-se a ele como uma autêntica «apoteose de violência [...], a opressão dos fracos pelos fortes, e o triunfo do poder sobre a justiça»[507].

Na Grã-Bretanha, durante a campanha eleitoral de 1872 que opôs o *tory* Benjamin Disraeli ao liberal William Gladstone, o tema do império tornou-se altamente politizado. Por diversas vezes, os liberais acusaram Disraeli de imperialismo, numa tentativa concertada de mancharem a sua reputação e de o difamarem. Em resposta, Disraeli tirou partido da popularidade do império entre o povo britânico para denegrir os liberais. Ele sugeriu que os seus adversários eram fracos e pouco patrióticos e que não lhes poderia ser confiada a custódia das colónias britânicas.

Os liberais, vaticinou, arruinariam o império. No seu célebre discurso do Palácio de Cristal, a 24 de junho, o aspirante a primeiro-ministro proclamou que, em toda a história britânica, «nenhum intento foi tão contínuo, tão subtil, sustentado por tanta energia, e prosseguido com tanta habilidade e argúcia, como as diligências do liberalismo para concretizar a desintegração do Império».

A retórica de Disraeli foi claramente uma tática vencedora. Durante o seu mandato, orquestrou a compra de ações do Canal Suez, levou o seu governo a fazer negócios com o Egito, apoiou a Turquia contra a Rússia, e adotou um posicionamento agressivo na África Austral e no Afeganistão. Em 1876, proclamou a Rainha Vitória como imperadora da Índia. Os liberais atacaram veementemente o seu imperialismo. Era hipócrita, imoral e contrário aos valores britânicos.

Sem um entendimento do jogo de palavras implicado, é fácil interpretar erroneamente a contestação liberal ao imperialismo. Por mais intrigante que isso nos pareça hoje, foi inteiramente possível aos liberais britânicos contestarem o imperialismo enquanto defendiam o «colonialismo genuíno». Os termos não significavam a mesma coisa.

A palavra «imperialismo», tal como muitos outros «ismos», tinha sido introduzida no discurso político como um termo pejorativo. Ela foi usada para vilipendiar déspotas como Napoleão III e Bismarck e partilhava determinadas características com o cesarismo, o qual, como sabemos, foi cunhado aproximadamente na mesma época. Consideremos, por exemplo, um artigo na *Fortnightly Review*, em 1878, com o sugestivo título: «O que quer dizer Imperialismo?». O seu autor elucidava que «imperialismo» queria dizer o exercício da força bruta sobre os outros. Fundava-se no egoísmo e no completo desrespeito pelo dever moral.

Imperialistas como Napoleão e Bismarck, dizia-se frequentemente, usavam o fascínio do império para desviar a atenção da população pobre da necessidade de reformas domésticas, ao mesmo tempo que aumentavam o seu poder e permitiam que um pequeno grupo de apoiantes acumulasse riqueza à custa do povo. Por outras palavras, o imperialismo era uma das maneiras de os ditadores, em conluio com a aristocracia, espoliarem a sociedade e, recrutando o apoio da turba ignorante, tentarem deter ou mesmo reverter as reformas liberais. Ao acusarem Disraeli de imperialismo, os liberais britânicos estavam, pois, a sugerir que ele enganava deliberadamente a população para promover os seus próprios interesses, os da Coroa e da aristocracia inglesa. Para tornar as coisas piores, ele apelaria aos instintos mais vis do povo para alcançar os seus objetivos. O seu imperialismo foi designado como impróprio de um inglês; era uma forma perniciosa de cesarismo.

Mas estas afirmações não deverão fazer-nos pensar que os liberais pretendiam desmantelar o seu império. Rejeitar um tipo de império não significava necessariamente rejeitar outro tipo. Gladstone era favorável a um império que permitisse a autonomia, e contrapô-lo àquela a que chamou a forma egoísta de império advogada por Disraeli. Ele podia opor-se ao *colonialismo*, mas defender as *colónias.*

Gladstone não se opunha à projeção do poder e influência da Grã-Bretanha; ele apenas se opunha ao uso da violência que, frequentemente, andava lado a lado com ela. (Contudo, o seu histórico enquanto primeiro-ministro durante a década de 1880 mostra que não terá agido em consonância com estes sentimentos, como demonstra a sua intervenção armada no Egito em 1882.) Ele acreditava que os britânicos tinham o dever de difundir a sua civilização e, por isso, tinham também o direito de o fazer. A propósito do domínio britânico sobre o povo indiano, Gladstone afirmou: «É a eles e aos seus interesses que defendemos, ainda mais, e muito mais, do que os nossos.»[508] Vários liberais concordaram. O *The Manchester Guardian* referiu que «o liberalismo defende, como sempre defendeu, os princípios humanitários, a justiça para os povos retrógrados da Índia e de África sob o nosso domínio, o intercâmbio justo com os povos estrangeiros, fracos ou fortes, e ajuda para os que lutam por uma liberdade que há muito conquistámos»[509].

Os admiradores americanos de Gladstone concordaram que países como o seu tinham a missão de colonizar. Todavia, não deveriam seguir «o caminho da barbárie», como lhe chamou um escritor. Na década de 1890, Charles Norton, editor do *The North American Review*, contestou a arrogância, o militarismo e o egoísmo que sustinham o imperialismo. Ele admirava Gladstone, que via como o proponente de uma verdadeira «política externa liberal». Publicações americanas como a *The Nation* ou a *Harper's* secundavam estas conceções. Nelas se afirmava que Disraeli seduzia os seus apoiantes com apelos a uma forma errónea de glória nacional, ao mesmo tempo que desviava as atenções do povo britânico das questões domésticas prementes. Para os críticos de Disraeli, parecia claro que o principal objetivo do seu imperialismo era distrair as pessoas dos problemas internos por via do enaltecimento no estrangeiro.[510]

Teóricos liberais de renome como Hobson e Hobhouse também fizeram a distinção entre boas e más formas de império, entre o «colonialismo genuíno» positivo e o «imperialismo» vil. O imperialismo, afirmavam, beneficiava somente um pequeno grupo de «parasitas económicos», ao mesmo tempo que não proporcionava nenhum benefício duradouro para as classes baixas. Distraía a sua atenção da necessidade de reformas domésticas.

Os dois homens também defendiam que existia uma forma de império mais benéfica, nomeadamente, uma que faria avançar a «civilização do mundo»[511]. Fá-lo-ia através da promoção do aprimoramento e da elevação do carácter dos povos que estavam sob o seu domínio. Tal como outros liberais, eles defenderam o colonialismo de povoamento, que ambos consideravam ser um ordenamento não-coercivo e voluntário para benefício mútuo. O objetivo, reiterou Hobson, era «a elevação da humanidade». O colonialismo seria genuíno e beneficente se «ampliasse os limites da civilização, e elevasse o nível da conduta material e moral no mundo»[512]. Para James Fitzjames Stephen, juiz liberal, literato e membro do Conselho Colonial na Índia, país onde ajudou a enquadrar e promulgar diversas reformas legais, o liberalismo implicava cumprir uma obrigação de governar justamente e difundir a civilização europeia entre os governados. Isto significava levar a paz, a ordem e a lei até à Índia. Joseph Chamberlain elucidou que o império britânico apenas poderia justificar-se se tornasse as pessoas felizes e melhorasse os seus prenúncios.

Na Europa, quase todos os defensores do império — quer fossem britânicos, franceses ou alemães — acreditavam que ele serviria para difundir a civilização e que os europeus tinham tanto o direito quanto o dever de a difundirem. Em França, falava-se de uma *mission civilisatrice*; na Alemanha, referiam-se à disseminação da *Kultur*. Os americanos, é claro, tinham o Fardo do Homem Branco. Por último, mas não menos importante, os liberais diziam frequentemente que um colonialismo genuíno ensinaria às raças inferiores «as artes de governo». O princípio central do liberalismo, escreveu Hobhouse, era a autonomia[513], e o colonialismo genuíno difundiria este princípio por todo o mundo. Os liberais proclamavam que Inglaterra estava a tentar ensinar a independência aos seus súbditos nativos, e conceder-lhes-ia «no seu devido tempo, e sob a égide da sua própria bandeira, uma nova e melhorada liberdade»[514]. Era também isto o que significava difundir a civilização.

Paradoxalmente, os europeus também acreditavam que a aquisição do império civilizaria e moralizaria *as suas próprias* populações. Fá-lo-ia convertendo os trabalhadores urbanos desempregados e dissolutos da Europa em agricultores produtivos, tornando-os, deste modo, mais saudáveis, valorosos e patrióticos. Herbert Samuel acreditava que o império fomentaria o «enobrecimento da raça [inglesa]»[515]. Em França, as colónias eram vistas como um incentivo às famílias numerosas e, por isso, uma solução para o declínio da taxa de natalidade do país, que se tinha tornado um problema sério depois da derrota na Guerra Franco-Prussiana. Adquirir um império contribuiria também para a restituição da honra do país.[516]

As palavras grandiosas não podem encobrir o facto de os liberais terem, muitas vezes, branqueado violências horríficas. O próprio colonialismo de povoamento envolvia, frequentemente, expropriação de propriedade e atos cruéis. Muitos liberais estavam bem cientes das atrocidades que eram cometidas[517], mas pareciam ter escolhido denunciá-las e prosseguir caminho, ao invés de tentarem acabar com o império. Herbert Samuel argumentou que, apesar do «abuso de poder ocasional», o império era, tendo em conta todos os fatores, uma força do bem. Os passos em falso não deveriam ser avaliados fora do seu contexto.[518] Em França, o economista político Charles Gide sugeriu que os colonizadores europeus deveriam confessar os pecados cometidos no passado e tentar fazer melhor no futuro. Um grande povo, como eram os franceses, tinha o dever de colonizar, mas deveria fazê-lo de forma amigável e pacífica.

A racialização do mito anglo-saxão

O discurso liberal pró-colonial estava impregnado de uma linguagem abertamente racista. Abundavam as referências a «raças inferiores», «raças subordinadas» e «raças bárbaras». E, embora o propósito aparente do colonialismo genuíno fosse o de promover a sua autonomia, ficava por definir quanto tempo essas raças inferiores teriam de esperar até que lhes fosse permitido governarem-se a si próprias. Tudo dependia do nível do seu desenvolvimento social, do quão «civilizadas» elas tinham sido. «Uma raça bárbara será mais bem-sucedida se, durante um período de tempo, *durante um longo período de tempo*, abdicar do direito à autonomia em troca dos ensinamentos da civilização», escreveu Herbert Samuel. Isso aconteceria «no seu devido tempo»[519].

Desde os primórdios, os liberais associaram o direito de voto à posse de uma «capacidade». Se às mulheres essa capacidade faltava por motivos ligados à biologia, no que dizia respeito aos homens ela era mais frequentemente descrita como algo que poderia, em princípio, ser adquirido.

Se alguém ganhasse dinheiro suficiente, e obtivesse a educação e o tempo de ócio necessários, poderia adquirir o direito ao voto.

Durante as últimas décadas do século XIX, isto mudou. A capacidade política foi progressivamente racializada e transformada numa questão de hereditariedade. Para um número significativo de liberais influentes, a capacidade de votar era agora a propriedade exclusiva da «raça Anglo-Saxónica», por vezes também designada como a «raça Teutónica».

O mito anglo-saxão era, é claro, centenário. A lenda dizia que Inglaterra devia as suas noções de liberdade e autonomia às tribos germânicas que migraram das florestas alemãs para Inglaterra no início da Idade Média. Esta lenda foi amplamente disseminada no século XIX, inclusivamente por liberais como Madame de Staël, em *Da Alemanha*, e por escribas do *Staats-Lexikon*. De facto, muitos liberais continuaram a acreditar que os «Saxões» tinham levado para a Grã-Bretanha o seu espírito de independência e o seu entendimento da autonomia. A Magna Carta e a Carta dos Direitos, afirmavam, eram tão-só um desenvolvimento do «gérmen da liberdade» levado para Inglaterra pelas tribos germânicas.

Mas, na maior parte destes casos, o termo «Anglo-Saxão» remetia sobretudo para uma herança cultural. As tribos tinham levado as suas *ideias*, os seus *valores*, ou um certo *espírito*, para Inglaterra. Agora, durante os últimos anos do século XIX, o significado da palavra começara a mudar. Sob o impacto da «ciência racial», passou crescentemente a designar uma instância de hereditariedade biológica. John Burgess, fundador da *Political Science Quarterly* e um dos mais prestigiados cientistas políticos do seu tempo, escreveu que os Estados Unidos, a Grã-Bretanha e a Alemanha — as «três grandes potências Teutónicas» — partilhavam não só um vínculo ético e político, mas também um vínculo racial. «Se a Grã-Bretanha é a nossa terra-mãe», escreveu, «a Alemanha é a terra-mãe da nossa terra-mãe.»[520]

Certamente, é importante não simplificar demasiado nem generalizar. A palavra «raça» ainda tinha, em certa medida, um significado pouco claro. Por vezes, parecia ser usada como um sinónimo simples de «anglófono», sugerindo que, pelo menos em teoria, as raças colonizadas deixariam de ser inferiores quando aprendessem o inglês e fossem civilizadas. Mas as fontes também evidenciam uma suposição generalizada de que a parte branca do mundo seria mais fácil de civilizar do que as outras. Na verdade, a parte não-branca poderia *nunca* alcançar o nível de civilização necessário à autonomia.

Os anglo-saxões, em contrapartida, teriam uma propensão especial para a democracia. Era crença comum que os homens anglo-saxónicos possuíam um génio político superior e, por isso, estavam especialmente bem preparados para ensinar ao mundo o bom governo. Isto era o que os credenciava para governar as partes do mundo habitadas pelas «raças apolíticas e bárbaras». Governar o mundo era a sua missão e o seu destino manifesto. A dominação do mundo era «o direito de nascença da raça Anglo-Saxónica»[521].

Se a raça anglo-saxónica ocupava o cimo da escala da capacidade política, as raças negras ou «bárbaras» ocupavam o patamar inferior. A pele negra, escreveu Burgess, significava «a pertença a uma raça de homens que nunca conseguiu, por si só, submeter a paixão à razão e, por isso, nunca criou civilização alguma de qualquer tipo»[522]. Mais impressiva ainda é a afirmação do historiador progressista Charles Merriam que, na sua *História das Teorias Políticas Americanas*, escreveu que «as raças Bárbaras, se forem incapazes, *podem ser eliminadas*», acrescentando que «esta ação não viola quaisquer direitos destas populações que não sejam insignificantes e frívolos em comparação com o superior direito e dever de estabelecer a ordem política e legal em toda a parte»[523].

Do império anglo-saxão ao império liberal anglo-americano

Houve quem começasse por afirmar que as superiores capacidades políticas dos anglo-saxões implicavam um dever de cooperação para levar a sua civilização e cultura a outras partes do mundo. Esta questão fez crescer o elo entre a Grã-Bretanha e os Estados Unidos durante o período que culminou na Primeira Guerra Mundial. Muitos americanos ficaram impressionados com o artigo de Gladstone publicado em 1878 na *North American Review*, intitulado «Família do outro lado do oceano», no qual o primeiro-ministro britânico propunha uma aproximação entre os dois países no interesse da paz mundial, da prosperidade e da «autonomia». Gladstone referiu-se à Constituição americana como «a obra mais prodigiosa alguma vez dispensada pelo intelecto e propósito do homem» e louvou «o esplêndido serviço da América à causa geral do governo popular em todo o mundo». Em breve, vaticinou, os Estados Unidos ultrapassariam todos os outros países em riqueza e poder.

Destacando as semelhanças entre as formas de governo das duas nações, e o seu compromisso comum com o princípio da autonomia,

Gladstone observou que a Inglaterra e a América rapidamente seriam as duas nações mais poderosas do mundo. Estas deveriam usar a sua conjugação de forças para atingir «os mais elevados propósitos». Eram «os dois maiores braços de uma raça nascida para comandar». Juntas, seriam capazes de combater a selvajaria e a desumanidade, e trariam a paz, o progresso e a prosperidade ao mundo. Tendo adquirido um grande poder, tinham adquirido também a grande responsabilidade de contribuir para fazer avançar a causa da civilização.[524]

Houve quem fosse mais longe e sugerisse não só a cooperação, mas a efetiva *junção* da Grã-Bretanha e da América numa «confederação única [...], governada por uma raça que fala a mesma língua, de intelecto e energia superiores»[525]. Num ensaio publicado na *North American Review*, Andrew Carnegie fez menção aos «Estados Re-Unidos», uma «confederação racial» que dominaria o mundo por via da sua supremacia moral.[526] Na mesma publicação, outro autor propôs que a Grã-Bretanha criasse «os novos Estados Unidos do Mundo»[527].

Não sem um abalo considerável, a ideia de uma superioridade imperial anglo-saxónica foi reconhecida pelas outras nações. Em França, a obra sensacionalista do pedagogo francês Edmond Demolins, intitulada *De Onde Vem a Superioridade dos Anglo-Saxões?* (1897), suscitou um debate aceso — e até mesmo uma sensação de pânico. Demolins apresentou estatísticas que apontavam para um mundo no qual os produtos americanos, canadianos, sul-africanos, australianos e ingleses entupiriam todos os mercados, a não ser que França levasse a cabo reformas na linha anglo-saxónica. Escritores prestigiados reagiram a esta obra com artigos e livros igualmente polémicos.[528] Aqueles que acreditavam na superioridade dos costumes anglo-saxónicos eram uma minoria, mas tiveram um impacto considerável no pensamento político francês do seu tempo, intensificando a aparente necessidade de um eugenismo positivo.

No dealbar da Primeira Guerra Mundial, os liberais americanos e britânicos sentiram cada vez mais a necessidade de algo que os diferenciasse, a si e às suas tradições políticas, da Alemanha. Numa série de artigos publicados na *The New Republic*, em 1915, o filósofo e ensaísta George Santayana expôs as diferenças entre as noções britânicas e alemãs de liberdade. Inglaterra, elucidou, possuía um governo parlamentar; já na Alemanha o governo era burocrático e autoritário. Na Alemanha, o governo promulgava leis respeitantes ao modo como os indivíduos se deveriam relacionar uns com os outros, e depois compelia os indivíduos a obedecer-lhes. Na Grã-Bretanha, os indivíduos eram livres para tomar as suas próprias decisões. O futuro decidiria se seriam as noções alemãs ou britânicas de liberdade a prevalecer.[529]

Esta tendência foi-se avolumando à medida que a Primeira Guerra Mundial despontou e a ameaça do totalitarismo se tornou mais palpável. Durante o período de guerra, a hostilidade antigermânica cresceu. O Conselho de Educação da Califórnia proibiu o ensino da língua alemã nas escolas públicas, argumentando que a cultura alemã estava envolta «nos ideais da autocracia, da brutalidade e do ódio». A propaganda de guerra representava o inimigo como o «torpe prussiano» ou a «besta alemã»[530]. Os termos «anglo-americano» e «anglófono» substituíram cada vez mais o termo «anglo-saxão».

Depois da guerra, existia um grande desconforto em torno da ideia de que poderia existir um vínculo racial entre a Alemanha e a América, ou de que uma parte importante do pensamento político americano poderia ser tributada à Alemanha. Irving Fisher teve o cuidado de dissociar as tradições americanas das alemãs na sua interlocução enquanto presidente da Associação Americana de Economia em dezembro de 1918, um discurso que foi depois publicado na *The American Economic Review*. Como sabemos, a Associação Americana de Economia tinha sido fundada por um grupo de americanos que estudaram na Alemanha e regressaram cheios de ideias sobre o modo como o Estado poderia ajudar os pobres.

No seu discurso, Fischer reconheceu a importância da economia política alemã para o começo da associação. Ele acrescentou, todavia, que os seus membros tinham agora concluído que a economia alemã servira um Estado «criminal». Seria melhor, cogitou, que os americanos seguissem o exemplo da economia inglesa, que era mais liberal, mais democrática e mais saudável para o mundo.[531]

A Primeira Guerra Mundial reforçou, pois, o sentimento de uma aliança anglo-americana, e a contribuição da Alemanha para a história do liberalismo foi progressivamente esquecida ou ignorada. Em breve, a contribuição francesa seria também menosprezada. Entretanto, liberalismo, democracia e civilização ocidental tornaram-se praticamente sinónimos, e a América, devido à sua força ascendente, foi projetada como a sua principal guardiã.

A igualação entre o liberalismo e a América foi ainda fixada e disseminada através de cursos sobre a civilização ocidental, inventados após a guerra e ministrados no *campus* das universidades americanas. O seu objetivo era que os alunos ficassem a conhecer aquilo por que a América tinha lutado na Grande Guerra e aquilo que o país representava.

Ao longo das décadas de 1920 e 1930, os fascistas europeus, os nazis e os seus precursores e apoiantes, concordavam que o liberalismo se entretecia com a civilização ocidental, a democracia e a América, e foi precisamente por isto que eles se definiram *contra* ele. Intelectuais alemães de renome, como Oswald Spengler, Friedrich Junger, Carl Schmitt e Moeller van den Bruck contestavam o liberalismo por ser uma filosofia estrangeira, a própria antítese da cultura alemã. O liberalismo, afirmavam, era o arqui-inimigo da Alemanha. Isto levou o santo patrono do Nacional-Socialismo, Moeller van den Bruck, a reivindicar alegremente que «não existem, hoje, liberais na Alemanha»[532], ainda que isso, como é óbvio, não fosse verdade. Foi também isto que levou o ditador italiano Benito Mussolini a defender o fascismo como sendo a «negação do liberalismo»[533], enquanto Adolf Hitler declarou que o principal objetivo do nazismo era «abolir um conceito liberalístico do indivíduo»[534].

É claro que a alegação de que o liberalismo era, de alguma forma, impróprio de um alemão não era verdadeira, como este livro mostrou. Este argumento foi vigorosamente refutado pelo escritor antifascista italiano Guido de Ruggiero na sua *História do Liberalismo Europeu* de 1925. Ruggiero escreveu que a crise do liberalismo (por sinal, o título do epílogo) não deveria ser confundida com a inexistência de uma tradição liberal europeia. No seu livro, dedicou um capítulo a cada um dos liberalismos, o italiano, o alemão e o francês, para demonstrar a sua ideia. Todavia, ele acabaria por admitir que a versão «anglo-saxónica» do liberalismo era a mais forte.

É um facto curioso que só no final da década de 1930 o liberalismo, enquanto filosofia política, tenha começado a ser incluído nos livros de estudo americanos. *Uma História da Teoria Política*, de George Sabine, publicado na década de 1930 e utilizado em quase todos os currículos universitários americanos da época, foi o primeiro grande livro de estudo a abordá-lo nos Estados Unidos. Sabine descreveu-o como uma tradição britânica do século XIX e mostrou-se preocupado com o esmorecimento da sua força.

A Segunda Guerra Mundial contribuiu para fortalecer e veicular uma conceção da América como expoente máximo e guardiã do liberalismo, da democracia e da civilização ocidental, que eram agora, na cabeça de muitas pessoas, praticamente a mesma coisa. O célebre editorial de Henry Luce, «O Século Americano», publicado na edição de 17 de fevereiro de 1941 da revista *Life*, instava «a mais poderosa e vital nação do mundo» a assumir a liderança mundial. «Somos os herdeiros de todos os grandes princípios da Civilização Ocidental», escreveu Luce. «Está na altura de sermos nós o seu exponente.»

A questão da intervenção do governo

Seria errado concluir, a partir da associação cada vez mais forte entre o liberalismo e a América, que existia um consenso sobre o que a palavra realmente queria dizer: por exemplo, em relação ao que distinguia o liberalismo da democracia, ou ao papel do governo na economia. É certo que os progressistas da *The New Republic* se definiram como liberais, mas Herbert Hoover também o fez, e este último queria dizer algo diferente quando falava sobre liberalismo. Evocando Herbert Spencer, Hoover, presidente dos Estados Unidos entre 1929 e 1933, insistia que a principal preocupação do liberalismo era a proteção da liberdade individual. O liberalismo representava a ideia de que o governo deveria envolver-se o menos possível na economia. Enquanto presidente, Hoover assistiu à queda da bolsa de valores de 1929 e ao começo da Grande Depressão. Apesar da catástrofe económica, continuou a defender a versão *laissez-faire* do liberalismo durante quase toda a década de 1940.

Na Europa continental, vozes poderosas continuavam a veicular a ideia de que o liberalismo queria dizer *laissez-faire*. Aqueles que queriam dizer outra coisa tinham de acrescentar um qualificativo como «progressista» ou «construtivo», ou referir-se a um «socialismo liberal». Num livro intitulado *Liberalismo*, publicado em 1927, o influente economista austríaco Ludwig von Mises lamentou as disputas sobre o significado da palavra. O verdadeiro liberalismo, reiterou, não estava relacionado com objetivos humanitários, por mais nobres que eles pudessem ser. O único intuito do liberalismo era o avanço do bem-estar material de um povo. Os seus conceitos centrais eram a propriedade privada, a liberdade e a paz. Tudo o que fosse para além disto era «socialismo», para o qual Mises reservava somente desdém. Os que viam no liberalismo um modo de difundir humanidade e magnanimidade eram «pseudoliberais».[535]

Mas o filósofo americano John Dewey não tardaria a entrar na contenda, levando a cabo um esforço hercúleo para selar o significado progressista do termo de uma vez por todas. Dewey concluíra o seu doutoramento em 1884 na Universidade Johns Hopkins, sob a orientação de Richard Ely. Em 1914, tornou-se um colaborador regular da *The New Republic*. Durante a sua longa carreira, ensinou sobretudo nas universidades de Chicago e Columbia, e publicou mais de quarenta livros e várias centenas de artigos.

Na década de 1930, Dewey publicou inúmeros artigos com títulos como: «O significado do liberalismo», «O significado do termo: liberalismo», «O que um liberal tem a dizer sobre o liberalismo» ou «Liberalismo e liberdades civis»; o seu livro, *Liberalismo e Ação Social*, foi publicado em 1935.

Segundo Dewey, existiam «duas vertentes» de liberalismo. Uma delas era humanitarista e, por isso, aberta à intervenção do governo e à legislação social. A outra estava sob a alçada da grande indústria, dos bancos e do comércio e, por isso, comprometida com o *laissez-faire*. Mas o liberalismo americano, escreveu, não estava de maneira alguma relacionado com o *laissez-faire*, nem nunca tinha estado.[536] Tão-pouco era um «evangelho do individualismo». O liberalismo americano representava «uma substancial liberalidade e generosidade do espírito e do carácter»[537]. O seu intuito era promover maior igualdade e combater a plutocracia com o auxílio do governo.

O maior responsável por tornar este significado de liberalismo dominante na América foi Franklin Delano Roosevelt, presidente entre 1933 e 1945. Tal como muitos outros liberais antes dele, Roosevelt reivindicou a superioridade moral do liberalismo. Os liberais, afirmou, acreditavam na generosidade e no espírito cívico. Estavam dispostos a sacrificar-se pelo bem coletivo. Durante os anos do seu mandato, o presidente Roosevelt referiu-se frequentemente à importância da cooperação humana. A fé de um liberal, reiterou, era a crença na eficácia de as pessoas se ajudarem umas às outras.

Roosevelt estreitou a ligação entre o liberalismo e o Partido Democrático. Distinguiu um «partido liberal», que apoiava a intervenção do governo, de um «partido conservador», que se opunha a ela. O partido liberal, afirmou, acreditava que «ao surgirem novas circunstâncias e problemas que os homens e as mulheres já não podem enfrentar individualmente, torna-se dever do Governo encontrar novas soluções para as ultrapassar». «O partido conservador», em contrapartida, acreditava que «a intervenção do Governo não é necessária.»[538] O Partido Democrático era o partido liberal; o Partido Republicano, o conservador.[539]

Para enfatizar este ponto, Henry Agard Wallace, vice-presidente entre 1941 e 1945, Secretário do Comércio de 1945 a 1946 e editor da *The New Republic* entre 1946 e 1947, utilizou a palavra «liberal» pelo menos quinze vezes durante o discurso de apresentação de Roosevelt como o candidato Democrata nas eleições presidenciais de 1944, chegando mesmo a referir-se ao presidente como «o maior liberal na história dos Estados Unidos»[540].

O significado que Roosevelt atribuiu à palavra estava próximo daquele que lhe foi atribuído por William Beveridge, economista, reformador social e membro do Partido Liberal britânico. Em 1942, ele concebeu o designado Plano Beveridge, que serviu como base para o Estado social britânico no pós-Segunda Guerra Mundial. Num panfleto de 1945 intitulado *Porque sou um liberal?*, afirmou: «A liberdade significa mais do que a libertação do poder arbitrário dos Governos. Significa a libertação da sujeição económica à Necessidade e Sordícia, e outros males sociais; significa a libertação do poder arbitrário sob qualquer forma. Um homem com fome não é livre.»[541]

Mas a disputa em torno do liberalismo ainda não tinha chegado ao fim, pelo menos, não na Europa. Friedrich Hayek, um economista de origem austríaca e discípulo de Mises, contestou veementemente o uso que Beveridge e Roosevelt fizeram da palavra. Hayek integrara a London School of Economics em 1931, e foi lá que se tornou um crítico mordaz do liberalismo ao estilo de Franklin D. Roosevelt e do *New Deal*. Horrorizado com os desenvolvimentos políticos no continente europeu, Hayek fez saber que alinhar em «experiências coletivistas» colocaria os países numa rampa deslizante para o fascismo. Era, pois, necessário regressar ao «antigo liberalismo»[542], pelo qual Hayek se referia, obviamente, à não-intervenção do governo. Com o tempo, ele tornar-se-ia cada vez mais inflexível e radical relativamente a este assunto.

Em 1944, Hayek publicou o sucesso de vendas intitulado *O Caminho para a Servidão*. «É necessário articular a verdade intragável de que nos arriscamos a repetir o destino da Alemanha», escreveu Hayek na sua introdução fervorosa. O socialismo liberal era uma contradição nos termos. Não era função do governo ser beneficente ou generoso. Pelo contrário, a função do governo era proteger a liberdade do indivíduo. A civilização ocidental era «uma civilização individualista», e os verdadeiros princípios liberais procediam das ideias do individualismo inglês. Em contrapartida, o socialismo liberal era uma importação alemã, com origem nas ideias dos conselheiros de Bismarck, e representava um perigo para a civilização ocidental. Conduziria, inevitavelmente, à «servidão» e ao «totalitarismo», uma palavra relativamente nova naquela época.

A despeito destes esforços, Hoover reconheceu a derrota dois anos depois. Com manifesta amargura, admitiu: «Não utilizamos a palavra "liberal". A palavra tem sido maculada e extorquida de tudo o que ela verdadeiramente significa [...]. O liberalismo foi fundado para conceder mais liberdade aos homens, e não menos liberdade.»[543]

Da mesma forma, num discurso de 1948 intitulado «O que é um Liberal?», o senador republicano Robert Taft lamentou que «uma outrora certeira palavra anglo-saxónica, com um significado claro, tenha perdido toda a sua importância». Ao contrário do uso que dela fazia o governo, «a palavra "liberal", no sentido político, não tem, certamente, a conotação de "generoso"». O significado fundamental da palavra era simplesmente: «Alguém a favor da liberdade.»[544]

Também Hayek acabaria por desistir da palavra. Em 1950, ele transferiu-se para a Universidade de Chicago, onde aceitou uma colocação como professor no Comité de Pensamento Social. Aí, viria a inspirar, entre outros, o economista americano Milton Friedman, acabando por se tornar um favorito entre aqueles a que hoje chamamos «libertários».[545] Muitos dos seus discípulos reclamam, até hoje, serem eles os verdadeiros liberais, isto é, os liberais «clássicos» ou «ortodoxos».[546] Por outro lado, Hayek referiu-se a si mesmo, em diferentes momentos, como um «liberal consistente», um «neoliberal» ou um «radical», porque liberalismo já não queria dizer o mesmo que noutros tempos.[547]

Notavelmente, estas disputas em torno do significado da palavra «liberal» — por mais sonantes que elas tenham sido — não implicaram as origens do liberalismo. Ambas as vertentes reivindicavam que a sua versão assentava na *história inglesa*. Para Hayek, a origem do liberalismo podia ser creditada ao individualismo inglês; para Dewey, ao humanitarismo inglês. Nenhum dos dois alguma vez mencionou França ou a Alemanha.

Isto foi apenas o início do apagamento de França e da Alemanha da história do liberalismo. Com o tempo, as contribuições francesas foram remetidas para segundo plano, e a Alemanha foi vista como uma fonte de *iliberalismo*. Em 1947, as duas versões, a de Dewey e a de Hayek, tinham-se tornado, para o bem e para o mal, «o credo americano»[548]. Nas palavras de Lionel Trilling, em 1950, o liberalismo era não só a tradição *dominante* na América, mas também a sua *única* tradição intelectual.

EPÍLOGO

Constant parece referir-se muitas vezes à Alemanha de Hitler.
—John Plamenatz, 1963

Hoje, a controvérsia em torno do liberalismo continua. Uma palavra que começou por ser um insulto ainda é usada dessa maneira pelos seus críticos da ala direita. Basta relembrar a célebre alusão de Ronald Reagan à «temível palavra começada por *L*» para reconhecermos a força de controvérsia que ela tem. Os Democratas americanos evitam usá-la para se referirem a si mesmos com receio de que ela os torne inelegíveis. Os arautos da direita chamam-lhe uma doença e um veneno; o liberalismo, afirmam, põe em risco os valores morais.

Já ouvimos tudo isto antes. Desde a sua génese, o liberalismo tem sido sujeito a uma profusão de ataques deste tipo. O facto de os liberais, hoje, discordarem entre si também não é nada de novo. O liberalismo nunca foi um credo fixo ou unificado. Desde o seu início, ele englobou debates vigorosos. O que *é* novo é o modo como os liberais hoje se descrevem a si mesmos e àquilo que representam. Colocam esmagadoramente em evidência o seu compromisso com os direitos e escolhas individuais; raramente mencionam deveres, patriotismo, autossacrifício ou generosidade para com os outros. A ausência destes termos no léxico liberal contemporâneo salta à vista. Os liberais concederam a superioridade moral aos seus adversários.

A literatura existente sobre o liberalismo reforça e confirma esta autodefinição liberal. Inúmeras obras repetem a mesma mensagem: o liberalismo é uma doutrina cujo princípio central é a proteção do indivíduo, dos direitos dele ou dela, dos seus interesses e escolhas. Em qualquer livro, artigo ou ensaio, seja ele académico ou polemístico, favorável ou desfavorável ao liberalismo, se afirma que o seu princípio central é que os governos existem para proteger estes direitos, interesses e escolhas. Um ilustre estudioso do liberalismo chegou mesmo a asseverar que ele se funda nas «necessidades animais» dos seres humanos.[549] Partindo destas descrições, não há de faltar muito para concluirmos, como fez um crítico, que os liberais «rejeitaram explicitamente qualquer noção de bem comum. O seu desejo é privatizar e reduzir a substância da vida humana, embora sem a eliminar.»[550]

Embora discordassem sobre muitas coisas, a grande maioria dos liberais abordados neste livro não defendiam, certamente, necessidades animais, tão-pouco rejeitavam o bem comum. Isso era o que os seus inimigos diziam sobre eles, não o que eles diziam sobre si próprios. Ao longo dos séculos, os liberais descreveram consistentemente os seus valores como sendo patrióticos e altruístas, com a pretensão de promover o bem coletivo. Quando os liberais lutavam por direitos individuais, era por considerarem que esses direitos permitiriam aos indivíduos desempenhar melhor os seus deveres. Os liberais procuravam constantemente formas de promover os valores cívicos. A moralidade era central para os seus objetivos.

Todos os liberais com que nos cruzámos neste livro também acreditavam que o propósito dos governos era servir o bem coletivo. Numa primeira fase, isto implicava desmantelar os impedimentos aristocráticos que mantinham a riqueza, o poder e a oportunidade nas mãos de uma elite hereditária. Mais tarde, passou a requerer intervenção para combater a plutocracia e a exploração que andava lado a lado com ela. Em cada momento, o objetivo subjacente era promover o bem-estar material e moral de todos.

De Benjamin Constant, empenhado na promoção do autossacrifício, a Alexis de Tocqueville, que via no egoísmo um problema, e ainda Leonard Hobhouse e Herbert Croly, a braços com a plutocracia, os liberais foram sempre obcecados com a moralidade e a construção do carácter. Os primeiros liberais, como vimos, chegaram mesmo a evitar a palavra «individualismo» devido às suas conotações negativas. Constant, e muitos outros antes dele, subscreviam, ao invés disso, a «individualidade»; outros referiam-se ainda à «pessoalidade». «Pessoalidade» e «carácter» eram palavras que sugeriam uma aptidão e uma necessidade de os indivíduos cultivarem o seu potencial moral e intelectual, de compreenderem a sua conexão aos outros e de contemplarem o seu dever cívico.

Os liberais estiveram longe de ser perfeitos. Embora se vissem a si próprios como agentes reformadores desinteressados, isto era, na melhor das hipóteses, um pensamento esperançoso. Muitas vezes foi resultado de uma cegueira. Eles foram capazes de excluir grupos inteiros de pessoas da sua visão liberal: mulheres, negros, colonizados e aqueles a que se referiam como «inaptos». Mas, sempre que fizeram isto, outros liberais acusaram-nos de traírem os seus próprios princípios. Impeliram-nos a serem fiéis ao que, na sua essência, significava ser «liberal», e que era não só amar a liberdade e ter espírito cívico, mas também ser generoso e compassivo. Ser liberal era um ideal aspiracional — algo a que deveríamos almejar.

Porque é que esta história se perdeu? De onde vem o nosso centramento nos direitos e interesses? Como e por que motivos os deveres, o autossacrifício e o bem comum foram menosprezados, ou mesmo apagados, das nossas histórias do liberalismo?

Neste epílogo, arrisco algumas respostas a estas questões. Sugiro que uma «tradição liberal anglo-americana» tão fundamentalmente centrada nos direitos individuais foi uma construção que teve início a meio do século XX, se não mesmo mais tarde. Partindo de outros autores, defendo que a «viragem dos direitos» ocorreu como consequência das duas guerras mundiais e da Guerra Fria. Dois processos interligados estiveram envolvidos. Em primeiro lugar, como vimos, o liberalismo foi americanizado. Em segundo lugar, ele foi reconfigurado numa doutrina que priorizava os direitos individuais. Como demonstrou o historiador norte-americano Alan Brinkley, os liberais reduziram as suas aspirações e ajustaram os seus objetivos.[551]

Liberalismo e a ameaça totalitária

Originalmente publicado em 1944, *O Caminho para a Servidão* de Friedrich Hayek lucrou com o medo crescente do totalitarismo, e, simultaneamente, ajudou a amplificá-lo. A associação do liberalismo a um Estado forte e à intervenção do governo começou a ser encarada como uma fragilidade. Era importante ter consciência, escreveu Hayek no seu sucesso de vendas improvável, de que «nos arriscamos a repetir o destino da Alemanha»[552]. O «liberalismo social» para o qual se encaminhavam a Grã-Bretanha e a América conduziria, inevitavelmente, ao totalitarismo.

Na América, os defensores do liberalismo do *New Deal* foram rotulados como socialistas, ou até mesmo comunistas, palavras que assumiam sentidos cada vez mais ameaçadores. Em 1948, Robert Taft, senador republicano do Ohio, acusou o liberalismo do *New Deal* de ter «adquirido matizes Russos». Os liberais que aceitavam as conceções do liberalismo de John Dewey ou de Franklin D. Roosevelt não eram realmente liberais; eles eram «totalitários».

Neste clima ansioso e pessimista, os indivíduos tornaram-se recetivos às ideias de vários pensadores religiosos, católicos ou protestantes, que culpavam o liberalismo pela crise ética que assolava o Ocidente. Entre os principais teóricos católicos estavam Waldemar Gurian, um cientista político germano-americano nascido na Rússia, e Jacques Maritain, um filósofo francês. O mais preeminente teórico protestante foi Reinhold Niebuhr. Gurian, Maritain e Niebuhr disseminaram a ideia de que as próprias sociedades liberais tinham a tendência para se tornarem iliberais. O «antiliberalismo», escreveu Gurian, nada mais era do que a «conclusão do liberalismo». O «Estado totalitário» não era a rejeição do liberalismo, mas «a sua derradeira e mais radical consequência»[553].

Os argumentos católicos e protestantes coincidiam em pontos importantes. Quando se retira Deus do mundo, afirmavam os teóricos cristãos, todas as fundações da moralidade são abaladas. A perda da fé em Deus conduz a um relativismo moral que torna as pessoas vulneráveis a demagogos e ditadores. O totalitarismo, analisado pela primeira vez por alguns destes teóricos, era o resultado do desencantamento liberal com o mundo.

Niebuhr foi um dos mais influentes intelectuais americanos da sua geração. Em artigos que ostentavam títulos como «O *pathos* do liberalismo» ou «A cegueira do liberalismo», ele sopesou os perigos que estavam à espreita. O totalitarismo era a consequência lógica da arrogância humana, um perigo que ameaçava qualquer lugar onde se negasse a existência do pecado original e se rejeitassem os princípios cristãos.[554] Niebuhr alertou os americanos para o facto de a sua cultura liberal não conceber a profundidade do mal em que se afundariam caso tentassem «desempenhar o papel de Deus na história». Tendo em conta o que tinha acontecido na Alemanha, seria melhor que os liberais americanos amenizassem os seus planos de reforma social e passassem a recear todas as respostas coletivistas aos problemas sociais. Quase todas as experiências de engenharia social, advertiu, continham em si «o perigo de misturar o poder político e económico». Por isso, «uma comunidade sensata avançará cautelosamente e testará o efeito de cada arremetida antes de novas arremetidas»[555].

Consciente ou inconscientemente, os teóricos cristãos repetiam uma acusação antiga: a culpa era do secularismo liberal. Ao atacarem a religião, os liberais tinham provocado a calamidade que sobre eles se abatera. Já vimos este argumento inúmeras vezes. Mas também vimos que, ao longo da história, liberais cristãos contrariaram estas afirmações. Insistiram que o liberalismo nada tinha que ver com a rejeição de Deus ou com um ataque à religião. Uma forma liberal de cristianismo, isto é, um cristianismo centrado na moral e não na pecaminosidade, ajudaria a melhorar o mundo segundo a vontade de Deus.

Niebuhr foi um grande crítico do cristianismo liberal. Para ele, este projetava uma ideia perigosamente ingénua e utópica da bondade e da educabilidade humanas. Num artigo intitulado «Que as Igrejas Liberais não mais se iludam!», censurou o seu otimismo e idealismo como uma das causas da crise europeia.[556] Os homens não eram naturalmente bons, mas sim pecaminosos, irracionais, violentos e egoístas. Sem reconhecermos este facto, não era possível uma sociedade moral.

Em 1945, a posição do Papa Pio XII sobre esta questão não deixou margem para dúvidas. Na Mensagem de Natal desse ano, o Papa repetiu, numa forma atualizada, a duradoura e costumeira denúncia católica do liberalismo. Dito de forma simples, os liberais tinham retirado Deus do mundo e, ao fazê-lo, deram origem ao totalitarismo. A força destrutiva do liberalismo, declarou Pio, tivera como único resultado a brutalidade, a barbárie e a ruína.

Os propagandistas católicos disseminaram esta mensagem. No livro de Jonathan Hallowell publicado em 1946, *O Declínio do Liberalismo*, lia-se que a crise espiritual na origem do totalitarismo era característica não só da Alemanha, mas de toda a civilização ocidental. A culpa era do liberalismo e da sua rejeição de uma verdade transcendente. Em *A Ascensão e o Declínio do Liberalismo*, de 1953, Thomas Neill sublinhou este ponto. Uma vez que destruía todos os valores espirituais, «a lógica do liberalismo» conduzia diretamente ao totalitarismo.[557] Alguns anos mais tarde, em 1964, outro peticionário católico anticomunista, James Burnham, referiu-se ao liberalismo como a «ideologia do suicídio do Ocidente», já que este tinha sido contaminado pelo comunismo.[558]

Os emigrados da Alemanha nazi para os Estados Unidos, ocupando posições de influência, concorreram para esta apreciação condenatória do liberalismo. Hannah Arendt, filósofa política judia com ascendência alemã e amiga de Gurian, responsável por obras como *As Origens do Totalitarismo* (1951), escreveu que o liberalismo era «o germe do inferno» que deu origem ao nazismo.[559] Para Eric Voegelin, emigrado alemão católico, o comunismo nada mais era do que a expressão radical do liberalismo. Ao suplantar a «verdade da alma» e promover o desencantamento do mundo, o liberalismo era, em grande medida, responsável pela política autodestrutiva do Ocidente.[560] Leo Strauss, outro emigrado judeu com ascendência alemã, acusou o relativismo liberal de abrir a porta ao nihilismo e ao totalitarismo. Os liberais e os totalitários, cogitou, tinham muito em comum.

A viragem dos direitos

No clima intelectual da Guerra Fria, os ataques pronunciados e vigorosos ao liberalismo geraram nos liberais americanos uma postura defensiva, e muitos deles sentiram a necessidade de clarificar e pôr em evidência aquilo que fazia com que o seu liberalismo *não* fosse um totalitarismo. Para fazerem isto, atenuaram os seus planos de reconstrução social e enfatizaram, antes, o seu compromisso com a defesa dos direitos dos indivíduos. O liberalismo foi reconfigurado como o «outro» ideológico do totalitarismo, fosse ele de esquerda ou de direita. No processo, o liberalismo perdeu muito do seu núcleo moral e da sua dedicação centenária ao bem coletivo. O individualismo substituiu-os à medida que os liberais reduziam as suas aspirações e moderavam os seus objetivos. O liberalismo foi mais uma vez reconfigurado, e no processo os seus objetivos foram denegridos.

Arthur Schlesinger, historiador americano e intelectual público, foi uma figura-chave neste desenvolvimento. O seu amplamente lido e muito admirado *O Centro Vital* (1949) ilustra bem a mudança no clima intelectual e a alteração das sensibilidades liberais. Profundamente influenciado por Niebuhr, Schlesinger lamentava que tantos liberais tivessem demorado tanto tempo a reconhecer o perigo do totalitarismo e a ameaça que este representava para o indivíduo. Era imperativo reafirmarem e reassegurarem o seu compromisso fundamental para com os direitos de cada indivíduo. O liberalismo, afirmou, não podia dar-se ao luxo de entrar em acordo com o totalitarismo.

Outra figura-chave na transformação do liberalismo durante a Guerra Fria foi o filósofo social e político Isaiah Berlin, um judeu russo-britânico. Num ensaio seminal intitulado «Dois conceitos de Liberdade», apresentado originalmente na Universidade de Oxford em 1958, Berlin analisou o choque das ideologias que dominavam o mundo. Este era, no seu entender, um conflito entre dois tipos de liberdade: uma liberdade que era totalitária, e, outra, liberal. O tipo liberal de liberdade era essencialmente negativo. Preocupava-se sobretudo com a salvaguarda da liberdade pessoal, isto é, com a proteção do indivíduo em relação à coerção do governo. O tipo totalitário de liberdade estava associado a projetos utópicos que prometiam «autorregulação coletiva» e «autorrealização».[561]

Um após outro, os americanos que se identificavam como liberais mostravam agora o seu antitotalitarismo, enfatizando o seu apoio aos direitos individuais. Construíram-se genealogias baseadas num cânone de grandes pensadores; publicaram-se antologias. Os pais fundadores do liberalismo foram descobertos e muitos dos teóricos, políticos e escritores liberais analisados neste livro foram preteridos, ou o seu contributo foi minimizado.

Os «grandes pensadores» foram lidos de modos que suportassem a viragem dos direitos operada pelos liberais, e os aspetos do seu pensamento que dificultavam essa leitura foram menosprezados. John Locke tornou-se um pai fundador do liberalismo e a sua defesa da propriedade foi colocada em evidência. Ocasionalmente, pensadores não-anglófonos foram encaixados no cânone. Nas suas *Leituras de Escritores Liberais, Inglês e Francês* (1965), John Plamenatz incluiu excertos de Benjamin Constant. «Constant parece referir-se, muitas vezes, à Alemanha de Hitler»[562], aquiesceu. A sua defesa dos direitos individuais foi destacada acima de todos os seus outros interesses. O empenhamento na construção do Estado e a preocupação incessante com a moral, a religião e a «perfectibilidade» foram minimizados ou completamente ignorados.

Com o tempo, os mais acérrimos defensores do liberalismo mobilizaram-se em torno da ideia de que o liberalismo era, em primeiro lugar, sobre os direitos e interesses individuais. A história do liberalismo relatada neste livro foi esquecida. Num certo sentido, os liberais do século XX adotaram de bom grado o argumento que foi tradicionalmente utilizado para os difamar, ou seja, que o liberalismo era, na sua essência, uma filosofia individualista, se não mesmo egoísta.

Em 1971, foi publicado o livro de John Rawls, *Uma Teoria da Justiça.* Encomiado por revitalizar e enriquecer os debates vigentes sobre o liberalismo, demonstrava como um liberalismo baseado no individualismo e na ganância implicaria logicamente o Estado social. Para demonstrar o seu argumento, Rawls tomou como hipótese um grupo de indivíduos que, a despeito da ganância, continuavam a ser racionais, e mostrou que estas pessoas — com o intuito de maximizar as suas vantagens em condições de incerteza — escolheriam, não uma sociedade de *laissez-faire*, mas sim o Estado social. Ao argumentar desta forma, estava, num certo sentido, a reverter contra si mesmo um argumento conservador e baseado nos direitos. Mas, no processo, ele sugeria que não era necessário promover deliberadamente o bem comum para que uma sociedade liberal funcionasse. Não era necessário preocuparmo-nos em ultrapassar os impulsos egoístas do homem. Ser egoísta era agora uma coisa boa.

Nesta altura, aquela que ficou conhecida como a crítica comunitarista acusou o liberalismo de ser demasiado individualista e de se preocupar demasiado com os direitos privados à custa do bem comum. O liberalismo operava com uma noção incompleta do sujeito, noção essa que ignorava a constituição social dos indivíduos e a importância dos laços comunais. Era ele o culpado pelo enfraquecimento das noções de cidadania e comunidade, e era ele que tinha contribuído para o declínio moral da América. Já ninguém se lembrava que os liberais tinham defendido a comunidade e a moral ao longo de séculos.

Entre os próprios liberais, muitos começaram a lastimar a ênfase dada aos direitos e a deplorar um liberalismo refreado, ou «liberalismo do medo», tão empobrecido que se assemelhava agora a uma mera filosofia de controlo de danos.[563] Mas, na generalidade, os liberais aceitavam a ideia de que o liberalismo era sobre os direitos.

Dado o interesse do liberalismo nos direitos individuais, as feministas questionavam como funcionaria isso para as mulheres. Por ser tão individualista, afirmavam, o liberalismo negligenciava as necessidades das mulheres enquanto mulheres. Ignorava o facto de todos os seres humanos possuírem um núcleo de «pessoalidade» moral. Aqui, mais uma vez, faltou ao debate sobre o liberalismo uma perspetiva histórica.[564] Como vimos, os liberais tiveram uma preocupação quase obsessiva com as mulheres «enquanto mulheres» e raramente se referiram aos «direitos» individuais das mulheres.

A viragem dos direitos operada pelos liberais ajudou também a alimentar um longo debate que veio questionar se os valores fundadores da América eram liberais ou republicanos, como se estes dois fossem contraditórios. O tema tornou-se uma outra forma de perguntar se os Estados Unidos tinham sido fundados para proteger os direitos («liberalismo») ou para cultivar a virtude («republicanismo»). Académicos interessados nas supostas diferenças entre liberalismo e republicanismo apressaram-se a descrever o liberalismo como «uma ideologia moderna, egocêntrica, competitiva e individualista, cuja ênfase é colocada nos direitos privados»[565].

O (suposto) iliberalismo de França e da Alemanha

O uso deste liberalismo anglo-americano individualista e baseado nos direitos como bitola tornou possível que muitos concluíssem que França e Alemanha possuíam tradições liberais imperfeitas, ou mesmo inexistentes. As muitas formas através das quais ambos os países contribuíram efetivamente para a história do liberalismo foram relegadas para segundo plano ou desapareceram por inteiro.

A experiência do nazismo projetou uma longa sombra sobre a história alemã e compeliu os historiadores a concentrarem-se naquela que concluíram ser a falência do liberalismo alemão. Em 1953, o historiador alemão Friedrich Sell publicou *A Tragédia do Liberalismo Alemão*, definindo o rumo para os estudos que se seguiriam. O problema do liberalismo alemão, afirmou Sell, residia no facto de o país não se ter disposto a acolher a «tradição anglo-saxónica». O liberalismo alemão era imperfeito porque nunca tinha propriamente entendido que a função do governo era proteger os direitos individuais.[566]

Ao livro de Sell seguiram-se diversos outros, a maior parte deles fazendo menção à fraqueza, insuficiência ou falência do liberalismo na Alemanha.[567] Houve quem questionasse se a Alemanha *tinha* uma tradição liberal.[568] Segundo a afamada abordagem de Fritz Stern, professor da Universidade de Columbia, a Alemanha tinha «uma tradição *iliberal*, isto é, autoritária, ao invés de uma tradição liberal»[569].

Aqueles que acreditavam que existia, de facto, uma tradição liberal na Alemanha consideravam-na desadequada, porquanto se tratava de um «liberalismo de Estado»; era um liberalismo «que via o Estado como o instrumento fundamental para concretizar o programa liberal». O modelo de mercado continuava a ser marginal na Alemanha, e a sua orientação geral pró-Estado foi considerada «a maior fraqueza do primeiro liberalismo alemão»[570].

O centramento nas suas supostas insuficiências converteu-se, por vezes, numa busca pelas razões que levavam a Alemanha a não ser

Inglaterra. Houve quem sugerisse que isso era devido à visão enviesada que a Alemanha tinha da liberdade; outros disseram que lhe faltava uma burguesia. Passou a ser interessante discutir em que momento e onde é que o liberalismo alemão se «desviou» do processo «normativo» de desenvolvimento.[571] Aparentemente, faltava ambição política aos liberais alemães.

Algo semelhante aconteceu em França, embora um pouco mais tarde. Na década de 1970, teve lugar aquele a que, desde então, se tem chamado um «momento antitotalitário». Contrariando a política de muitos intelectuais franceses que tinham desenvolvido uma atração pelo comunismo no pós-Segunda Guerra Mundial, alguns académicos começaram a investigar as causas desta verdade constrangedora. Muitos deles, entre os quais se encontrava o notável pioneiro François Furet, imputaram-na ao suposto protototalitarismo da Revolução Francesa, e ao «facto» concomitante de França não ter uma tradição liberal saudável.

O liberalismo francês, concluíram, não era um verdadeiro liberalismo porque lhe faltava uma forte ênfase nos direitos individuais. Sendo fundamentalmente uma importação estrangeira, o liberalismo «genuíno» tinha tido dificuldade em criar raízes em França.[572] E, tal como a variante alemã, o liberalismo francês era imperfeito devido ao seu estatismo. Contraditoriamente, também se dizia que o liberalismo francês «recusava o político», por causa da sua pretensa confiança nos mercados livres.[573] Não é de admirar, pois, que os historiadores o tenham achado tão confuso.[574] Eles dão-nos conta da «aparente incapacidade de os liberais [franceses] reconhecerem os elementos nucleares da sua própria doutrina». O problema era que «não tinham o expediente filosófico para pensarem o liberalismo», visto que não tinham um Locke.[575]

Mas os franceses tinham um Benjamin Constant, que foi redescoberto e relido como um dos poucos liberais no verdadeiro sentido individualista anglo-americano. O empenhamento profundo de Constant na construção de um Estado viável e no *combate* ao individualismo foi ignorado; e o seu interesse vitalício na religião e «autossacrifício» foi preterido. Em vez disso, académicos de renome determinaram que o «conceito-chave» de Constant era a «independência individual»[576], e que ele estava do lado do «individualismo radical»[577]. Outros mencionaram uma série de economistas políticos franceses que admitiam o valor liberal da ganância, o Estado mínimo e os mercados sem regulação.

Em França, tal como na América, este suposto liberalismo verdadeiro e individualista tornou-se alvo de críticas. Comparando-o com o republicanismo, e a sua ênfase na cidadania e na virtude, os críticos descreviam o liberalismo francês como sendo demasiado hedonista.[578] O filósofo católico Pierre Manent acusou os fundadores do liberalismo de rejeitarem qualquer noção de bem comum e, num resumo conciso da sua conceção de liberalismo, postulou Maquiavel e Hobbes como os seus fundadores. Fazendo eco da extensa linhagem de críticos católicos do liberalismo que referimos neste livro, Manent cogitou que o liberalismo tinha tido origem num ataque à Igreja Cristã. Isto, no seu entender, era o motivo pelo qual o liberalismo tinha uma tendência grave para a autodestruição e podia conduzir inelutavelmente ao totalitarismo.[579] Manent é a crítica católica dos últimos duzentos anos numa nova roupagem.

Embora o liberalismo seja hoje encarado como a doutrina política dominante no Oeste, uma espécie de triunfalismo coexiste com o pessimismo. Escutamos frequentemente que o liberalismo está a atravessar uma crise de confiança, uma crise que se intensificou com a recente ascensão da «democracia iliberal» em todo o mundo.[580] Tem sido sugerido que o problema poderia resolver-se se os liberais estivessem de acordo em relação ao que defendem e fossem corajososos nas suas convicções. O liberalismo, há quem o diga, contém em si os recursos de que precisa para articular uma conceção do bem e uma teoria liberal da virtude.[581] Os liberais devem voltar a conectar-se aos recursos da sua tradição liberal para recuperarem, compreenderem e acolherem os valores que estão na sua essência. Este livro pretende relançar esse processo. Se for capaz de reiniciar e estimular o debate sobre a história do liberalismo, terá cumprido o seu propósito.

NOTAS

Introdução

1 Sobre o significado de «conceitos básicos» e a prática da história conceptual, um campo em rápido crescimento, ver as obras listadas na secção «Método» da bibliografia selecionada.

2 Para um exemplo recente, ver Larry Siedentop, *Inventing the Individual: The Origins of Western Liberalism* (Cambridge, MA: Harvard University Press, 2014).

3 Pierre Manent, *An Intellectual History of Liberalism*, trad. Rebecca Balinski (Princeton: Princeton University Press, 1996).

4 Duncan Bell, «What Is Liberalism?», *Political Theory* 42, n.º 6 (2014): 682–715.

5 Ver, por exemplo, o precursor *Liberalismus. Zur historischen Semantik eines europдischen Deutungsmusters*, de Jörn Leonhard (Munique: R. Oldernbourg Verlag, 2001).

Capítulo Um: O que queria dizer ser liberal, de Cícero a Lafayette

6 Cícero, *Dos Deveres*, Livro 1.

7 *Plutarch's Lives, Translated from the Original Greek: With Notes, Critical and Historical by John Langhorne and William Langhorne*, 6 vols. (Londres, 1770), 2:156–57.

8 Não sem uma boa parcela de distorção, obviamente. Ver Hans Baron, «Cicero and the Roman Civic Spirit in the Middle Ages and Early Renaissance», *Journal of the John Rylands Library* 22 (1938): 73–97.

9 Ver Santo Ambrósio, *Dos Deveres do Clero*, cap. 28, par. 130. O texto inclui diversas secções sobre a liberalidade.

10 A redescoberta medieval de Aristóteles (384–322 a.C.) ajudou também a disseminar a noção antiga de liberalidade.

11 Citado por Guido Guerzoni, «Liberalitas, Magnificentia, Splendor: The Classic Origins of Italian Renaissance lifestyles», *History of Political Economy 31*, supl. (1999): 332–78.

12 Pietro Paolo Vergerio citado em Kenneth Bartlett, ed., *The Civilization of the Italian Renaissance: A Sourcebook*, 2.ª ed. (Toronto: University of Toronto Press, 2011), 184.

13 Juan Luis Vives, *A Educação de uma Mulher Cristã* (1524), Livro 1, par. 29.

14 Uma lista impressionante foi recolhida por J. K. Sowards, «Erasmus and the Education of Women», *Sixteenth Century Journal 13*, n.º 4 (1982): 77–89.

15 «Liberal» *in* Oxford English Dictionary (*online*), 3a.

16 *Christiani matrimonii institutio*, citado por Sowards, «Erasmus», 87.

17 O título do livro em Latim era *De Pueris Statim ac Liberaliter Instituendis* (1529).

18 Erasmo, *The Education of a Christian Prince*, ed. Lisa Jardine (Cambridge: Cambridge University Press, 2016), 77. No que dizia respeito à educação das raparigas, Erasmo concentrou-se na necessidade de salvaguardar a sua castidade (Sowards, «Erasmus»).

19 Leon Battista Alberti, «On Painting and on Sculpture», in *The Civilization of the Italian Renaissance: A Sourcebook*, ed. Kenneth Bartlett (Toronto: University of Toronto Press, 2011), 171.

20 Edgar Wind, *Pagan Mysteries in the Renaissance* (Nova Iorque: Norton, 1968).

21 Antoniano ([1584] 1821), 2:39–40, *in* Guerzoni, «Liberalitas».

22 Piccolomini (1552), citado em Guerzoni, «Liberalitas».

23 Fabrini (1547), citado em Guerzoni, «Liberalitas».

24 Numa edição da ECCO datada do século XVI, traduziu-se por «princípes francos», enquanto as versões italiana e francesa utilizam os termos «*libérale*» e «*liberal*». A tradução inglesa de 1724, traduz por «princípes liberais».

25 Erasmo, *Education*, 78.

26 Sobre as diferenças entre Cícero e Maquiavel neste ponto, ver Marcia L. Colish, «Cicero's *De Officiis* and Machiavelli's *Prince*», *Sixteenth Century Journal 9*, n.º 4 (1978): 80–93.

27 *The Essays of Michael Seigneur de Montaigne Translated into English* (Londres, 1759), 3:153.

28 Nicolas Faret, *L'Honeste-homme, ou l'art de plaire a la cour* (Paris: Du Bray, 1630).

29 Isaías 32:5–8; Provérbios 11:25; 2 Coríntios 9:13.

30 Sermão 75 pronunciado diante do rei em Whitehall, 15 de abril, 1628.

31 Richard Allestree, *The Gentleman's Calling* (Londres, 1705), 58, 86.

32 O célebre sermão de Winthrop pode ser encontrado em inúmeras fontes.

33 Roger L'Estrange, *Seneca's Morals by Way of Abstract* (Cork, 1797).

34 Thomas Hobbes, *Leviathan* (Cambridge: Cambridge University Press, 1996), 89; *On the Citizen* (Cambridge: Cambridge University Press, 1998), 21, 22, 25; *Leviathan*, «Of the Natural Condition of Mankind»; *Leviathan*, 102; *On the Citizen*, 149.

35 O jansenismo foi um movimento teológico no interior do catolicismo, surgido no século XVII, que enfatizava o pecado original, a depravação humana e a necessidade da graça divina e da predestinação.

36 Blaise Pascal, *Pensées* (Paris,1670), 89.

37 Pierre Nicole, «Of Charity and Self-Love», reimpresso *in* Bernard Mandeville, *The Fable of the Bees and Other Writings*, ed. Mark Hulliung (Indianapolis: Hackett, 1997), 1.

38 Jacques Esprit, *La Fausseté des Vertus Humaines* (Paris, 1678), 487, sublinhado meu.

39 *Discourses: Translated from Nicole's Essays by John Locke with Important Variations from the Original French* (Londres, 1828), 172.

40 John Locke, *The Reasonableness of Christianity, in The Works*, vol. 6 (Liberty Fund Online Library of Liberty), 116, http://oll.libertyfund.org/titles / locke-the-works-vol-6–the-reasonableness-of-christianity.

41 John Locke, *Some Thoughts Concerning Education, in The Educational Writings of John Locke*, ed. James L. Axtell (Cambridge: Cambridge University Press, 1968).

42 Anthony Ashley Cooper Shaftesbury, *An Inquiry Concerning Virtue* (Londres, 1732), 293.

43 George Turnbull, *Observations on Liberal Education in All Its Branches* (Londres, 1742), 142, 136, 197, 141, 180, 321, 87.

44 *Dr. Johnson's Dictionary of the English Language* (Londres, 1755).

45 John Marshall, *John Locke: Resistance, Religion and Responsibility* (Cambridge: Cambridge University Press, 1996), 111.

46 Anthony Ashley Cooper Shaftesbury, *A Letter Concerning Enthusiasm*, in *Characteristicks*, vol. 1 (Londres, 1732), 333.

47 George Turnbull, *Observations upon Liberal Education, in All Its Branches*, ed. Terrence O. Moore Jr. (Indianapolis: Liberty Fund, 2003), cap. 4. Ver também Bruce Kimball, *Orators and Philosophers: A History of the Idea of Liberal Education* (Nova Iorque: Teachers College Press, 1986), 14.

48 François de Salignac de La Mothe-Fénelon, *On the Education of Girls*, trad. Kate Lupton (Boston, 1891), 96, 65, 96, 13, 12.

49 Adam Smith, *An Inquiry into the Nature and Causes of the Wealth of Nations* (Londres, 1776), Livro 5, cap. 1, 302.

50 Ver, por exemplo, Lieselotte Steinbrügge, *The Moral Sex: Woman's Nature in the French Enlightenment* (Oxford: Oxford University Press, 1995); Ludmilla Jordanova, «Sex and Gender» in *Inventing Human Science: Eighteenth-Century Domains*, ed. Christopher Fox, Roy Porter e Robert Wokler (Berkeley: University of California Press, 1995), 152–83; e Anne Vila, «"Ambiguous Beings": Marginality, Melancholy, and the *Femme Savante*» in *Women, Gender and Enlightenment*, ed. Sarah Knott e Barbara Taylor (Nova Iorque: Palgrave Macmillan, 2005), 53–69.

51 Francis Hutcheson, *A Short Introduction to Moral Philosophy* (Glasgow, 1747), 94.

52 *Ibid.*, 87.

53 Jean-Baptiste Massillon, *Oeuvres de Massillon* (Paris, 1803), 1:304.

54 John Locke, *Essay Concerning Understanding*, Livro 4, cap. 20.

55 David Armitage, «John Locke, Carolina, and the "Two Treatises of Government"», *Political Theory 32*, n.º 5 (2004): 602–27.

56 Nathan Bailey, *An Universal Etymological English Dictionary*, 7.ª ed. (Londres, 1735).

57 Citado por Gordon Wood, *The Radicalism of the American Revolution* (Nova Iorque: Vintage, 1993).

58 Peter Clark, *British Clubs and Societies 1580–1800* (Oxford: Clarendon, 2000); Davis McElroy, *Scotland's Age of Improvement: A Survey of Eighteenth-Century Literary Clubs and Societies* (Pullman: Washington State University Press, 1969).

59 Nicholas Phillipson, *Adam Smith: An Enlightened Life* (New Haven, CT: Yale University Press, 2010).

60 *The Works of William Robertson: History of the Reign of the Emperor Charles V*, 12 vols. (Londres, 1812), 4:82, 178, 78.

61 F. A. Brockhaus, *Allgemeine deutsche Real-Encyclopädie für die gebildeten Stände. Conversations-Lexicon*, vol. 5, 4.ª ed. (Leipzig, 1817), 674–75.

62 George Washington, «Circular to the States» (2 setembro, 1783), citado em *The Encyclopedia of Libertarianism*, ed. Ronald Hamowy (Thousand Oaks, CA: Sage, 2008), 536.

63 Benigne de Bossuet, *Oeuvres*, 23:625, citado em Henrietta Louisa Farrer Lear, *Bossuet and His Contemporaries* (Londres: Rivingtons, 1874), 178.

64 John Locke, *A Letter Concerning Toleration and Other Writings*, ed. Mark Goldie (Indianapolis: Liberty Fund, 2010), sublinhado meu.

65 Sobre a convicção de que as ideias de Locke não eram tão anticatólicas como habitualmente se julga, ver Émile Perreau-Saussine, «French Catholic Political Thought from the Deconfessionalisation of the State to the

Recognition of Religious Freedom», *in Religion and the Political Imagination*, ed. Ira Katznelson e Gareth Stedman Jones (Cambridge: Cambridge University Press, 2010), 150–70.

66 Samuel Wright, citado por Jörn Leonhard, *Liberalismus. Zur historischen Semantik eines europäischen Deutungsmusters* (Munique: R. Oldernbourg Verlag, 2001), 118.

67 Richard Price, «Sermons on the Christian Doctrine» *in Sermons on the Security and Happiness of a Virtuous Course, on the Goodness of God, and the Resurrection of Lazarus, to Which Are Added, Sermons on the Christian Doctrine* (Boston: E. W. Weld e W. Greenough, 1794), 175.

68 William Paley, *Principles of Moral and Political Philosophy* (1785).

69 «From George Washington to Roman Catholics in America, c.15 March 1790», *Founders Online*, https://founders.archives.gov/documents/Washington /05-05-02-0193.

70 «From George Washington to the Hebrew Congregation in Newport, Rhode Island, 18 August 1790», *Founders Online*, https://founders.archives.gov/documents/Washington/05-06-02-0135.

71 Eric Carlsson, comunicação a título pessoal, 2015.

72 Isto não o impediu de aderir também ao hermetismo. Sobre este assunto, ver Peter Reill, «Between Theosophy and Orthodox Christianity: Johann Salomo Semler's Hermetic Religion», *in Polemical Encounters: Esoteric Discourse and Its Others*, ed. Olav Hammer e Kocku von Stuckrad (Leiden: Brill, 2007), 157–80.

73 *General Repository and Review* (1812).

74 John A. Buehrens, *Universalists and Unitarians in America: A People's History* (Boston: Skinner House, 2011).

75 Mr. Pratt, *Liberal Opinions; or, The History of Benignus*, vol. 1 (Londres, 1783), 2.

76 Alan Heimert, *Religion and the American Mind* (Cambridge, MA: Harvard University Press,1968), 50, 169, 211.

77 Charles Chauncy, *Enthusiasm Described and Caution'd Against* (Boston, 1742).

78 Benjamin Whichcote, *The Works of the Learned Benjamin Whichcote*, vol. 2 (Aberdeen, 1751), 128.

79 Jean-Jacques Rousseau, Primeiro e Segundo Discursos; a referência é proveniente do Segundo Discurso.

80 Adam Ferguson, *An Essay on the History of Civil Society*, ed. Duncan Forbes (Edinburgh: Edinburgh University Press, 1966), 217–20.

81 *Ibid.*, 217–20.

82 Ver, por exemplo, Karl Koppman, ed., *Die Recesse und andere Akten der Hansetage*, 8 vols. (Leipzig, 1870–97), onde o rei inglês tem «liberaliter donatam et concessam».

83 Ver, por exemplo, Joseph Lathrop, «A Sermon on a Day Appointed for Publick Thanksgiving», *in Political Sermons of the American Founding Era, 1730–1805*, ed. Ellis Sandoz (Indianapolis: Liberty Fund, 1998), 870: «As primeiras cartas régias concedidas às colónias americanas, particularmente, às da Nova Inglaterra, eram do tipo mais liberal possível, e plenamente conformes às suas conceções e desejos.»

84 Carta ao seu editor, citada por Dennis Carl Rasmussen, *The Problems and Promise of Commercial Society: Adam Smith's Response to Rousseau* (University Park: Pennsylvania State University Press, 2008), 99.

85 Adam Smith, *An Inquiry into the Nature and Causes of the Wealth of Nations*, vol. 1 (1776; Chicago: University of Chicago Press, 1977), IV, V, 47, 388, 75, 76, 77, 208, 250, sublinhado meu.

86 Adam Smith, *The Theory of Moral Sentiments* (1759), VI, II. 3.3.

87 *Ibid.* (versão de 2016), 288.

88 Smith, *Wealth of Nations*, 519.

89 *Ibid.*, 161. Ver Dennis C. Rasmussen, «Adam Smith on What Is Wrong with Economic Inequality», *American Political Science Review 110*, n.º 2 (2016): 342–52.

90 Samuel Cooper, «A Sermon on the Day of the Commencement of the Constitution» (1780), *in* Sandoz, *Political Sermons of the American Founding Era*, 1:644, 655.

91 Ezra Stiles, «The United States Elevated to Glory and Honor», https://digitalcommons.unl.edu/etas/41/.

92 Joseph Lathrop, «Sermon on a Day Appointed for Public Thanksgiving», *in Political Sermons of the Founding Era*, vol. 1, ed. Ellis Sandoz (Indianapolis: Liberty Fund, 1998), 871.

93 David Ramsay, *The History of the American Revolution*, vol. 1 (1789), 357

94 David Armitage, *Age of Revolutions in Global Context, c. 1760–1840* (Nova Iorque: Palgrave Macmillan, 2010), 5–15.

95 Na Alemanha, o debate sobre as constituições aconteceu um pouco mais tarde do que noutros países. Ver também Joyce Appleby, «America as a Model for the Radical French Reformers of 1789», *William and Mary Quarterly 28*, n.º 2 (1971): 267–86.

96 Levi Hart de Preston, Connecticut, citado por Jonathan Sassi, *A Republic of Righteousness: The Public Christianity of the Post-revolutionary New England Clergy* (Nova Iorque: Oxford University Press, 2001), 58.

97 John Millar, *The Origin of the Distinction of Ranks* (Aalen: Scientia, 1986), 294, citado por Domenico Losurdo, *Liberalism: A Counter-history* (Nova Iorque: Verso, 2011), 11.

98 Christopher L. Brown, *Moral Capital: Foundations of British Abolitionism* (Chapel Hill: University of North Carolina Press, 2012).

99 Arthur Zilversmit, *First Emancipation: The Abolition of Slavery in the North* (Chicago: University of Chicago Press, 1967), 132; Robin Blackburn, *The Overthrow of Colonial Slavery: 1776–1848* (Nova Iorque: Verso, 2011),118; Losurdo, *Liberalism*, 59.

100 *Pennsylvania Journal*, 4 abril, 1781.

101 Edmund Burke, *The Works: A New Edition*, 16 vols. (London: Rivington, 1826), 3:54, citado por Losurdo, *Liberalism*, 37.

102 Abigail Adams para John Adams, 31 março, 1776, *Founders Online*, https://founders.archives.gov/documents/Adams/04-01-02-0241

103 Abigail Adams para Mercy Otis Warren, 27 abril, 1776, *Founders Online*, https://founders.archives.gov/documents/Adams/04-01-02-0257.

104 Noah Webster, *On the Education of Youth in America*, citado em *Readings in American Educational Thought: From Puritanism to Progressivism*, ed. Andrew Milson, Chara Bohan, Perry Glanzer e J. Wesley Null (Charlotte: Information Age, 2004), 106, sublinhado meu.

Capítulo Dois: A Revolução Francesa e as origens do liberalismo, 1789–1830

105 Marquês de Lafayette, *Memoirs, Correspondence and Manuscripts of General Lafayette Published by His Family* (Londres, 1837), 2:192.

106 *Dictionnaire universel françois et latin, vulgairement appelé Dictionnaire de Trévoux...*, nouvelle ed. (Paris, 1771), 508.

107 Por exemplo, na carta citada acima e na carta ao presidente do Congresso, Marquês de Lafayette, *Memoirs*, 1:286.

108 Germaine de Staël, *Da Alemanha* (1810).

109 Richard Price, «A Discourse on the Love of Our Country» (Londres, 1790), 20.

110 *The Correspondence of the Revolution Society in London, with the National Assembly* (Londres, 1792), 157

111 Edmund Burke, *Reflections on the Revolution in France*, ed. J.G.A. Pocock (Indianapolis: Hackett, 1987), 70, 163, 70, 69, sublinhado meu.

112 *Ibid.*, 70, 33, 34, 66, 70.

113 Ver, por exemplo, *A New Catechism for the Use of the Swinish Multitude* (1792).

114 Catherine Macaulay, *Observations on the Reflections of the Right Hon Edmund Burke on the Revolution in France* (Londres, 1791), 38–39.

115 Mary Wollstonecraft, *A Vindication of the Rights of Men*, ed. Sylvana Tomaselli (1790; Cambridge: Cambridge University Press, 2003), 16.

116 Thomas Paine, *Rights of Man, Being an Answer to Mr. Burke's Attack* (1791).

117 Germaine de Staël, *Considerations on the Principal Events of the French Revolution*, ed. Aurelian Craiutu (Indianapolis: Liberty Fund, 2008), 493, 190.

118 Joseph de Maistre, *Considerations on France*, ed. Richard Lebrun (Cambridge: Cambridge University Press, 2003), 41.

119 *Des réactions politiques, in De la force du gouvernement actuel de la France et de la nécessité de s'y rallier*, ed. Philippe Raynaud (Paris: Flammarion, 1988), 111, 115, 118. Ver K. Stephen Vincent, *Benjamin Constant and the Birth of French Liberalism* (Nova Iorque: Palgrave Macmillan, 2011), 76–77; e «Benjamin Constant, the French Revolution, and the Origins of French Romantic Liberalism», *French Historical Studies 23*, n.º 4 (2000): 607–37.

120 Citado por Aurelian Craiutu, *A Virtue for Courageous Minds: Moderation in French Political Thought, 1748–1830* (Princeton: Princeton University Press, 2012), 178.

121 Mona Ozouf, «La Révolution francaise et la formation de l'homme nouveau», *in L'homme régénéré. Essais sur la Révolution francaise*, ed. Mona Oouf (Paris: Gallimard, 1989) 116–45.

122 Madame de Staël, *Des Circonstances actuelles qui peuvent terminer la révolution et des principes qui doivent fondre la république en France* (Paris: Libraire Fischbacher, 1906), 10, 146, 279.

123 Citada por John C. Isbell, *The Birth of European Romanticism: Truth and Propaganda* in *Staël's «De l'Allemagne»*, 1810–1813 (Cambridge: Cambridge University Press, 1994), 131.

124 Benjamin Constant, *De Madame de Staël et de ses ouvrages, in Portraits, mémoires, souvenirs* (Paris, 1992), 222.

125 Kurt Klooke, *Benjamin Constant: une biographie intellectuelle* (Genebra: Droz, 1984); J. Lee, «The Moralization of Modern Liberty» (dissertação de PhD, Universidade de Wisconsin-Madison, 2003); e Helena Rosenblatt, *Liberal Values: Benjamin Constant and the Politics of Religion* (Cambridge: Cambridge University Press, 2008).

126 Benjamin Constant, «De la force du gouvernement actuel de la France et de la nécessité de s'y rallier», *in Oeuvres complètes de Benjamin Constant*, vol. 1 (Tübingen: Max Niemeyer Verlag, 1998), 380.

127 Citada em Rosenblatt, *Liberal Values*, 72.

128 Howard Brown, «From Organic Society to Security State: The War on Brigandage in France, 1797–1802», *Journal of Modern History 69*, n.º 4 (1997): 661–65.

129 Outro foi Adrien Lamourette. Ver David Sorkin, *The Religious Enlightenment* (Princeton: Princeton University Press, 2011). Era possível encontrá-los também em Espanha, na América Hispânica, em Itália e noutros países. Sobre Grégoire, ver Alyssa Goldstein Sepinwall, *The Abbé Grégoire and the*

French Revolution: The Making of Modern Universalism (Berkeley: University of California Press, 2005).

130 *Annales de la religion*, vol. 1 (1795), 15, e vol. 15 (1802), 359.

131 Napoleão Bonaparte, *Correspondances de Napoléon 1er*, vol. 6 (Paris: Plon, 1862), 5–6.

132 Citada por Guillaume de Bertier de Sauvigny, «Liberalism, Nationalism, Socialism: The Birth of Three Words», *Review of Politics 32* (1970): 151–52.

133 Numa carta de 24 de julho, 1797, citada por Julia von Leyden Blennerhassett *in Madame de Staël, Her Friends, and Her Influence in Politics and Literature*, vol. 3, trad. Jane Eliza Gordon Cumming (1889; Cambridge: Cambridge University Press, 2013), 429.

134 Marquês de Lafayette para Thomas Jefferson, 21 junho, 1801, *Founders Online*, http://founders.archives.gov/documents/Jefferson/01-34-02-0318.

135 Madame de Staël, *Considerations*, 422.

136 Discurso aos sacerdotes de Milão, 5 junho, 1800, *in In the Words of Napoleon*, ed. R. M. Johnston (Barnsley: Frontline Books, 2015).

137 Citações de Jörn Leonhard, *Liberalismus. Zur historischen Semantik eines europäischen Deutungsmusters* (Munique: R. Oldernbourg Verlag, 2001), 208–24.

138 Citado por H. C. Barnard, *Education and the French Revolution* (Cambridge: Cambridge University Press, 2009), 218.

139 No seu panfleto antinapoleónico «The Spirit of Conquest and Usurpation», de 1814.

140 Uma palavra utilizada pela primeira vez em 1816, segundo Berke Vardar, *Structure fondamentale du vocabulaire social et politique en France de 1815 à 1830* (Istambul, 1973).

141 Melvin Richter, «Tocqueville and the French Nineteenth Century Conceptualizations of the Two Bonapartes and Their Empires», *in Dictatorship in History and Theory: Bonapartism, Caesarism and Totalitarianism*, ed. P. R. Baehr e Melvin Richter (Cambridge: Cambridge University Press, 2004), 83–102, 84. Mais informação no Capítulo Cinco.

142 Jean-Baptiste Say, *Traité d´économie politique*, 4.ª ed., vol. 1 (Paris, 1819), 197.

143 *Ibid.*, 298. Ver Philippe Steiner, «Jean-Baptiste Say et les colonies ou comment se débarrasser d'un héritage intempestif», *Cahiers d´économie politique 27–28* (1996): 153–73; e Jennifer Sessions, *By Sword and Plow: France and the Conquest of Algeria* (Ithaca, NY: Cornell University Press, 2015).

144 François-Louis-Auguste Ferrier, *Du Gouvernement considéré dans ses rapports avec le commerce* (Paris: Perlet, 1805), 14–15, 37.

145 *Ibid.*, 26.

146 Cartas de Ferrier para Fiévée 5 e 20 junho, 1816, *in Correspondance de Joseph Fiévée et de François Ferrier* (1803–1837), ed. Etienne Hofmann (Bern: Peter Lang, 1994), 138, 142.

147 Benjamin Constant, «The Spirit of Conquest and Usurpation» *in Political Writings*, ed. Biancamaria Fontana (Cambridge: Cambridge University Press, 1993), 118, 126, 122, 121.

148 Citado em E.E.Y. Hales, *Napoleon and the Pope* (Londres, 1962), 89–90.

149 Charles de Villers, *Essai sur l'esprit et l'influence de la Réformation de Luther. Ouvrage qui...* (Paris, 1804), citado em Rosenblatt, *Liberal Values*, 102–4.

150 Sobre a Suécia, ver a investigação pioneira de Arthur Thomson, «"Liberal": Nagra anteckningar till ordets historia», in *Festskrift tillägnad Theodor Hjelmqvist pa sextiarsdagen den 11 april 1926* (Lund: Carl Bloms Boktryckeri, 1926), 147–91. Sobre Espanha, ver as diversas publicações de Javier Fernández Sebastián.

151 Madame de Staël, *De l'Allemagne*, vol. 1, ed. Simone Balayé (Paris: Garner-Flammarion, 1968), 73.

152 Jaime Rodriguez, *The Independence of Spanish America* (Cambridge: Cambridge University Press, 1998).

153 Ignacio Fernández Sarasola, «La proyección europea e iberoamericana de la Constitución de 1812», *in La Constitución de Cádiz. Origen, contenido y proyección internacional* (Madrid: Centro de Estudios Politicos y Constitucionales, 2011), 271–336.

154 Jaime E. Rodríguez O., «Introducción», *in Revolución, independencia y las nuevas naciones de América*, ed. Jaime E. Rodriguez O. (Madrid: Fundación Mapfre Tavera, 2005), 16.

155 Rodriguez, *Independence*, 105

156 Harro M. Höpfl, «Isms», *British Journal of Political Science 13*, n.º 1 (1983): 1–17.

157 Citado por Javier Fernández Sebastián, «"Friends of Freedom": First Liberalisms in the Iberian Atlantic», *in In Search of European Liberalisms*, ed. Javier Fernández Sebastián, Jörn Leonhard e Michael Freeden (Nova Iorque: Berghahn Books, 2018).

158 «Déclaration de Saint-Ouen», reimpresso *in La monarchie impossible: Les Chartes de 1814 et de 1830* (Paris: Gallimard, 1994), 90.

159 Constant para Lafayette, 1 maio, 1815, *in* Lafayette, *Memoirs*, 5:423.

160 Benjamin Constant, *Principles of Politics Applicable to All Governments*, *in* Fontana, *Political Writings*, 175, 179.

161 Abade Rauzan, «Toute constitution est un régicide» (abril, 1814), *in* René Rémond, *La Droite en France de 1815 à nos jours: Continuité et diversité d'une tradition politique* (Paris: Aubier Editions Montaigne, 1954), 36.

162 «Des élections, du ministère, de l'esprit public et du parti libéral en France», *La Minerve 4*, n.º 1 (dezembro, 1818): 379–84.

163 *La Minerve française 14*, n.º 1 (4–5 novembro, 1818): 14–22. O artigo foi reimpresso em 1819 *in Cours de politique constitutionelle*, 3:53–58, sublinhado meu.

164 Citado em Maria Luisa Sànchez-Mejìa, «La Inquisición contra el liberalismo. El Expediente de Calificación de los *Principes de Politique* de Benjamin Constant», *Cuadernos dieciochistas 14* (2013): 283–303, 286.

165 Louis de Bonald, «Sur les langues», *in Oeuvres de M. de Bonald* (Bruxelas: La Société nationale, 1845), 7:455.

166 *La Quotidienne*, August 23, 1814, 3.

167 *Les Idées libérales, in Le Nouvelliste francais ou Recueil Choisi de Mémoires*, n.º 12 (Pesth, 1815), 277.

168 Uma boa descrição das reformas pode ser encontrada em Brendan Simms, *The Struggle for Mastery in Germany, 1779–1850* (Basingstoke: Palgrave Macmillan, 1988).

169 Num texto de 1814 citado por Rudolf Vierhaus, «Liberalismus», *in Geschichtliche Grundbegriffe. Historisches Lexikon zur politisch-sozialen Sprache in Deutschland*, vol. 3, ed. Reinhart Koselleck, Otto Bruner e Werner Conze (Estugarda, 1972–93).

170 «What does liberal mean?» no primeiro número do *Neue Alemannia* de 1816.

171 De acordo com o *Revolutions-Almanach*, as reformas introduziam novas palavras em circulação, tornando-as «sagradas» e dando-lhes um «significado mágico».Vierhaus, «Liberalismus», 741.

172 Discurso de Castlereagh, 15 fevereiro, 1816, *in Hansard First Series:1803–1820*, vol. 37, 602, citado em Leonhard, *Liberalismus*, 236.

173 Andrew Robertson, *The Language of Democracy: Political Rhetoric in the United States and Britain, 1790–1900* (Charlottesville: University of Virginia Press, 2005), 62.

174 *Edinburgh Review 24*, n.º 48 (novembro 1814–fevereiro 1815): 529.

175 *Ibid.*; artigos subsequentes utilizam a palavra «liberal» para se referirem à política francesa, por vezes, colocando o termo em itálico.

176 Uma pesquisa rápida na base de dados «Jornais Históricos da América» forneceu as seguintes referências a políticos ou «partidos liberais» em França. *Columbian Centinel*, 1 novembro, 1817, 2; *Centinel of Freedom*, 26 maio, 1818, 2; *Weekly Aurora*, 14 setembro, 1818, 240; *Columbian Centinel*, 26 dezembro, 1818, 2; *National Gazette*, 29 abril, 1820, 2; *Baltimore Patriot*, 10 outubro, 1822, 2; *Daily National Intelligencer*, 12 outubro, 1822, 2; *National Gazette*, 25 novembro, 1824, 1.

177 Metternich para Gentz, 23 abril, 1819, citado por Vierhaus, «Liberalismus».

178 Citado em Guillaume de Bertier de Sauvigny, *La Restauration* (Paris: Hachette, 1997), 168.

179 André Vissieux, *Essay on Liberalism; Being an Examination of the Nature and Tendency of the Liberal Opinions; with a View of the State of Parties on the Continent of Europe* (Londres: Pewtress, Low, and Pewtress, 1823), 103.

180 Christopher Bayly, «Rammohan Roy and the Advent of Constitutional Liberalism in India, 1800–1830», *Modern Intellectual History 4* (2007): 25–41; e *Recovering Liberties: Indian Thought in the Age of Liberalism and Empire* (Cambridge: Cambridge University Press, 2011), 50–60.

181 Ignacio Fernandez Sarasola, «European Impression of the Spanish Constitution of Cadiz», *Forum historiae iuris*, http://fhi.rg.mpg.de/es/2016-09-sara sola/.

182 A primeira edição foi intitulada *Collection complète des ouvrages publiés sur le Gouvernement représentatif et la Constitution actuelle de la France formant une espèce de Cours de Politique constitutionnelle, par M. Benjamin de Constant.*

183 Maurizio Isabella, *Risorgimento in Exile: Italian Emigres and the Liberal International in the Post-Napoleonic Era* (Oxford: Oxford University Press 2009).

184 Rodriguez, *Independence*, 193.

185 C. J. Gilliard, *Réflexions sur les sociétés secrètes et les usurpations. Première partie: Ecueils et dangers des sociétés secrètes*, tomo 2 (Arbois, 1823), 444–45.

186 Lafayette para Jefferson, 20 julho, 1820, *in* Gilbert Chinard, ed., *The Letters of Lafayette and Jefferson* (Baltimore, 1929), 398–99.

187 Achille de Vaulabelle, *Histoire des Deux Restorations*, 10 vols. (Paris, 1952), 6:283–324; ver também Lafayette, *Memoirs*, 6:153.

188 *Morning Chronicle*, 7 novembro, 1822.

189 Vissieux, *Essay on Liberalism*, VIII, 6, 5.

190 *Monthly Censor 2* (1823): 487. Ver Guillaume de Bertier de Sauvigny, «Libéralisme. Aux origines d'un mot», *Commentaire*, n.º 7 (1979): 420–24; D. M. Craig, «The Origins of "Liberalism" in Britain: The Case of *The Liberal*», *Historical Research 85*, n.º 229 (2012): 469–87; Daisy Hay, «Liberals, Liberales and *The Liberal*», *European Romantic Review 19* (2008): 307–20.

191 *Blackwood's Magazine 13* (1823): 110.

192 Ver G.I.T. Machin, «Resistance to Repeal of the Test and Corporation Acts, 1828», *Historical Journal 22*, n.º 1 (1979): 115–39; ver também Craig, «Origins of "Liberalism"».

193 *La Macédoine Libérale* (Paris, 1819).

194 Ver os comentários de Mill em *Essays on French History and Historians, in The Collected Works of John Stuart Mill*, vol. 20, ed. John M. Robson (Toronto: University of Toronto Press, 1985), 109, http://oll.libertyfund.org/titles/235.

195 Charles Hale, *Mexican Liberalism in the Age of Mora, 1821–1853* (New Haven, CT: Yale University Press, 1968).

196 Robert Alexander, *Re-writing the French Revolutionary Tradition* (Cambridge: Cambridge University Press, 2003).

197 Louis de Bonald, «De l'Esprit de corps et de l'esprit de parti», *in Oeuvres de M. de Bonald* (Brussels: La Société nationale, 1845), 8:309.

198 Auguste Levasseur, *Lafayette en Amérique en 1824 et 1825 ou Journal d'un voyage aux Etats-Unis* (Paris, 1829), 1:440.

199 Citado em Robert Bigler, *The Politics of German Protestantism: The Rise of the Protestant Church Elite in Prussia, 1815–1848* (Berkeley: University of California Press, 1972), 96, 101.

200 Wilhelm Traugott Krug, *Geschichtliche Darstellung des Liberalismus alter und neuer Zeit* (Leipzig, 1823), 65, 103, IX, 83, VII, 148.

201 Yun Kyoung Kwon, «When Parisian Liberals Spoke for Haiti: French Anti-slavery Discourses on Haiti under the Restoration, 1814–30», *Atlantic Studies: Global Currents 8,* n.º 3 (2011): 317–41.

202 «De M. Dunoyer et de quelques-uns de ses ouvrages», *in* Benjamin Constant, *Mélanges de littérature et de politique* (Paris, 1829), 128–62.

203 Citado por Kwon, «When Parisian Liberals Spoke», 326.

204 Adam Smith, *An Inquiry into the Nature and Causes of the Wealth of Nations* (1776; Chicago: University of Chicago Press, 1977), Livro 1, cap. 11, 278.

205 David Todd, *L'Identité économique de la France. Libre-échange et protectionnisme, 1814–1851* (Paris: Grasset, 2008), 75.

206 Citado por Philippe Steiner, «Jean-Baptiste Say, la société industrielle et le libéralisme», *in La Pensée libérale. Histoire et controverses,* ed. Gilles Kévorkian (Paris: Ellipses, 2010), 105–32.

207 *Monthly Magazine 6* (julho 1796): 469–70.

208 Mary Wollstonecraft, *A Vindication of the Rights of Woman* (1792; Oxford: Oxford University Press, 2009), 134.

209 Madame de Staël, *De la littérature,* ed. Gérard Gengembre e Jean Goldzink (Paris: Flammarion, 1991), 336.

210 Louis de Bonald, *Du Divorce considéré au* XIXe *siècle relativement à l'état public de la société* (Paris: Le Clere, 1801), 5, 193, citado por Joan De Joan, *Tender Geographies: Women and the Origins of the Novel in France* (Nova Iorque: Columbia University Press, 1991), 262.

211 Claire Goldberg Moses, *French Feminism in the 19th Century* (Albany: State University of New York Press, 1985), 6.

212 *Preuves frappantes de l'imminence d'une seconde révolution* (Paris, 1827).

213 *Avis à tous les bons francais. Catéchisme antilibéral. Projets impies, immoraux et anarchiques du libéralisme* (Marselha: M. Olive, n.d.).

Capítulo Três: Liberalismo, democracia e a emergência da questão social, 1830–1848

214 C. A. Bayly, «Liberalism at Large: Mazzini and Nineteenth-Century Indian Thought», *in Giuseppe Mazzini and the Globalisation of Democratic Nationalism, 1830–1920,* editado por C. A. Bayly e Eugenio F. Biagini (Oxford: Oxford University Press, 2008), 355–74.

215 Citado por F. B. Smith, «Great Britain and the Revolutions of 1848», *Labour History,* n.º 33 (novembro 1977): 846.

216 A. Thiers, *La Monarchie de 1830* (Berlim, 1832), 150, 118.

217 François Guizot, *Histoire parlementaire de France, Recueil complet de discours prononcés dans les chambres de 1819 à 1848,* vol. 4 (Paris, 1863), 381.

218 Discurso de 13 março, 1834, citado por Pierre Rosanvallon, *La Démocratie inachevée* (Paris: Gallimard, 2000), 115.

219 Étienne Cabet, *Révolution de 1830, et situation présente* (Paris: Gallica, 1833).

220 John Stuart Mill, *Autobiography, in The Collected Works of John Stuart Mill,* vol. 1: *Autobiography and Literary Essays,* ed. John M. Robson e Jack Stillinger (Toronto: University of Toronto Press, 1981), http://oll.libertyfund.org/titles/242.

221 «Prospects of France, I», *Examiner,* 19 setembro, 1830, 594–95, *in The Collected Works of John Stuart Mill,* vol. 22, ed. Ann P. Robson e John M. Robson (Toronto: University of Toronto Press, 1986), http://oll.libertyfund.org/titles/256.

222 #85, «French News», *Examiner,* 13 fevereiro, 1831, 106; e «The Prospects of France», *Examiner,* 10 abril, 1831, 225–26, in *The Collected Works of John Stuart Mill,* vol. 22, ed. Ann P. Robson e John M. Robson (Toronto: University of Toronto Press, 1986), http://oll.libertyfund.org/titles/256, sublinhado meu.

223 *Easton Gazette,* 3 março, 1832, 3; *Charleston Courier,* 14 abril, 1831, 2; *Daily Picayune,* 13 abril, 1839, 2.

224 «Liberal, Liberalismus», *in Staats-Lexikon oder Encyclopädie der Staatswissenschaften,* vol. 9 (Altona: Verlag von Johann Friedrich Hammerich, 1840), 713–30.

225 Citado em Dieter Langewiesche, *Liberalism in Germany,* trad. Christiane Bannerji (Princeton: Princeton University Press, 2000), 12.

226 Citado por Rosanvallon, *La Démocratie inachevée.*

227 Thomas Jefferson para William Short, 8 janeiro, 1825, *Founders Online,* https://founders.archives.gov/documents/Jefferson/98-01-02-4848.

228 *Encyclopedia Americana. A Popular Dictionary of Arts, Sciences, Literature,* vol. 7 (Philadelphia, 1831), 533.

229 Alexis de Tocqueville, *Democracy in America*, vol. 2, Livro 2, cap. 2 e introdução.

230 Aurelian Craiatu e Jeremy Jennings, «The Third "Democracy": Tocqueville's Views of America after 1840», *American Political Science Review 98*, n.º 3 (2004): 391–404.

231 Nadia Urbinati, «Giuseppe Mazzini's International Political Thought», introdução de *A Cosmopolitanism of Nations: Giuseppe Mazzini's Writings on Democracy, Nation Building, and International Relations*, ed. Stefano Recchia e Nadia Urbinati, trad. Stefano Recchia (Princeton: Princeton University Press, 2009), 3.

232 Citado por Denis Mack Smith, *Mazzini* (New Haven, CT: Yale University Press, 1994), 24.

233 John Morley, *The Life of William Ewart Gladstone* (Londres, 1903), Livro 10, 478; Morley, *The Works of John Morley*, vol. 1 (London, 1921), 223.

234 John Stuart Mill para Peter Alfred Taylor, 22 agosto, 1870, *in The Collected Works of John Stuart Mill*, vol. 17, ed. Francis E. Mineka e Dwight N. Lindley (Toronto: University of Toronto Press, 1972), 1759, http://oll.libertyfund.org /titles/254.

235 *Staats-Lexikon* (1834): 1:XXI.

236 Citado por F. Gunther Eyck, «English and French Influence on German Liberalism before 1848», *Journal of the History of Ideas 18*, n.º 3 (1957): 314.

237 Citado por Thomas P. Neill, *The Rise and Decline of Liberalism* (Milwaukee: Bruce, 1953), 151.

238 *Robert Owen's Millennial Gazette*, n.º 11 (1857): 58.

239 *New Moral World; or, Gazette of the Universal Community Society of Rational Religionists*, vol. 6 (Leeds, 1839), 673.

240 Cabet, *Révolution de 1830*, 362, 547.

241 «De la philosophie et du christianisme» (1832) e «La Carrosse de M. Aguado» (1847).

242 Victor Considérant, *Principes du Socialisme Suivie du Procès de la Démocratie Pacifique* (Paris, 1847), 16.

243 Friedrich Engels, «Outlines of a Critique of Political Economy», *in The Young Hegelians*, ed. L. T. Stepelevich (Nova Iorque: Cambridge University Press, 1983), 278–84.

244 Arthur Bestor, «The Evolution of the Socialist Vocabulary», *Journal of the History of Ideas 9, 3* (1948): 259–302; e Gregory Claeys, «"Individualism", "Socialism" and "Social Science": Further Notes on a Conceptual Formation 1800–1850», *Journal of the History of Ideas 47*, n.º1 (1986): 81–93.

245 Ver, por exemplo, Frédéric Bastiat, *Sophismes Économiques* (Paris: Guillaumin, 1846), 139, sublinhado meu.

246 *Journal des économistes 8* (abril-julho 1844): 60; 4 (dezembro 1842–março 1843): 260.

247 Cobden, citado em Anthony Howe, *Free Trade and Liberal England, 1846–1946* (Oxford: Clarendon, 1997), 119.

248 *Discours parlementaires de M. Thiers*, 16 vols., ed. M. Calmon (Paris, 1879–89), 9:139–43, sublinhado meu.

249 Citado por Dennis Sherman, «The Meaning of Economic Liberalism in Mid-Nineteenth Century France», *History of Political Economy 6*, n.º 2 (1974): 185.

250 Frédéric Bastiat, «À Messieurs les électeurs de l'arrondissement de Saint-Séver», *in Oeuvres complètes de Frédéric Bastiat* (Paris: Guillaumin et Cie, 1855), 1:464.

251 Louis Blanc, *Louis Blanc on the Working Classes: With Corrected Notes, and a Refutation of His Destructive Plan*, trad. James Ward (Londres, 1848), 223.

252 Ver, por exemplo, Louis Blanc, *The History of Ten Years; or, France under Louis Philippe*, trad. Walter Kelly (Philadelphia: Lea & Blanchard, 1848), 83, 19.

253 Tocqueville, *Democracy in America*, vol. 2, Livro 3, cap. 7; Livro 4, cap. 7; e *Memoir on Pauperism*, ed. e trad. Seymour Drescher (Londres: IEA, 1917), 36, 16.

254 Jonathan Riley, introdução a John Stuart Mill, *Principles of Political Economy and Chapters on Socialism*, ed. Jonathan Riley (Oxford: Oxford University Press, 2008).

255 Mill, *Principles of Political Economy*, Livro 5, cap. 11, 335; cap. 1, 161, 162, 165.

256 Mark Donoghue, «The Early Economic Writings of William Thomas Thornton», *History of Political Economy 39*, n.º 2 (2007): 209–52.

257 J. R. McCulloch, *Principles of Political Economy*, 5.ª ed. (Edimburgo: Charles Black, 1864), 187–88.

258 David Roberts, *The Victorian Origins of the British Welfare State* (New Haven, CT: Yale University Press, 1960), 81.

259 William Leggett, «The Natural System», 179, e «The Legislation of Congress», 20, ambos em *Democratick Editorials: Essays in Jacksonian Political Economy* (1834), http://oll.libertyfund.org/titles/leggett-democratick-editorials-essays-in-jacksonian-political-economy.

260 Francis Lieber, citado em *The Progressive Evolution in Politics and Political Science: Transforming the American Regime*, ed. John Marini e Ken Masugi (Lanham, MD: Rowman & Littlefield, 2005), 227–28.

261 Francis Lieber, *Manual of Political Ethics: Designed Chiefly for the Use of Colleges*, 2.ª ed. (Boston, 1847), 347

262 Rudolf Walther, «Economic liberalism», trad. Keith Tribe, *Economy and Society 13*, n.º 2 (1984): 178–207.

263 Steven Lukes, «The Meanings of "Individualism"», *Journal of the History of Ideas 32*, n.º 1 (1971): 54.

264 Citado por Donald Rohr, *The Origins of Social Liberalism in Germany* (Chicago: University of Chicago Press, 1963), 130.

265 Uma lista das intervenções necessárias do governo pode ser encontrada em Rohr, *Origins*, 127.

266 «Eigenthum», *Das Staatslexikon*, 2.ª ed., ed. Karl von Rotteck e Karl Welcker (1846), 4:211–17. Para outras políticas intervencionistas advogadas por Rotteck, ver Rohr, *Origins*, 110–11.

267 Marwan Buheiry, «Anti-colonial Sentiment in France during the July Monarchy: The Algerian Case» (diss. PhD, Princeton University, 1973), 230.

268 T. P. Thompson, «East India Trade», *Westminster Review 14* (janeiro 1831): 101; ver também «The British in India», *Westminster Review 4* (outubro 1825): 265–66.

269 Bernard Semmel, *The Rise of Free Trade Imperialism: Classical Political Economy, the Empire of Free Trade and Imperialism 1750–1850* (Cambridge: Cambridge University Press, 1970), 154.

270 Anna Gambles, *Protection and Politics in Conservative Economic Discourse*, 1815–1852 (Suffolk: Boydell Press, 1999), 241.

271 Tocqueville, citado em Melvin Richter, «Tocqueville on Algeria», *Review of Politics 25*, n.º 3 (1963): 379.

272 J.J.O. Pellion, «Alger-Algérie», in *Dictionnaire politique; Encyclopédie du langage et de la science politiques* (Paris: Pagnerre, 1842), 48.

273 Citado por Semmel, *Rise*, 148.

274 John Stuart Mill, *Principles of Politics*, ed. Jonathan Riley (Oxford: Oxford University Press, 2008), 119.

275 Jean-Baptiste Say, *De l'Angleterre et les Anglais* (Paris, 1815), 55.

276 Jennifer Sessions, *By Sword and Plow: France and the Conquest of Algeria* (Ithaca, NY: Cornell University Press, 2015), 179.

277 John Stuart Mill, *On Liberty* (1859), cap. 1.

278 Citado por Helena Rosenblatt, *Liberal Values: Benjamin Constant and the Politics of Religion* (Cambridge: Cambridge University Press, 2008), 203.

279 *L'Avenir*, 3 janeiro, 1831.

280 J.C.L. Simonde de Sismondi, *Epistolario*, vol. 3, ed. Carlo Pelligrini (Florença: La nuova Italia, 1933–75), #437, 123.

281 «Kirschenverfassung, katholische», *Staats-Lexikon* (1840): 9:310–27; Friedrich Kolb, «Klöster», *Staats-Lexikon* (1840): 9:416–51; S. Jordan, «Jesuiten», *Staats-Lexikon* (1839): 8:437–538, 538; citado em Bigler, *Politics of German Protestantism*, 194; Andreas Buchner, «Religion», *Staats-Lexikon* (1848): 11:475.

282 «Heilige Schriften des neuen Testaments», *Staats-Lexikon* (1847): 6:668; Gotllieb Christian Abt, «Atheismus», *Staats-Lexikon* (1845): 1:755, 752, 754.

283 Andrew Gould, *Origins of Liberal Dominance: State, Church and Party in Nineteenth-Century Europe* (Ann Arbor: University of Michigan Press, 1999), 75.

284 Porém, não estou certa de que eles se referissem a si mesmos como «judeus liberais». O primeiro uso do termo que encontrei está na oitava secção de *Roma e Jerusalém* (1862), de Moses Hess, onde ele se refere a «círculos liberais da judiaria alemã», «judeu liberal» e «cristão liberal». Ver http://www.zionism-israel.com/zionism_documents.htm.

285 Dagmar Herzog, https://www.ohio.edu/chastain/rz/strg.htm, e *Intimacy and Exclusion: Religious Politics in Baden 1803–1849* (Princeton: Princeton University Press, 1996), 117.

286 O antissemitismo dos liberais alemães é explorado em Marcel Stoeltzer, *The State, the Nation and the Jews: Liberalism and the Anti-Semitism in Bismarck's Germany* (Lincoln: University of Nebraska Press, 2008).

287 Malcolm Chase, *Chartism: A New History* (Manchester: Manchester University Press, 2007).

288 Étienne Cabet, *Le vrai Christianisme suivant Jésus Christ* (Paris, 1846); Edward Berenson, *Populist Religion and Left-Wing Politics in France* (Princeton: Princeton University Press, 1984).

289 Giuseppe Mazzini, «On the Duties of Man» (Londres, 1862).

Capítulo Quatro: A questão do carácter

290 William Fortescue, «Morality and Monarchy: Corruption and the Fall of the Regime of Louis-Philippe in 1848», *French History 16*, n.º 1 (2002): 83–100.

291 Mill, citado em Georgios Varouxakis, «French Radicalism through the Eyes of John Stuart Mill», *History of European Ideas 30* (2004): 450.

292 John Stuart Mill, «Vindication of the French Revolution of February 1848», *in The Collected Works of John Stuart Mill*, vol. 20, ed. John M. Robson (Toronto: University of Toronto Press, 1985), 325, http://oll.libertyfund.org/titles/235.

293 Citado por Eugene Curtis, *The French Assembly of 1848 and American Constitutional Doctrine* (Nova Iorque: Columbia University, 1918), 83.

294 Citado por David Barclay, *Frederick William IV and the Prussian Monarchy 1840–1862* (Oxford: Oxford University Press, 1995), 134.

295 Citado por Tim Chapman, *The Risorgimento: Italy, 1815–1871* (Humanities e-books, 2010), 42.

296 *Journal des Débats*, citado em John Merriman, *The Agony of the Left: Repression of the Left in Revolutionary France* (New Haven, CT: Yale University Press,1978), 24.

297 Adolphe Thiers, De la propriété (Paris: Paulin, 1848), 179.

298 Citado em Michael Burleigh, *Earthly Powers: The Clash of Religion and Politics in Europe from the French Revolution to the Great War* (Nova Iorque: HarperCollins, 2005), 208.

299 Adolphe Thiers, *De la propriété*, 383.

300 Citado em Pamela Pilbeam, *French Socialists before Marx: Workers, Women and the Social Question in France* (Montreal: McGill-Queen's University Press, 2000), 69.

301 Citado em Roger D. Price, *Napoleon III and the Second Empire* (Londres: Routledge, 1997), 254.

302 Allan Mitchell, *The Divided Path: The German Influence on Social Reform in France after 1870* (Chapel Hill: University of North Carolina Press, 2010), 10.

303 Mill, «Vindication of the French Revolution», 354

304 Ver Alexandre Laya, *France et Amérique ou des institutions républicaines* (1850) e Auguste Romieu, *L'ère des Césars* (1850), obra que foi traduzida para Alemão no ano seguinte ao da sua publicação.

305 *Histoire de Jules César*, t. 1, 280, citado em Pierre Rosanvallon, *La Démocratie inachevée* (Paris: Gallimard, 2000), 194.

306 Melvin Richter, «Tocqueville, Napoleon and Bonapartism», *in Reconsidering Tocqueville's Democracy in America*, ed. S. E. Eisenstadt (New Brunswick, NJ: Rutgers University Press, 1988), 110–45.

307 Varouxakis, «French Radicalism».

308 Citado por David Barclay, «Prussian Conservatives and the Problem of Bonapartism», *in Dictatorship in History and Theory: Bonapartism, Caesarism and Totalitarianism*, ed. P. R. Baehr e Melvin Richter (Cambridge: Cambridge University Press, 2004), 67.

309 Burleigh, *Earthly Powers*, 210.

310 Joseph Gaume, *Le ver rongeur des sociétés modernes ou le paganisme dans l'éducation* (Paris, 1851), 1–2.

311 Juan Donoso Cortés, citado em Thomas Neill, «Juan Donoso Cortés: History and "Prophesy"», *Catholic History Review 40* (janeiro 1955): 403.

312 *Ibid.*, 401.

313 Citado por Michael Gross, *The War against Catholicism: Liberalism and the Anti-Catholic Imagination in Nineteenth-Century Germany* (Ann Arbor: University of Michigan Press, 2004), 48, 93.

314 Vierhaus, «Liberalismus», 77.

315 Citado por James Sheehan, «The German States and the European Revolution», *in Revolution and the Meanings of Freedom in the Nineteenth Century*, ed. Isser Woloch (Stanford: Stanford University Press, 1996), 275.

316 Alexis de Tocqueville, *Recollections: The French Revolution of 1848*, ed. J. P. Mayer e A. P. Kerr, trad. George Lawrence (New Brunswick, NJ: Transaction, 2003), 35, 74.

317 Richard Rohrs, «American Critics of the French Revolution of 1848», *Journal of the Early Republic 14*, n.º 3 (outono 1994): 376.

318 W. R. Greg, «Difficulties of Republican France», *Edinburgh Review 92* (1850): 523–24.

319 *Aberdeen Journal*, 29 março, 1848.

320 *Bristol Gazette*, 8 julho, 1852, citado em Andrew Robertson, *The Language of Democracy: Political Rhetoric in the United States and Britain, 1790–1900* (Charlottesville: University of Virginia Press, 2005), 112.

321 Frédéric Bastiat, *The Law, in Oeuvres complètes*, 1:97.

322 «Economie politique», *in Dictionnaire de l'économie politique*, vol. 1, ed. Ch. Coquelin et Guillaumin (Paris, 1873), 666.

323 Frédéric Bastiat, *Harmonies of Political Economy* (Londres, 1860).

324 John Stuart Mill, *Autobiography, in The Collected Works of John Stuart Mill*, vol. 1, ed. John M. Robson e Jack Stillinger (Toronto: University of Toronto Press, 1981), 241, http://oll.libertyfund.org/titles/242.

325 John Stuart Mill, prefácio à terceira edição de *Principles of Political Economy, in The Collected Works of John Stuart Mill*, vol. 2, ed. John M. Robson (Toronto: University of Toronto Press, 1965), http://olllibertyfund.org/titles/102.

326 Ver Alan Kahan, *Aristocratic Liberalism: The Social and Political Thought of Jacob Burckhardt, John Stuart Mill and Alexis de Tocqueville* (New Brunswick, NJ: Transaction, 2001), para uma descrição fascinante da conceção do socialismo de Mill.

327 François Huet, *La Science de l'Esprit* (Paris, 1864), 306.

328 François Huet, *Le Règne social du christianisme* (Paris, 1853).

329 Charles Dupont-White, *L'Individu et l'état* (Paris: Guillaumin, 1856, 1865), 5.

330 Charles Dupont-White, *Essai sur les relations du travail* (Paris: Guillaumin, 1846), 358, 369, 346.

331 Tocqueville, *Democracy in America*, Livro 3, cap. 9.

332 Citado por Timothy M. Roberts, *Distant Revolutions: 1848 and the Challenge to American Exceptionalism* (Charlottesville: University of Virginia Press, 2009), 91.

333 Giuseppe Mazzini, *An Essay on the Duties of Man Addressed to Working Men* (Nova Iorque, 1892), 64–69, originalmente publicado em Italiano, em 1860.

334 John Stuart Mill, «On the Subjection of Women», in *On Liberty and Other Writings*, ed. Stefan Collini (Cambridge: Cambridge University Press, 1989).

335 Sarah Grimke, *Letters on the Equality of the Sexes and the Condition of Women* (Boston, 1838), 11.

336 Mill, «On the Subjection of Women», 138.

337 Citado por Gross, *War against Catholicism*, 201.

338 John Stuart Mill, «Inaugural Address Delivered to the University of St. Andrews», *in The Collected Works of John Stuart Mill*, vol. 21, ed. John M. Robson, introdução por Stefan Collini (Toronto: University of Toronto Press, 1984), 244, http://oll.libertyfund.org/titles/255.

339 John Stuart Mill, «Utility of Religion», *in The Collected Works of John Stuart Mill*, vol. 10, ed. John M. Robson (Londres: Routledge and Kegan Paul, 1985), 422, http://oll.libertyfund.org/titles/241.

340 Citado por Gregory Claeys, «Mazzini, Kossuth and British Radicalism, 1848–1854», *Journal of British Studies 28*, n.º 3 (1989): 237.

341 Johann Bluntschli, *Staatswörterbuch in drei Bänden*, ed. Edgar Lolling (Zurique, 1871–72), 2:479.

342 Jules Simon, *La religion naturelle* (Paris, 1857).

343 J. J. Clamageran, *De l'état actuel du protestantisme en France* (Paris, 1857).

344 Citado por Gross, *War against Catho*licism, 93.

345 Citado por Stefan-Ludwig Hoffmann, «Brothers and Strangers? Jews and Freemasons in Nineteenth Century Germany», *German History 18*, n.º 2 (2000): 157

346 Citado por Robin Healy, *The Jesuit Specter in Imperial Germany* (Leiden: Brill, 2003), 48, sublinhado meu.

347 «Jews», *in* Bluntschli, *Staatswörterbuch*, 2:306–11.

348 «Freemasonry», in Bluntschli, *Staatswörterbuch*, 1:684–86.

349 Citado por Stefan-Ludwig Hoffmann, «Civility, Male Friendship and Masonic Sociability in Nineteenth-Century Germany», *Gender and History 13*, n.º 2 (2001): 231.

350 *Essays on Church and State*, ed. Douglas Woodruff (Londres, 1834), 82, 42, 37, 71.

Capítulo Cinco: Cesarismo e democracia liberal

351 Karl Marx, *The Eighteenth Brumaire of Louis Bonaparte*, citado em David Baguley, *Napoleon III and His Regime: An Extravaganza* (Baton Rouge: Louisiana State University Press, 2000), 277, e Richard Price, *Napoleon III and the Second Empire* (Londres: Routledge, 1997), 3.

352 Citado por Timothy M. Roberts, *Distant Revolutions: 1848 and the Challenge to American Exceptionalism* (Charlottesville: University of Virginia Press, 2009), 140.

353 *Ibid.*, 143.

354 Aurelian Craiutu e Jeremy Jennings, «The Third "Democracy": Tocqueville's Views of America after 1840», *American Political Science Review 98*, n.º 3 (2004): 391–404.

355 Tocqueville, *Democracy in America*, bk. 4, chap. 6.

356 Napoleão III, *History of Julius Caesar* (Nova Iorque, 1865), 1:XI-XIV.

357 Por exemplo, V. Vidal, *L'opposition libérale en 1863* (Paris, 1863); *La Coalition libérale*, par. Ernest Duvergier de Hauranne (Paris, 1869); *L'Union libérale et les partis*, par. E. Wiart (Paris, 1870); *Programme libéral par Louis de Lavalette* (Paris, 1869); C. de Senneval, *Napoléon III et la France libérale* (Paris, 1861); Henri Galos, *Le Gouvernement libéral en France, Extrait de la Revue des deux mondes*, 1 setembro,1869.

358 Jules Simon, *La politique radicale* (Paris, 1868), citado em Françoise Melonio, «Les libeéraux francais et leur histoire», *in Les libéralismes, la théorie politique et l'histoire*, ed. Siep Stuurman (Amesterdão: Amsterdam University Press, 1994), 36.

359 Edouard de Laboulaye, *Le parti libéral, son programme, son avenir*, 5.ª ed. (Paris, 1864), V.

360 Galos, *Le Gouvernement libéral en France*, 10.

361 Este artigo foi traduzido e publicado em inglês na *Cyclopaedia of Political Science, Political Economy, and of the Political History of the United States: By the Best American and European Writers, vol. 2*, ed. John J. Lalor (1881; Nova Iorque: Merrill, 1889).

362 Montalembert, *L'Église libre dans l'État* libre. Extrait du Journal de Bruxelles des 25 et 26 août 1863 (Bruxelas, 1863), 19, 132.

363 *L'Église Libre dans l'État Libre. Discours prononcés au congrès catholique de Malines par Le Comte de Montalember*t (Paris: Douniol, 1863), 17.

364 Walter Bagehot, «Caesarianism as It Now Exists», *in The Collected Works of Walter Bagehot*, vol. 4, ed. St. Johns-Stevas (London, 1868), 111–16.

365 Citado por Peter Baehr, *Caesarism, Charisma and Fate: Historical Sources and Modern Resonances in the Work of Max Weber* (New Brunswick, NJ: Transaction, 2009), 40.

366 «Libéralisme», publicado como um apêndice a Lucien Jaume, *L'individu effacé ou le paradoxe du libéralisme français* (Paris: Fayard, 1997), 557–67.

367 Louis Veuillot, *L'Illusion libérale*, 5.ª ed. (Paris, 1866), 99.

368 Albert Réville, *Théodore Parker. Sa vie et ses oeuvres. Un chapitre de l'histoire de l'abolition de l'esclavage aux États-Uni*s (Paris, 1865), 237

369 Discurso em Peoria, Illinois, 16 outubro, 1854, *in Collected Works of Abraham Lincoln*, vol. 2 (Ann Arbor: University of Michigan Digital Library Production Services, 2001), 276.

370 Agénor de Gasparin, *Les États-Unis en 1861: Un grand peuple qui se relève* (Paris, 1861); *L'Amérique devant l'Europe, principes et interêts* (Paris, 1862), 483.

371 *Collected Works of Abraham Lincoln*, vol. 5, ed. Roy P. Basler (New Brunswick, NJ: Rutgers University Press, 1953), 355–56, citado em Timothy Verhoeven, *Transatlantic Anti-Catholicism: France and the United States in the Nineteenth Century* (New York: Palgrave Macmillan, 2010), 39.

372 Citado por Leslie Butler, «The Mugwump Dilemma. Democracy and Cultural Authority in Victorian America» (diss. PhD, Yale University, 1997), 165; Leslie Butler, *Critical Americans: Victorian Intellectuals and Transatlantic Liberal Reform* (Chapel Hill: University of North Carolina Press, 2007), 69, 83; «England and America», *Atlantic Monthly 14*, n.º 86 (dezembro1864): 756; Butler, *Critical Americans*, 86; Adam I. P. Smith, «"The Stuff Our Dreams Are Made Of": Lincoln in the English Imagination», *in The Global Lincoln*, ed. Richard Carwardine e Jay Sexton (Oxford: Oxford University Press, 2011), 125; Butler, *Critical Americans*, 89.

373 Luca Codignola, «The Civil War: The View from Italy», *Reviews in American History 3*, n.º 4 (1975): 457–61.

374 Papa Pio IX para Jefferson Davis, *in* Varina Davis, *Jefferson Davis: Ex-president of the Confederate States of America: A Memoir by His Wife Varina Davis* (Baltimore: Nautical and Aviation Publishing Company, 1990), 2:448.

375 Citado por John McGreevy, *Catholicism and American Freedom: A History* (New York: Norton, 2003), 85.

376 Charles de Montalembert, «La Victoire du Nord aux États-Unis», *in Oeuvres polémiques et diverses de M. le comte de Montalembert t. 3* (Paris: Lecoffre Fils et Cie, Successeurs, 1868), 345.

377 Giuseppe Mazzini, «To Our Friends in the United States», *in A Cosmopolitanism of Nations: Giuseppe Mazzini's Writings on Democracy, Nation Building, and International Relations*, ed. Stefano Recchia e Nadia Urbinati, trad. Stefano Recchia (Princeton: Princeton University Press, 2009).

378 Charles Norton, «American Political Ideas», *North American Review 101*, n.º 209 (1865): 550–66.

379 Stephen Sawyer, «An American Model for French Liberalism: The State of Exception in Edouard Laboulaye's Constitutional Thought»; *Journal of Modern History 85*, n.º 4 (2013): 739–71.

380 *Speeches, Correspondence and Political Papers of Carl Schurz*, vol. 2, ed. Frederic Bancroft (Nova Iorque: Putnam, 1913), 356.

381 *Liberator*, 11 março, 1864.

382 Citado por Cedric Collyer, «Gladstone and the American Civil War», *in Proceedings of the Leeds Philosophical and Literary Society* (Leeds: Leeds Philosophical and Literary Society, 1944–52).

383 Stephen Peterson, «Gladstone, Religion, Politics and America: Perceptions in the Press» (diss. PhD, University of Stirling, 2013).

384 Max Weber, *Politics as a Vocation, in Max Weber's Complete Writings on Academic and Political Vocations*, ed. John Dreijmans, trad. Gordon Wells (Nova Iorque: Algora, 2008), 183.

385 *Speeches of the Right Honourable William Ewart Gladstone, MA., in South-West Lancashire, October, 1868* (Liverpool, s.d.), 27.

386 Citado por David W. Bebbington, *The Mind of Gladstone: Religion, Mind and Politics* (Oxford: Oxford University Press, 2004), 282.

387 Alan Kahan, *Liberalism in Nineteenth-Century Europe: The Political Culture of Limited Suffrage* (Nova Iorque: Palgrave Macmillan, 2003), 135.

388 Citado por Stefan Collini, *Public Moralists: Political Thought and Intellectual Life in Britain* (Oxford: Oxford University Press, 1991), 65.

389 Bebbington, *Mind of Gladstone*, 257.

390 Citado por John Vincent, *The Foundations of the Liberal Party* (Londres: Constable, 1966), 160.

391 Baehr, *Caesarism, Charisma and Fate*; ver também Peter Baehr, «Max Weber as a Critic of Bismarck», *European Journal of Sociology 29*, n.º 1 (1988): 149–64.

392 Citado por Jonathan Steinberg, *Bismarck: A Life* (Oxford: Oxford University Press, 2013), 247, 244.

393 Hermann Beck, *The Origins of the Authoritarian Welfare State in Prussia: Conservatives, Bureaucracy and the Social Question, 1815–70* (Ann Arbor: University of Michigan Press, 1997).

394 «Liberalismus», *in* Hermann Wagener, *Staatslexikon*, vol. 12 (Berlin, 1863), 279–80.

395 Citado por James J. Sheehan, *German Liberalism in the Nineteenth Century* (Nova Iorque: Humanity Books, 1995), 117.

396 Citado por Peter Baehr, ed., *Caesarism, Charisma and Fate: Historical Sources and Modern Resonances in the Work of Max Weber* (Nova Iorque: Transaction, 2008), 36, https://www.researchgate.net/publication/265729593_Caesarism_Charisma_and_Fate/overview.

397 Citado por Verhoeven, *Transatlantic Anti-Catholicism*, 173.

398 Citado por Michael Gross, *The War against Catholicism: Liberalism and the Anti-Catholic Imagination in Nineteenth-Century Germany* (Ann Arbor: University of Michigan Press, 2004), 207, 258, sublinhado meu.

399 Citado por Francis Arlinghaus, 'British Public Opinion and the Kulturkampf, 1871–1875», *Catholic Historical Review 34*, n.º 4 (janeiro 1949): 389.

400 *Fraser's Magazine* (1873), citado em Arlinghaus, «British Public Opinion», 392.

401 Citado por McGreevy, *Catholicism and American Freedom*, 100; Peterson, «Gladstone, Religion, Politics and America», *in* McGreevy, *Catholicism and American Freedom*, 99.

402 Citado por McGreevy, *Catholicism and American Freedom*, 107.

403 Citado por Richard Shannon, *Gladstone: God and Politics* (Nova Iorque: Continuum, 2007), 263.
404 Citado por Arlinghaus, «British Public Opinion», 395.
405 Oskar Klein-Hattingen, *Geschichte des Deutschen Liberalismus*, vol. 2 (Berlim, 1912), 649.
406 Citado por Steinberg, *Bismarck*, 108, sublinhado original.

Capítulo Seis: A luta pela secularização da educação

407 *Beneficia Dei*, 4 junho, 1871.
408 *New York Times*, 17 abril, 1871.
409 Citado por Nancy Cohen, *The Reconstruction of American Liberalism, 1865–1914* (Chapel Hill: University of North Carolina Press, 2002).
410 Alfred Fouillée, *La Réforme intellectuelle et morale* (Paris, 1871).
411 Georgios Varouxakis, «French Radicalism through the Eyes of John Stuart Mill», *History of European Ideas 30* (2004): 457.
412 Citado por John McGreevy, *Catholicism and American Freedom: A History* (Nova Iorque: Norton, 2003), 114.
413 Citado em *Dictionnaire de pédagogie et d'instruction primaire*, partie 1, tome 1, ed. Ferdinand Buisson (Paris: Hachette, 1887), 1090.
414 Eugène Spuller, «La République et l'enseignement» (1884), *in Education de la démocratie troisième série de conférences populaires* (Paris, 1892), 30–31.
415 Citado por Patrick Cabanel, «Catholicisme, protestantisme et laïcité: réflexion sur la trace religieuse dans l'histoire contemporaine de la France», *Modern & Contemporary France 10*, n.º 1 (2002): 92.
416 George Chase, «Ferdinand Buisson and Salvation by National Education», *in L'offre d'école: éléments pour une étude comparée des politiques educatives au XIXe siècle: actes du troisième colloque international, Sèvres, 27–30 septembre 1981* (Paris: Publications de la Sorbonne, 1983), 263–75.
417 Citado por Patrick Cabanel, *Le Dieu de la République. Aux sources protestantes de la laïcité (1860–1900)* (Rennes: Presses Universitaires de Rennes, 2003), 63.
418 Ferdinand Buisson, *L'École et la nation en France. Extrait de l'Année Pédagogique* (1913), 15.
419 Pierre Ognier, *Une école sans Dieu? 1880–1895. L'invention d'une moral laïque sous la IIIéme république* (Toulouse: Presses universitaires du Mirail, 2008), 33.
420 As ideias de Mann foram pela primeira vez apresentadas aos Franceses por Laboulaye. A *Revue pédagogique* publicou excertos da sua obra e, em 1888, foi editado *Horace Mann, son oeuvre et ses écrits*, com uma segunda edição em 1897.

421 Ognier, *Une école sans Dieu?*, 34.

422 Ver Paul Bert, *L'instruction civique a l'école: notions fondamentales* (Paris, 1882).

423 Judith Surkis, *Sexing the Citizen: Morality and Masculinity in France, 1870–1920* (Ithaca, NY: Cornell University Press, 2011), 48.

424 Aqui, baseio-me de perto no trabalho de Sanford Elwitt, *The Making of the Third Republic: Class and Politics in France, 1868–1884* (Baton Rouge: Louisiana State University Press, 1975).

425 Jules Simon, citado em Sandra A. Horvath, «Victor Duruy and the Controversy over Secondary Education for Girls», *French Historical Studies 9*, n.º 1 (1975): 83–104.

426 Ferdinand Buisson, «Filles», *in Dictionnaire de pédagogie et d'instruction primaire*, partie 1, tome 1 (Paris, 1887), 1011–25.

427 Henri Marion, *L'éducation des jeunes filles* (Paris, 1902).

428 Ver, por exemplo, *L'homme, la famille et la société considérés dans leurs rapports avec le progrès moral de l'humanité*, vol. 2, *La famille* (Paris, 1857), 15–16.

429 Bispo McQuaid e Francis E. Abbot, *The Public School Question, as Understood by a Catholic American Citizen, and by a Liberal American Citizen. Two Lectures, before the Free Religious Association, in Horticultural Hall, Boston* (Boston: Free Religious Association, 1876).

430 Amy Hackett, «The Politics of Feminism in Wilhelmine Germany, 1891–1918» (diss. PhD, Columbia University, 1976), 15.

431 Elizabeth Cady Stanton, Susan B. Anthony e Matilda Joslyn Gage, eds., *History of Woman Suffrage*, 3 vols. (Londres, 1887).

432 *New York Daily Tribune*, 18 março, 1895, 101.

433 Patrick Carey, *Catholics in America: A History* (Westport, CT: Praeger, 2004).

434 Citado por *Roderick Bradford, D. M. Bennett: The Truth Seeker* (Amherst, NY: Prometheus Books, 2006), 356.

435 Linda Gordon, «Voluntary Motherhood: The Beginnings of Feminist Birth Control in the United States», *Feminist Studies 1*, n.º 3–4 (1973):11.

436 *Ibid.*, 11.

437 E. Lynn Lynton, «The Revolt against Matrimony», *Forum 19* (janeiro 1891): 585, 593.

438 Timothy Verhoeven, *Transatlantic Anti-Catholicism: France and the United States in the Nineteenth Century* (Nova Iorque: Palgrave Macmillan, 2010).

439 Citado por Sandra Horvath, «Victor Duruy and the Controversy over Secondary Education for Girls», *French Historical Studies* 9, n.º 1 (1975): 94.

440 *Ibid.*, 88.

441 Foi traduzido e publicado nos Estados Unidos pela Conferência Católica Nacional em 1939. A tradução inglesa ostenta um título menos beligerante: «O que é o Liberalismo?».

442 Robert Cross, *The Emergence of Liberal Catholicism in America* (Chicago: Quadrangle, 1968), 201–2.

443 *Ibid.*, 201–2.

444 Citado por Jay Dolan, *The American Catholic Experience: A History from Colonial Times to the Present* (Garden City, NY: Doubleday, 1987), 312.

445 *Histoire critique du catholicisme libéral jusqu'au pontificat de Léon XIII* (Saint-Dizier, 1897).

446 Papa Leão XIII, *Testem Benevolentiae Nostrae: Concerning New Opinions, Virtue, Nature and Grace, with Regard to Americanism* (1899), http://www.papalencyclicals.net/leo13/l13teste.htm.

447 Benjamin Martin Jr., «The Creation of the Action Libérale Populaire: An Example of Party Formation in Third Republic France», *French Historical Studies 9*, n.º 4 (1976): 660–89.

Capítulo Sete: Dois liberalismos

448 *Jahrbücher für Nationalökonomie and Statistik 21* (1873): 122.

449 Citado por Robert Adcock, *Liberalism and the Emergence of American Political Science: A Transatlantic Ta*le (Oxford: Oxford University Press, 2014), 83.

450 Paul Leroy-Beaulieu, *L'État Moderne et ses fonctions*, troisième ed., revue et augmenté (1889; Paris: Guillaumin, 1900).

451 Paul Cère, *Les populations dangereuses et les misères sociales* (Paris, 1872), 116, 306, quoted in John Weiss, «Origins of the French Welfare State: Poor Relief in the Third Republic, 1871–1914», *French Historical Studies* 13, n.º 1 (1983): 47–78.

452 Charles Gide, «The Economic Schools and the Teaching of Political Economy in France», *Political Science Quarterly 5*, n.º 4 (1890): 603–35.

453 Richard White, *The Republic for Which It Stands: The United States during Reconstruction and the Gilded Age, 1865–1896* (Oxford: Oxford University Press, 2017).

454 Citado por Adcock, *Liberalism and the Emergence of American Political Science*, 47.

455 E. L. James, «History of Political Economy», *in Cyclopaedia of Political Science, Political Economy, and of the Political History of the United States: By the Best American and European Writers*, vol. 2, ed. John J. Lalor (1881; Nova Iorque: Merrill, 1889).

456 Herbert Spencer, *The Man versus the State, in Political Writings*, ed. John Offer (Cambridge: Cambridge University Press, 1993), 77–78.

457 William Graham Sumner, *What Social Classes Owe Each Other* (New York, 1883).

458 Sidney Fine, *Laissez Faire and the General-Welfare State* (Ann Arbor: University of Michigan Press, 1969), 56.

459 *Daily Chronicle*, 30 janeiro, 1896, 4, citado em Peter Weiler, *The New Liberalism: Liberal Social Theory in Great Britain, 1889–1914* (Londres: Routledge, 1982), 66.

460 John A. Hobson, *The Crisis of Liberalism: New Issues of Democracy* (Londres: P.S. King & Son, 1909), 3, XIII.

461 «Are We all Socialists Now?», *Speaker*, 13 maio, 1893, citado em Michael Freeden, *The New Liberalism* (Oxford: Clarendon, 1978), 26.

462 Winston Spencer Churchill, *Liberalism and the Social Problem: A Collection of Early Speeches as a Member of Parliament* (London: Hodder & Stoughton, 1909), 43.

463 Francis A. Walker, «Socialism», *in Discussions in Economics and Statistics* (1887; Nova Iorque, 1899), 2:250.

464 «Socialism and Communism», *in* Johann Bluntschli, *Staatswörterbuch in drei Bänden*, ed. Edgar Löning (Zurique, 1871–72), 3:476–97.

465 Serge Audier, *Le Socialisme libéral* (Paris: La Découverte, 2006).

466 Léon Bourgeois, *Essai d´une philosophie de la Solidarité* (Paris, 1907), 34.

467 Leonard T. Hobhouse, *Democracy and Reaction* (Londres: T. Fisher Unwin,1904), 229.

468 Hobson, *Crisis of Liberalism*, 3, 92, 138.

469 *Journal des débats*, 16 março, 1889, 1.

470 Citado por Judith Surkis, *Sexing the Citizen: Morality and Masculinity in France, 1870–1920* (Ithaca, NY: Cornell University Press, 2011), 130.

471 Hobson, *Crisis of Liberalism*, 132.

472 Churchill, *Liberalism and the Social Problem* (1909), discurso proferido em 1908 com o título «Liberalismo e Socialismo».

473 Uma das personagens do célebre e controverso *Robert Elsemere* (1888), da Sra. Humphrey Ward, foi inspirada nele.

474 Citado por G.F.A. Best, «The Religious Difficulties of National Education in England, 1800–70», *Cambridge Historical Journal 12*, n.º 2 (1956): 171, sublinhado meu.

475 Joseph Henry Allen, *Our Liberal Movement in Theology* (Boston: Roberts Brothers, 1892).

476 Citado por William Shanahan, «Friedrich Naumann: A Mirror of Wilhelmian Germany», *Review of Politics 13*, n.º 3 (1951): 272.

477 Richard Ely, «The Next Thing in Social Reform», *Methodist Magazine 36* (dezembro 1892): 151.

478 John A. Hobson, *The Social Problem: Life and* Work (Londres: James Nisbet, 1902), 214.

479 Citado por Thomas Leonard, *Illiberal Reformers: Race, Eugenics and American Economics in the Progressive Era* (Princeton: Princeton University Press, 2016), 74.

480 *Ibid.*, 110.

481 *Ibid.*, 50.

482 *Ibid.*, 170.

483 Karen Offen, «Depopulation, Nationalism, and Feminism in Fin-de-Siècle France», *American Historical Review 89*, n.º 3 (1984): 648–76; Philip Nord, «The Welfare State in France 1870–1914», *French Historical Studies 18*, n.º 3 (1994): 821–38.

484 Herbert Samuel, *Contemporary Liberalism in England* (London, 1902), 246, 249, 250.

485 Citada por Millicent Fawcett, *Women's Suffrage: A Short History of a Great Movement* (CreateSpace, 2016).

486 David Morgan, *Suffragists and Liberals: The Politics of Woman Suffrage in England* (Lanham, MD: Rowman & Littlefield, 1975); Constance Rover, *Women's Suffrage and Party Politics in Britain 1866–1914* (Londres: Routledge, 1967); ver também Brian H. Harrison, *Separate Spheres: The Opposition to Women's Suffrage in Britain* (Londres: Croom Helm, 1978); Allison L. Sneider, *Suffragists in an Imperial Age: U.S. Expansion and the Woman Question, 1870–1929* (Oxford: Oxford University Press, 2008).

487 Citado por Amy Hackett, «The Politics of Feminism in Wilhehnine Germany, 1890–1918», (diss. PhD, Columbia University, 1976), 397.

488 *Ibid.*, 688.

489 Samuel, *Contemporary Liberalism*, 251.

490 *Ibid.*, 251.

491 Citado por Hackett, «Politics of Feminism», 715, 721, 718, 799.

492 *Ibid.*, 324.

493 *Ibid.*, 618, 621.

494 *Ibid.*, 716–20.

495 Citado por Fawcett, *Women's Suffrage*, 95.

496 Citado por Hackett, «Politics of Feminism», 173, 715.

497 *Ibid.*, 721.

498 Walker, «The Present Standing of Political Economy» (1879), republicado em Walker, *Discussions in Economics and Statistics*, 1:318.

499 Alfred Fouillée, *La propriété sociale et la démocratie* (Paris: Hachette, 1884).

500 Beatrice Webb, 30 julho, 1886, citado em Emma Rothschild, *Economic Sentiments: Adam Smith, Condorcet and the Enlightenment* (Cambridge, MA: Harvard University Press, 2001), 65.

Capítulo Oito: De como o liberalismo se tornou o credo americano

501 «Liberalism in America», *New Republic 21* (31 dezembro, 1919).

502 David Green, *Shaping Political Consciousness: The Language of Politics in America from McKinley to Ronald Reagan* (Ithaca, NY: Cornell University Press, 1987), 76.

503 Citado por Ronald J. Pestritto, *Woodrow Wilson and the Roots of Modern Liberalism* (Lanham, MD: Rowman & Littlefield, 2005), 57–58.

504 Citado em *A Cosmopolitanism of Nations: Giuseppe Mazzini's Writings on Democracy, Nation Building, and International Relations*, ed. Stefano Recchia e Nadia Urbinati, trad. Stefano Recchia (Princeton: Princeton University Press, 2009), 3.

505 J. L. Hammond, citado em Peter Weiler, *The New Liberalism: Liberal Social Theory in Great Britain, 1889–1914* (Nova Iorque: Routledge, 2017), 85.

506 Leonard T. Hobhouse, *Democracy and Reaction* (Londres: T. Fisher Unwin, 1904), 47.

507 Robert Lowe, «Imperialism», *Fortnightly Review* 24 (1878), republicado em Peter Cain, ed., *Empire and Imperialism: The Debate of the 1870s* (South Bend, IN: Saint Augustine's Press, 1999), 268.

508 Gladstone, «England's Mission», citado em Peter Cain, «Radicals, Gladstone, and the Liberal Critique of Disraelian "Imperialism"», *in Victorian Visions of Global Order*, ed. Duncan Bell (Cambridge: Cambridge University Press, 2007), 229.

509 Citado por Peter Weiler, *The New Liberalism: Liberal Social Theory in Great Britain, 1889–1914* (Londres: Routledge, 1982), 98.

510 Leslie Butler, *Critical Americans: Victorian Intellectuals and Transatlantic Liberal Reform* (Chapel Hill: University of North Carolina Press, 2007), 255, 46, 231.

511 John Hobson, *Imperialism: A Study* (Londres: George Allen & Unwin, 1902). A expressão é utilizada com frequência.

512 Citado por Gregory Claeys, *Imperial Sceptics: British Critics of Empire, 1850–1920* (Cambridge: Cambridge University Press, 2010), 238.

513 Leonard T. Hobhouse, *Democracy and Reaction* (Londres: T. Fisher Unwin, 1904), 47.

514 Herbert Samuel, *Contemporary Liberalism in England* (London, 1902), 332.

515 *Ibid.*, 324.

516 Lucien Prévost-Paradol, *La France nouvelle* (Paris: Michel Levy Frères, 1868).

517 Ver, por exemplo, «*colonies*» *in Nouveau dictionnaire d'économie politique* (Paris: Guillaumin,1900), 1:432–48.

518 Samuel, *Contemporary Liberalism*, 325

519 *Ibid.*, 330, sublinhado meu.

520 John Burgess, «Germany, Great Britain and the US», *Political Science Quarterly 19* (1904): 904.

521 Edward Dicey, «The New American Imperialism», *Nineteenth Century: A Monthly Review*, setembro 1898, 487–501, 489, 501.

522 John W. Burgess, *Reconstruction and the Constitution*, 1866–1876 (Nova Iorque: Charles Scribner's Sons, 1903), 133.

523 Charles Merriam, *A History of American Political Theories* (Nova Iorque: Macmillan, 1920), 314, sublinhado meu.

524 William Gladstone, «Kin beyond the Sea», *North American Review 264* (setembro-outubro 1878): 185, 212, 181, 182.

525 Citado por Reginald Horsman, *Race and Manifest Destiny* (Cambridge, MA: Harvard University Press, 2009), 293.

526 Andrew Carnegie, «A Look Ahead», *North American Review 156*, n.º 439 (junho 1893).

527 Lymon Abbott, «The Basis for an Anglo-American Understanding», *North American Review 166*, n.º 498 (1898): 521.

528 Ver, por exemplo, G. Valbert, «La superiorité des Anglo-Saxons et le livre de M. Demolins», *Revue des deux Mondes 67* (1897): 697–708; Gabriel Tarde, *Sur la prétendue décadence des peuples latins* (Bordeaux, 1901).

529 Ver também George Santayana, «Classic Liberty», *New Republic 4* (21 agosto, 1915): 65–66; «German Freedom», *New Republic 4* (28 agosto, 1915): 94–95; «Liberalism and Culture», *New Republic 4* (4 setembro, 1915): 123–25.

530 Alan Brinkley, *Liberalism and Its Discontents* (Cambridge, MA: Harvard University Press, 1998), 85.

531 Irving Fisher, «Economists in Public Service: Annual Address of the President», *American Economic Review 9*, n.º 1, suplemento (1991): 7.

532 Arthur Moeller van den Bruck, *Sozialismus und Aussenpolitik* (Breslau: W.G. Korn, 1933), 100.

533 Benito Mussolini, *The Political and Social Doctrine of Fascism*, trad. Jane Soames (Londres: Hogarth, 1934), 17–19.

534 Citado por John Weiss, *The Fascist Tradition* (Nova Iorque: Harper & Row, 1967), 9.

535 Ludwig von Mises, *Liberalism in the Classical Tradition*, trad. Ralph Raico (Nova Iorque: Foundation for Economic Education, 1985), 199.

536 John Dewey, «Toward a New Individualism», *in The Later Works of John Dewey, 1925–1953, vol. 5: 1929–1930. Essays: The Sources of a Science of Education, Individualism, Old and New, and Construction and Criticism*, ed. Jo Ann Boydston (Carbondale: Southern Illinois University Press, 1984), 85.

537 John Dewey, «The Meaning of the Term "Liberalism", *in The Later Works of John Dewey, 1925–1953, vol. 14: 1939–1941. Essays, Reviews and Miscellany,*

ed. Jo Ann Boydston (Carbondale: Southern Illinois University Press, 2008), 253.

538 Citado por Green, *Shaping Political Consciousness,* 119.

539 Franklin Delano Roosevelt, «Introduction to Franklin Delano Roosevelt's Public Papers and Addresses», citado em Samuel Eliot Morison, *Freedom in Contemporary Society* (Boston: Little, Brown, 1956), 69. Em 1943, foi constituído o Partido Liberal do Estado de Nova Iorque, ainda hoje existente, para ajudar Roosevelt a vencer as eleições.

540 Henry Agard Wallace, *American Dreamer: A Life of Henry Wallace* (Nova Iorque: Norton, 2000).

541 William Beveridge, *Why I Am a Liberal* (Londres: Jenkins, 1945), 64.

542 Citado por Alan Brinkley, *The End of Reform: New Deal Liberalism in Recession and War* (New York: Vintage, 2011),158; Theodore Rosenof, «Freedom, Planning, and Totalitarianism: The Reception of F. A. Hayek's *Road to Serfdom*», *Canadian Review of American Studies 5* (1974): 150–60.

543 Green, *Shaping Political Consciousness,* caps. 4–5; and Ronald Rotunda, *The Politics of Language: Liberalism as Word and Symbol* (Iowa City: University of Iowa Press, 1986), cap. 4.

544 «Taft, in Defining Liberalism, Warns of a Gradual Loss of Privileges», *Omaha Evening World-Herald,* 14 fevereiro, 1948, 5.

545 Ver o capítulo sobre Friedrich Hayek em Angus Burgin, *The Great Persuasion: Reinventing Free Markets since the Depression* (Cambridge, MA: Harvard University Press, 2015).

546 Ver Mario Rizzo, «Libertarianism and Classical Liberalism: Is There a Difference?», ThinkMarkets, February 5, 2014, https://thinkmarkets.wordpress.com/2014/02/05/libertarianism-and-classical-liberalism-is-there-a-difference.

547 Burgin, *Great Persuasion,* cap. 5.

548 Arthur Murphy, «Ideals and Ideologies, 1917–1947», *Philosophical Review 56* (1947): 386.

Epílogo

549 *Les Libéraux,* ed. Pierre Manent (Paris: Gallimard, 2001), 13.

550 Daniel J. Mahoney, introdução a Pierre Manent, *Modern Liberty and Its Discontents: Pierre Manent,* ed. e trad. Daniel J. Mahoney e Paul Senton (Lanham, MD: Rowman & Littlefield, 1998), 8.

551 Alan Brinkley, *The End of Reform: New Deal Liberalism in Recession and War* (Nova Iorque: Vintage, 2011).

552 Friedrich A. Hayek, *The Road to Serfdom* (Chicago: University of Chicago Press, 2007), 58.

553 Citado por James Chappel, «The Catholic Origins of Totalitarianism Theory in Interwar Europe», *Modern Intellectual History 8*, n.º 3 (2011): 579.

554 «The Pathos of Liberalism», *Nation*, 11 setembro, 1935; ver também «The Blindness of Liberalism», *Radical Religion*, (outono 1936).

555 Citado por Alan Brinkley, *Liberalism and Its Discontents* (Cambridge, MA: Harvard University Press, 2000), 106, 86.

556 Reinhold Niebuhr, «Let the Liberal Churches Stop Fooling Themselves!», *Christian Century 48* (25 março, 1931).

557 Thomas P. Neill, *The Rise and Decline of Liberalism* (Milwaukee: Bruce, 1953). Ver a autodefinição de Neill em http://www.catholicauthors.com/neill.html.

558 James Burnham, *Suicide of the West: An Essay on the Meaning and Destiny of Liberalism* (Nova Iorque: Encounter, 1964).

559 Citada por Chappel, «Catholic Origins of Totalitarianism Theory», 590.

560 Eric Voegelin, *The New Science of Politics: An Introduction* (Chicago: University of Chicago Press, 1987), 178.

561 O ensaio de Berlin é facilmente acessível, *online* e noutras plataformas.

562 John Plamenatz, ed., *Readings from Liberal Writers, English and French* (Nova Iorque: Barnes & Noble, 1965).

563 Judith Shklar, «The Liberalism of Fear», *in Liberalism and the Moral Life*, ed. Nancy Rosenblum (Cambridge, MA: Harvard University Press, 1989), 21–38.

564 Uma exceção importante é Karen Offen, «Defining Feminism: A Comparative Historical Approach», *Signs 14*, n.º 1 (1988): 119–57; e ainda Amy Hackett, «The Politics of Feminism in Wilhelmine Germany, 1890–1918» (diss. PhD, Columbia University, 1976), onde se aborda o «viés americano» na área de estudos sobre o feminismo, pelo qual ela pretende designar uma ênfase exagerada nos direitos como um objetivo feminista.

565 Isaac Kramnick, *Republicanism and Bourgeois Radicalism: Political Ideology in Late Eighteenth Century England and America* (Ithaca, NY: Cornell University Press, 1990), 35.

566 Friedrich Sell, *Die Tragödie des deutschen Liberalismus* (Stuttgart: DVA, 1953).

567 Por exemplo, as obras de Ralf Dahrendorf, Hajo Holborn, Leonard Krieger, James Sheehan e Theodore Hamerow.

568 Hans Vorländer, «Is There a Liberal Tradition in Germany?», *in The Liberal Political Tradition: Contemporary Reappraisals*, ed. James Meadowcroft (Cheltenham: Edward Elgar, 1996).

569 Para uma excelente análise e crítica da literatura sobre o «iliberalismo» alemão, ver Konrad Jarausch, «Illiberalism and Beyond: German History in Search of a Paradigm», *Journal of Modern History 55*, n.º 2 (1983): 268–84.

570 Geoff Eley, «James Sheehan and the German Liberals: A Critical Appreciation», *Central European History 14*, n.º 3 (1981): 273–88.

571 David Blackbourn e Richard J. Evans, eds., *The German Bourgeoisie: Essays on the Social History of the German Middle Class from the Late Eighteenth to the Early Twentieth Century* (Londres: Routledge, 1991).

572 Jack Hayward, revisão de *L'individu effacé*, *History of European Ideas 24*, n.º 3 (1998): 239–42.

573 Pierre Rosanvallon, *Le capitalisme utopique. Critique de l'idéologie économique* (Paris: Seuil, 1979).

574 Sudhir Hazareesingh, *From Subject to Citizen: The Second Empire and the Emergence of Modern French Democracy* (Princeton: Princeton University Press, 1998), 166, 163.

575 Lucien Jaume, *L'individu effacé ou le paradoxe du liberalisme français* (Paris: Fayard, 1997), 14.

576 Raymond Polin, *Le libéralisme, oui* (Paris: Editions de La Table Ronde, 1984), 186.

577 Philippe Raynaud, «Constant», *in New French Thought*, ed. Mark Lilla (Princeton: Princeton University Press, 2014), 85.

578 François Furet e Mona Ozouf, *Le siècle de l'avènement republican* (Paris: Gallimard, 1993), 20–21.

579 Manent, *Modern Liberty and Its Discontents.*

580 «The Rise of Illiberal Democracy» é o título de um influente artigo de Fareed Zaria, *Foreign Affairs 76*, n.º 6 (novembro-dezembro 1997): 22–43. Ver também William Galston, «The Growing Threat of Illiberal Democracy», Wall Street Journal, 3 janeiro, 2017.

581 Ver, por exemplo, Peter Berkowitz, *Virtue and the Making of Modern Liberalism* (Princeton: Princeton University Press, 1999); William Galston, *Liberal Purposes* (Nova Iorque: Cambridge University Press, 1991); e Rosenblum, *Liberalism and the Moral Life.*

BIBLIOGRAFIA SELECIONADA

Método

Ball, Terence, James Farr, and Russell L. Hanson. «Editors' Introduction» *in* Ball, Farr e Hanson, *Political Innovation and Conceptual Change,* 1–5.

______, eds. *Political Innovation and Conceptual Change.* Cambridge: Cambridge University Press, 1989.

Ball, Terence. *Transforming Political Discourse: Political Theory and Conceptual History.* Oxford: Blackwell, 1988.

Burke, Martin e Melvin Richter, eds. *Why Concepts Matter: Translating Social and Political Thought.* Leiden: Brill, 2012.

Farr, James. «Understanding Conceptual Change Politically?» *in* Ball, Farr e Hanson, *Political Innovation and Conceptual Change,* 24-49.

Freeden, Michael. *Ideologies and Political Theory: A Conceptual Approach.* Oxford: Clarendon, 1996.

Hampshire-Monk, lain, Karin Tilmans e Frank van Vree, eds. *History of Concepts: Comparative Perspectives.* Amsterdão: Amsterdam University Press, 1998.

Koselleck, Reinhart. *The Practice of Conceptual History: Timing History, Spacing Concepts.* Trad. T. S. Presener *et al.* Stanford: Stanford University Press, 2002.

Pocock, J.G.A. «Verbalizing a Political Act: Towards a Politics of Speech?» *in Language and Politics,* ed. Michael Shapiro, 25-43. Oxford: Wiley Blackwell, 1984.

Richter, Melvin. «Begriffsgeschichte and the History of Ideas», *Journal of the History of Ideas* 48, n.º 2 (1987): 247-63.

______. *The History of Political and Social Concepts: A Critical Introduction.* Nova Iorque: Oxford University Press, 1995.

______. «Reconstructing the History of Political Languages: Pocock, Skinner and the Geschichtliche Grundbegriffe». *History and Theory* 29, n.º 1 (1990): 38-70.

Sebastian, Javier Fernandez, ed. *Political Concepts and Time: New Approaches to Conceptual History*. Santander: Cantabria University Press, 2011.

Skinner, Quentin. «Meaning and Understanding in the History of Ideas». *History and Theory* 8 (1969): 3-53. Reimpresso *in Meaning and Context: Quentin Skinner and His Critics*, ed. James Tully. Princeton: Princeton University Press, 1988.

______. «Language and Social Change» *in The State of the Language*, ed. Christopher Ricks and Leonard Michaels, 562-78. Berkeley: University of California Press, 1980.

Steinmetz, Willibald, Michael Freeden e Javier Fernandez Sebastian, eds. *Conceptual History in the European Space*. Nova Iorque: Berghahn, 2017.

Literatura sobre os conceitos «liberal», «liberalidade» e «liberalismo»

Bell, Duncan. «What Is Liberalism?» *Political Theory* 42, n.º 6 (2014): 682–715.

Bertier de Sauvigny, Guillaume de. «Libéralisme. Aux origines d'un mot», *Commentaire, n.º* 7 (1979): 420–24.

______. «Liberalism, Nationalism, Socialism: The Birth of Three *Words*», *Review of Politics* 32 (1970): 151–52.

Claeys, Gregory. «"Individualism", "Socialism" and "Social Science": Further Notes on a Conceptual Formation 1800-1850», *Journal of the History of Ideas* 47, n.º 1 (1986): 81–93.

Cox, Richard. «Aristotle and Machiavelli on Liberality» *in The Crisis of Liberal Democracy,* ed. Kenneth L. Deutsch e Walter Soifer, 125-47. Albany: State University of New York Press, 1987.

Guerzoni, Guido. «Liberalitas, Magnificentia, Splendor: The Classic Origins of Italian Renaissance Lifestyles», *History of Political Economy* 31, supl. (1999): 332–78.

Gunnell, John G. «The Archeology of American Liberalism?», *Journal of Political Ideologies* 6, n.º 2 (2001): 125-45.

Hamburger, Philip. «Liberality», *Texas Law Review* 78, n.º 6 (2000): 1215-85.

Leonhard, Jörn. «From European Liberalism to the Languages of Liberalisms: The Semantics of *Liberalism* in European Comparison», *Redescriptions* 8 (2004): 17-51.

______. *Liberalismus. Zur historischen Semantik eines europäischen Deutung-smusters.* Munique: R. Oldernbourg Verlag, 2001.

Manning, C. E. «"Liberalitas" — The Decline and Rehabilitation of a Virtue», *Greece & Rome* 32, n.º 1 (abril 1985): 73-83.

Opal, Jason M. «The Labors of Liberality: Christian Benevolence and National Prejudice in the American Founding», *Journal of American History* 94 (2008): 1082-1107.

Rotunda, Ronald. *The Politics of Language: Liberalism as Word and Symbol.* Iowa City: University of Iowa Press, 1986.

Sahagun, Alberto. «The Birth of Liberalism: The Making of Liberal Political Thought in Spain, France and England 1808-1823». Diss. PhD, Washington University in St. Louis, 2009.

Sebastián, Javier Fernández. «Liberales y Liberalismo en Espana, 1810–1850. La Forja de un Concepto y la Creacion de una Identidad Politica» *in La aurora de la libertad. Los primeros liberalism en el mundo iberomaricano,* ed. Javier Fernández Sebastián, 265-306. Madrid: Marcial Pons Historia, 2012.

______. «Liberalismos nacientes en el Atlantico iberoamericano. "Liberal" como concepto y como identitad politica, 1750–1850» *in Iberconceptos,* ed. Javier Fernández Sebastián. Vol. 1, *Diccionario politico y social del mundo iberoamericano: La era de las revoluciones, 1750–1850,* ed. C. Aljovìn de Losada *et al.* Madrid: Fundación Carolina-SECC-CEPC, 2009.

______. «The Rise of the Concept of "Liberalism": A Challenge to the Centre/ Periphery Model?» *in Transnational Concepts, Transfers and the Challenge of the Peripheries,* ed. Gürcan Koçan, 182-200. Istambul: Istanbul Technical University Press, 2008.

Thomson, Arthur. «"Liberal": Nagra anteckningar till ordets historia» *in Festskrift tillägnad Theodor Hjelmqvist pa sextiärsdagen den 11 april 1926,* 147-91. Lund: Carl Bloms Boktryckeri, 1926.

Vierhaus, Rudolf. «Liberalismus» *in Geschichtliche Grundbegriffe. Historisches Lexikon zur politisisch-sozialen Sprache in Deutschland,* vol. 3, ed. Reinhart Koselleck, Otto Bruner e Werner Conze, 744-85. Estugarda: E. Klett, 1972-93.

Walther, Rudolf. «Economic Liberalism», trad. Keith Tribe. *Economy and Society* 13, n.º 2 (1984): 178-207.

A religião liberal e os seus críticos

Aner, Karl. *Die Theologie der Lessingzeit.* Halle: Niemeyer, 1929.

Arlinghaus, Francis A. «British Public Opinion and the *Kulturkampf* in Germany, 1871–75», *Catholic Historical Review* 34, n.º 4 (1949): 385-413.

Best, G.F.A. «The Religious Difficulties of National Education in England, 1800–70», *Cambridge Historical Journal 12,* n.º 2 (1956): 155–73.

Biagini, Eugenio F. «Mazzini and Anticlericalism: The English Exile» *in Giuseppe Mazzini and the Globalisation of Democratic Nationalism, 1830-1920,* ed. C. A. Bayly e Eugenio F. Biagini, 145–66. Oxford: Oxford University Press, 2008.

Bigler, Robert. *The Politics of German Protestantism: The Rise of the Protestant Church Elite in Prussia, 1815-1848.* Berkeley: University of California Press, 1972.

Blackbourn, David. «Progress and Piety: Liberalism, Catholicism and the State in Imperial Germany», *History Workshop Journal* 26 (1988): 57-78.

Bokenkotter, Thomas. *Church and Revolution: Catholics and the Struggle for Democracy and Social Justice.* Nova Iorque: Random House, 2011.

Buehrens, John. *Universalists and Unitarianism inAmerica: A People's History.* Boston: Skinner House Books, 2011.

Burleigh, Michael. *Earthly Powers: The Clash of Religion and Politics in Europe from the French Revolution to the Great War.* Nova Iorque: HarperCollins, 2005.

Cabanel, Patrick. *Le Dieu de la République. Aux sources protestantes de la laïcité (1860–1900).* Rennes: Presses universitaires de Rennes, 2003.

______. *Les Protestants et la République.* Paris: Editions Complexe, 2000.

Carey, Patrick. *Catholics in America: A History.* Westport, CT: Praeger, 2004.

Carlsson, Eric. «Johann Salomo Semler, the German Enlightenment and Protestant Theology's Historical Turn». Diss. PhD, University of Wisconsin-Madison, 2006.

Clark, Christopher e Wolfram Kaiser, eds. *Culture Wars: Secular-Catholic Conflict in Nineteenth-Century Europe.* Cambridge: Cambridge University Press, 2003.

Cross, Robert. *The Emergence of Liberal Catholicism in America.* Chicago: Quadrangle, 1968.

Dolan, Jay. *The American Catholic Experience: A History from Colonial Times to the Present.* Garden City, NY: Doubleday, 1987.

Dorrien, Gary. *The Making of American Liberal Theology: Imagining Progressive Religion, 1805-1900.* Louisville: Westminster John Knox, 2001.

Douglass, R. Bruce e David Hollenbach, eds. *Catholicism and Liberalism.* Cambridge: Cambridge University Press, 1994.

Grodzins, Dean. *American Heretic: Theodore Parker and Transcendentalism.* Chapel Hill: University of North Carolina Press, 2002.

Gross, Michael. «The Catholics' Missionary Crusade and the Protestant Revival in Nineteenth-Century Germany» *in Protestants, Catholics and Jews in Germany, 1800–1914,* ed. H. Walser Smith, 245-66. Nova Iorque: Berg.

______. *The War against Catholicism: Liberalism and the Anti-Catholic Imagination in Nineteenth-Century Germany.* Ann Arbor: University of Michigan Press, 2005.

Hamburger, Philip. *Separation of Church and State.* Cambridge, MA: Harvard University Press, 2002.

Heimert, Alan. *Religion and the American Mind.* Cambridge, MA: Harvard University Press, 1968.

Herzog, Dagmar. «Anti-Judaism in Intra-Christian Conflicts: Catholics and Liberals in Baden in the 1840s», *Central European History 27* (1994): 267–81.

______. *Intimacy and Exclusion: Religious Politics in Pre-revolutionary Baden.* Princeton: Princeton University Press, 1996.

Hill, Ronald. *Lord Acton*. New Haven, CT: Yale University Press, 2000.

Hollinger, David. *After Cloven Tongues of Fire: Protestant Liberalism in Modern American History*. Princeton: Princeton University Press, 2013.

Hopkins, Charles Howard. *The Rise of the Social Gospel in American Protestant-ism, 1865–1915*. New Haven, CT: Yale University Press, 1940.

Hurth, Elisabeth. «Sowing the Seeds of "Subversion": Harvard's Early Göttingen Students» *in Studies in the American Renaissance*, ed. Joel Myerson, 91–106. Charlottesville: University of Virginia Press, 1992.

Isabella, Maurizio. «Citizens or Faithful? Religion and the Liberal Revolutions of the 1820s in Southern Europe», *Modern Intellectual History* 12, n.º 3 (2015): 555–78.

Jacoby, Susan. *Freethinkers: A History of American Secularism*. Nova Iorque: Metropolitan Books, 2005.

Joskowicz, Ari. *The Modernity of Others: Jewish Anti-Catholicism in Germany and France*. Stanford: Stanford University Press, 2014.

Kittelstrom, Amy. *The Religion of Democracy: Seven Liberals and the American Moral Tradition*. Nova Iorque: Penguin, 2015.

Kroen, Sheryl. *Politics and Theater: The Crisis of Legitimacy in Restoration France*. Berkeley: University of California Press, 2000.

______. «Revolutionizing Religious Politics during the Restoration?» *Historical Studies* 21, n.º 1 (1998): 27–53.

Kuklick, Bruce. *Churchmen and Philosophers: From Jonathan Edwards to John Dewey*. New Haven, CT: Yale University Press, 1985.

Lee, James Mitchell. «Charles Villers and German Thought in France, 1797–1804», *Proceedings of the Annual Meeting of the Western Society for French History* 25 (1998): 55–66.

Lyons, Martyn. «Fires of Expiation: Book-Burnings and Catholic Missions in Restoration France?» *French History* 10, n.º 2 (1996): 240–66.

MacKillop, I. D. *The British Ethical Societies*. Cambridge: Cambridge University Press.

Martin, Benjamin, Jr. «The Creation of the Action Libérale Populaire: An Example of Party Formation in Third Republic France», *French Historical Studies 9*, n.º 4 (1976): 660–89.

McGreevy, John. *Catholicism and American Freedom. A History*. Nova Iorque: Norton, 2003.

Meyer, Michael. *Response to Modernity: A History of the Reform Movement in Judaism*. Detroit: Wayne State University Press, 1995.

Moyn, Samuel. «Did Christianity Create Liberalism?» *Boston Review* 40, n.º 1 (2015): 50–55.

Murphy, Howard R. «The Ethical Revolt against Christian Orthodoxy in Early Victorian England», *American Historical Review* 60 (1955): 800–817.

Nord, Philip. «Liberal Protestants» *in The Republican Moment: Struggles for Democracy in Nineteenth-Century France,* ed. Philip Nord, 90-114. Cambridge, MA: Harvard University Press, 1998.

Perreau-Saussine, Emile. *Catholicism and Democracy: An Essay in the History of Political Thought,* trad. Richard Rex. Princeton: Princeton University Press, 2012.

Phayer, J. Michael. «Politics and Popular Religion: The Cult of the Cross in France, 1815–1840», *Journal of Social History* 2, n.º 3 (1978): 346–65.

Printy, Michael. «Protestantism and Progress in the Year XII: Charles Villers' *Essay on Spirit and Influence of Luther's Reformation* (1804)». *Modern Intellectual History 9,* n.º 2 (2012): 303–29.

Rader, Benjamin. «Richard T. Ely: Lay Spokesman for the Social Gospel», *Journal of American History* 53, n.º 1 (1966): 61–74.

Riasanovsky, Maria. «Trumpets of Jericho: Domestic Missions and Religious Revival in France?». Diss. PhD, Princeton University, 2001.

Richter, Melvin. *The Politics of Conscience: T.H. Green and His Age.* Cambridge, MA: Harvard University Press, 1974.

______. «T. H. Green and His Audience: Liberalism as a Surrogate Faith?» *Review of Politics* 18, n.º 4 (1956): 444–72.

Rosenblatt, Helena. *Liberal Values: Benjamin Constant and the Politics of Religion.* Cambridge: Cambridge University Press, 2008.

______. «Sismondi, from Republicanism to Liberal Protestantism» *in Sismondi: Républicanisme moderne et libéralisme critique / Modern Republicanism and Critical Liberalism,* ed. Bela Kapossy e Pascal Bridel, 123–43. Geneva: Slatkine, 2013.

Ross, Ronald J. *The Failure of Bismarck's Kulturkampf: Catholicism and State Power in Imperial Germany, 1871-1887.* Washington, DC: Catholic University of America Press, 1998.

Rurup, Reinhard. «German Liberalism and the Emancipation of the Jews», *Leo Baeck Institute Yearbook 20* (1975): 59–68.

Sevrin, Ernst. *Les missions religieuses en France sous la Restauration, 1815–1830.* Saint-Mandé: Procure des prêtres de la Miséricorde, 1948.

Sperber, Jonathan. «Competing Counterrevolutions: The Prussian State and the Catholic Church?» *Central European History* 19 (1986): 45–62.

Stoetzler, Marcel. *The State, the Nation, and the Jews: Liberalism and the Antisemitism Dispute in Bismarck's Germany.* Lincoln: University of Nebraska Press, 2008.

Vance, Norman. *The Sinews of the Spirit: The Ideal of Christian Manliness in Victorian Literature and Religious Thought.* Cambridge: Cambridge University Press, 1985.

Verhoeven, Timothy. *Transatlantic Anti-Catholicism: France and the United States in the Nineteenth Century.* Nova York: Palgrave Macmillan, 2010.

Weill, Georges. *Histoire du Catholicisme libéral en France 1828–1908.* Paris: F. Alcan, 1909.

Wright, Conrad. *The Beginnings of Unitarianism in America.* Boston: Beacon, 1960.

______. *The Liberal Christians.* Boston: Beacon, 1970.

Liberalismo económico, socialismo e as origens do Estado social

Adcock, Robert. *Liberalism and the Emergence of American Political Science: A Transatlantic Tale.* Oxford: Oxford University Press, 2014.

Audier, Serge. *Le Socialisme libéral.* Paris: La Decouverte, 2006.

Beck, Hermann *The Origins of the Authoritarian Welfare State in Prussia: Conservatives, Bureaucracy and the Social Question, 1815–70.* Ann Arbor: University of Michigan Press, 1997.

Chase, Malcom. *Chartism: A New History.* Manchester: Manchester University Press, 2007.

Claeys, Gregory. *Citizens and Saints: Politics and Anti politicsin Early British Socialists.* Cambridge: Cambridge University Press, 1989.

______. «"Individualism", "Socialism" and "Social Science": Further Notes on a Conceptual Formation 1800-1850», *Journal of the History of Ideas* 47, n.º 1 (1986): 81–93.

______. *Machinery, Money and the Millennium: From Moral Economy to Socialism 1815–1860.* Princeton: Princeton University Press, 1987.

Cohen, Nancy. *The Reconstruction of American Liberalism, 1865–1914.* Chapel Hill: University of North Carolina Press, 2002.

Collini, Stefan. *Liberalism and Sociology: L.T. Hobhouse and Political Argument in England, 1880–1914.* Cambridge: Cambridge University Press, 1983.

Digeon, Claude. *La Crise Allemande de la pensée francaise (1870–1914).* Paris: PUF, 1959.

Dorfman, Joseph. «Role of the German Historical School in American Economic Thought?», *American Economic Review* 45, n.º 2 (1955): 17–28.

Fine, Sidney. *Laissez Faire and the General-Welfare State.* Ann Arbor: University of Michigan Press, 1969.

______. «Richard T. Ely, Forerunner of Progressivism, 1880-1901», *Mississippi Valley Historical Review* 37 (1951): 599–624

Forcey, Charles. *The Crossroads of Liberalism. Croly, Weyl, Lippmann and the Progressive Era 1900–1925.* Oxford: Oxford University Press, 1961.

Forget, Evelyn. «Jean-Baptiste Say and Spontaneous Order», *History of Political Economy* 33, n.º 2 (2001): 193–218.

Freeden, Michael. *Liberal Languages: Ideological Imaginations and Twentieth-Century Progressive Thought.* Princeton: Princeton University Press, 2005.

______. *Liberalism Divided: A Study in British Political Thought, 1914–1939.* Oxford: Oxford University Press, 1986.

______. *The New Liberalism.* Oxford: Clarendon, 1978.

Fried, Barbara. *The Progressive Assault on Laissez Faire: Robert Hale and the First Law and Economics Movement.* Cambridge, MA: Harvard University Press, 1998.

Fries, Sylvia. «*Staatstheorie* and the New American Science of Politics», *Journal of the History of Ideas* 34, n.º 3 (1973): 391–404.

Gambles, Anna. *Protection and Politics in Conservative Economic Discourse, 1815–1852.* Suffolk: Boyden Press, 1999.

Goldman, Eric. *Rendezvous with Destiny: A History of Modern American Reform.* Nova Iorque: Ivan R. Dee, 2001.

Green, David. *Shaping Political Consciousness: The Language of Politics from McKinley to Reagan.* Ithaca, NY: Cornell University Press, 1987.

Hart, David M. «Class Analysis, Slavery and the Industrialist Theory of History in French Liberal Thought, 1814-1830: The Radical Liberalism of Charles Comte and Charles Dunoyer», http://davidmhart.com/liberty/Papers/ComteDunoyer/CCCD-PhD/CCCD-longthesis1990.pdf.

Hayward, J.E.S. «The Official Social Philosophy of the French Third Rep: Léon Bourgeois and Solidarism», *International Review of Social History* 6 (1961): 19–48.

______. «Solidarity: The Social History of an Idea in Nineteenth-Century France?», *International Review of Social History* 4 (1959): 261–84.

Herbst, Jurgen. *The German Historical School in American Scholarship: A Study in the Transfer of Culture.* Ithaca, NY: Cornell University Press, 1965.

Jean-Pierre. «Revolutionary France, Cradle of Free Enterprise», *American Historical Review* 94 (1989):1281–89.

Hirsch, Jean-Pierre e Philippe Minard. «"Libérez-nous, Sire, protégez-nous beaucoup": Pour une histoire des pratiques institutionnelles dans l'industrie francaise, XVIIIème-XIXème siècles», *in La France n'est-elle pas douée pour l'industrie?*, ed. Louis Bergeron e Patrice Bourdelais, 135-58. Paris: Belin, 1998.

Horn, Jeff. *The Path Not Taken: French Industrialization in theAge of Revolution, 1750–1830.* Cambridge, MA: MIT Press, 2006.

Home, Janet. *A Social Laboratory for Modern France: The Musee Social and the Rise of the Welfare State.* Durham, NC: Duke University Press, 2002.

Kloppenberg, James. *Uncertain Victory: Social Democracy and Progressivism in European and American Thought, 1870–1920.* Nova Iorque: Oxford University Press, 1986.

Koven, Seth e Sonya Michel, eds. *Mothers of a New World: Maternalist Politics and the Origins of Welfare States.* Nova Iorque: Routledge, 1993.

Leroux, Robert. *Political Economy and Liberalism in France: The Contributions of Frédéric Bastiat.* Nova Iorque: Routledge, 2011.

Levy, David. *Herbert Croly of the New Republic: The Life and Thought of na American Progressive.* Princeton: Princeton University Press, 1985.

Lutfalla, Michel. «Aux Origines du libéralisme économique en France: Le *Journal des Economistes.* Analyse du contenu de la première série 1841–1853», *Revue d'histoire économique et sociale* 50 (1972): 495–516.

Mandler, Peter. *Liberty and Authority in Victorian Britain.* Oxford: Oxford University Press, 2006.

Minart, Gerard. *Frédéric Bastiat (1801–1850): La croisé du libre-échange.* Paris: Editions Harmattan, 2004.

Mitchell, Allan. *The Divided Path: The German Influence on Social Reform in France after 1870.* Chapel Hill: University of North Carolina Press, 2010.

Moon, Parker Thomas *The Labor Problem and the Social Catholic Movement in France: A Study in the History of Social Politics.* Nova Iorque: Macmillan, 1921.

Myles, Jack. «German Historicism and American Economics: A Study of the Influence of the German Historical School on American Economic Thought». Diss. PhD, Princeton University, 1956.

Nord, Philip. «Republicanism and Utopian Vision: French Freemasonry in the 1860s and 1870s», *Journal of Modern History* 63, 110.2 (1991): 213–29.

______. «The Welfare State in France 1870-1914», *French Historical Studies* 18, n.º 3 (1994): 821–38.

Palen, Marc-William. *The "Conspiracy" of Free Trade. The Anglo-American Struggle over Empire and Economic Globalisation, 1846–1896.* Cambridge: Cambridge University Press, 2016.

Pilbeam, Pamela. *French Socialists before Marx: Workers, Women and the Social Question in France.* Montreal: McGill-Queen's University Press, 2000.

Roberts, David. *The Victorian Origins of the British Welfare State.* New Haven, CT: Yale University Press, 1960.

Rodgers, Daniel. *Atlantic Crossings: Social Politics in a Progressive Age.* Cambridge, MA: Harvard University Press, 2000.

Rohr, Donald. *The Origins of Social Liberalism in Germany.* Chicago: University of Chicago Press, 1963.

Ross, Dorothy. *The Origins of American Social Science.* Cambridge: Cambridge University Press, 1992.

Russell, Dean. «Frédéric Bastiat and the Free Trade Movement in France and England, 1840-1850». Tese PhD, University of Geneva, 1959.

Ryan, Alan. *John Dewey and the High Tie of American Liberalism.* Nova Iorque: Norton, 1997.

Schäfer, Axel R. *American Progressives and German Social Reform, 1875-192o: Social Ethics, Moral Control and the Regulatory State in a Transatlantic Context.* Estugarda: Franz Steiner Verlag, 2000.

Seidman, Steven. *Liberalism and the Origins of European Social Theory.* Berkeley: University of California Press, 1984.

Sherman, Dennis. «The Meaning of Economic Liberalism in Mid-Nineteenth Century France?», *History of Political Economy* 6, n.º 2 (1974): 171–99.

Sorenson, Lloyd R. «Some Classical Economists, *Laissez Faire,* and the Factory Acts», *Journal of Economic History* 12, n.º 3 (1952): 247–62.

Steiner, Philippe. «Competition and Knowledge: French Political Economy as a Science of Government» *in French Liberalism from Montesquieu to the Present Day,* ed. Raf Geenens e Helena Rosenblatt, 192-207. Cambridge: Cambridge University Press, 2012.

______. «Jean-Baptiste Say, la société industrielle et le libéralisme» *in La Pensée libérale. Histoire et controverses,* ed. Gilles Kevorkian, 105–32. Paris: Ellipses, 2010.

Stettner, Edward. *Shaping Modern Liberalism: Herbert Croly and Progressive Thought.* Lawrence: University Press of Kansas, 1993.

Stone, Judith. *The Search for Social Peace: Reform Legislation in France, 1890–1914.* Albany: State University of New York Press, 1985.

Todd, David. *L'Identité économique de la France. Libre-échange et protectionnisme, 1814–1851.* Paris: Grasset, 2008.

Tyrell, Ian. *Reforming the World: The Creation of America's Moral Empire.* Princeton: Princeton University Press, 2010.

Walker, Kenneth O. «The Classical Economists and the Factory Acts», *Journal of Economic History* 1, n.º 2 (1941): 168–77.

Walther, Rudolf. «Economic Liberalism?», trad. Keith Tribe. *Economy and Society* 13, n.º 2 (1984): 178–207.

Warshaw, Dan. *Paul Leroy-Beaulieu and Established Liberalism in France.* DeKalb: Northern Illinois University Press, 1991.

Weiler, Peter. *The New Liberalism: Liberal Social Theory in Great Britain, 1889–1914.* London: Routledge, 1982.

Weiss, John. «Origins of the French Welfare State: Poor Relief in the Third Republic, 1871-1914» *French Historical Studies* 13, n.º 1 (1983): 47–78.

White, Lawrence H. «William Leggett: Jacksonian Editorialist as Classical Liberal Political Economist», *History of Political Economy* 18, n.º 2 (1986): 307–24.

Colónias, anglo-saxonismo e raça

Anderson, Stuart. *Race and Rapprochement: Anglo-Saxonism and Anglo-American Relations, 1895-1904.* Madison, NJ: Fairleigh Dickinson University Press, 1981.

Ballantyne, Tony. «The Theory and Practice of Empire-Building. Edward Gibbon Wakefield and "Systematic Colonisation" *in The Routledge History of Western Empires,* ed. Robert Aldrich e Kirsten McKenzie, 89-101. Londres: Routledge, 2014.

Belich, James. *Replenishing the Earth: The Settler Revolution and the Rise of the Anglo-World, 1783–1939.* Oxford: Oxford University Press, 2009.

Bell, Duncan. *The Idea of Greater Britain: Empire and the Future of World Order 1860-1900.* Princeton: Princeton University Press, 2007.

_______. *Reordering the World: Essays on Liberalism and Empire.* Princeton: Princeton University Press, 2016.

Buheiry, Marwan. «Anti-colonial Sentiment in France during the July Monarchy: The Algerian Case». Diss. PhD, Princeton University, 1973.

Burrows, Mathew. «"Mission Civilisatrice": French Cultural Policy in the Middle East, 1860-1914». *Historical Journal* 29, n.º 1 (1986): 109–35.

Cain, Peter. «Character, "Ordered Liberty" and the Mission to Civilize: British Moral Justification of Empire, 1870-1914». *Journal of Imperial and Commonwealth History* 40, n.º 4 (2012): 557–78.

_______, ed. *Empire and Imperialism: The Debate of the 1870s.* South Bend, IN: Saint Augustine's Press, 1999.

_______. *Hobson and Imperialism.* Oxford: Oxford University Press, 2002

_______. «Radicals, Gladstone, and the Liberal Critique of Disraelian "Imperialism"» *in Victorian Visions of Global Order,* ed. Duncan Bell, 215-39. Cambridge: Cambridge University Press, 2007.

Claeys, Gregory. *Imperial Sceptics: British Critics of Empire, 1850-1920.* Cambridge: Cambridge University Press, 2010.

Conklin, Alice. *A Mission to Civilize: The Republican Idea of Empire in France and West Africa, 1895–1930.* Stanford: Stanford University Press, 1997.

Conrad, Sebastian. *German Colonialism: A Short History.* Cambridge: Cambridge University Press, 2012.

Cullinane, Michael Patrick. *Liberty and American Anti-Imperialism, 1898–1909.* Nova Iorque: Palgrave Macmillan, 2012.

Davis, David Brion. *The Problem of Slavery in the Age of Revolution 1770–1823.* Nova Iorque: Vintage, 2014.

Démier, Francis. «Adam Smith et la reconstruction de Fempire francais au lendemain de l'episode révolutionnaire». *Cahiers d'économie politique* 27, n.º 1 (1996): 241–76.

Freeden, Michael. «Eugenics and Progressive Thought: A Study in Ideological Affinity». *Historical Journal* 22, n.º 3 (1979): 645–71.

______. «Eugenics and Progressive Thought: A Study in Ideological Affinity» *in Liberal Languages, Ideological Imaginations and Twentieth-Century Progressive Thought,* 144-72. Princeton: Princeton University Press, 2005.

Gallagher, John, e Ronald Robinson. «The Imperialism of Free Trade». *Economic History Review,* 2.ª ser., 6 (1953): 1–15.

Gavronsky, Serge. «Slavery and the French Liberals an Interpretation of the Role of Slavery in French Politics during the Second Empire». *Journal of Negro History* 51, n.º 1 (1966): 36–52.

Gerstle, Gary. *American Crucible: Race and Nation in the Twentieth Century.* Princeton: Princeton University Press, 2017.

Hall, Ian, ed. *British International Thinkers from Hobbes to Namier.* Nova Iorque: Palgrave Macmillan, 2009.

Haller, Mark H. *Eugenics: Hereditarian Attitudes in American Thought.* New Brunswick, NJ: Rutgers University Press.

Hart, David M. «Class Analysis, Slavery and the Industrialist Theory of History in French Liberal Thought, 1814-1830: The Radical Liberalism of Charles Comte and Charles Dunoyer». http://davidmhart.com/liberty/Papers/ComteDunoyer/CCCD-PhD/CCCD-Iongthesis1990.pdf.

Hofstadter, Richard. *Social Darwinism in American Thought.* Boston: Beacon, 1944.

Horsman, Reginald. «The Origins of Racial Anglo-Saxonism in Great Britain before 1850». *Journal of the History of Ideas* 37, n.º 3 (1976): 387–410.

______. *Race and Manifest Destiny.* Cambridge, MA: Harvard University Press, 2009.

Kahan, Alan. «Tocqueville: Liberalism and Imperialism» *in French Liberalism from Montesquieu to the Present Day,* ed. Raf Geenens e Helena Rosenblatt, 152–68. Cambridge: Cambridge University Press, 2012.

Kevles, Daniel J. *In the Name of Eugenics: Genetics and the Uses of Human Heredity.* Cambridge, MA: Harvard University Press,1998.

Klaus, Alisa. «Depopulation and Race Suicide: Maternalism and Pronatalist Ideologies in France and the United States» *in Mothers of a New World: Maternalist Politics and the Origins of Welfare States,* ed. Seth Koven e Sonya Michel, 188–212. Nova Iorque: Routledge, 1993.

Koebner, Richard, e Helmut Dan Schmidt. *Imperialism: The Story and Significance of a Political Word.* Cambridge: Cambridge University Press, 1964.

Kramer, Paul. «Empires, Exceptions, and Anglo-Saxons: Race and Rule between the British and United States Empire, 1880-1910». *Journal ofAmerican History 88,* n.º 4 (2002): 1315–53.

Kwon, Yun Kyoung. «When Parisian liberals Spoke for Haiti: French Anti-slavery Discourses on Haiti under the Restoration, 1814-30». *Atlantic Studies: Global Currents 8*, n.º 3 (2011): 317–41.

Leonard, Thomas. *Illiberal Reformers: Race, Eugenics and American Economics in the Progressive Era*. Princeton: Princeton University Press, 2016.

Losurdo, Domenico. *Liberalism: A Counter-History*. Trad. Gregory Elliott. London: Verso, 2011.

Matthew, H.C.G. *The Liberal Imperialists: The Ideas and Politics of a Post-Gladstonian Elite*. Oxford: Oxford University Press, 1973.

Mehta, Uday. *Liberalism and Empire: A Study in Nineteenth-Century British Social Thought*. Chicago: University of Chicago Press, 1999.

Moses, Dirk, ed. *Genocide and Settler Society*. Oxford: Oxford University Press, 2004.

Pitt, Alan. «A Changing Anglo-Saxon Myth: Its Development and Function in French Political Thought, 1860-1914». *French History 14*, n.º 2 (2000):150–73.

Pitts, Jennifer. «Political Theory of Empire and Imperialism». *Annual Review of Political Science 13* (2010): 211–35.

______. «Republicanism, Liberalism and Empire in Post-revolutionary France» *in Empire and Modern Political Thought*, ed. Sankar Muthu, 261-91. Cambridge: Cambridge University Press, 2012.

______. *A Turn to Empire: The Rise of Imperial Liberalism in Britain and France*. Princeton: Princeton University Press, 2009.

Plassart, Anna. «"Un impérialiste libéral?" Jean-Baptiste Say on Colonies and the Extra-European World». *French Historical Studies* 32, n.º 2 (2009): 223–50.

Richter, Melvin. «Tocqueville on Algeria». *Review of Politics* 25, n.º 3 (1963): 362–98.

Ryan, A. «Introduction» *in J. S. Mill's Encounter with India*, ed. Martin I. Moir, Douglas M. Peers e Lynn Zastoupil, 3-17. Toronto: University of Toronto Press, 1999.

Schneider, William. «Toward the Improvement of the Human Race: The History of Eugenics in France». *Journal of Modern History* 54, n.º 2 (1982): 268–91.

Searle, G. R. *The Quest for National Efficiency. A Study in British Politics and Political Thought, 1899–1914*. Berkeley: University of California Press, 1971.

Semmel, Bernard. *The Liberal Ideal and the Demons of Empire: Theories of Imperialism from Adam Smith to Lenin*. Baltimore: Johns Hopkins University Press, 1993.

______. *The Rise of Free Trade Imperialism: Classical Political Economy, the Empire of Free Trade and Imperialism 1750–1850*. Cambridge: Cambridge University Press, 1970.

Sessions, Jennifer. *By Sword and Plow: France and the Conquest of Algeria*. Ithaca, NY: Cornell University Press, 2015.

Steiner, Philippe. «Jean-Baptiste Say et les colonies ou comment se débarrasser d'un héritage intempestif». *Cahiers d'économie politique* 27-28 (1996): 153–73.

Sullivan, E. P. «Liberalism and Imperialism: J. S. Mill's Defense of the British Empire». *Journal of the History of Ideas* 44, n.º 4 (1983): 599–617.

Taylor, Miles. «Imperium et Libertas». *Journal of Imperial and Commonwealth History 19,* n.º 1 (1991): 1–23.

Todd, David. «Transnational Projects of Empire in France, c.1815-c.1870». *Modern Intellectual History* 12, n.º 2 (2015): 265–93.

Welch, Cheryl. «Colonial Violence and the Rhetoric of Evasion: Tocqueville on Algeria». *Political Theory* 31, n.º 2 (2003): 235–64.

Winks, Robin. «Imperialism» *in The Comparative Approach to American History,* ed. C. Vann Woodward, 253–70. Oxford: Oxford University Press, 1998.

Wolfe, Patrick. «Settler Colonialism and the Elimination of the Native». *Journal of Genocide Research 8,* n.º 4 (2006): 387–409.

Internacionalismo liberal

Adams, Iestyn. *Brothers across the Ocean: British Foreign Policy and the Origins of the Anglo-American Special Relationship 1900-1905.* Londres: I.B. Tauris, 2005.

Bayly, C. A. «Rammohan Roy and the Advent of Constitutional Liberalism in India, 1800-1830». *Modern Intellectual History* 4 (2007): 25–41.

_______. *Recovering Liberties: Indian Thought in the Age of Liberalism and Empire.* Cambridge: Cambridge University Press, 2011.

Bell, Duncan. «Beyond the Sovereign State: Isopolitan Citizenship, Race and Anglo-American Union». *Political Studies* 62, n.º 2 (2014): 418–34.

Hall, Ian, ed. *British International Thinkers from Hobbes to Namier.* Nova Iorque: Palgrave Macmillan, 2009.

Isabella, Maurizio. *Risorgimento in Exile: Italian Emigres and the Liberal International in the Post-Napoleonic Era.* Oxford: Oxford University Press 2009.

Neely, Sylvia. «The Politics of Liberty in the Old World and the New: Lafayette's Return to America». *Journal of the Early Republic 6* (1986): 151–71.

Recchia, Stefano, e Nadia Urbinati, eds. *A Cosmopolitanism of Nations: Giuseppe Mazzini's Writings on Democracy, Nation Building, and International Relations.* Trad. Stefano Recchia. Princeton: Princeton University Press, 2009.

Rodriguez, Jaime, ed. *The Divine Charter: Constitutionalism and Liberalism in Nineteenth-Century Mexico.* Lanham, MD: Rowman & Littlefield, 2007.

Smith, Denis Mack. *Mazzini.* New Haven, CT: Yale University Press, 1994.

Educação liberal

Acomb, Evelyn. *The French Laic Laws (1879-1889): The First Anti-clerical Campaign of the Third French Republic.* Nova Iorque: Columbia University Press, 1941.

Beisel, Neisel. *Imperiled Innocents: Anthony Comstock and Family Reproduction in Victorian America.* Princeton: Princeton University Press, 1997.

Bradford, Roderick. *D.M. Bennett: The Truth Seeker.* Amherst, NY: Prometheus Books, 2006.

Burnham, John C. «The Progressive Era Revolution in American Attitudes toward Sex». *Journal ofAmerican History* 59, n.º 4 (1973): 885–908.

Cabanel, Patrick. *Le Dieu de la République. Aux sources protestantes de la laïcité (1860-1900).* Rennes: Presses Universitaires de Rennes, 2003.

Chase, George. «Ferdinand Buisson and Salvation by National Education» *in L'offre d'école: éléments pour une étude comparée des politiques éducatives au XIXe siècle: actes du troisième colloque international, Sèvres, 27-30 septembre 1981,* 263–75. Paris: Publications de la Sorbonne, 1983.

Clark, Linda L. *Schooling the Daughters of Marianne.* Albany: State University of New York Press, 1984.

Frisken, Amanda. «Obscenity, Free Speech, and "Sporting News" in 1870s America». *Journal of American Studies 42, n.º* 3 (2008): 537–77.

Gordon, Linda. «Voluntary Motherhood: The Beginnings of Feminist Birth Control in the United States». *Feminist Studies* 1 n.º 3–4 (1973): 5–22.

Harrigan, Patrick J. «Church, State, and Education in France from the Falloux to the Ferry Laws: A Reassessment». *Canadian Journal of History 36, n.º 1 (2001):* 51–83.

Horvath, Sandra A. «Victor Duruy and the Controversy over Secondary Education for Girls». *French Historical Studies* 9, n.º 1 (1975): 83–104.

Katznelson, Ira, e Margaret Weir. *Schooling for All: Class, Race, and the Decline of the Democratic Ideal.* Nova Iorque: Basic Books, 1985.

Kimball, Bruce. *Orators and Philosophers: A History of the Idea of Liberal Education.* Nova Iorque: Teachers College Press, 1986.

Lefkowitz Horowitz, Helen. *Rereading Sex: Battles over Sexual Knowledge and Suppression in Nineteenth-Century America.* Nova Iorque: Knopf, 2002.

Ligou, Daniel. *Frédéric Desmons et la franc-maconnerie sous la 3e république.* Paris: Gedlage, 1966.

Loeffel, Laurence. *La Morale a l'école selon Ferdinand Buisson.* Paris: Tallandier, 2013.

Margadant, Jo Burr. *Madame le Professeur: Women Educators in the Third Republic.* Princeton: Princeton University Press, 1990.

Nash, Margaret. *Women's Education in the United States, 1780–1840.* Nova Iorque: Palgrave Macmillan, 2005.

Ognier, Pierre. *Une école sans Dieu? 1880-1895. L'invention d'une moral laïque sous la IIIème république.* Toulouse: Presses universitaires du Mirail, 2008.

Ozouf, Mona. *L'École, l'Église et la République.* Paris: PTS, 2007.

Ponteil, Felix. *Histoire de Penseignement, 1789–1965.* Paris: Sirey, 1966.

Prost, Antoine, *L'enseignement en France, 1800–1967.* Paris: Armand Colin, 1968.

Rabban, David. *Free Speech in the Forgotten Years, 1870–1920.* Cambridge: Cambridge University Press, 1999.

Sears, Hal D. *The Sex Radicals: Free Love in High Victorian America.* Lawrence: University Press of Kansas, 1977.

Stock-Morton, Phyllis. *Moral Education for a Secular Society: The Development of* Morale Laïque *in Nineteenth-Century France.* Albany: State University of New York Press, 1988.

Warren, Sidney. *American Freethought, 1860–1914.* Nov Iorque: Columbia University Press, 1943.

Feminismo

Allen, Ann Taylor. «Spiritual Motherhood: German Feminists and the Kindergarten Movement, 1848–1911». *History of Education Quarterly* 22, n.º 3 (1982): 319–39.

Barry, David. *Women and Political Insurgency: France in the Mid-Nineteenth Century.* Basingstoke: Macmillan, 1996.

Clawson, Ann. *Constructing Brotherhood: Class, Gender, and Fraternalism.* Princeton: Princeton University Press, 1989.

Falchi, Federica. «Democracy and the Rights of Women in the Thinking of Giuseppe Mazzini». *Modern Italy 17* (2012): 15–30.

Frazer, Elizabeth. «Feminism and Liberalism» *in The Liberal Political Tradition: Contemporary Reappraisals,* ed. James Meadowcroft, 115–37. Cheltenham: Edward Elgar, 1996.

Gleadle, Kathryn. *The Early Feminists: Radical Unitarians and the Emergence of the Women's Rights Movement, 1831–51.* Nova Iorque: Palgrave Macmillan, 1995.

Hackett, Amy. «The Politics of Feminism in Wilhelmine Germany, 1890–1918». Diss. PhD, Columbia University, 1976.

Hartley, Christie, e Lori Watson. «Is a Feminist Political Liberalism Possible?». *Journal of Ethics and Social Philosophy* 5, n.º 1 (2010): 1–21.

Hause, Steven. *Women's Suffrage and Social Politics in the French Third Republic.* Princeton: Princeton University Press, 1984.

Hirsch, Pamela. «Mary Wollstonecraft: A Problematic Legacy» *in Wollstonecraft's Daughters: Womanhood in England and France, 1780–1920,* ed. Clarissa Campbell-Orr, 43–60. Manchester: Manchester University Press, 1996.

MacKinnon, Catherine. *Toward a Feminist Theory of the State.* Cambridge, MA: Harvard University Press, 1989.

Morgan, David. *Suffragists and Liberals: The Politics of Woman Suffrage in England.* Lanham, MD: Rowman & Littlefield, 1975.

Moses, Claire Goldberg. *French Feminism in the 19th Century.* Albany: State University of New York Press, 1985.

Nussbaum, Martha C. «The Feminist Critique of Liberalism». Lindley Lecture, University of Kansas, 1997.

Offen, Karen. «Defining Feminism: A Comparative Historical Approach». *Signs* 14, n.º 1 (1988): 119–57.

______. «Depopulation, Nationalism, and Feminism in Fin-de-Siècle France». *American Historical Review* 89, n.º 3 (1984): 648–76.

Ozouf, Mona. *Les mots des femmes: essai sur la singularité francaise.* Paris: Fayard, 1995.

Pugh, Martin. «Liberals and Women's Suffrage, 1867–1914» *in Citizenship and Community: Liberals, Radicals and Collective Identities in the British Isles, 1865–1931,* ed. Eugenio F. Biagini, 45-65. Cambridge: Cambridge University Press, 1996.

Riot-Sarcey, Michèle. *La démocratie a l'épreuve des femmes: trois figures critiques du pouvoir, 1830-1848.* Paris: A. Michel, 1994.

Schaeffer, Denise. «Feminism and Liberalism Reconsidered: The Case of Catha rine MacKinnon». *American Political Science Review* 95, n.º 3 (2001): 699–708.

Scott, Joan. *Only Paradoxes to Offer: French Feminists and the Rights of Man.* Cambridge, MA: Harvard University Press, 1997.

Zirelli, Linda. «Feminist Critiques of Liberalism» *in Cambridge Companion to Liberalism,* ed. Steven Wall, 355–80. Cambridge: Cambridge University Press, 2015.

Liderança liberal, carácter e cesarismo

Baehr, Peter. *Caesarism, Charisma and Fate: Historical Sources and Modern Resonances in the Work of Max Weber.* New Brunswick, NJ: Transaction, 2009.

______. «Max Weber as a Critic of Bismarck». *European Journal of Sociology* 29, n.º 1 (1988): 149–64.

Beaven, Brad, e John Griffiths. «Creating the Exemplary Citizen: The Changing Notion of Citizenship in Britain 1870-1939». *Contemporary British History* 22, n.º 2 (2008): 203–25.

Bebbington, David W. *The Mind of Gladstone: Religion, Mind and Politics.* Oxford: Oxford University Press, 2004.

Biagini, Eugenio. *Liberty, Retrenchment and Reform: Popular Liberalism in the Age of Gladstone, 1860–1880.* Cambridge: Cambridge University Press, 2004.

Carrington, Tyler. «Instilling the "Manly" Faith: Protestant Masculinity and the German Jünglingsvereine at the fin de siècle». *Journal of Men, Masculinities and Spirituality* 3, n.º 2 (2009): 142–54.

Carwardine, Richard, e Jay Sexton, eds. *The Global Lincoln.* Oxford: Oxford University Press, 2011.

Chevallier, Pierre. *Histoire de la franc-maçonnerie francaise 1725-1945.* Paris: Fayard, 1974.

______. *La Séparation de l'église et l'école. Jules Ferry et Léon XIII.* Paris: Fayard, 1981.

Collini, Stefan. «The Idea of "Character" in Victorian Political Thought». *Transactions of the Royal Historical Society* 35 (1985): 29–50.

______. *Public Moralists: Political Thought and Intellectual Life in Britain.* Oxford: Oxford University Press, 1991.

Davis, Michael. *The Image of Lincoln in the South.* Knoxville: University of Tennessee Press, 1971.

Gollwitzer, Heinz. «The Caesarism of Napoleon III as Seen by Public Opinion in Germany». *Economy and Society 16* (1987): 357–404.

Gray, Walter D. *Interpreting American Democracy in France: The Career of Edouard Laboulaye, 1811–1883.* Newark: University of Delaware Press, 1994.

Hamer, D. A. «Gladstone: The Making of a Political Myth». *Victorian Studies* 22 (1978): 29–50.

______. *Liberal Politics in the Age of Gladstone and Rosebery.* Oxford: Oxford University Press, 1972.

Hoffmann, Stefan-Ludwig. «Civility, Male Friendship and Masonic Sociability in Nineteenth-Century Germany». *Gender and History* 13, n.º 2 (2001): 224–48.

______. *The Politics of Sociability: Freemasonry and German Civil Society, 1840–1918.* Trad. Tom Lampert. Ann Arbor: University of Michigan Press, 2007.

Kahan, Alan. «The Victory of German Liberalism? Rudolf Haym, Liberalism, and Bismarck». *Central European History* 22, n.º 1 (1989): 57–88.

Mandler, Peter. *The English National Character: The History of an Idea from Edmund Burke to Tony Blair.* New Haven, CT: Yale University Press, 2006.

Mork, Gordon R. «Bismarck and the "Capitulation" of German Liberalism». *Journal of Modern History* 43, n.º 1 (1971): 59–75.

Mosse, George L. «Caesarism, Circuses, and Monuments» *Journal of Contemporary History 6,* n.º 2 (1971): 167–82.

Nord, Philip. «Republicanism and Utopian Vision: French Freemasonry in the 1860s and 1870s». *Journal of Modern History* 63 (1991): 213–29.

Parry, Jonathan P. *Democracy and Religion: Gladstone and the Liberal Party 1867–1875.* Cambridge: Cambridge University Press, 1989.

______. «The Impact of Napoleon III on British Politics, 1851–1880». *Transactions of the Royal Historical Society* 11 (2001): 147–75.

Peterson, Merril D. *Lincoln in American Memory*. Nova Iorque: Oxford University Press, 1995.

Peterson, Stephen. «Gladstone, Religion, Politics and America: Perceptions in the Press». Diss. PhD, University of Stirling, 2013.

Richter, Melvin. «Tocqueville and the French Nineteenth Century Conceptualizations of the Two Bonapartes and Their Empires» *in Dictatorship in History and Theory: Bonapartism, Caesarism and Totalitarianism*, ed. P. R. Baehr e Melvin Richter, 83–102. Cambridge: Cambridge University Press, 2004.

Scott, John. *Republican Ideas and the Liberal Tradition in France*. Nova Iorque: Columbia University Press, 1951.

Shannon, Richard. *Gladstone: God and Politics*. Nova Iorque: Continuum, 2007.

Sproat, John G. *«The Best Men»: Liberal Reformers in the Gilded Age*. Oxford: Oxford University Press,1968.

Steinberg, Jonathan. *Bismarck: A Life*. Oxford: Oxford University Press, 2013.

Testritto, Ronald J. *Woodrow Wilson and the Roots of Modern Liberalism*. Lanham, MD: Rowman & Littlefield, 2005.

Thomas, Daniel H., «The Reaction of the Great Powers to Louis Napoleon's Rise to Power in 1851». *Historical Journal* 13, n.º 2 (1970): 237–50.

Tudesq, André-Jean. «La légende napoléonienne en France en 1848». *Revue historique* 218 (1957): 64–85.

Wyke, Maria. *Caesar in the USA*. Berkeley: University of California Press, 2012.

Primeiros liberais franceses

Alexander, Robert. *Re writing the French Revolutionary Tradition*. Cambridge: Cambridge University Press, 2003.

Berlin, Isaiah. «Two Concepts of Liberty» *in Four Essays on Liberty*, 118–72. Oxford: Oxford University Press, 1969.

Craiutu, Aurelian. «Faces of Moderation: Mme de Staël's Politics during the Directory» *Jus Politicum*, n.º 6 (2008). http://juspoliticum.com/article/Faces-of-Moderation-Mme-de-Stael-s-Politics-during-the-Directory-380.html.

______. *Liberalism under Siege: The Political Thought of the French Doctrinaires*. Lanham, MD: Lexington Books, 2003.

______. *A Virtue for Courageous Minds: Moderation in French Political Thought, 1748–1830*. Princeton: Princeton University Press, 2012.

Fontana, Bianca-Maria. *Benjamin Constant and the Post-revolutionary Mind*. New Haven, CT: Yale University Press, 1991.

______. *Germaine de Staël: A Political Portrait.* Princeton: Princeton University Press, 2016.

______. *The Invention of the Modern Republic.* Cambridge: Cambridge University Press, 1994.

Girard, Louis. *Les libéraux francais: 1814-1875.* Paris: Aubier, 1985.

Gunn, J AW. *When the French Tried to Be British: Party, Opposition, and the Quest for Civil Disagreement, 1814–1848.* Montreal: McGill-Queen's University Press, 2009.

Hazareesingh, Sudhir. *From Subject to Citizen: The Second Empire and the Emergence of Modern French Democracy.* Princeton: Princeton University Press, 1998.

Holmes, Stephen. *Benjamin Constant and the Making of Modern Liberalism.* New Haven, CT: Yale University Press, 1984.

Jainchill, Andrew. *Reimagining Politics after the Terror: The Republican Origins of French Liberalism.* Ithaca, NY: Cornell University Press, 2008.

Jardin, André. *Histoire du libéralisme politique: de la crise de l'absolutisme à la Constitution de 1875.* Paris: Hachette Litterature, 1985.

Jaume, Lucien. *L'individu effacé ou le paradoxe du libéralisme francais.* Paris: Fayard, 1997.

Jennings, Jeremy. *Revolution and the Republic: A History of Political Thought in France since the Eighteenth Century.* Oxford: Oxford University Press, 2011.

Kalyvas, Andreas, and Ira Katznelson. *Liberal Beginnings: Making a Republic for the Moderns.* Cambridge: Cambridge University Press, 2008.

Kelly, George. *The Humane Comedy: Constant, Tocqueville and French Liberalism.* Cambridge: Cambridge University Press, 1992.

______. «Liberalism and Aristocracy in the French Restoration». *Journal of the History of Ideas* 26, n.º 4 (1965): 509–30.

Manent, Pierre. *An Intellectual History of Liberalism.* Trad. Rebecca Balinski. Princeton: Princeton University Press, 1995.

Paulet-Grandguillot, Emmanuelle. *Libéralisme et démocratie: De Sismondi à Constant, à partir du Contrat social (1801-1806).* Geneva: Slatkine, 2010.

Rosanvallon, Pierre. *Le moment Guizot.* Paris: Galimard, 1985.

Rosenblatt, Helena. *Liberal Values: Benjamin Constant and the Politics of Religion.* Cambridge: Cambridge University Press, 2008.

Rosenblatt, Helena, ed. *Cambridge Companion to Constant.* Cambridge: Cambridge University Press, 2009.

Spitz, Jean-Fabien. *Le Moment républicain en France.* Paris: Gallimard, 2005.

Spitzer, Alan B. *Old Hatreds and Young Hopes: The French Carbonari against the Bourbon Restoration.* Cambridge, MA: Harvard University Press, 1971.

Tenenbaum, Susan. «Staël: Liberal Political Thinker» *in Germaine de Staël: Crossing the Borders,* ed. Madelyn Gutwirth, Avriel Goldberger e Karyna Szmurlo, 159–63. New Brunswick, NJ: Rutgers University Press, 1991.

Vincent, Steven K. *Benjamin Constant and the Birth of French Liberalism.* Nova Iorque: Palgrave Macmillan, 2011.

Whatmore, Richard. *Republicanism and the French Revolution: An Intellectual History of Jean-Baptiste Say's Political Economy.* Oxford: Oxford University Press, 2000.

Epílogo

Bellamy, Richard. *Liberalism and Modern Society: An Historical Argument.* University Park: Pennsylvania State University Press, 1992.

Berkowitz, Peter. *Virtue and the Making of Modern Liberalism.* Princeton: Princeton University Press, 1999.

Brinkley, Alan. *The End to Reform: New Deal Liberalism in Recession and War.* Nova Iorque: Vintage, 1995.

______. *Liberalism and Its Discontents.* Cambridge, MA: Harvard University Press, 2000.

Burgin, Angus. *The Great Persuasion: Reinventing Free Markets since the Depression.* Cambridge, MA: Harvard University Press, 2015.

Canto-Sperber, Monique. *Le libéralisme et la gauche.* Paris: Pluriel, 2008.

______. «Pourquoi les démocrates ne veulent-ils pas être libéraux?» *Le Débat* 131 (2004): 109–26.

Chappel, James. «The Catholic Origins of Totalitarianism Theory in Interwar Europe». *Modern Intellectual History* 8, n.º 3 (2011): 561–90.

Christofferson, Michael Scott. «An Antitotalitarian History of the French Revolution: François Furet's Penser la Révolution francaise in the Intellectual Politics of the Late 1970s». *French Historical Studies* 22, n.º 4 (1999): 557–611.

______. «François Furet between History and Journalism, 1958 1965». *French History* 15, n.º 4 (2001): 421–47.

Diggins, John Patrick. *The Lost Soul of American Politics: Virtue, Self-Interest, and the Foundations of Liberalism.* Chicago: University of Chicago Press, 1984.

Eley, Geoff. «James Sheehan and the German Liberals: A Critical Appreciation». *Central European History* 14, n.º 3 (1981): 273–88.

Galston, William. «The Growing Threat of Illiberal Democracy». *Wall Street Journal,* 3 janeiro, 2017.

______. *Liberal Purposes.* Nova Iorque: Cambridge University Press, 1991.

Gauchet, Marchel. *L'Avènement de la démocratie II: La crise du libéralisme.* Paris: Gallimard, 2007.

Gerstle, Gary. «The Protean Character of American Liberalism». *American Historical Review 99,* n.º 4 (1994): 1043–73.

Glendon, Mary Ann. *Rights Talk: The Impoverishment of Political Discourse.* Nova Iorque: Free Press, 1993.

Hartz, Louis. *The Liberal Tradition in America: An Interpretation ofAmerican Political Thought since the Revolution.* Nova Iorque: Harcourt Brace, 1955.

Hulliung, Mark, ed. *The American Liberal Tradition Reconsidered: The Contested Legacy of Louis Hartz.* Lawrence: University Press of Kansas, 2010.

Jarausch, Konrad. «Illiberalism and Beyond: German History in Search of a Paradigm». *Journal of Modern History* 55, n.º 2 (1983): 268–84.

Jarausch, Konrad, e Larry Eugene Jones, eds. *In Search of a Liberal Germany: Studies in the History of German Liberalism from 1789 to the Present.* Oxford: Berg, 1990.

Jaume, Lucien. *L'individu effacé ou le paradoxe du libéralisme français.* Paris: Fayard, 1997.

Jones, Gareth Stedman. *Masters of the Universe: Hayek, Friedman, and the Birth of Neoliberal Politics.* Princeton: Princeton University Press, 2012.

Jones, Larry Eugene. *German Liberalism and the Dissolution of the Weimar Party System,1918–1933.* Chapel Hill: University of North Carolina Press, 1988.

Krieger, Leonard. *The German Idea of Freedom: History of a Political Tradition.* Chicago: University of Chicago Press, 1957.

Langewiesche, Dieter. *Liberalism in Germany.* Trad. Christiane Bannerji. Princeton: Princeton University Press, 2000.

Laski, Harold. *The Rise of European Liberalism.* London: Unwin Books, 1962.

Macpherson, C. B. *The Political Theory of Possessive Individualism: From Hobbes to Locke.* Oxford: Oxford University Press, 1962.

Mosse, George L. *The Crisis of German Ideology: Intellectual Origins of the Third Reich.* Nova Iorque: Schocken, 1981.

Moyn, Samuel. «The Politics of Individual Rights: Marcel Gauchet and Claude Lefort». *French Liberalism from Montesquieu to the Present Day,* ed. Raf Geenens and Helena Rosenblatt, 291-310. Cambridge: Cambridge University Press, 2012.

Neill, Thomas P. *The Rise and Decline of Liberalism.* Milwaukee: Bruce, 1953.

Nemo, Philippe, e Jean Petitot, eds. *Histoire du libéralisme en Europe.* Paris: PUF, 2006.

Rosanvallon, Pierre. «Fondement et problèmes de l'illibéralisme français» *in La France du nouveau siècle,* ed. Thierry de Montbrial, 85-95. Paris: PUF, 2000.

Rosenblum, Nancy L. *Another Liberalism: Romanticism and the Reconstruction of Liberal Thought.* Cambridge, MA: Harvard University Press, 1987.

_______, ed. *Liberalism and the Moral Life.* Cambridge: Harvard University Press, 1987.

Ruggiero, Guido de. *The History of European Liberalism.* Trad. G. Collingwood. Boston: Beacon, 1927.

Sawyer, Stephen, e Iain Stewart, eds. *In Search of the Liberal Moment: Democracy, Anti-totalitarianism, and Intellectual Politics in France since 1950.* Nova Iorque: Palgrave Macmillan, 2016.

Sell, Friedrich C. *Die Tragödie des deutschen Liberalismus.* Estugarda: Deustche Verlags-Anstalt, 1953.

Sheehan, James J. *German Liberalism in the Nineteenth Century.* Nova Iorque: Humanity Books, 1995.

Shklar, Judith. «The Liberalism of Fear» *in Political Thought and Political Thinkers,* 3-20. Chicago: University of Chicago Press, 1998.

Siedentop, Larry. *Inventing the Individual: The Origins of Western Liberalism.* Cambridge, MA: Harvard University Press, 2014.

Stern, Fritz. *The Politics of Cultural Despair: A Study in the Rise of Germanic Ideology.* Berkeley: University of California Press, 1961.

Strauss, Leo. *Liberalism: Ancient and Modern.* Chicago: University of Chicago Press, 1968.

Zakaria, Fareed. *The Future of Freedom: Illiberal Democracy at Home and Abroad.* Nova Iorque: Norton, 2007.

______. «The Rise of Illiberal Democracy». *Foreign Affairs* (novembro-dezembro 1997): 22–43.

ÍNDICE REMISSIVO